# MÉMOIRE BIBLIOGRAPHIQUE

SUR LES

# JOURNAUX

DES

# NAVIGATEURS NÉERLAND

RÉIMPRIMÉS DANS LES COLLECTIONS DE DE BRY ET DE HULSIU
ET DANS LES COLLECTIONS HOLLANDAISES DU XVIIe SIÈCLE,

ET SUR LES

## ANCIENNES ÉDITIONS HOLLANDAISES

DES

## JOURNAUX DE NAVIGATEURS ÉTRANG

LA PLUPART EN LA POSSESSION

DE

# FREDERIK MULLER

A AMSTERDAM.

———

RÉDIGÉ PAR

## P. A. TIELE, ⚔

Conservateur à la Bibliothèque de l'Université de Leide.

———

AVEC TABLES DES VOYAGES, DES ÉDITIONS ET DES MATIÈRES.

———

AMSTERDAM,
FREDERIK MULLER.
1867.

# MÉMOIRE

SUR LES

# VOYAGES NÉERLANDAIS.

Pour la collection de 30 FAC-SIMILE lithographiés de titres & planches d'anciens Voyages, nous renvoyons à la fin du livre.

# MÉMOIRE BIBLIOGRAPHIQUE

SUR LES

## JOURNAUX

DES

## NAVIGATEURS NÉERLANDAIS

RÉIMPRIMÉS DANS LES COLLECTIONS DE DE BRY ET DE HULSIUS,

ET DANS LES COLLECTIONS HOLLANDAISES DU XVII<sup>e</sup> SIÈCLE,

ET SUR LES

ANCIENNES ÉDITIONS HOLLANDAISES

DES

## JOURNAUX DE NAVIGATEURS ÉTRANGERS;

LA PLUPART EN LA POSSESSION

DE

## FREDERIK MULLER

A AMSTERDAM.

---

RÉDIGÉ PAR

## P. A. TIELE,

Confervateur à la Bibliothèque de l'Univerfité de Leide.

---

AVEC TABLES DES VOYAGES, DES ÉDITIONS ET DES MATIÈRES.

---

AMSTERDAM,
FREDERIK MULLER.
1867.

A

# M. JAMES LENOX,

à New-York,

LE BIBLIOPHILE ZÉLÉ ET SAVANT,

ADMIRABLEMENT VERSÉ DANS LA CONNAISSANCE DES ANCIENS VOYAGES,

EN TÉMOIGNAGE DE RECONNAISSANCE

ET DE HAUTE CONSIDÉRATION,

par fon bien dévoué,

FRED. MULLER.

AMSTERDAM, 31 Mai 1867.

# PRÉFACE.

Je n'ai pas eu d'abord, à faire paraître ce livre,
toutes les chances défirables. Mon intention, dans l'origine, était de le rédiger moi-même, & tout en reconnaiffant
que l'ouvrage a gagné à ce qu'il en advînt autrement,
je n'ai fini qu'à mon très-grand regret par confentir à
un sacrifice de fatisfaction perfonnelle que réclamaient
des intérêts d'un autre genre. Plus tard, plufieurs
perfonnes compétentes à qui je m'étais adreffé pour me
remplacer, m'ont renvoyé mes matériaux fans en avoir fait
l'ufage que j'avais à cœur. Auffi dois-je des remerciements
tout particuliers à mon ami M. Tiele qui, le premier &
avec plus de promptitude qu'un pareil travail ne paraiffait
comporter, a fu le mener à bonne fin. J'en dois également
à M. J. Lenox, de New-York, pour fes communications
importantes qui ont rendu l'ouvrage plus complet.

Quand, en janvier 1852, je fus devenu pour la première
fois acquéreur d'une collection des voyages publiés par
Corn. Claefz, & que j'eus tâché vainement de me procurer fur cette collection & fur d'autres analogues les
lumières qui me faifaient défaut, je conçus le projet de

la préſente publication. Je complétai ſucceſſivement ma
collection primitive, & je fis imprimer en décembre 1854 une
liſte de tous les voyages que j'avais pu découvrir dans
l'intervalle. J'envoyai cette liſte, ſuivie d'une ſérie de
queſtions, à un grand nombre de bibliothécaires, bibliophiles & ſavants.

M. Lenox fut à peu près le ſeul qui répondit à mon
appel. Guidé par les indications de ſa très-riche bibliothèque, il me fit avec une rare bienveillance parvenir
toutes les informations qu'il tenait de ſon ſavoir. Encou-
ragé de la ſorte & fort de cet appui, je continuai mes
recherches & pus en 1858 inférer dans la feuille hebdoma-
daire *Konſt- en Letterbode* une liſte de 122 publications
relatives à mon ſujet. En octobre 1859 je publiai, ſous
forme de ſupplément à ma Bibliographie Néerlando-Ruſſe,
le plan du livre tel qu'il paraît aujourdhui.

„On pourra m'objecter," diſais-je en 1859, & j'aime à
reproduire ici ces paroles, „qu'il eût été plus convenable
de compoſer avec ces anciennes éditions hollandaiſes un
travail à moi, entièrement indépendant de la collection des
De Bry & fondé, je ſuppoſe, ſur l'ordre chronologique dans
lequel les différents voyages ont paru. Je me permettrai
cependant de faire obſerver que le plan actuel préſente un
triple avantage: il m'autoriſe à m'étendre ſur toutes les
éditions de nos anciens voyages ſans exception, à les complé-
ter au moyen des anciennes éditions hollandaiſes de voyages
étrangers, & à renvoyer tacitement le lecteur à un livre auſſi
généralement connu que l'eſt la collection des De Bry."

M. Tiele & moi, nous avons l'intention de préparer une suite au préſent ouvrage, deſtinée à comprendre d'autres voyages & les collections poſtérieures de voyages hollandais, en même temps qu'une série d'additions à ceux dont nous avons traité ici. Dès à préſent, & bien qu'aucune ſource acceſſible n'ait été négligée par nous, j'aperçois par les nombreuſes notes marginales dont M. Lenox a bien voulu couvrir les feuilles qui lui ont été envoyées au ſortir de la preſſe, que le ſujet n'eſt point épuiſé. Je remercie M. Lenox de la peine qu'il ſ'eſt donnée, & j'eſpère que d'autres bibliophiles voudront bien ſuivre ſon exemple.

Faire reſſortir combien nos anciennes éditions originales ſont ſupérieures aux imitations publiées par De Bry & Hulſius; ajouter par là à la bibliographie de mon pays un chapitre inſtructif, je n'ai point eu d'autre ambition. Si je ſuis aſſez heureux pour atteindre ce double but, je ne regretterai aucun des ſacrifices qui m'ont été impoſés par cette publication.

FRED. MULLER.

*Amſterdam*, 31 *Mai* 1867.

# A V I S.

_____

Le défir de M. Frederik Muller, en me confiant la
defcription bibliographique de fon intéreffante collection
de journaux hollandais, était que mon travail, fondé fur
l'étude comparée des éditions originales avec les différentes
traductions, pût servir à combler une regrettable lacune
dans celui de M. A.-G. Camus (*). Cela explique l'ordre
que j'ai fuivi dans la defcription des voyages, & c'eft auffi
la raifon pour laquelle, toutes les fois que j'avais à men-
tionner des ouvrages dont M. Camus avait dès-longtemps
indiqué le contenu, je me suis abftenu de donner des détails
autres que ceux purement bibliographiques. Pour les journaux non compris dans les collections décrites par M. Camus, ou dont M. Camus n'avait traité qu'incidentellement,
des réfumés fuccincts m'ont paru indifpenfables. On verra
cependant que j'ai évité autant que poffible de reproduire
des renfeignements déjà fournis par d'autres.

_____

(*) „Mémoire fur la collection des Grands & Petits voyages & fur la
collection des voyages de Melchisédec Thevenot." Paris, Baudouin 1802. In 4°.

J'ai eu fous les yeux, en écrivant, la plupart des éditions décrites dans cet ouvrage. Les titres de celles que je n'ai pas vues moi-même ont été placés entre [ ].

Les chiffres placés entre [ ], à la fin des titres, correfpondent à la 3me Table, celle des différentes éditions.

J'aime à reconnaître en toute franchife que mon travail offre des lacunes: ce n'eft pas. dans des effais de ce genre qu'il faut efpérer d'atteindre du premier coup à la perfection. Plufieurs remarques, de celles précifément qu'on lira avec le plus d'intérêt, m'ont été fuggérées par M. Robidé van der Aa, de la Haye, le même qui a eu l'obligeance de foumettre mon manufcrit à une confciencieufe révifion. En outre, je dois des notices fur différentes éditions à M. Muller lui-même, à M. Lenox, de New-York, & à M. Geifweit van der Netten, de Zwolle. Des ouvrages de prix ont été mis à ma difpofition par le bienveillant concours de M. Is. Meulman, d'Amfterdam, & de M. Campbell, fous-bibliothécaire de la Bibliothèque Royale à la Haye.

Cet effai fixera-t-il l'attention des favants fur nos anciens voyages hollandais? En prendront-ils occafion pour fe livrer fur cette matière à des études plus approfondies? Je l'efpère fincérement.

P. A. T.

Leide, Mai 1867.

# PREMIÈRE PARTIE.

---

## COLLECTIONS DE VOYAGES.

---

### I. COLLECTIONS DES DE BRY ET DE HULSIUS; VOYAGES DE NAVIGATEURS HOLLANDAIS QUI S'Y TROUVENT.

M. Camus, dans fon précieux ouvrage fur la collection de voyages publiée par les De Bry à Francfort, a démontré d'une manière péremptoire que ce recueil laiffe beaucoup à défirer quant à la verfion des récits originaux, & qu'il eft effentiel, pour quiconque veut étudier l'hiftoire des navigations des 16e & 17e fiècles, de confulter les éditions originales. Malheureufement, ces originaux font devenus très-rares, furtout les journaux des premiers navigateurs hollandais, dont on ne trouve dans aucune bibliothèque une collection complète. Après quinze années de recherches, l'éditeur du préfent ouvrage eft parvenu à fe procurer la plupart de ces journaux anciens, & c'eft principalement grâce à fa collection qu'on peut tenter pour la première fois un effai de bibliographie dans ce genre de littérature.

Comme la collection des De Bry mentionne les navigations hollandaises les plus importantes, nous drefferons avant tout une lifte des matières contenues dans cet ouvrage. Les parties marquées d'un feul aftérifque (*) font d'origine hollandaife; parmi les autres voyages, nous avons indiqué par deux aftérisques (**) ceux dont on trouve d'anciennes éditions en hollandais. Nous ferons fuivre la table de la collection allemande publiée par Hulsius, à Nuremberg, dans laquelle fe trouvent quelques voyages que les De Bry ont omis. Quelquefois, mais bien rarement, les éditions de Hulfius font plus foignées que celles des De Bry; en général, elles laiffent autant ou même plus à défirer.

## GRANDS VOYAGES (en Amérique). 1590—1634.

PETITS VOYAGES (en Orient). 1598—1628.

1*

4

# COLLECTION DE HULSIUS. 1598—1640.

I. Premier voyage des Hollandais en Orient, fous C. Houtman. *

II. Voyage des Hollandais en Orient fous J. van Neck. (I) *

III. Defcription des trois voyages au Nord par G. de Veer. *

IV. Voyage en Amérique d'Ulrich Schmidel.

V. Defcription de la Guiane par Walter Raleigh. *

VI. Voyages en Amérique & autour du monde, de Ferd. Magellan; Fr. Drake **; Th. Candifh **; Oliv. van Noort. *

VII. Defcription de la Guinée (par Pt. de Marees). *

VIII. Notice des voyages en Orient de Ger. le Roy (1); Wolph. Hermans *; Jac. van Heemskerk *; Jac. van Neck (II)*; W. van Warwijck & S. de Weert. *

IX. Second voyage en Orient de Steven van der Hagen. *

X. Voyage en Orient de Cornelis Matelief. *

XI. Voyage en Orient de P. Wz. Verhoeff. *

XII. Traduction de la X^e partie des *Petits Voyages*. *

XIII. Relation de la Virginie par Ralph Hamor.

XIV. Defcription de la Nouvelle Angleterre par John Smith.

XV. Voyages en Orient de Robert Coverte.

XVI. Voyage autour du monde de W. Cz. Schouten. *

XVII. Second voyage de Joris van Spilbergen (autour du monde). *

XVIII. Description de l'Amérique par Ant. de Herrera & autres traités tirés du *Novus Orbis* (voir Gr. *Voy.* XII^e partie). **

XIX. Voyages aux côtes de l'Afrique par Sam. Braun.

XX. Relations de la Nouvelle Angleterre, Virginie etc. par Whitbourne, Smith & d'autres.

XXI. Defcription du Bréfil & conquêtes des Hollandais. *

XXII. Voyage autour du monde de Jacques l'Hermite. *

XXIII. Voyage à Malte par les frères de Streitberg.

XXIV. Voyage en Orient de W. IJz. Bontekoe. *
Voyage au Nord de D. Az. Raven. *

---

(1) M. de Jonge (*De opkomſt van het Nederl. gezag in Ooſt-Indie*, II., p. 217) fait peu de cas de la notice de Hulfius concernant ce voyage.

XXV. Voyage aux côtes de Chili de H. Brouwer. *
Defcription de Formofe & du Japon par Grambfen.
XXVI. Voyages au Nord de Jens Munk. **

---

## II. COLLECTION DE CORNELIS CLAESZ.

Les voyages publiés à Amfterdam par Cornelis Claefz (Cornelius Nicolai, Corneille Nicolas) ne forment pas une colleétion proprement dite, dans ce fens que cet éditeur ne les a pas recueillis fous un titre colleétif. Comme cependant les éditions hollandaifes font imprimées pour la plupart dans le même format, on les a réunies fouvent, ainfi que les éditions françaifes, comme collection.

Sans être un érudit, Cornelis Claefz était un éditeur intelligent & très-actif. Nous lui devons non-feulement des éditions foignées, en différentes langues, des premiers voyages de navigateurs hollandais, mais en outre des verfions eftimables, faites fur les journaux de navigateurs étrangers. Il fit imprimer aufli plufieurs ouvrages de navigation, des cartes, des livres populaires, pamphlets, nouvelles, etc. Tout ce qu'il publiait, était bien exécuté pour le temps. Comme fa veuve fit imprimer quelques ouvrages en 1610 il eft certain que Claefz mourut dans le courant de cette même année ou dès la fin de l'année précédente.

### Journaux en Hollandais, in 4º oblong.

1. Voyages au Nord par G. de Veer, Editions de 1598; 1599; 1605.
2. Voyage de Corn. Houtman. (D'eerfte Boeck) 1598; 1609.
3. Voyages de Th. Candifh & F. Drake. 1598.
4. Voyages de W. Raleigh & L. Keymis. 1598, 1605.
5. Voyage de Jac. van Neck (Het tweede Boeck). S. a. (1600), 1601, 1608.
6. Voyage de Oliv. van Noort. S. a.; 1602.
7. Defcr. de la Guinée (par P. de Marees). 1602.
8. Voyage de L. Bicker & C. v. Heemfkerck. 1603.

*Journaux en Francais, gr. in fol.*

1. Voyages de G. de Veer. 1598, 1600, 1609.
2. Voyage de C. Houtman (*Premier livre*). 1598, 1609.
3. Voyage de J. van Neck (*Second livre*). 1601, 1609.
4. Voyage de O. van Noort. 1602, 1610.
5. Defcr. de la Guinée par P. de Marees. 1605.

*Journaux en Latin, gr. in fol.*

1. Voyages de G. de Veer. 1598.
2. Voyage de C. Houtman (*Prima pars*). 1598.
3. Voyage de J. H. van Linschoten. 1599 (pet. in fol.)

*Journaux en Allemand, in 4° oblong.*

Voyage de Oliv. van Noort. 1602.

*Journaux en Hollandais, en diff. formats décrits dans
notre mémoire.*

1. Voyages en Orient de J. H. van Linfchoten. 1596 (deux éditions différ.), 1604. in fol.
2. H. Staden, Defcr. de l'Amérique. 1595 pet. in 8°.
3. E. Lopez, Defcr. du Congo. 1596 in 4°.
4. B. de las Cafas, Tyrannies des Efpagnols. 1596, 1607—9 in 4°.
5. J. de Léry, Voyage au Bréfil. 1597 in 4°.
6. J. Acofta, Hift. de l'Amérique. 1598 in 8°.

———

III. COLLECTION DE MARTEN HEUBELDINCK, PUBLIÉE
PAR MICHIEL COLYN.

Ooft-Indifche ende Weft-Indifche voyagien, | Name-lijck | De waerachtighe befchrijvinge vande drie feylagien, drie Jaren achtermal- | kanderen deur de Hollandtfche ende Zeelandtfche Schepen, by noorden | Noorweghen, Mof-covien ende Tartarien nae de Coninckrijcken van | Catthay ende China ghedaen. | De eerfte voyagie der Hollandtfche

Schepen op de Landen van Iava. | De tweede voyagie der
Hollandtfcher Schepen op de Eylanden van Amboina,
Banda ende Molucken. | Ioris van Speilberghens voyagie
op 't Eylandt van Ceylon. | Pieter de Marées befchrij-
vinghe vande kuften van Guinea. | De Zee-vaert van
Meefter Thomas Candifch gaende rontfom de Aerdt-
kloot. | Met de voyagie van Sir Françoys Draeck, ende
Sir P. Haukens naer Weft-Indien. | Befchrijvinghe van
het Gout-rijcke Coninck-rijcke van Guinea, gheleghen in
America, bynoorden de groote Riviere Orelliana. | Jour-
nael vande voyagie nae Rio de Plata, onder 't Admirael-
fchap van Laurens Bicker. | Wijtloopich verhael van 't we-
der-varen der vijf Schepen die met Capiteyn Sybold de
Waerdt de Magellaenfche Strate hebben bevaren. | Olivier
van Noordts voyagie om den Aerdt-kloot. | Tot Amfter-
dam, | By Michiel Colijn, Boeck-verkooper, op 't Water,
in 't Huys-boeck, aen de Kooren-marckt. 1619 | 4° oblong [1].

*(Voyages aux Indes Orientales & Occidentales; defcription véritable des
trois voyages au Nord; premier voyage des navires hollandais au pays de
Java; fecond voyage, etc.)*

Ce titre imprimé eft précédé d'un titre gravé fur cuivre, portant les
mots: „Journalen vande Reyfen op Ooftindie", encadrés dans un frontifpice
bien executé, repréfentant les Hollandais qui viennent s'incliner devant
l'Afie. — Le titre imprimé eft fuivi d'une dédicace, 2 pages, & d'une
préface, 1 page. — Suit la defcription des voyages au Nord par G. de
Veer, sans titre fpécial, & les autres journaux, chacun avec titre. Nous
en donnerons plus tard une defcription détaillée.

Dans trois exemplaires de ce recueil, que nous avons fous les
yeux, les 1e, 2e & 4e feuilles des préliminaires s'accordent en
tous points; feule, la 3e feuille, celle de la *Dédicace*, préfente
dans chaque exemplaire une légère différence, portant fur l'infcription & la foufcription:

*a.* „Aende. . . . . Ghecommitteerden der Ommelanden tuffchen
de Eems ende Lauwers, etc." Sans date. Signé „Marten Heu-
beldingh."

*b.* „Aende. . . . . Staten van Groeninghen ende Ommelanden.”
Daté de Groningue, 28 Février 1619 *ft. vet.* Signé „Marten Heubeldinck.”

*c.* „Aende. . . . . Ghecommitteerde Raden ter Admiraliteyt, refideerende tot Amfterdam”. Daté d'Amfterdam, 28 Février 1619 *ft. novo.* Signé: „Michiel Colijn.”

Dans cette dédicace, il eft dit que ceux à qui elle eft adreffée avaient contribué à l'équipement de la première flotte deftinée aux Indes en 1595 („tot welcke Navigatie u Ed. mede aendryvers ende Contribuanten gheweeft zijt".) On fait que les armateurs de cette flotte furent des marchands d'Amfterdam. La dédicace doit donc avoir été écrite pour les commiffaires de l'Amirauté dans cette ville. — Marten Heubeldinck, l'auteur du recueil, était libraire à Groningue (1); il aura dédié les exemplaires répandus par lui, en partie aux Etats de fa province, en partie à leurs délégués aux Etats Généraux.

Dans fa préface, l'auteur promet à fes leéteurs un fecond tome, dans lequel il leur offrira, outre les journaux, divers traités fur les pays des Indes, leur fituation, leurs produits, leurs animaux, leur était politique, leurs lois etc. Peut-être la mort l'empêchat-elle d'exécuter ce projet; dumoins, le fecond tome n'a jamais paru. Quant au tome premier, dit-il, on y trouve les journaux & defcriptions tels qu'ils furent compofés par les amiraux ou commis eux-mêmes. Effectivement, ainfi que nous le verrons par la defcription détaillée de chacun de ces journaux, il n'y a fait presque aucun changement.

L'éditeur Michiel Colijn fut un des principaux libraires de fon temps. Il a publié plufieurs ouvrages de mérite, entre autres le journal original de Le Maire, joint à la defcription de l'Amérique d'Antoine de Herrera, dans la colleétion *Nieuwe Wereldt* ou *Novus Orbis.*

(1) Voir la lifte des libraires de cette ville dans le livre de M. Oomkens, „Bouwftoffen tot de gefchiedenis der boekdrukkunft te Groningen", p. 73. Heubeldinck eft infcrit dans la confrérie, en l'année 1624, fous le nom de Marten *Hubbelinck*. Il paraît qu'il mourut avant 1634; dans cette année dumoins, fon nom ne fe trouve plus parmi les libraires de Groningue. Comparez ibid. p. 41.

Quoique le contenu du recueil foit indiqué par le titre, l'aperçu fuivant ne fera peut-être pas double emploi.

*1. Voyages au Nord, par G. de Veer, 1617.

*2. Voyage de C. Houtman, 1617.

*3. „ de J. Cz. van Neck, 1619.

4. „ aux Indes de J. van Spilbergen, 1617.

*5. Defcription de la Guinée par P. de Marees, 1617.

*6. Voyages de Th. Candifh & de F. Drake 1617.

*7. Defcription de la Guiane par Raleigh & Keymis, 1617.

*8. Voyage de L. Bicker & C. van Heemfkerck, 1617.

9. „ de S. de Weert, 1617.

*10. „ de O. van Noort, 1618.

Les journaux indiqués par un aftérifque (*) avaient été publiés dans le même format par Cornelis Claefz; celui de Spilbergen (4), par Floris Balthafar; celui de De Weert (9), par Zacharias Heyns. — On voit que ces journaux furent réimprimés par Colijn en trois années différentes, la plupart, ainfi que les fignatures l'indiquent, chez J. Lz. Meyn, à Enkhuizen. Comme on en rencontre fréquemment des parties féparées, il eft probable qu'avant de paraître réunis, avec titre, préface & dédicace, ils furent publiés féparément.

---

IV. COLLECTION DE ISAAC COMMELIN, PUBLIÉE PAR JAN JANSZ.

*a.* Begin ende Voortgang | Vande | Vereenigde Needer- | landtfche | Geoĉroyeerde | Ooft-Indifche | Compagnie. | 't Eerfte Deel. | 4° oblong [2].

*(Origine & progrès de la Compagnie Néerlandaife priviligiée des Indes Orientales. Tome premier).*

Titre gravé dans un frontifpice, repréfentant les Hollandais qui viennent raffembler aux Indes des tréfors qu'ils difputent aux Portugais. En bas: *P. I.* [Pieter Intes?] *inuen. J. van meurs fculp.*

Begin ende Voortgang | vande | Vereenigde Needer- | landtſche | Geoctroyeerde | Ooſt-Indiſche | Compagnie. | 't Tweede Deel. | 4° oblong.

Titre gravé dans le même frontifpice que la collection publiée par Michiel Colijn.

Première édition des deux volumes de cet ouvrage important; fans date, mais publiée, à ce qu'il paraît, en 1644. Du moins, les titres des deux premiers journaux, qui ne ſe trouvent que dans cette édition & qui font omis dans les éditions ſuivantes (probablement parce que c'étaient des journaux de navigateurs *Anglais*), portent cette date. Du reſte, il eſt certain que le ſecond tome était déjà imprimé en grande partie en 1644, comme nous le verrons par le Nº. ſuivant.

Cette édition ne contient pas de titres généraux *imprimés*. L'auteur ni l'imprimeur n'y font nommés, pas plus que dans les éditions ſuivantes. Nous ſavons cependant par l'ouvrage bien connu de Caspar Commelin : *Beſchryvinge van Amſterdam*, publié en 1693, que ſon père Iſaac fut l'auteur du recueil & que Jan Janſz ou Joannes Janſſonius en fut l'éditeur.

Iſaac Commelin, né à Amſterdam en 1598 & mort dans cette ville en 1676, imprima & compoſa quelques ouvrages de mérite, entre autres une Vie de Fréderic Henri, prince d'Orange. Il aſſiſta auſſi ſon fils Caſpar dans la compoſition de ſa deſcription d'Amſterdam. Un autre parmi ſes fils, Johannes, s'eſt diſtingué comme botaniſte.

Jan Janſz, Janſon ou Janſſonius eſt un des éditeurs les plus remarquables de cette époque. Gendre de Jodocus Hondius, il publia, de concert avec ſon beau-frère Henri Hondius, & continua de publier après lui, de très-bons Atlas & d'autres ouvrages diſtingués. Nous le retrouverons comme éditeur des journaux de Spilbergen (ſecond voyage), Schouten & Le Maire, Bontekoe, etc. Quoiqu'il ne ſe fît pas ſcrupule de réimprimer des journaux publiés par d'autres, nous verrons qu'il attaqua Jooſt Hartgers pour avoir commis à ſon égard le même délit.

La première édition du recueil de Commelin, dont nous

n'avons jamais vu qu'un feul exemplaire, ne contient ni les titres imprimés, ni l'introduction, ni les tables qui fe trouvent dans les éditions de 1645 & 1646. Nous donnerons une defcription de chaque partie quand nous traiterons des voyages fpéciaux; ici, nous nous bornons à indiquer l'ordre dans lequel elles font claffées dans le recueil.

Tome I. 1. Candifh & Drake (titre fpécial de 1644). 2. Raleigh & Keymis (titre fpécial de 1644). 3. De Veer. 4. Houtman. 5. Van Neck & Warwijck. 6. De Weert. 7. Van Noort. 8. Both & Van Caerden. 9. Van Neck (2d voyage). 10. Van der Hagen. 11. Harmanfz. 12. Spilbergen & Le Maire.

Tome II. 1. Warwijck & De Weert. 2. Van der Hagen (2d voyage). 3. Matelief. 4. Van Caerden. 5. Verhoeff. 6. Van den Broecke. 7. Van Twift. 8. Spilbergen (1er voyage). 9. L'Hermite. 10. Schram & Van Rechteren.

Chaque partie avec pagination diftincte. On obfervera que les journaux des deux voyages de Spilbergen figurent dans cette édition — du moins quant à notre exemplaire — dans un ordre contraire à celui des éditions fuivantes; et que la dernière partie de 1645 & 1646 (Hagenaer & Caron) ne s'y trouve pas encore.

[b. Journael van feven Voyagien, befchryvende de gantfche kuft van Ooft Indien, 1. bevaren door Steven van der Haagen. 2. Cornelis Matelief. 3. Paulus van Caarden. 4. Joris van Spilbergen 1601 tot 1604. 5. Journaal ende verhaal van al het gene dat gezien ende voorgevallen is op de reyfe gedaan door den Ed. Geftrengen Heer Pieter Willemfz Verhoeven, Admiraal na de Ooft-Indien &c. 6. Reife naer Ooft-Indien onder 't beleyd van Wybrand van Warwyk ende Sebalt de Weert. 7. Hiftorifche ende journaalfche aanteekeninge van Pieter van den Broeke. Amft. 1644. Longo 4°.] [3].

(*Journal de fept voyages, décrivant la côte entière des Indes Orientales, explorée 1 par Steven van der Haagen, etc.*)

Ainfi mentionné dans le catalogue du magafin de Pt. van der Aa, Lugd. Bat. 1729, pag. 797, N°. 2639.

Cette collection paraît contenir les fix premières ainfi que la 8ᵉ partie du fecond tome de l'ouvrage précédent, fous un titre fpécial. Peut-être fut-elle publiée avant l'autre, & l'impreffion du fecond tome en entier n'eut-elle lieu qu'en 1645.

*c.* Begin ende Voortgangh, | Van de | Vereenighde Nederlantfche Geoctroyeerde | Ooft-Indifche | Compagnie. | Vervatende | De voornaemfte Reyfen, by de Inwoonderen der felver | Provincien derwaerts gedaen. | Alles | Nevens de befchrijvinghen der Rijcken, Eylanden, Havenen, | Revieren, Stroomen, Rheeden, Winden, Diepten ende Ondiepten; | Mitfga- | ders Religien, Manieren, Aerdt, Politie ende Regeeringhe der Volcke- | ren; oock meede haerder Speceryen, Drooghen, Geldt ende | andere Koopmanfchappen, met veele Difcourfen verrijckt: | Nevens eenighe Koopere Platen verciert. | Nut ende dienftigh alle Curieufe, ende andere Zee-varende Liefhebbers. | Met dry befondere Tafels ofte Regifters, in twee Delen verdeelt: | Waer van t'eerfte begrijpt, | Veerthien Voyagien, den meeren-deelen voor defen | noyt in 't licht geweeft. | Gedruckt in den Jaere 1645. | 4° oblong [4].

*(Origine et progrès de la Compagnie réunie Néerlandaife priviligiée des Indes Orientales, contenant les principaux voyages entrepris par les habitants des Pays-bas. De plus, les defcriptions des empires, îles, ports, rivières, rades, vents, bancs, ainfi que la religion, les coutumes, les mœurs, la police & le gouvernement des peuples, etc. . . . . . Divifé en deux volumes, dont le premier contient Quatorze voyages, pour la plupart inédits.)*

Titre gravé comme dans *a.* — Titre imprimé. — „Inleydinge tot de Ooft-Indifche Voyagien." Imprimé en deux colonnes, 22 pp. fans pagination. Signature †—†††3. — Enfuite une feuille blanche.

Texte de onze parties dans cet ordre: 1. De Veer. 2. Houtman. 3. Van Neck. 4. De Weert. 5. Van Noort. 6. Both & Van Caerden. 7. Van Neck (2ᵈ voyage). 8. Van der Hagen, etc. 9. Harmanfz. 10. Spilbergen 1ᵉʳ voyage). 11. Warwijck & De Weert. — Le titre annonce 14 voyages, mais le volume en contient d'avantage. Voir le contenu à la 14ᵉ page.

Ordre des voyages; Table des planches; Table des matières principales; Errata. Enfemble: 5 ff. ou 10 pages. Signature *, *2, *3, [*4] **.

Tweede Deel | Van het | Begin ende Voortgangh | Der | Vereenighde Nederlantfche Geoctroyeerde | Ooft-Indifche | Compagnie. | Begrijpende de volghende twaelf | Voyagien, | Door de Inwoonderen der felviger Provintien | derwaerts gedaen. | Alles met behoorlijcke Befchrijvinghen, Kaerten | en kopere Platen, | Als meede | Tafels ofte Regifters verrijckt: | ende | Ten dienfte van alle Liefhebbers | in 't licht gebracht. | Gedruckt in den Jaere des Heeren 1645. | 4° oblong.

(*Deuxième tome de l'Origine & progrès de la Compagnie réunie Néerlandaife priviligiée des Indes Orientales, contenant les douze voyages fuivants etc.*)

Titre gravé comme dans *a*. — Titre imprimé. — Texte des parties fuivantes: 12. Van der Hagen (2ᵉ voyage). 13. Matelief. 14. Van Caerden. 15. Verhoeff. 16. Van den Broecke. 17. Van Twift. 18. Spilbergen & Le Maire. 19. L'Hermite. 20. Schram & Van Rechteren. 21. Hagenaer & Caron. — Le titre indique 12 voyages. Probablement, les 18ᵉ & 20ᵉ parties compteront pour deux.

Ordre des Voyages, à la dernière page de la 2ᵉ partie; Table des planches; Table des matières principales; Errata. Enfemble 8 ff. ou 16 pages. Signature *Eeeee 2—Ggggg*.

*d*. Begin ende Voortgangh, | *etc.* (*identique au précédent.* . . . . Gedruckt in den jare 1646. | 4° oblong [5].

Titre comme le précédent; la date feulement eft changée. — Enfuite le titre gravé. — Ordre des Voyages & Tables, 5 ff. qui fe trouvent dans l'éd. préc. à la fin du volume. — Enfuite une feuille blanche. — „Tot de Boeck-binders, om het vervolgh vande Voyagien ende het ftellen vande kopere Figueren te weten" (Ordre des voyages & table des planches pour les *deux* tomes), 2 ff. ou 4 pages, fans fignature.

„Inleydinge" & Texte des journaux comme l'éd. préc.

Tweede Deel | *etc.* (*identique au précédent.*)

Seulement le titre gravé fe trouve ici après le titre imprimé.

*e*. Begin ende Voortgangh | . . . . . . Inwoonderen | der felver Provintien . . . . . Befchrijvingen . . . . . Reeden . . . . Mitfgaders | Religien . . . . Politie en Regeeringe der Volckeren; oock | meede *etc.* . . . . . Gedruckt in den Jaere 1646. | 4° oblong [6].

Tweede Deel .... Nederlandtfche ... der felver Provin- |
tien ..... Gedruckt in den Jare des Heeren, 1646. | 4° oblong.

Les titres feuls de cette édition ont été renouvelés. Du refte elle eft
conforme à la précédente.

Les éditions c—e ne préfentent aucune différence quant au
texte des journaux. Il en eft de même des journaux de l'édition
*a*, qui fe trouvent également dans c—e.

L'introduction d'Ifaac Commelin (dans c—e) contient un réfumé des navigations Hollandaifes aux Indes, jufqu'à l'année 1631.
On y trouve les octrois de la Compagnie des I. O. de 1602 &
de 1622, avec les amplifications de 1623.

Dans la table fuivante du contenu de *Begin ende Voortgangh*,
nous avons marqué d'un aftérifque les journaux qui n'avaient jamais été publiés auparavant. — Nous reviendrons fur chaque partie
de ce recueil dans notre defcription des différents voyages.

## V. COLLECTION PUBLIÉE PAR JOOST HARTGERS.

*a.* [Ooft-Indifche Voyagien etc., Amfterdam, voor Jooft Hartgers 1648. 4°. [7].

Le titre imprimé, qui diffère probablement de l'édition fuivante, eft précédé d'un titre gravé, dont la partie supérieure eſt copiée du frontiſpice de *Begin ende Voortgangh*, Tome I. Au milieu, on lit: „Ooſt & Weſtin-diſche Voyagien: Met de Beſchrijvingen van Indien. Eerſte Deel." Dans l'intervalle qui ſépare cette planche de celle d'en bas (quelques vaiſſeaux arrivant devant une côte), on lit: „'t Amſterdam, by Jooſt Hartgers. Inde Gaſthuys-ſteech by 't Stadt-huys. 1648."

„Inleydinge", dont nous ne poſſédons que la feuille C 2, ſoit la 10ᵉ feuille du livre. Le recto de cette feuille s'accorde avec l'édition ſuivante, ainſi que la fin de l'introduction au verſo; mais elle n'eſt ſuivie que d'une table des journaux, intitulée „Regiſter voor den Boeck-binderen, om de 12 ſtucken, zijnde 16 Voyagien, en 2 Beſchrijvingen, vervolgende te binden". Au pied de cette table ſe trouve le mot *Finis*.

Les feuilles préliminaires dans cette édition ſont donc au nombre de 10 & non de 12 comme dans l'éd. ſuiv.

Contenu du volume (chaque partie avec titre, pagination & ſignature diſtinctes). 1. De Veer. 2. Houtman. 3. Van Neck & De Weert. 4. Van Noort & 2d. Voy. de van Neck. 5. Spilbergen (1ʳ voy.) [& Van der Hagen]. 6. Van den Broecke (comptant pour 2 voyages). 7. Spilbergen (2ᵈ voy.) & Schouten. 8. L'Hermite. 9. Bontekoe & Raven. 10. Pelſaert. 11. Van Twiſt & Schram (1). 12. Caron. Les parties 1 à 9 ont chacune une planche contenant ſix tableaux.

On voit que cette 1ᵉ édition ne contient pas le voyage de Matelief. Ou ſerait-ce par mégarde qu'on ne l'a pas nommé dans la table?

*b.* Ooſt-Indiſche Voyagien | Door dien | Begin en Voort-gangh, van de Vereenighde | Nederlandtſche Geoctroyeer-de | Ooſt-Indiſche | Compagnie. | Vervatende de voor-naemſte Reyſen, by de Inwoonderen der | ſelver Provintien derwaerts ghedaen | Nevens de beſchrijvinghen der Rijcken, Eylanden, Havenen, Revieren, Stroo- | men, Rheeden, Winden, Diepten en Ondiepten; Midtſgaders Religien, Manie- | ren, Aerdt, Politie ende Regeeringe der Volcke-ren; oock meede haerder Spe- | ceryen, Droogen, Gelt

---

(1) Le journal de Schram indiqué dans la table ne figure pas dans le titre de la 11ᵉ partie & n'a pas été ajouté à l'ouvrage. Nous n'en connaiſ-ſons pas d'édition de Hartgers. Dans un exemplaire que poſſède M. Lenox, l'édition publiée par Doncker (1650) des ouvrages de van Twiſt & Schram eſt inſérée ici.

ende andere Koopmanſchappen, met vele Diſcourſen | over de gelegentheyt van Indien, nevens eenige kopere Platen verciert. | Seer nut ende dienſtigh alle Curieuſe, ende andere Zee-varende Liefhebbers. | Eerſte Deel. Daer in begrepen zijn 16 Voyagien | (*gravure en bois*) | 't Amſtelredam, | Voor Jooſt Hartgerts (*ſic*), Boeck-verkooper in de Gaſthuys-Steegh, bezijden | het Stadt-huys, in de Boeck-winckel. Anno 1648. | 4°. [8]

(*Voyages aux Indes Orientales, ou Origine & Progrès de la Compagnie Néerlandaiſe des I. O. Contenant les principaux Voyages, les deſcriptions des empires, îles, fleuves etc. etc. . . . Avec pluſieurs diſcours ſur la ſituation des Indes, & quelques planches gravées en taille douce . . . Premier tome, contenant 16 Voyages*).

Le titre imprimé eſt précédé du titre gravé, repréſentant des navires, que nous avons décrit.

„Inleydinge tot de Ooſt-Indiſche Voyagien", ſuivi à la 16ᵉ page du contenu des différentes parties. Enſemble 10 ff. ou 20 pages. Signature A 3—C 3. — Les feuilles préliminaires ſont par conſéquent au nombre de 12.

Contenu du volume: 1. De Veer. 2. Houtman. 3. Van Neck, 1ʳ voy., & De Weert. 4. van Noort & 2ᵉ voy. de Van Neck. 5. Spilbergen, 1ʳ voy., & Van der Hagen, 6. Matelief. 7. Van den Broecke. 8. Spilbergen (2ᵈ. Voy.) & Schouten. 9. L'Hermite. 10. Bontekoe & Raven. 11. Pelſaert. 12. Van Twiſt. 13. Caron.

La collection de journaux publiée par Jooſt Hartgers eſt une réimpreſſion de *Begin ende Voortgangh*, à l'exception des parties 6ᵉ, 9ᵉ, 11ᵉ, 12ᵉ, 14ᵉ, 15ᵉ, 20ᵉ & de la majeure portion de la partie 21ᵉ de ce recueil, qui ne ſe trouvent pas dans Hartgers. De plus, les parties 10ᵉ & 11ᵉ de Hartgers ne ſe trouvent pas dans Commelin. En général & la copie eſt exacte. En traitant plus tard des voyages ſpéciaux, nous indiquerons les différences qu'offre chaque partie de ces deux recueils.

L'introduction de Commelin eſt également reproduite par Hartgers. Il a remplacé le dernier alinéa par un avis, annonçant qu'il ſe propoſe de publier un ſecond tome, pour lequel il poſſède déjà quelques voyages en Ms., tandis qu'il en attend encore d'autres de quelques navigateurs qui avaient déjà fait quatre ou cinq voya-

ges. — Ce fecond tome n'a jamais été publié, mais nous poffédons quelques journaux & récits publiés par Hartgers, qu'il avait
fans doute deftinés à en faire partie. Il fit auffi réimprimer
quelques pièces du premier tome. Voici la lifte de fes éditions.

1. De Veer 1648, 1650. 2. Houtman 1648, 1650. 3. Van
Neck & De Weert 1648, 1650. 4. Van Noort & 2e voy. de
Van Neck 1648, 1650. 5. Spilbergen (1r. voy.) & Van der Hagen, 1648, 1652. 6. Matelief 1648. 7. Van den Broecke 1648.
8. Spilbergen (2e voy.) & Schouten, 1648. 9. L'Hermite 1648,
1652. 10. Bontekoe & Raven 1648 (deux édit. différ.), 1650.
11. Pelfaert, 1648 (trois éditions différ.), 1651. 12. Van Twift,
1648. 13. Caron 1648, 1649, 1652.

Pour le fecond tome (?):

1. P. D(e) M(arees), Befchr. van de Goudt-kuft Guinea. 1650.
2. (E. Lopez), Befchr. van 't Kon. Congo .... zijnde het
   tweede deel van de Goudt-kuft. 1650.
3. Befchrijvinghe van Virginia, Nieuw Nederlandt, etc. 1651.
4. J. Somer, Zee & Landt Reize naer de Levante. 1649.
5. A. Olearius & J. A. van Mandelflo, Perfiaenfche Reyfe.
   1651. 2 parties.

---

VI. COLLECTIONS PUBLIÉES PAR GILLIS JOOSTEN SAEGHMAN.

*a.* Verfcheyde Ooft-Indifche | Voyagien: | Met de | Be-
fchrijvingen van | Indien. | t'Eerfte Deel. | t'Amfterdam
by Gillis Iooften Saeghman. | 4°. [9]

(*Divers Voyages aux Indes Orientales. Avec les defcriptions des Indes.
Tome premier*).

Titre gravé dans un frontifpice, le même qui a fervi pour la collection de Hartgers. Seulement quelques mots, entre autres l'adreffe de
l'éditeur, font rayés & remplacés par d'autres.
„Bondigh Verhael van het Begin & Voortgangh der Vereenighde Neder-
landtfche Geoctroyeerde Ooft-Indifche Compagnie," figné à la fin par
l'éditeur, 15 pp. A la 16e page figure un fonnet figné „J. G. Saeghman. *Hier na een Beter.*" — Signature *—**3.

Contenu du recueil (chaque partie avec titre, pagination & fignature fpéciaux): 1—3. Linfchoten, 3 parties (la 3ᵉ au Nord). 4. Houtman. 5. Van Neck (1ᵉʳ voy.) 6. Van Neck (2ᵈ voy.) 7. Van Noort. 8. De Weert. 9. Spilbergen (1ᵉʳ voy.) 10. Spilbergen (2ᵈ voy.) 11. Schouten. 12. L'Hermite. 13. Van den Broecke. 14. Van der Hagen. 15. Bontekoe. 16. Pelfaert. 17. Jacht de Sperwer. — On y joint ordinairement: 18. Benzoni. 19. Las Cafas; & quelquefois des parties du recueil fuivant.

*b.* [Verfcheyde | Journalen | van | Zee en Landt | Rey-fen; | Mitfgaders de | Befchrijvingh van de Landen | en Volckeren, die gelegen fyn onder den kouden | Noordt-Pool. | t'Amfterdam | Gedrukt by Gillis Jooften Saegh-man. 4°.] [10]

*(Divers journaux de voyages par mer & par terre, ainfi que la defcription des contrées & peuples demeurant fous le pôle antarctique).*

Titre gravé dans un frontifpice repréfentant des habitants des régions boréales, la chasfe aux ours & la pêche aux baleines.

Le contenu de ce recueil varie. D'ordinaire on y trouve: 1. De Veer. 2. Munk, Voyagien n. Groenlandt. 3. Journaël v. Spitsbergen de J. Se-gerfz. 4. Twee Journalen v. Mauritius. 5. Raven, Reis n. Groenlandt. 6. Befchrijv. v. Mofcovien. 7. Befchrijv. d. Noordtfche landen. 8. Be-fchrijv. v. Turkijen. 9. Befchrijv. d. Wanfchepfels & Amazoonen. — Les deux dernières parties fe trouvent cependant dans peu d'exemplaires. — On y joint aufi quelquefois la 3ᵉ partie de la collection *a.*

Ainfi, une collection complète des voyages, tant aux Indes que vers le Nord, publiés par Saeghman, doit contenir 28 pièces. 15 de ces pièces, c'eft à dire la 4ᵉ—16ᵉ partie du recueil *a* & la 1ᵉ & 5ᵉ du recueil *b,* font copiées des éditions de Hartgers; les 1ᵉ—3ᵉ, 17ᵉ—19ᵉ parties de *a*, & la 4ᵉ de *b*, d'autres éditions antérieures. Les 2ᵉ, 6ᵉ—9ᵉ parties de *b* paraifent être des compilations. C'eft donc uniquement du Journal de Jan Segerfz que nous fommes redevables à Saeghman.

L'introduction de *a (Bondigh Verhael)* eft copiée de Hartgers. On y retrouve même la promefe du fecond tome, & Saeghman n'y a mis que fon nom.

Nous ne connaifons qu'une feule édition de *a* 1—16, 18; *b* 1, 2, 5, 8, 9; — deux éditions de *a* 19; *b* 4, 6, 7; —

enfin, trois éditions de *a* 17 & de *b* 3. On en trouvera une defcription détaillée dans nos chapitres fur les voyages fpéciaux.

Quant à l'époque de la publication de ce recueil, il n'y a que deux parties dont les titres foint munis d'une date: la 1e du recueil *b* (De Veer), où fe trouve l'année 1663, & l'ouvrage de Las Cafas (*a* 19) dont une des deux éditions porte la date 1664. Cependant le voyage du „Yacht *de Sperwer*" n'a pu être imprimé avant 1668, & l'édition de ce journal avec l'adreffe *Zaagman* eft certainement plus récente. C'eft donc de 1663 à 1670, environ, que les journaux de Saeghman auront été publiés.

Le mérite des éditions de Saeghman eft fort médiocre. Ses réimpreffions font en grande partie abrégées ou mutilées, & ce qu'il y a ajouté eft très-infignifiant. Les images dont il a prétendu orner fes journaux, font pour la plupart des gravures en bois, tirées d'ouvrages antérieurs. Les images bibliques de Van Sichem, entre autres, lui ont fourni un large contingent. La planche, repréfentant la Renommée, gravée par cet artifte & qui fe trouve au verfo du titre de plufieurs journaux, eft copiée d'une bonne gravure en taille-douce de J. Sadeler, d'après un deffin de Joffe van Winghe, le même qui a deffiné quelques planches pour les frères De Bry.

# SECONDE PARTIE.

---

## VOYAGES DE NAVIGATEURS HOLLANDAIS, QUI SE TROUVENT DANS LES COLLECTIONS DE DE BRY ET HULSIUS.

---

### A. COLLECTION DES GRANDS VOYAGES DE DE BRY

#### I. VOYAGE AUTOUR DU MONDE DE SEBALD DE WEERT.

(De Bry, Grands Voyages. Tome IX. 2e partie. 1602; Camus, Mémoire pag. 102; 118 fuiv.)

*a.* Wijdtloopigh verhael van tgene de vijf | Schepen (die int jaer 1598. tot Rotterdam toegheruft werden, om door de | Straet Magellana haren handel te dryven) wedervaren is, tot den 7. September 1599. toe, op | welcken dagh Capiteijn Sebald de Weert, met twee fchepen, door onweder vande Vlote verfteken werdt. Ende voort | in wat groot gevaer ende elende hy by de vier maenden daer naer inde Strate gheleghen heeft, tot dat hy | ten leften heel reddeloos fonder fchuyt oft boot, maer een ancker behouden hebbende, | door hooghdringhende noot weder naer huys heeft moeten keeren. | meeft befchreven door M. Barent Janfz. Cirurgijn. | (*pl. gravée*) | 't Amfterdam, by Zacharias

Heijns, inde Warmoeſtraet, inde Hooft-dueghden [1600] pet. in 4° oblong. [11 a]

*(Récit circonſtancié de ce qui eſt arrivé aux cinq vaiſſeaux, équipés en l'an 1598 à Rotterdam pour trafiquer par le détroit de Magellan, jusqu'au 7 Septembre 1599, jour où le capitaine Sebald de Weert fut féparé de la flotte par une tempête, avec deux vaiſſeaux; ainſi que des périls et des souffrances qu'il a eu à traverſer pendant un ſéjour de quatre mois dans le détroit, etc. . . . . décrit pour la plupart par Barent Janſz., Chirurgien).*

Titre imprimé avec planche gravée, repréſentant les cinq vaiſſeaux de l'expédition : *T gelooue'* (La foi), *Hoope* (Eſpérance), *Trouwe* (Fidélité), *Liefde* (Charité), *Nijde Bootſchap* (Bonne Nouvelle). — Au verſo, un ſonnet : *Tot den Leſer* (Au Lecteur), ſigné Z. H., les initiales de l'éditeur Zacharias Heyns, qui s'eſt diſtingué comme poëte.

Epitre dédicatoire à Jan Andries de Jacomo, marchand demeurant à Amſterdam, ſignée par (ſon couſin) Zacharias Heyns & datée d'Amſterdam, 25 Septembre 1600. 2 pp. A la fin de l'épitre ſe trouve un couplet ſur le journal, intitulée : *Mr. Jaques Claes tot den Leſer* (M. J. Claes au Lecteur). — Signat. A 2.

Texte (64 pag.) ſans indication des pages. La ſignature de la dernière feuille eſt D 2 au lieu de I 2.

Planches dans le texte.

*a.* Page 2. Mappemonde, gravée ſur bois.
*b.* „ 7. Rade de Praia, gravée ſur cuivre.
*c.* „ 10. Bataille près de S. Jago, gravée ſur cuivre.
*d.* „ 17. Viſite au roi africain, gravée ſur cuivre.
*e.* „ 21. Attaque contre l'île Annabon, gravée ſur cuivre.
*f.* „ 29. Figures de ſauvages, gravée ſur cuivre.
*g.* „ 45. Femmes et enfants ſauvages, gravée ſur cuivre.
*h.* „ 56. Habitants des îles Pingouins, „ „
*i.* „ 58 Chaſſe au Pingouins, gravée ſur cuivre.

Nouveau titre :

Nieuwe | Volmaeckte Beſchryvinghe der vervaer- | lijcker Strate Magellani, waer in van mijl tot mijl, van Baye tot Baye, | tot nut der Schippers ende Stuerlieden d'opdoeningen vlytighlijck | verthoont, ende de ſtreckingen beſchreven worden, door Jan Outgherſz. | van Enchuyſen, die de ſelve Strate (Stuerman zijnde op | 't ſchip 't Geloove genaemt) hen ende weder ge- | zeylt, ende over

de 9 maenden daer in | gheleghen heeft. | (*Marque d'im-
primeur*) | t'Amfterdam, by Zacharias Heyns, inde War-
moeftraet inde Hooft-dueghden. | 4° oblong. [11 b]

*(Defcription nouvelle & parfaite du formidable détroit de Magellan où eft
indiquée de lieu en lieu, de baie en baie, au profit des navigateurs &
pilotes, la fituation des côtes, par Jan Outgherfz d'Enchuyfen, qui a paffé
et repaffé par ce détroit comme pilote fur le vaiffeau La Foi & y a féjourné
plus de neuf mois).*

Au milieu du titre une vignette gravée en bois, avec les mots: *Sic itur ad aftra.*
Préface de Jan Outgherfz, 2 pp. — Au pied de la préface un couplet
de 8 vers.
Texte avec des croquis des côtes, gravés fur bois (19 pag.) Signature
b—d(2). A la fin: „Ghedruckt t'Amfterdam | by Herman de Buck |
inde Mol-fteegh".

Le vaiffeau *het Geloof* (la Foi), fous le commandement du
capitaine Sebald de Weert, faifait partie d'une flotte de cinq
navires, envoyée aux Indes par le détroit de Magellan, en Juin
1598, fous les amiraux Jacques Mahu & Simon de Cordes.
L'expédition fut très-malheureufe. Les deux amiraux périrent
pendant la traverfée, & feul le vaisfeau de De Weert fut affez
heureux de regagner la patrie. Voir, pour plus de particularités,
l'intéreffant ouvrage de M. J.-K.-J. de Jonge: *De opkomft van het
Nederlandfch gezag in Ooft-Indië*, I. p. 123, II. p. 218 (1). Il
paraît que M. de Jonge n'a pas connu cette première édition du
Journal de De Weert; M. Muller n'en a jamais vu d'autre exemplaire que le fien propre.

Nous favons par l'épitre dédicatoire que l'ouvrage fut compofé
par Zacharias Heyns, poëte et littérateur de mérite, d'après des
notes mss. et des communications orales du chirurgien Barent

---

(1) On peut confulter en outre fur cette expédition le recueil *Nicuwe Wereldt* publié par M. Colijn, fol. 80—83, la traduction de cet ouvrage par Bar-
lacus (*Novus Orbis*), fol. 79, 80, & le Journal de William Adams, pilote
anglais fur le vaiffeau *de Hoop* (l'Efpérance) & plus tard fur le vaiffeau
*de Liefde* (la Charité), qui fe dirigea vers le Japon (fous le commandement de
Jacob Janfz Quaeckernaeck). Ce journal fe trouve dans l'ouvrage: „Mc-
moirs on the empire of Japan in the XVI and XVII century", publié par
Th. Rundall pour la Hakluyt-Society (Londres 1850).

Janfz. Il paraît que·ce chirurgien fut un pilote expérimenté.  Dans
l'Atlas du monde de Mercator, publié par Hondius en 1628, fe
trouve une carte du détroit de Magellan, avec cètte infcription:
„Defcriptionem hanc novam freti Magellanici nobis communicavit
cl. vir Bernardus Joannis Brentenfis qui novem menfes in pere-
grinatione hujus freti impendit."  On retrouve cette carte, corrigée & augmentée, dans l'Atlas de Janffonius & Hondius publié
en 1633, où fe trouve cette infcription:  „Afbeelding der Straet
Magellanes fo als de felve van Mr. Barent Janfz Potgieter van
Munfter door ende weder door bevaren ende met fijn Capiteyn
Sebald de Waerd met groot pericul fijns levens feer naerftig onderfocht is."  Le nom Potgieter figure auffi fous un beau portrait
de Barent Janfz, (1627 aet. 53) gravé par Roghman, où il fe nomme
*Beminder des Vreeds* (ami de la paix).

Le Journal du voyage de Sebald de Weert fut traduit en Allemand, puis en Latin, par les foins des frères De Bry, & publié
à Francfort chez Mt. Becker en 1602. (Voir: Camus, Mémoire,
page 112, 118 svv.).  Cette traduction eft abrégée & inexacte;
témoin, entre autres, les paffages fuivants que nous traduifons litté-
ralement du hollandais.

| | |
|---|---|
| (Pag. 4.) ... ob id ... conftituit ut ... menfae vero cuilibet (quae octo perfonas capiebat) tres men-furae (Mutfken) vini praeter àlia fueta opfonia, ut pifces carnesque, daretur. | ... (l'Amiral) ordonna, qu'il ferait diftribué à chacun...trois *mutfkens* de vin, c'eft à dire trois litres pour chaque table de huit perfonnes; nourriture commune (*potfpijs*), pois-fon & viande comme à l'ordinaire |
| (Ibid.). Hoc conftituto vela ver-fus infulam Capo Verde, nobis *dulcem* dictam dirigentes, etc. | De cet endroit ils firent voile vers les îles du Cap Vert, connues chez nous fous le nom de îles *amères*, etc. |

En outre, la defcription du détroit de Magellan, par le pilote
Jan Outgherfz, manque entièrement dans la traduction de De Bry.

Quant aux planches du IXᵉ tome de De Bry, les nᵒˢ. 15, 16,
18, 20, 23, 24, 25, font des imitations des planches *b*, *c*, *d*,
*e*, *g*, *h*, *i* du journal hollandais.

*b*. Hiftorifch | Ende | Wijdtloopigh verhael, van 't ghene
de vijf | Schepen (die int Jaer 1698 [*fic*] tot Rotterdam

toegheruft zijn, om door de Straet | Magellana haren han-
del te dryven) wedervaren is, tot den 7. September 1599.
op welcken | dagh Capiteijn Sebald de Weerdt, met twee
fchepen door onweder van de Vlote verfteken is.  Ende
voort in | wat groot gevaer ende elende hy by de vier maen-
den daer naer inde Strate ghelegen heeft, tot dat hy | ten-
leften heel reddeloos fonder fchuyt oft boot, maer een
ancker behouden hebbende, | door. hoogdringhende noodt
weder naer huys heeft moeten keeren. | Meeft befchreven
door M. Barent Ianfz. Chirurgijn. | (*figure gravée*) | Tot
Amftelredam by Michiel Colijn, Boeck-vercooper, wonende
op 't Water | by de Oude-brugge aen de Cooren-marckt int
Huyf-boeck.  Anno 1617. | 4ᶜ oblong. [12]

(*Récit hiftorique & circonftancié de ce qui eft arrivé etc. [comme le pré-
cédent]*).

Titre imprimé avec vignette (un globe célefte) gravée.

Texte en 2 colonnes: 77 pag. La page 18e eft numérotée 81, la 34e,
43; la 60e, 61; la 61e, 60; les 72e & 73e, 76, 77; les 76e & 77e, 72,
73. — Signat. A—K(4).

Planches dans le texte, toutes gravées fur cuivre: pag. 7 (1e édit. *b.*),
11 (*c.*), 19 (*d.*), 23 (*e.*), 33 (*f.*), 53 (*g,*), 67 (*h.*), 69 (*i.*).

Réimpreffion textuelle de la première édition, moins l'ouvrage
de Jan Outgherfz. — Les planches font des imitations beaucoup
plus exactes que celles qui fe trouvent dans la collection des De Bry.

*c.* Kort ende waerachtigh Verhael van 't gheene | feeckere
vijf Schepen, van Rotterdam, in 't jaer 1598, den | 27
Junij nae de Straet Magaljanes varende, over-gheko- | men
is, *etc.* (4° oblong).

Dans: „Begin ende Voortgangh", Vol. I.; fans titre diftinct. Imprimé
en 2 colonnes. Signat. AAAa—DDDd (4); 31 pages.

Les planches font des épreuves poftérieures à celles de l'édition de Colijn; elles font numérotées (N°. 1—8).

Cette relation n'eft qu'un abrégé du Journal de Barent Janfz.

*d.* Kort ende Waerachtigh Verhael | Van 't gene feeckere vijf Schepen, van Rot- | terdam, in 't Jaer 1598. den 27 Junij, nae de Straet Maga- | lanes varende, over-ghekomen is, *etc.* (4°.)

Ajouté au Journal du voyage de Van Neck & Warwick de 1598 (voir chap. B IV de notre II^e partie) „'t Amftelredam, voor Jooft Hartgers. 1648", & occupant les pp. 61—92 de ce livre. — Dans la planche du titre on trouve des copies réduites des planches *b, c* de l'édition originale.

Réimpreffion de l'abrégé compofé pour „Begin ende Voortgangh."

*e.* Kort en waerachtigh Verhael, | van 't gene feeckere vijf Schepen, van Rotterdam, in 't jaer | 1598 *etc.* (*comme le précédent*) 4°.

Dans la réimpreffion de l'ouvrage précédent, publiée par Jooft Hartgers en 1650, & occupant les pp. 44—76. Les deux petites planches font intercalées dans le texte.

*f.* Journael | Van 't geene vijf Schepen, van Rotterdam, | in 't Jaer 1598, den 27 Juny, na de Straet | Magalanes | Varende, over gekomen is, tot den 21. January 1600. toe, op welcken Dagh Capiteyn | Sebald de Weert, | Met het Schip 't Geloove genaemt, de felve Straet verla- | tende, gedwonghen wiert weder naer Huys te keeren: Mitfgaders hoe de | voorfz. Capiteyn, niet fonder groot perijckel uyt geftaen te hebben, den | 13 July, des felven Jaers 1600. tot Rotterdam weder aen gekomen is. | Verhalende veel wonderlijcke Saecken die zy gefien hebben. | (*grav. en bois*) t'Amfterdam, Gedruckt | By Gillis Jooften Saeghman, in de Nieuwe-ftraet, | Ordinaris Drucker van de Journalen ter Zee, en de Landt-Reyfen. | [vers 1663] 4°. [13]

(*Journal de ce qui eft arrivé aux cinq vaiffeaux, partis de Rotterdam le 27 Juin 1598 pour le détroit de Magellan, jufqu'au 21 Janvier 1600, jour où le capitaine Sebald de Weert fut contraint de quitter le détroit avec le vaiffeau nommé La Foi & de regagner fa patrie, où il arriva non fans de graves périls le 13 Juillet de la même année 1600, etc.*)

Titre avec la grav. en bois ordinaire de Saeghman. Au verfo la Renommée, grav. fur bois par C. van Sichem.' Au deffous de cette planche
un couplet de 6 vers fur S. de Weert, fignée *Hier na een Beter.*

Texte imprimé en 2 colonnes. (Avec le titre:) 32 pag.

Planches aux pp. 5, 9, 11 & 15. Les deux premières font des épreuves
poftéricures des 2 petites planches de Hartgers. Les deux autres font gravées fur bois. La 1e repréfente une tortue; la 2e eft une copie de la
planche *d.* de l'édition originale.

Abrégé du Journal de Barent Janfz, différant de celui du „Begin ende Voortgangh" et de Hartgers.

––––––

### II. VOYAGE AUTOUR DU MONDE D'OLIVIER VAN NOORT.

(De Bry, Grands Voyages, Tome IX. 3e partie. 1602; Camus,
Mémoire, pag. 102, 122 fvv.)

*a.* [Extract of Kort Verhael vande reyfe by . . . Olivier
van Noort. Rotterdam, Jan van Waefberghe. 1601. 4° oblong.]
[14]

M. Lenox, à New-York, en poffède un exemplaire.

L'extrait ci-deffus, que nous ne connaiffons que par ce titre
incomplet, a probablement précédé le journal fuivant.

*b.* Befchryvinghe vande Voyagie om den geheelen | Werelt
Cloot, ghedaen door Olivier van Noort van Vtrecht, Ge-
nerael over vier | Schepen, te weten: het Schip Mauritius
als Admirael, dat wederom ghecomen is, Hendrick Fredrick
Vice-Ad- | mirael, het Schip de Eendracht, midtfgaders
de Hope, wel ghemonteert van alle Ammonitie van Oor-
loghe | ende Victualie, op hebbende 248. man, om te gaen
door de Strate Magellanes, te handelen langhs de Cuften |
van Cica Cili ende Peru, om den gantfchen Aerden Cloot
om te zeylen, ende door de Moluckes we- | derom thuys te
comen. Te zeyl ghegaen van Rotterdam, den tweeden July
1598. | Ende den Generael met het Schip Mauritius is alleen

weder ghe- | keert inde Maent van Augufti, Anno 1601. | Daer in dat vertelt wort zyne wonderlijcke avontueren, ende in verfcheyden Figueren afghebeelt, vele Vrem- | digheden dat hem is bejegent, 't welck hy ghefien, ende dat hem wedervaren is. | (*planche gravée*) | Men vintfe te coop tot Rotterdam, by Ian van Waesberghen, op de Marct inde Fame. Ende tot | [Amftelredam, by Cornelis Claeffz opt Water, int Schrijfboeck. S. a] 4° oblong. [15]

(*Defcription du Voyage autour du monde, fait par Olivier van Noort d'Utrecht, commandant de quatre vaiffeaux .... pour naviguer par le détroit de Magellan, explorer les côtes de Cica, du Chili & du Pérou, & faire le tour du monde entier en paffant par les Molucques. Parti de Rotterdam le 2 Juillet 1598, & (le commandant feul) retourné en Août 1601. Où font racontées fes aventures merveilleufes, etc.*)

Titre imprimé avec planche gravée, répréfentant les quatre vaisfeaux de l'expédition : *Mauritius, Hendrick Fredrick, de Eendracht, de Hope*, en rade devant Rotterdam. — La dernière ligne du titre eft rognée dans le feul exemplaire que nous connaiffions.

Texte : 93 pag., dont 92 numerotées. La 93e contient deux fonnets en Hollandais. Signature Aij—Miij.

Planches gravées fur cuivre par Bapt. van Doetichem fur des feuilles féparées, avec explication imprimée en tête, & les infcriptions fuivantes, gravées à l'intérieur(1) :

a. Fol. 5 A. Ifola del Principe.
b.   5 B. La Baye de l'Ifle du Prince.
c.   5 C. Les habitans de lifle du Prince.
d.   7.   Rio Jauero (*fic*).
e.   9.   I. S. Sebaftiaen.
f.   13.   I. S. Clara.
g.   16.   Porto de Seijro.
h.   31.   Fretum Magallanicum (*carte*).
i.   33 A. La Moche in Chili.
k.   33 B. Les habitans de la Mocho.
l.   33 C. S. Maria.
m.   37.   Deliniatio (*fic*) orarum Peru (*carte*).

---

(1) Pourquoi ces infcriptions font-elles *en français* ? Probablement, afin que les planches puffent fervir en même temps pour l'édition françaife.

*c.* Beſchryvinghe van de Voyagie om den geheelen | Werelt Cloot, ghedaen door Olivier van Noort van Vtrecht, Generael over vier | Schepen, te weten: Mauritius als Admirael, Hendrick Frederick Vice-Admirael, de Eendracht, | midtſgaders de Hope, op hebbende tſamen 248. man, om te zeylen door de Strate Magellanes, te handelen langs de | Cuſten van Cica, Chili eñ Peru, om den gantſchen Aerden Cloot, ende door de Molucques wederom thuys te | comen. Te zeyl gegaen van Rotterdam, den tweeden July 1598. Ende den Generael met | het Schip Mauritius is alleen weder ghekeert in Auguſto, Anno 1601. | Daer in dat vertelt wort zyne wonderlijcke avontueren, ende vremdigheden hem bejegent, by hem | gheſien, ende die hem wedervaren zijn, Met vele Copere Caerten ende Figueren afgebeelt, by | hemlieden nieulicx gheteeckent ende mede ghebracht | (*pl. grav.*) | Tot Rotterdam. | By Jan van Waeſberghen, ende by Cornelis Claeſſz tot Amſtelredam, op 't Water. | int Schryfboeck, Anno 1602. | 4° oblong [16]

Titre imprimé au moyen le même cuivre que l'édition précédente, mais moins frais, comme d'ailleurs toutes les planches.

Quatre fonnets fur 2 pp. encadrées, dont deux en Hollandais (les mêmes qui fe trouvent à la fin de l'édition précédente), & deux en Latin, le dernier figné : H. Venburch. (2 pp.).

Epitre dédicatoire au Prince Maurice d'Orange, datée de Rotterdam 25 Janvier 1602, et fignée : „Olivier van Noordt, van Wtrecht." (4 pp.).

Texte différant de celui de l'édition précédente par quelques variantes orthographiques : 92 pag. Signat. B—Miij.

Mêmes planches que celles de la première édition. — Pour la planche *g*, dont l'infcription eft ici changée en *Porto de Desjre*, on eft renvoyé par mégarde au Fol. 61, au lieu de 16, — & pour la carte du Pérou (*m*) au Fol. 73, au lieu de 37.

*d.* [Defcription, etc. (comme l'édition *f*) . . . Amfterdam, Cornille Claefz. 1602. fol.] [17]

Mentionné par Camus, Mémoire, p. 122.

Cette édition fe trouve à Paris, à la Bibliothèque Impériale.

*e.* [Eigentliche und warhaftige Befchreibung | der wunderbärlicher Schiffarth (der Holländer) rundtumbher dem gantzem | Kreitz der Erden gethan durch Olivier von Nort, geburtig von Utrecht, General Oberften über vier | Schiffen . . . Aus der Niederländifchen Sprach in die Hochteutfche vertolmetfchet durch Joannem Schäffer. | (*Planche*) | Gedruckt zu Amfterdam durch Cornelium Nicolaum Anno 1602. | 4° oblong]. [18]

Titre avec la même planche que l'édition hollandaife.
Dédicace à Enno, comte d'Ooftfriefland, fignée par J. Schäffer, 3 pp.
Texte 92 pp. Signat. A 2 —?
Planches comme dans l'édition c.

M. Lenox, à New-York, en poffède un exemplaire.

Cette édition allemande, différente de celle de De Bry, qui eft traduite par G. Artus, n'eft pas en notre poffeffion. La dédicace, qui n'eft pas comprife dans les chiffres de la fignature, manque dans quelques exemplaires.

*f.* Defcription | du penible voya- | ge fait entour de l'Vni-
vers | ou Globe terreftre, par Sr. Olivier Du | Nort
d'Vtrecht, General de quatre navires, | affavoir: de celle
dite Mauritius, avec laquelle il eft retourné comme Admi-
ral, l'autre de | Henry fils de Frederic Vice-Admiral, la
troifiefme dite la Concorde avec la quatriefme | nommé
l'Efperance, bien montees d'equipage de guerre & vivres,
ayant 248 hommes en | icelles, pour traverfant le Deftroict
de Magellanes, defcouvrir les Coftes de Cica, Chili & |
Peru, & y trafiquer, & puis paffant les Molucques, &
circomnavigant le Globe | du Monde retourner à la Patrie.
Elles finglerent de Rotterdame le 2 | Iuillet 1598. Et l'an
1601 d'Aouft y tourna tant feu- | lement la fufdite navire
Mauritius. | Où font deduites fes eftranges adventures, &
pourtrait au vif en diverfes Figures, plu- | fieurs cas eftranges
à luy advenuz, qu'il y a rencontrez & veuz. | Le tout
tranflaté du Flamand en François, et à fervice de ceux qui
font curieux | fe delectent de nouvelles remarquables et
dignes de memoire. | (*planche grav.*) Imprimé à Amfterdam,
chez la Vefve de Cornille Nicolas, Marchand Librai- | re,
demeurant fur l'eauë, au Livre à efcrire. L'an 1610 |
fol. [19]

Titre imprimé avec la même planche gravée que les éditions *b* & *c*.

Texte, 62 pag., dont 61 numérotées. La 62e contient les deux poëmes
latins qui fe trouvent dans la 2e édition hollandaife.

Les planches, au nombre de 25 (les mêmes que dans l'édition hollandaife), font intercalées dans le texte.

La Defcription du Voyage d'Olivier van Noort eft le journal
même tenu à bord du chef de l'expédition, & (comme nous l'apprend l'épitre dédicatoire au Prince d'Orange, ajoutée à la 2e édition
hollandaife) publié par Van Noort lui-même. Elle fut traduite
en allemand par Gothardt Arthus de Dantzig & publiée par les
foins des frères De Bry à Francfort en 1602. Cette traduction

allemande eſt abrégée. Le traducteur annonce dans la préface qu'il ne donne qu'un „*Aufzug oder Handbuch, fo kurtz müglich*" (un extrait, le plus court poſſible), dans lequel on trouve feulement les chofes principales. Elle contient 119 pp. de texte in 4°. & un certain nombre de planches, probablement 14, les mêmes que dans l'édition latine.

L'édition latine des frères De Bry, paraît avoir été faite d'après la traduction allemande, que nous n'avons pas vue, mais dont l'opufcule mentionné ci-deſſus eſt un abrégé. On fait par les remarques de M. Camus (Mémoire, page 125) que la traduction laiſfe beaucoup à défirer. Les frères De Bry y ont ajouté un cahier de 14 planches.

    I eſt une imitation de *a* (édit. origin.)

    II imitat. de *b* & *c*.

    III „    „ *d*.

    IV „    „ *e*.

    V „    „ *f*.

    VI „    „ *g*.

    VII paraît être une fantaiſie des De Bry.

    VIII imitat. de *i* & *k*.

    IX „    „ *n* & *o*.

    X fantaiſie des De Bry?

    XI imitat. de *p* & *q*.

    XII „    „ *s*.

    XIII „    „ *t* & *r*.

    XIV copie „ *w*.

La plupart des cartes curieuſes qui figurent dans l'édition originale manquent par conféquent dans l'édition des De Bry.

*g.* Befchrijvinge van de Voyagie om den geheelen | Werelt-Kloot, ghedaen door Olivier van Noordt van Vtrecht, Generael over vier Sche- | pen, te weten: Mauritius als Admirael, Hendrick Frederick Vice-Admirael, de Eendracht, midtſgaders | de Hope, op hebbende t'famen 148. Man, om te zeylen door de Strate Magellanes, te handelen | langhs de Cuſten van Cica, Chili ende Peru, om den

gantfchen Aerden-Cloot, ende door | de Molucques weder
'thuys te komen. Te zeyl gegaen van Rotterdam den
tweeden Julij 1598. Ende den Generael met het Schip
Mauritius is alleen weder | ghekeert in Augufto, in 't jaer
onfes Heeren, 1601. | Daer in dat vertelt wordt fijne
wonderlijcke avonturen, ende vreemdicheden hem bejegent,
by hem | ghefien, ende die hem wedervaren zijn. Met
veel Copere Caerten ende Figueren af ghebeeldt by hen |
lieden nieulijcks gheteeckentende mede ghebracht. | (*Planche
gray*.) | t'Amfterdam, | By Michiel Colijn, Boeckverkooper
op 't Water, aen de Koorn-Marckt, in 't Huyf-boeck.
A° 1618. | 4° oblong. [20]

Titre imprimé, avec la même planche gravée que l'édition originale,
mais, comme toutes les planches, fatiguée.

Texte pp. 3—132, en 2 colonnes. Les planches *a—g, i, k, m, n,
p—z* de l'édition originale font intercalées dans le texte; les planches *h,
l, o* forment des feuilles féparées. — La page 75 du texte eft numérotée 59;
118 eft numér. 120; 120, 121 font numér. 118, 119; fuivent 120—32
(les deux dernières numér. 131). L'indication des pp. 120 & 131 eft
donc double; celle de la p. 110 eft omife.

Cette édition eft une réimpreffion textuelle de la première, parue
chez Corn. Claefz.

*h*. Befchrijvinge van de Schipvaerd by de Hollan- | ders
ghedaen onder 't beleydt ende Generaelfchap van Oli- | viér
van Noort, door de Straet of Engte van Magallanes, | ende
voorts de gantfche kloot des Aertbodems om.

Dans: „Begin ende Voortgangh", Vol. I; fans titre diftinct. Signat.
AAAAa—GGGGg (4); 56 pages.
Les 25 planches, épreuves très-ufées des pl. de l'édition originale, ne
font pas en partie intercalées dans le texte, comme dans l'édition de Colyn,
mais forment tout autant de feuilles féparées & numérotées (N°. 1—25).

Cette relation eft un abrégé du journal d'Olivier van Noordt,
où l'on a inféré quelques notices (*inwerp*) qui fe rapportent à
des voyages antérieurs. Les infertions: „Defcription des côtes

de Chili et du Pérou par le pilote Eſpagnol priſonnier Juan de S. Aval" (p. 22—26), & „Deſcription du Japon" (p. 38—44) font tirées du journal original. A la fin, on trouve quelques remarques ſur les voyages autour du monde, ajoutées dans le but „de remplir quelques feuilles vides".

*i.* Wonderlijcke Voyagie, | By de Hollanders gedaen, | Door de Strate | Magalanes, | Ende voorts den gantſchen kloot des Aert- | bodems om, met vier Schepen : onder den Admirael | Olivier van Noort, uytghevaren Anno 1598. | Hier achter is by-gevoeght | De tweede Voyagie van Iacob van Neck, naer | Ooſt-Indien. | (*Figure de vaiſſeaux*) | t'Amſtelredam, | Voor Iooſt Hartgerts, Boeck-verkooper in de Gaſt-huys-ſteegh, | in de Boeck-winckel, bezijden 't Stadt-huys, Anno 1648. | 4°. [21]

Titre imprimé.

Planche double, contenant 6 vues, dont 2 appartiennent au Voyage de Van Noort; ce ſont des imitations des pl. *e*, *f* de l'édition originale.

Texte, pp. 3—58. — Les pp. 59—88 contiennent le ſecond Voyage de Van Neck. (Voir chap. II. B 7.)

Réimpreſſion de l'abrégé fait pour „Begin ende Voortgangh". Avec les „inwerp".

*k.* Wonderlijcke Voyagie, | By de Hollanders ghedaen, | Door de Strate | Magalanes, | Ende voorts den gantſchen Kloot des Aerdt- | bodems om, met vier Schepen : onder den Admirael | Olivier van Noort, van Utrecht, Uyt- | gevaren Anno 1598. | (*Planche gravée.*) | t'Utrecht. | By Lu- cas de Vries, Boeck-verkooper in de Snippe-vlucht, 1649. | 4°. [22]

La planche du titre eſt une imitation de la pl. *p* de l'éd. orig. Elle eſt répétée à la page 43.

Texte, p. 3—67. Signat. ***A2—***E.

Planches encadrées dans le texte, au nombre de 16, gravées en taille douce. Les ſix premières ſont des imitations des pl. *b*—*g* de l'éd. orig.; la 7e & la 10e (identiques) de la pl. *o*; la 8e de la pl. *i*; la 9e de la pl. *n*; les 11e—16e des pl. *q*, *p*, *s*, *y*, *u*, *w*.

Réimpreſſion de l'abrégé fait pour „Begin ende Voortgangh" avec les „inwerp", comme l'édition de Hartgers. A la fin on a ajouté, pour remplir le cahier (p. 65—67), un diſcours concernant les voyages autour du monde.

*l.* Wonderlijcke Voyagie . . . . *ghe*daen . . . . *Aerdt-* | bodems . . . . by-*ghe*voeght (*etc. comme l'éd.* i) . . . . t'Am- ſtelredam , | Voor Jooſt Hartgers, Boeck-verkooper op den Dam , bezijden | 't Stadt-huys, in de Boeck-winckel , Anno 1650. | 4°. [23]

Titre imprimé.

Texte : Van Noort, pp. 3—56 ; Van Neck, pp. 57—88. — Les 6 petites planches, qui figurent ici dans le texte, reproduiſent la planche double de l'édition précédente.

Réimpreſſion de l'édition *i.*

*m.* Wonderlijcke Voyagie, *&c.* (*comme* k) . . . t'Utrecht, | By Lucas de Vries . . . . 1652. | 4°. [24]

La planche du titre eſt imitée, comme dans l'édition *k*, de la pl. *p* de l'éd. orig., & répétée à la page 43.

Texte, p. 3—64. Signat. ***A2—***D5.

Planches dans le texte, au nombre de 15 , gravées en taille douce. Ce ſont les mêmes que dans l'édition *k*, à l'exception de la derniére, qui ne ſe trouve pas ici.

Réimpreſſion de l'édition *k* ſans le Diſcours à la fin du livre.

*n.* Journael | Van de wonderlijcke Vooyagie | Door de Straet | Magalanes, | Ende voorts den | Gantſchen Kloot des Aerdtbodems om, | Gedaen met vier Scheepen, onder het beleydt van | Olivier van Noordt, | Uytgevaren in 't Jaer 1598. Verhalende de byſonderſte Vreemdicheden, haer op de Reyſe voor gevallen, als mede de zeden en manieren der Inwoonderen, | vreemde aerdt van Vogelen, en Beeſten, &c. die zy daer te Lande geſien hebben. | (*Figure de vaiſſeaux*) t'Amſterdam, Gedruckt | By Gillis

Jooſten Saeghman, in de Nieuwe-ſtraet, | Ordinaris Drucker van de Journalen ter Zee, ende Landt-Reyſen. | [*vers* 1663] 4°. [25]

Titre avec la gravure en bois ordinaire, & la Rénommée au verſo, avec un couplet de 6 vers ſur O. van Noort, ſigné *Hier na een Beter.*

Texte imprimé en 2 colonnes (Avec le titre:) 48 pag.

Planches aux pp. 7, 8, 9, 17, 20, 26. Les deux premières, gravées ſur cuivre, ſont des épreuves poſtérieures des 2 petites planches de Hartgers; les autres ſont gravées ſur bois. Celle de la pag. 9 repréſente un pingouin. Les autres paraiſſent être des fantaiſies de l'artiſte.

Réimpreſſion de l'ouvrage précédent, écourté ſeulement vers la fin, et ne contenant ni l'appendice, ni les notices (*inwerp*), ajoutés dans le texte de l'édition „Begin ende Voortgangh".

*o.* Wonderlijcke Voyagie, | By de Hollanders ghedaen, | Door de Strate | Magalanes, | Ende voorts den gantſchen Kloot des Aerdtbodems om, met vier Schepen: onder den Admirael Olivier van | Noort, van Utrecht, Uytgevaren Anno 1598. | (*Figure de vaiſſeaux*) | t'Amſterdam, | By Michiel de Groot, Boeckverkooper op den Nieuwen dijck, | tusſchen de twee Haerlemmer ſluyſen, inden grooten Bibel. 1664. 4°. [26]

64 pag., le titre compris.

Planches ſur bois dans le texte, aux pp. 6, 12, 21, 25, 35, 38, 41, 46, 54. — Celles des pp. 25, 35 (répétée à la p. 41) & 46 ſont de mauvaiſes imitations des planches *c*, *o* & *s* de l'original. Les autres ſont des fantaiſies.

Réimpreſſion textuelle de l'abrégé publié dans „Begin ende Voortgangh", avec l'appendice & les *inwerp*.

*p.* [Journael van de Wonderlijcke Voyagie | *etc.* (*comme l'édition ſuivante*) . . . . Tot Utrecht | Gedruckt by Jurriaen van Poolſum . . . . . 1684. 4°.] [27]

72 pag., le titre compris. — Cette édition paraît être en tout conforme à la ſuivante.

M. Lenox en poſſède un exemplaire.

*q.* Journael vande Wonderlijcke Voyagie , | By de Hol-landers gedaen , | Door de Straet of Enghte van | Magalla-nes , | Ende voorts den gantſchen Kloot des Aerdbodems om , | Met vier Schepen , onder het Beleydt van | Olivier van Noord , | Uyt-gevaeren Anno 1598. | Vermeerdert met noodige In-werpen; en in defen | laetſten Druck op nieuws Verrijckt met verſcheydene aenmerckelijcke | Byvoeghfe-len. | (*Grav. ſ. bois*) | T'Utrecht , | Gedruckt by Weduwe : J: Van Poolſum , Boeckdruckſter , | wonende op de Plaets , recht tegenover het Stadthuys. Anno 1708. | 4°. [28]

72 pag., le titre compris.

Planches ſur bois dans le texte, aux pp. 6, 13, 22, 24, 26, 45, 46, 51, 59, 60, 70. — Celles des pp. 6, 13, 46 (la même que le titre) & 51, font de mauvaiſes imitations des planches *c, o, p* & *s* de l'édition originale. Les autres font des fantaiſies.

Autre réimpreſſion de l'abrégé publié dans „Begin ende Voort-gangh", avec l'appendice & les *inwerp*. De plus on a ajouté à cette édition la commiſſion d'Olivier van Noort; des notices géographiques ſe rapportant à d'autres voyages, & quelques détails biographiques, entre autres concernant Olivier van Noort lui-même Il eſt raconté de lui qu'il tenait une auberge à Rotterdam, ſur la grande place, à l'enſeigne de la Clef („in een huys daer de Sleutel uythingh.")

*r.* Wonderlyke Reyze , | By de Hollanders gedaan , | Door de Strate | Magalanes , | Ende voorts den gantſchen Kloot des | Aardbodems om , met Vier Scheepen : onder den Ad- | miraal Olivier van Noort, van | Utrecht, Uit-gevaren Anno 1589 (*ſic*) | (*Grav. ſ. bois*) | Gedrukt , | Voor Abraham Cornelis Boekverkooper aen den Over- | toom, [*te Amſterdam*] 1764. | 4°. [29]

64 pag., le titre compris.

Planches ſur bois dans le texte, aux pp. 6, 12, 21, 25, 35, 38, 41, 46, 54. Ce font pour la plupart des épreuves uſées des planches de l'édition de 1664.

L'édition *r* eſt une réimpreſſion de l'édition de 1664.

---

### 3. EXPÉDITION DE PIETER VAN DER DOES.

(De Bry, Grands Voyages, Tome IX 4ᵉ partie, édition de Mérian).

*a.* Diſcours | ende | Beſchrijvinge van het groot | Eylandt Canaria, ende Gomera, | midtsgaders het innemen, ende | verlaten van dien. | Alles ghetrouwelijc met grooten aerbeyt, wt diverſche Journa- | liers by een ghebrocht, ende ver-gadert. Door Michiel Iooſtens van Heede, | Schrijver op de Armade vande E. Heeren des Nederlants Staten, ghede- | ſtineert op Weſten, onder tbevel ende commandement E. Jonc Heer Pieter | vander Doeſt, als Admirael Generael. | Begrijpende alle de courſſen ghedaen in deſe Zeevaert, van daghe tot daghe, be- | ghinnende vanden xxv. Meye 1599. tot op den tienden Septembris deſzel- | ven Jaers, ſtilo novo. | (*Gravure en bois, avec les verſets ſuivants, aux deux côtés:*) Door Eendrachtich perſevereren, en Wet- | telijc ſtrijden, van Noodts Weghen | Wort met Eeren, ende verblijden. Gherech- | tighe Victorïje verkreghen. | Tot Rotterdam, | Bij Gillis Pieterſz. Boec-verkooper op Steygher, | inden rooden Enghel M.D.XCIX. [1599] 4°. [30]

(*Diſcours & deſcription de l'île de Canarie & Gomère, ainſi que la priſe & l'abandon de ces terres. Compilé de pluſieurs journaux par Michiel Jnooſtens van Heede, Secrétaire à bord de l'armade des Etats Généraux, envoyée en Occident, ſous le commandement du ſeigneur Pieter van der Does, en qualité d'amiral général. Contenant toutes les courſes faites pendant cette navigation, du 25 Mai juſqu'au 10 Septembre 1599*).

24 pp., ſans pagination. Signature: (A)—C. Au verſo du titre ſe trouve une Préface au lecteur. Le journal, qui va du 25 Mai juſqu'au 10 Septembre 1599, s'arrète à la page 23ᵉ & eſt ſuivi d'un avis de l'auteur,

daté de Rotterdam, 1er Octobre. La dernière page contient un avis de l'imprimeur, annonçant qu'il a mis en vente une Vue de l'île de Canarie avec la ville d'Allegona.

A la page 14e fe trouve une gravure fur bois, empruntée comme celle du titre à un autre ouvrage.

*b.* Difcours | ende | Befchryvinge (*etc.*, *en tout conforme au précédent*) . . . . Eerft tot Rotterdam, | By Gillis Pieterfz Boeck-vercooper . . . . M.D.XCIX [1599] 4°. [31]

24 pp. avec 2 gravures fur bois, différentes de l'édition originale.

*c.* Waerachtigh verhael van- | de machtighe Scheeps-Armade, toegheruft by de | moghende E. Heeren Staten Generael der vereenighde Neder- | landtfche Provintien, tot afbreucke des Koninghs van Spaengien, onder het | ghebiet en gheleyde van Joncker Pieter vander Does, als Generael der felver: Wat by | den felvighen beftaen ende uytghevoert is, fo op Eylanden, Steden, Cafteelen als Sche- | pen, ende den Buijt aldaer becomen vande gheheele Voyagie: Midtfgaders al tghene de | Armade op Zee op de heen ende weer reyfe is bejeghent, vanden 28. Mey 1599. tot den | 6. Meert 1600. Alles ghetrouwelick befchreven door Ellert de jonghe, Capiteijn van d'Ar- | tillerie vande voorghemelde Armade. | (*Gravure en bois réprés. un vaiffeau*) | t'Amfterdam, by Herman de Buck, voor Hans Matthijfz, Boeckvercooper, op 't Water [1600] 4°. [32]

(*Récit véritable de la puiffante armade, équipée par les Etats Généraux au détriment du Roi d'Efpagne, fous le commandement du Seigneur Pieter van der Does, en qualité de général. Relation de ce qui a été accompli par elle aux îles, villes etc. . . . . depuis le 28 Mai 1599 jufqu'au 6 Mars 1600. Décrit par Ellert de Jonghe, capitaine d'artillerie à bord de ladite armade.*)

24 pp., fans pagination. Signature (A)—C.
A la page 22 fe trouve une carte de l'île San-Thomas, gravée fur bois.

Ces deux petits journaux de la malheureufe expédition de 1599 font les feuls que nous poffédions. Celui du fecrétaire Michiel Jooftens van Heede eft moins complet que celui du capitaine Ellert de Jonghe. Le premier accompagnait cette partie de la flotte qui repartit pour les Pays-Bas en Juillet 1599 & y arriva en Septembre; l'autre affifta au debarquement dans l'île de S. Thomas, en Octobre, regagna la patrie avec une autre partie de la flotte en Décembre & y arriva au commencement de Mars 1600. Ni l'un ni l'autre ne prit donc part à l'expédition du Bréfil, entreprife par une troifième partie de la flotte, mais qui eut peu de fuccès. On trouve quelques particularités fur cette expédition à la fin du journal de Bicker & Heemfkerk (*Voyage au Bréfil.* Amft., C. Claefz 1603) dont nous traiterons ci-après.

Il paraît que la relation de cette expédition, qui fe trouve dans la neuvième partie de la collection des Grands Voyages de De Bry, *édition de Mérian* (que nous n'avons pas vue), eft autre chofe qu'une traduction de l'un ou de l'autre des deux journaux précédents. Du-moins, fuivant M. Camus (Mémoire p. 127), le vaiffeau dont parle l'auteur de ce récit entra dans la Meufe le 10 *Décembre* 1599. Cet auteur ne prit part, comme celui de notre premier journal, qu'au premier épifode de l'expédition.

Les deux journaux hollandais n'offrent guère de données pour la topographie des contrées vifitées. Celui d'Ellert de Jonghe renferme quelques particularités curieufes concernant les habitants de la côte d'Afrique & de l'île S. Thomas.

Quant au récit français (Vraie defcription etc. Amfterdam, H. Allan [?]. 1599. in fol. oblong), et au récit anglais (The conqueft of the grand Canary etc. London, W. Appfley. 1599. in 4°), mentionnés par M. Ternaux-Compans (*Bibliothèque Afiatique & Africaine*, p. 89), nous n'en connaiffons que le titre.

---

4 VOYAGE AUTOUR DU MONDE DE WILLEM CORNELISZ SCHOUTEN ET JACOB LE MAIRE.

(De Bry, Grands Voyages, Tome XI, 1. 1619; Camus, Mémoire, 147.)

*a.* (\*) Iournal | Ofte | Befchryvinghe van de | wonderlicke reyfe, ghedaen door Willem Cornelifz | Schouten van Hoorn, inde Jaren | 1615. 1616. en 1617. | Hoe hy bezuyden de Strate van Magel- | lanes een nieuwe Paffagie tot inde groote Zuyd | zee ontdeckt, en voort den gheheelen Aerd- | kloot omghefeylt, heeft. | Wat Eylanden, vreemde volcken en wonderlicke | avontueren hem ontmoet zijn. | (*Planche gravée*) | 't Amfterdam, | By Willem Janfz. op 't water inde Sonnewyfer, 1618. | 4°. [33]

*(Voir le titre français, page 45).*

Titre avec planche gravée en taille douce, repréfentant les vaiffeaux de l'expédition, partant de Hoorn. Aux coins d'en haut les armes de Hollande & de Hoorn.

Epitre dédicatoire aux Bourgmeftres &c. de Hoorn, datée d'Amfterdam, 25 Sept. 1618, & fignée Willem Janfz. 2 pp. Signat. A. 2.

Préface au lecteur, fuivie d'un Anagramme fur le nom de Schouten, figné : J. V. Vondelen, 4 pp. Signat. A. 3.

Planche (*a*) double, repréfentant les deux hémifphères avec le tracé du voyage de Schouten. En haut, au milieu, les deux portraits de Magellan & de Schouten, l'un & l'autre couronnés de lauriers. Aux coins fupérieurs les deux vaiffeaux de l'expédition : *Victoria* & *Eendracht*. A côté des hémifphères, les portraits de Drake, Candifh, Van Noort & Spilberghen. — Au verfo de cette planche un fonnet (*Klinck-ghedicht*) & un quatrain (*Vierlingh*), fignés de la devife *Blijft volftandich*, & un autre fonnet (*Klinckert*) figné I. V. Vondelen, tous en honneur de Schouten. Signat. a 5.

[Grande carte du monde, de Gul. Janfonius 1606 où l'on a ajouté le détroit de Le Maire. Cette carte figure dans quelques exemplaires].

Texte du journal 92 pp. Signat. B—M.4.

---

(\*) Plufieurs bibliographes, fe copiant l'un l'autre, ont fait mention d'une édition hollandaife & françaife, publiée à Amfterdam, chez la Veuve de Michiel de Groot, en 1617. C'eft une erreur. Michiel de Groot imprimait à Amfterdam vers 1660—80, & publia une édition hollandaife du journal de Schouten vers 1664. Voir ci-deffous l'édition *bb*. Il eft très-poffible que fa veuve ait réimprimé ce journal, mais certainement elle ne l'a pas fait avant l'année 1681. L'année 1617 figure probablement fur le titre comme ayant été la date de l'expédition; celle de la publication manque vraifemblablement dans l'édition de la Veuve De Groot, comme dans celle de fon mari & dans plufieurs éditions populaires d'ouvrages du même genre.

Planches doubles, fur des feuilles féparées.

*b* Porto Defire, avec defcription au verfo, du côté du texte, & fignat. D. 2 comme la page 19.

| | | |
|---|---|---|
| *c* Caarte vande nieuwe Paflagie bezuijden de Strate Magellani ontdect en deurgefeijlt inden iare 1616. Door Willem Schouten va͞ Hoor. | Defcription du nouveau paflage vers le Zud du deftroict de Magellan, decouvert et paffe en l'an 1616. par Guillaume Schouten de Hoorn Hollandois. | |

Cette carte porte la fignature E comme la page 25.

| | | |
|---|---|---|
| *d* Caarte vande Zuijdzee, ver-tonende wat wech Willem Schouten door de zelve gezeijlt en wat landen en eijlanden bij hêm aldaer gevonden zijn. | Defcripton de la grande Mer du Sud, monftrant par quel chemin Guillaume Schouten eft navigé, et quelles ifles et terres parluy font defcouvertes en icelle. | Tabula Hydrographica Maris Auftralis vulgo del Zur, ductum navigationis Wilhelmi Schouten et terras ac infulas ab eo ibiden detectas demon-ftrans. |

Cette carte, de la largeur de trois pages, porte la fignature F comme la page 33.

*e* Navire indigène attaqué par la chaloupe des Hollandais, avec la fignat. G comme la page 41.

*f* „Cocos Eijlandt. Ifle de Cocos." (Au loin:) „Verraders Eylandt. Ifle des traiftres." — Signat. G. 3, comme la page 45.

*g* „Hoornfe Eijiandt. Ifle de Hoorn." — Avec defcription au verfo, du côté du texte, & fignat. H. 5 comme la page 53.

*h* Rencontre des Rois indigènes à l'île de Hoorn. Avec defcr. au verfo, et fignat. I. 3 comme la page 61.

| | | |
|---|---|---|
| *i* Caarte van Nova Guinea nieulijck inden iare 1616 bezeijlt en befchreven door Willem Schouten van Hoorn. | Defcription de la cofte fepten-trionale de Nova Guinea nouvellement decouvert par Guillaume Schouten de Hoorn. | Novae Guineae Tabula noviffime luftratae et confcripte (*fic*) a Wilhelmo Schouten Hornano Batavo. |

Première édition de ce journal. Nous reviendrons plus tard fur le contenu de l'ouvrage. L'éditeur n'eft autre que le celèbre libraire Willem Janfz Blaeuw ou Blaeu natif d'Uitgeeft, près d'Alkmaar, mathématicien diftingué, difciple de Tycho Brahé, auteur du grand *Atlas* (1634), de quelques ouvrages fur l'aftronomie & l'art de la navigation, & fabricant des meilleurs globes du temps. Il publia rarement fous fon furnom de *Blaeu* avant 1620. Dans les éditions du journal de Schouten par Jan Janfz & d'autres, le nom de Willem Janfz eft refté au pied de l'épitre dédicatoire.

*b.* Journael | ofte | Befchrijvinghe van de | wonderlicke

reyfe, gedaen door Willem | Cornelifz. Schouten van Hoorn, inde Jaren | 1615. 1616. en 1617. | Hoe hy bezuyden de Strate van Magellanes een | nieuwe Paffagie tot inde groote Zuyd-zee ontdeckt, en voort den | gheheelen Aerdt-kloot om ghefeylt heeft. | Wat Eylanden, vreemde Volcken en wonderlijcke | avontueren - hem ontmoet zijn. | (*Planche gravée*) | Tot Arnhem, | By Ian Ianfz. Boeck-verkooper. Anno 1618. | 4°. [34]

c. Journael (*etc. en tout conforme au précédent*)..... Tot Amftelredam. | Voor Jan Janfz. Boeckverkooper inde Paf-kaert. 1618 | 4°. [35]

(VIII) & 92 pp.; planches & cartes, au nombre de 9; la carte du monde de G. Janfonius fe trouve dans notre exemplaire.

L'édition défignée comme *c* eft la même que l'édition *b*, avec changement de l'adreffe fur le titre. Le contenu eft exactement copié de l'édition de W. Janfz: même nombre de pages, de fignatures & de planches, mais, chofe curieufe, les planches font elles-mêmes copiées, — & fi exactement que nous avons peine à faifir la diffé-rence des unes d'avec les autres; il n'y a cependant aucun doute que toutes les gravures font différentes. Dans notre exemplaire de l'édition *b* on trouve en outre la grande carte du monde de W. Janfz ou Gul. Janfonius, qui manque dans l'exemplaire de l'édition *a*.

Planche *b*. On ne voit ici que trois perfonnages effayant de tuer la „lionne de mer" (Figure K). Dans la planche de l'édition W. Janfz on aperçoit une quatrième tête au deffus de la figure I.

*c*. Cette carte porte dans le coin gauche l'indication: Fol. 24. Dans le titre hollandais on lit: *Paffage*.

*d*. Sur cette carte, le détroit de Le Maire eft nommé par mégarde „Strate van *La* Maire".

*e*. Sans fignature, mais dans le coin gauche l'indication: Fol. 41.

*f*. Sans fignature dans le coin droit: Fol. 45.

*g*. A droite on voit deux perfonnes *affifes* fur le rivage: dans la planche originale il y en a trois. — Les mots *Verklaringhe—Eylandt*, au verfo, font ici en italiques.

*h.* La defcription, au verfo dans l'autre édition, eft ici à côté du texte; les mots: *Verklaringhe* &c. en italiques.

*i.* Dans le titre latin de cette carte on a gravé *Hermano* au lieu de *Hornano.*

L'éditeur Jan Janfz, Janffen ou Janffonius d'Amfterdam, gendre du graveur & cartographe Judocus Hondius, infcrit dans cette même année (1618) comme membre de la corporation des libraires d'Amfterdam, publia plus tard (depuis 1630 & avec le fecours de fon beau-frère Henricus Hondius & de fon beau-père) des Atlas fondés fur ceux de Mercator. Il publia plufieurs journaux de voyages, dont il revendiqua la propriété quand plus tard (en 1648) Jooft Hartgers fit paraître fa collection.

L'éditeur Jan Janfz ou Janffen d'Arnhem, probablement le père de Janffonius, imprima dans cette ville depuis 1604 ou même plus tôt, & nous l'y trouvons encore en 1637. A la même époque (1605—30) travaillait à Rotterdam un éditeur Jan Janfz qui y publia en 1608 les journaux du Voyage de C. Matelief. — Harmen Janfz, dont le nom figure fur le titre d'une édition de ce journal de 1619 (g), eft infcrit dans le Livre de la confrérie comme *relieur*, en l'année 1618, avec l'addition *van Aernhem* (natif ou venu d'Arnhem). Très-probablement il fut le fils de Jan Janfz d'Arnhem, & le frère de ce Jan Janfz qui prit plus tard le nom de Janffonius.

*d.* [Journal ou defcription de l'admirable voyage de Guillaume Schouten Hollandois *etc.* ... Amfterdam, Guillaume Janfon. S. a. 4°. (VIII &) 88 pp.; 9 planches & cartes.] [36]

*e.* [Journal ou defcription du merveilleux voyage de Guillaume Schouten, Hollandois *etc.* . . . Amfterdam, Guillaume Janfon. 1618. 4°. (VIII &) 88 pp.; 9 planches & cartes]. [37]

Des notices remarquables concernant les Journaux de Schouten, provenant de M. Lenox, le poffeffeur de ces deux éditions françaifes, fignalent des différences entre elles dans les feuilles préliminaires

& dans les planches. Le titre de l'édition fans date, mentionnée par M. Camus (p. 149), porte une autre vignette que celui de l'édition de 1618, où l'on voit les vaiffeaux devant Hoorn, conformément à l'édition hollandaife.

*f.* [Warhaffte Befchreibung | Der Wunderbarlichen | Räyfe vnd Schiffart, fo Wilhelm Schout von | Horn, aufz Hollandt nach Suden gethan, vnd was | geftalt er hinter der Magellanifchen Enge, ein newe | vnd zuuor vnbekante Durchfahrt in die Suderfee | gefunden. | Neben kurtzer Anzeig der Landfchafften, | Infuln, Völckern, vnd dergleichen, fo er auff ange- | deuter Räyfz angetroffen. Sampt etlich beijge- | legten Kupfferftücken | (*planche gravée fur bois*) | Gedruckt zu Arnheim, bey Jan Janfen, Anno 1618 | 4°.]. [38]

Titre avec vignette gravée fur bois.
Préface 2 pp.
Texte 34 pages? Signature (A3)—Eiij. A la fin du texte on trouve la même planche qu'au titre.

Suivant une notice de feu M. P.-Troemel à Leipzic.
Traduction abrégée? Elle doit contenir les mêmes planches que l'édition hollandaife du même éditeur.

*g.* Journael | ofte | Befchrijvinghe van de | wonderlijcke reyfe. . . . Jaeren (*&c.*, *tout comme l'éd. b*) . . . . Tot Amfterdam, | By Harmen Ianfz. Boeck-verkooper, woonende inde | Warmoes-ftraet, inde Meyrminne, Anno 1619. | 4°. [39]

(VIII) & 92 pages. Notre exemplaire contient feulement les planches *b, g, h*.

Réimpreffion de l'édition de Jan Janfz, avec les mêmes planches. La defcription au verfo de ces planches eft également réimprimée.

*h.* Jovrnal | Ou | Defcription | dv merveillevx voyage de | Guillavme Schovten, Hollandois natif de | Hoorn, fait es années 1615. 1616. & 1617. | Comme (en circum-navigeant le Globe ter- | reftre) il a defcouvert vers le Zud du deftroit

de Magellan vn | nouveau paſſage, juſques à la grande Mer
de Zud. | Enſemble, | Des avantures admirables qui luy ſont
advenues en | deſcouvrant de pluſieurs Iſles, & peuples
eſtranges. | (*Planche gravée*) | A Amſtredam, | Chez Jan
Janſſon, Lebraire, demeurant ſur l'Eau, | a la Carte Ma-
rine. 1619 | 4°. [40]

Titre avec la même planche que l'édition hollandaiſe de Jan Janſz de 1618.
Préface 5 pp.  A la page 6e deux couplets en français, ſignés
I. V. Vondelen.

Texte 88 pp.

Planches comme dans les éditions holland. b, c. — La planche *b* ne porte
pas de deſcription au verſo ; les planches *g*, *h* ont au verſo une „déclaration"
en français, la première avec ſignature H. 2, la deuxième avec ſignature I.

*i*. Journal | ou | Deſcription (*etc.*, *abſolument comme le
précédent*) .... A Amſtredam, | Chez Pierre du Keere, Tail-
leur de Cartes, demeurant en | la Calverſtraet, à l'enſeigne
du temps incertain. 1619. | 4°. [41]

Même édition que la précédente, avec changement de l'adreſſe
ſur le titre. Pierre du Keere ou Pieter van der Keere, dont nous
poſſédons entre autres de petits Atlas, a probablement gravé les
cartes de ce journal.

[*k*. Journal ou deſcription (*&c.*, *comme le précédent*) ...
A Amſterdam, chez Harman Janſon. 1619. 4°.] [42]

Probablement la même édition que la précédente avec une autre
adreſſe d'éditeur. — Feu M. Jacob, libraire à La Haye, en poſſedait
un exemplaire.

L'édition françaiſe, publiée par M. Gobert à Paris en 1619
(in 8°), contient la même traduction que les éditions françaiſes
précédentes, mais plus ſoignée quant au ſtyle & ornée de copies
paſſablement exactes des planches *a*, *c—i*.

*l*. Novi Freti | a parte meridionali Freti | Magellanici, in
Magnum Mare Auſtrale | Detectio; | Facta laborioſiſſimo &

periculofiffimo | itinere à Guilielmo Cornelij Schoutenio Hornano, | Annis 1615, 1616, & 1617, totum | Orbem terrarum circum- | navigante. | (*Planche gravée*) | Amftero-dami, | Apud Guilielmum Ianfonium. 1619 | 4°. [43]

Titre avec la même planche que l'édition *a*.

Préface 4 pp. Signat. A2, A3.

*Carmen gratulatorium Guil. Schoutenio* &c., figné: Nicolaus à Waffenaer Amfterodamenfis: Medicus. 2 pp.

Planche *a* comme dans l'édition *a* mais fans texte au verfo.

Texte, pp. 1—87, fuivi d'un *Compas*, & à la page 88 les noms des vents en Hollandais & en Latin. Signat. B—N3.

Planches, les mêmes que dans l'édition a.

*b.* Avec defcription latine & fignature D. 4 au verfo.

*c.* Avec fignature D. 2.

*d.* „        „        F. 3.

*e.* „        „        G. 3.

*f.* „        „        H.

*g.* Avec defcr. latine & fignat. I 2 au verfo.

*h*        „        „        „        I 4        „

*i.* Avec fignature K.

Cette édition latine, publiée par Blaeu, a probablement été traduite par Nicolaas van Waffenaer.

*m.* Diarium | vel | Defcriptio laboriofiffimi & Molestiffi-mi | Itineris, facti à | Guilielmo Cornelii | Schoutenio, Hor-nano. | Annis 1615. 1616. & 1617. | Cum à parte Auftrali freti Magellanici, novum ductum, aut | fretum, in Magnum Mare Auftrale detexit, totumque | Orbem terrarum circum-navigavit. | Quas Infulas, & regiones, & populos viderit, | & quae pericula fubierit. | (*Planche gravée*) | Amfterdami, Apud Petrum Kaerium. A°. 1619 | 4°. [44]

Titre avec la même planche que l'édition b.

Epitre dédicatoire en Latin aux Bourgmeftres etc. de Hoorn, fignée Guilielmus Janfonius, 2 pp.

Préface 4 pp.

Planche *a* comme dans l'édition *b*, fans texte au verfo.

Texte 79 pages, portant les chiffres 1—13, 4, 5, 16—24, 17—71. Signat. B—K (4).

Planches, comme dans l'édition h; celles que nous avons defignées comme *b*, *g*, *h* ont une defcription *françaife* au verfo.

Cette édition latine reproduit exactement le texte original, comme la précédente, mais la traduction eft entièrement différente.

[*n*. Journael ofte Befchryvinghe (*etc.*, *comme l'édition b*) . . . Amftelredam, Jan Janfz. 1624. 4°.] [45]

Réimpreffion en entier de l'édition c, avec les mêmes planches. — M. Lenox en poffède un exemplaire.

*o*. Journael | Ofte | Befchryvinghe vande won- | derlijcke Reyfe (*etc.*, *comme l'édition précédente*) . . . . . . t'Amfterdam, | By Jan Janffen Boeckvercooper. | M.DC.XXXII. [1632.] | 4°. [46]

Titre avec marque d'imprimeur gravée fur bois, dans un ovale où fe trouvent ces mots: *Troia fterk brack. duer verraet*, *Als een pot. om haer mifdaet*.

Texte pag. 3—56. A la fin une indication des (9) planches.

Planches, comme dans l'édition b, fans defcription au verfo.

Réimpreffion du précédent, mais fans dédicace ni préface, & avec des remaniements de ftyle.

[*p*. Journael ofte Befchryvinghe (*etc.*) . . . Rotterdam, Ifaac van Waefberghen 1637. 4°]. [47]

Avec les 9 planches; cependant, nous ne faurions dire fi ce font des épreuves poftérieures ou des copies de celles qui figurent dans l'édition de Blaeu, ou bien dans celle de de Janffoniüs. — Cette édition fe trouve dans la poffeffion de M. Lenox.

*q*. Journael | Ofte | Befchryvinghe (*etc. comme l'édition* o) . . . . t'Amfterdam, | By Jan Janffen Boeckvercooper. | M.DC.XLIV. [1644] | 4°. [48]

Titre, texte, & planches, tout comme dans l'édition o.

[*r*. Diarium vel defcriptio (*etc. comme l'édition m*). Amft. impenfis Ludov. Vlafbloem, Docceti (*à Dockum*). 1648. 4°]. [49].

Réimpreffion de l'édition latine de Jan Janfz. Vlafbloem a mis fon nom au bas de l'épitre dédicatoire de Willem Janfz. Cette édition contient 71 pages & 7 planches. (Voir : Camus, Mémoire, pag. 149). — M. Lenox en poffède un exemplaire.

*s*. Journael, | ofte | Befchrijvinge vande wonder- | lijcke Reyfe, ghedaen door | Willem Cornelifz | Schouten van Hoorn. | In de Iaren 1615. 1616. 1617. | Hoe hy bezuyden de Straet Magellanes eenen nieuwen door- | ganck gevonden heeft, ftreckende tot inde Zuyd-Zee, met de | verklaringe vande vreemde Natien, Volcken, Landen en Avonturen, | die fy gefien, ende haer wedervaren zijn. | Hier is noch achter by-gevoeght eenighe Zee-Vragen ende Antwoorden, | zijnde feer nut ende geheel dienftigh alle Schippers, Stiermans ende Zeevarende maets. | (*Planche avec des navires*) | t'Amftelredam, | Voor Jooft Hartgers, Boeckverkooper in de Gafthuys-Steegh, | bezijden het Stadt-huys, inde Boeck-winckel. 1648 | 4°. [50].

Imprimé comme appendice au voyage de Spilbergen (voir le chapitre suivant). Le texte commence au verfo du titre avec pagination 68, & s'arrête à la page 117. Il eft conforme à celui des éditions précédentes, fauf quelques changements infignifiants dans le ftyle. Les pp. 117—120 contiennent un catéchifme de la navigation par demandes & par réponfes.

La planche double qui figure en tête du journal de Spilbergen eft, comme toutes les planches de Hartgers, divifée en fix compartiments, dont trois font des copies des planches *b*, *f*, *g* du journal de Schouten.

*t*. Journael | ofte | Befchrijvinghe (*etc.*, *comme l'édition q*) . . . . Defen laetften Druck verbetert, en uyt eenige

gefchreven Journalen , van Aris | Claeffz. en andere , ge-
houden op de felfde Reyfe , mercklijck vermeerdert. |
(*Vignette gravée en bois*) | Tot Hoorn , Ghedruckt by
Ifaac Willemfz. | Voor Mieus Ianfz. Appel , Boeckverkooper
aende'Roo-fteen, in | de Nieuwe Bybel, Anno 1648. | 4°.[51]

*u.* Journael (*etc.*, *tout comme le précédent*) . . . . | Voor
Ian Ianfz Deutel, Boeckverkooper op 't Ooft in Bieftkens |
Teftament, Anno 1648. | 4°. [52]

56 pp., avec 9 planches.

Ces deux éditions font les mêmes, fauf le changement de l'adreffe
fur le titre. Au verfo de ce dernier fe trouve une préface portant en fubftance que le journal de Schouten étant devenu pour
la ville de Hoorn une honte plutôt qu'un monument, „à caufe du
mauvais papier fur lequel on l'a imprimé dans les dernières années,
et des gravures ufées dont on f'eft fervi pour l'illuftrer", l'éditeur
a réfolu de le réimprimer fur de bon papier, avec des planches
nouvelles & de l'augmenter en quelques endroits, au moyen de
*trois* autres journaux.

Les planches ne font dans quelques exemplaires que des épreuves poftérieures des gravures employées par Blaeu (édition *a*);
dans d'autres exemplaires ce font de bonnes copies ou, au moins
en partie, des retouches de ces mêmes gravures. Nous ne faurions
rien affirmer quant à la planche *a* ; dans les exemplaires à planches
nouvelles que nous avons eu fous les yeux, celle-là manque. Les cartes (*c*, *d*, *i*) font certainement des copies; la dernière eft une
réduction à la moitié. — Dans le texte, fe trouve la figure d'un
poiffon volant et quelques efquiffes de littoraux, gravées fur bois.

Le texte contient plufieurs particularités qui ne fe trouvent ni
dans les éditions précédentes de ce journal, ni dans le journal de
Le Maire (voir ci-après). Nous reviendrons fur ces différences.
Le vocabulaire qui termine l'ouvrage (pp. 53—56) eft emprunté
au journal de Le Maire.

*v.* Journael | Ofte | Befchryving vande won- | derlijcke

Voyagie, ghedaen door Willem Cor- | nelifz Schouten, van
Hoorn, inden Iaere | 1615, 1616, ende 1617. | Hoe hy
bezuyden de Straete van Magellanes, een nieuwe | Paffagie
ondeckt, en de geheele Aerd-cloot om-gezeylt heeft. | (*Vig-
nette grav. f. bois*) | Tot Dockum. | Gedruckt by Louis
Vlaf-bloem, Boeckdrucker wonende inde Kerc | ftraet int
Schrijf-boeck 1649. | 4°. [53]

Titre avec planche repréfentant un vaiffeau.
Préface 3 pp.
Planche *a*. Mauvaife copie, fans indication de la route de Schouten.
Texte, pag. 1—56. Signat. A—G. 3.
Planches. — Copies de *b* (chiffrée 3), *e*, *f* (chiffrée 4), *g* (chiffrée 6),
*h* (chiffrée 5). -- A la fin du texte (page 56) on trouve une defcription
des pl. *b*. (fautivement indiquée comme portant le n°. 2, tandis qu'elle porte
en réalité le numéro 3) & *h* (5).

Mauvaife édition. On a fuivi, depuis le commencement jufquà
la date du 12 Avril 1616, le journal de Schouten, & depuis cette
date jufqu'à la fin, le journal de Le Maire. (Voir ci-après.) Mais
en abrégeant ce dernier, on a commis non feulement des inexactitudes dans les dates, mais auffi des omiffions très-graves, par exemple
tout ce qui s'eft paffé depuis le 28 Avril jufqu'au 13 Mai.
La préface eft copiée fur celle qui fe trouve dans l'édition
originale, avec quelques variantes dans les termes. On lit à la fin,
que ceux qui ont compofé ce journal „fiégent maintenant avec
éclat dans le gouvernement de Hoorn" (*dewelcke nu met reputatie
tot Hoorn in de Regeeringhe zitten*).

[*w*. Journael (*etc., comme le précédent*). Dockum, Louis
Vlaf-bloem 1651. 4°]. [54]

Probablement conforme à l'édition précédente. — M. Geisweit
van der Netten en poffède un exemplaire.

[*x*. Journael (*etc., comme le précédent*). Amfterdam,
Louis Vlafbloem 1655. 4°. 47 pp. Avec 6 planches.] [55]

Probablement une réimpreſſion du précédent. — M. Muller en a poſſédé un exemplaire.

*ij.* Journael, | ofte | Beſchrijvinge vande wonder- | lijcke Reyſe (*etc.*, *en tout comme l'éd. t*) ....t'Amſterdam, | Gedruckt by Jan Jacobſz Bouman, Boeckverkooper op 't Water, in | de Lelye onder de Doornen, Anno 1661. | 4°. [56].

56 pp. Signat. Aij—Diij (les cahiers A—C de 8 feuilles).

Les planches, gravées ſur bois, au nombre de ſix, ſont des copies de *a*, *b*, *e*—*h*.

Réimpreſſion textuelle de l'édition *t*.

[*z*. Diarium vel deſcriptio (*etc.*, *tout comme l'éd. r*) Amſt., Ludov. Vlaſbloem. 1662. 4°.] [57].

Même édition que *r*, munie d'un nouveau titre ou d'une nouvelle date. — M. Aſher en poſſédait un exemplaire.

*aa.* Journael | Van de wonderlijcke Reyſe, | Gedaen door | Willem Cornelifz. | Schouten van Hoorn, | Inde Jaren 1615. 1616. en 1617. | Verhalende hoe dat hy bezuyden de Straet | Magalanes, eenen nieuwen Doorganck gevonden heeft, ſtreckende tot | in de Zuydt-Zee, met de vreemdigheyt der Volckeren, Landen en Won- | derheeden die men aldaer geſien heeft. | (*Planche repréſentant des navires*) | t'Amſterdam, Gedruckt | By Gillis Jooſten Saeghman, inde Nieuwe-ſtraet, | Ordinaris Drucker vande Journalen ter Zee, ende Landt-Reyſen [*vers* 1663] 4°. [58].

Au verſo du titre ſe trouve le portrait gravé d'un guerrier du ſiècle précédent, avec bordure gravée ſur bois & l'inſcription imprimée : W. Cz. Schouten van Hoorn.

Texte imprimé en 2 colonnes, pag. 3—48. Signature A 2—F. 3.

Figures dans le texte, au nombre de 6, dont 3 ſont les planches de l'édition de Hartgers; les autres ſont des gravures ſur bois, ſans valeur.

Réimpreſſion de l'édition de Hartgers (*s*), moins le catéchiſme de la navigation. En remplacement de cet appendice fupprimé, les pp. 47 & 48 contiennent un réfumé du vocabulaire de l'édition *t*.

*bb.* Journael | Vande Wonderlijcke Reyfe, (*etc.. tout comme le précédent*) . . . . t'Amfterdam, | By Michiel de Groot, Boeck-verkooper op de Nieu- | wen-dijck, tuffchen beyde de Haarlemmer-sluyfen, inde groote Bybel *Sans date* [1664] 4°. [59].

48 pp. en 2 colonnes. Avec une mauvaife gravure en bois, au titre, & 6 gravures dans le texte, prifes dans d'autres ouvrages.
Le verfo du titre eft en blanc.

Réimpreffion du précédent. Dans la collection de pamphlets de la Bibliothèque Royale de la Haye (*Biblioth. Duncanniana*), qui fut de bonne heure claffée dans un ordre chronologique, cette édition figure parmi des traités, portant la date de 1664. Michiel de Groot imprima vers 1660—1680.

[*cc.* Journael *etc.* (*comme le précédent ?*) . . . Amfterdam, Weduwe van Michiel de Groot (*vers* 1690 ?) 4°.] [60].

Voir la note au commencement de ce chapitre.
L'édition hollandaife d'Amft., 1676, in 4°, & l'édition françaife d'Amft., 1706, 2 vol. in-12°, font citées à tort par Meufel, *Biblioth. hiftorica*, II, 2. pag. 120. Ce font des éditions du voyage que Wouter Schouten fit aux Indes Orientales dans les années 1658—1665.

[*dd.* Journael *etc.* (*comme le précédent ?*) . . . . Amfterdam, Gijfbert de Groot. 1716. 4°.] [61].

Probablement une réimpreffion de *bb* & *cc*. — Se trouve dans la poffeffion de M. Lenox.

*ee.* Journael *etc.* (*abfolument comme l'éd. bb*) . . . t'Amfterdam, | By de Weduwe van Gijfbert de Groot Boeckverkoopfter op den | Nieuwen-dijck, inde Groote Bybel. *Sans date* 4°. [62].

48 pp. en 2 colonnes. Avec la même gravure en bois au titre que *bb*, & 6 gravures dans le texte, dont 4 (une, trois fois répétée, & celle du titre reproduite dans le texte) fe trouvent aufli dans *bb*.

Cette édition eft, quant au texte, entièrement conforme à *bb*, ce qui fait préfumer que les éditions *cc*, *dd*, en font également des réimpreffions textuelles.

*ff*. Journaal | Van de Wonderlijke Reyze, (*etc.*, *tout comme l'éd. bb*) .... Tot Amfterdam, | By Joannes Kannewet, Boekverkooper in de Nes, | inde Gekroonde Jugte Bybel. 1766. | 4°. [63]

48 pp. en 2 colonnes. Au titre, une gravure en bois repréfentant un vaiffeau. Dans le texte fe trouvent 5 autres mauvaifes gravures en bois.

Réimpreffion de l'édition précédente.

*gg*. Auftralifche Navigatien, | ontdeckt door | Iacob le Maire, | inde Iaeren Anno 1615. 1616. 1617. | Daer in vertoont is, in wat geftalt fy, by zuyden de Straet Magellanes, eenen nieuwen duerganck ghevonden | hebben, fterckende (*fic*) tot in die Suydt-Zee, met de verklaeringhe vande vreemde Natien, Volcken, | Landen ende Aventuren, die fy gefien ende haer wedervaren zijn.

Pp. 143—192 de l'ouvrage intitulé: „Ooft ende Weft-Indifche Spiegel .... Tot Leyden, By Nicolaes Geelkercken, Anno 1619," 4° oblong. (Voir le chapitre fuivant).

Réimpreffion en partie abrégée du journal de Schouten, allant jufqu'au 1er Novembre 1616. Pour le retour de Schouten & Le Maire dans leur patrie, on eft renvoyé au journal de Spilbergen. La préface ne porte pas la fignature de Willem Janfz.

On trouve dans cet ouvrage des copies des planches *b*, *c*, *d* (une carte), *f*, *g* du journal de Schouten, chiffrées 22—25.

*hh*. Navigationes Auftrales. | Iacobi le Maire anno 1615. 1616 & 1617. Quemadmodum juxta Magellanicas anguftias

per aliud | Fretum in Auftrale Mare pervenit, orbemque
univerfum navigatione circūivit.

Pp. 121—173 de l'ouvrage: „Speculum Orientalis Occidentalifque Indiac
navigationum. . . . Lugd. Bat. apud Nicol. à Geelkercken. An. 1619."
(Voir l'édition Latine du Voyage de Spilbergen, au chap. suivant).

Abrégé du journal de Schouten jufqu'au 1er Novembre, comme
le précédent, avec la préface. La traduction diffère entièrement de l'édition latine de Willem Janfz. (*Novi freti detectio*).
A la fin (pp. 174—175) on trouve: *Brevis navarchorum narratio
qui totum terrarum orbem circumnavigerunt* (de 1519—1615).

Les planches font les mêmes que dans l'édition précédente.

**ii.** Auftralifche Navigatien (*etc., entièrement conforme
à l'éd. gg*).

Pp. 143—192 de l'ouvrage: „Ooft ende Weft-Indifche Spiegel.... t'Amftelredam, bij Jan Janffz... 1621." (Voir le chap. suivant).

Réimpreffion textuelle de *l'éd. gg*, avec les mêmes planches.

**kk.** Navigations Auftrales. | Defcouvertes par Jacob le
Maire, es annees 1615. 1616. 1617. Efquelles eft de |
monftré en quelle façon ils ont trouvé un nouveau paf-
fage pres du deftroict Ma- | gellanes, feftendant dans la
Zuidermer, avec declaration des nations eftranges | gens,
païs, & rencontres, qu'ils ont Veues.

Pp. 117—172 de l'ouvrage „Miroir Ooft & Weft-Indical... à Amftelredam, chez Jan Janfz... 1621". (Voir le chapitre fuivant).

Réimpreffion textuelle de l'édition françaife du journal de
Schouten, faite par Jan Janffon, 1619 (édition *h*), fans la préface.
Cette édition contient les mêmes planches que *gg—ii*.

**ll.** Auftralifche Navigatien (*etc., tout comme les éd. gg
& ii*).

Dans le recueil intitulé: „Begin ende Voortgang", à la fuite du journal de Spilbergen (voir le chap. fuivant). Pp. 70—118, impr. en deux colonnes.

Réimpreffion intégrale du Journal de Schouten, avec la préface. Dans celle-ci, vers la fin, l'éditeur a gliffé, après les mots „waerachtelijck geftelt", ce membre de phrafe: *„soo uyt het journael ghehouden bij Aris Claeffen Koopman op het Jacht als* uyt der fchriften etc." En comparant cette édition de Commelin avec l'édition originale, on voit que les additions en queftion, tirées du journal MS. de Aris Claefz., font affez confidérables & beaucoup plus intéreffantes que les additions de l'édition *t* (Hoorn 1648). Leur première moitié, qui va jufqu'en Mai 1616, eft une fimple réimpreffion, avec quelques abbréviations fans importance. Le ftyle eft retouché par endroits, et le récit fe fait à la 3e perfonne. Depuis la date du 23 Mai, au contraire, notamment à celles du 3—13 Juin, 26 Juin, 8, 15, 24 Juillet, 27 Août—5 Septembre, on rencontre plufieurs particularités jufqu'alors inédites, qui font de cette édition une des meilleures que nous poffédions. — Les planches font les mêmes que dans les éd. *gg—kk.*

———

*mm.* Spieghel | der | Auftralifche | Navigatie, | Door den | Wijt vermaerden ende cloeck- | moedighen Zee-Heldt, | Iacob le Maire, | Prefident ende Overfte over de twee Schepen, d'Eendracht | ende Hoorn, uytghevaren den 14 Iunij 1615 | (*Carte gravée.*) | t'Amfterdam, | By Michiel Colijn, Boeck-vercooper op 't Water | by de Oude Brugh, in 't Huys-Boeck. | Anno 1622. | fol.

Titre avec mappemonde, fans noms des lieux. — Au verfo, un beau portrait gravé de Jacques le Maire, avec infcription latine (gravée) de 6 lignes.

Epitre dédicatoire aux Etats Généraux des Prov. Unies, datée de Hoorn, 1er Avril 1622 & fignée: „Les Directeurs de la Compagnie Auftrale", 6 pp. Signat. (.·.)2, (.··.)3.

Préface au lecteur, fuivie 1° de la réfolution des Etats Généraux; 2° de l'octroi à tous ceux qui chercheront des terres inconnues, pour quatre voyages (27 Mars 1614); 3° de la conceffion accordée à Le Maire & Schouten, le 13 Mai 1610. — En tout 8 pp. Signat. (. · .)—(. · .)₃.

Texte imprimé en 2 colonnes. Pag. 1—72. Suivi (pp. 73—77, avec feuillets chiffrés 73—75) d'une relation de l'expédition efpagnole au détroit de Le Maire en 1618—19; d'un abrége de tous les voyages au détroit de Magellan, de 1519 à 1601 (pp. 78—94; chiffrées 76—83); & d'un vocabu-laire des idiomes des îles Salomon, de l'île des Cocos, de la côte de la Nouvelle Guinée, de l'île Moyfes, & de l'île Moo (pp. 95—98; chiffrées 84, 85). — Signat. A—M. 4.

Planches dans le texte, aux pp. 17, 36, 39, 46, 53.

Ce font des copies des planches b, e—h du journal de Schouten.

Cartes: 1° carte double du détroit de Le Maire; 2° carte de la route fuivie par Le Maire à travers la Mer Auftrale; 3° carte double de la Nou-velle Guinée. — Ce font des copies de c, d, i du journal de Schouten; feulement, le nom du dernier, dans les cartes & dans les titres, eft partout remplacé par celui de Le Maire.

Ce journal forme la troifième partie du recueil intitulé „Nieuwe Werelt, anders ghenaempt Weft-Indien. t'Amfterdam, by Michiel Colijn . . . 1622", & contenant en outre 1° l'ouvrage d'Ant. de Herrera fur l'Amérique Efpagnole, 2° la defcription de ces con-trées par Pedro Ordonnez de Cevallos.

Il diffère entièrement du journal de Schouten. Nous reviendrons plus tard fur ce qu'il contient.

*nn.* Ephemerides | five | Defcriptio naviga- | tionis auftra-lis | inftitutae Anno M.D.C.XV. | Ductu & moderamine for-tiffimi Viri | Iacobi le Maire, | duarum navium, quarum una Concordia, altera Cornu | dicta fuit, Praefecti.

Faux titre, fuivi (au verfo) d'une préface du traducteur. Viennent en-fuite la préface de l'auteur; la réfolution & l'octroi de 27 Mars 1614, & la conceffion du 13 Mai 1610. — 3 feuilles, la 2e avec fignature (. · .)

Texte. Fol. 46—74a. — Planches (dans le texte) & cartes comme dans l'édition hollandaife, mais fans le portrait. La carte de la Nouvelle Guinée eft inférée dans la première partie de ce recueil (f° 37).

Traduction du précédent, formant la deuxième partie du recueil intitulé: „Novus Orbis feu defcriptio Indiae Occidentalis, auctore Antonio de Herrera . . . Metaphrafte C. Barlaeo, *etc*. . . Amft., Mich. Colinius. 1622." (fol.). Elle eft fuivie des mêmes additions que l'édition hollandaife, plus le traité de Pedro de Cevallos, & une Defcription de l'Amérique, tirée des Tableaux Géographiques de Petrus Bertius. Cette dernière (11 ff.) ne fait point partie de l'ouvrage hollandais.

*oo.* Iournal, & Miroir | de la | Navigation | Auftrale | Du vaillant & bien renommé Seigneur | Iaques le Maire, | Chef & Conducteur de deux Navires | Concorde & Horne.

Faux titre. Au verfo, une préface (du traducteur).

Portrait de J. le Maire, laiffé en blanc au verfo.

Préface; Réfolution; Octroi; Commiffion, le tout comme dans l'édition hollandaife, 2 ff. avec fignat. (.·.), (.·.)2.

Texte, page 107—174. — Planches & cartes comme dans l'édition hollandaife.

Deuxième partie de la traduction françaife du recueil précédent, intitulée „Defcription des Indes Occidentales, qu'on appelle aujourdhuy le Nouveau Monde: par Ant. de Herrera, *etc*. .... Amft., Michel Colin. 1622" (fol.). L'ordre des traités dans ce recueil eft le même que dans l'édition latine.

———

Voilà donc 38 éditions du journal de Schouten (1) & Le Maire, publiées en Hollande. La récapitulation fuivante en donnera un aperçu plus clair:

Journal de Schouten, en hollandais.

   *complet :* a—c, g, n—q, s, aa—ff.

   *abrégé :* gg, ii.

Le même en français.

   *complet :* d—e, h—k.

   *abrégé :* kk.

---

(1) La première édition efpagnole de ce journal parut à Madrid en 1619; la première édition anglaife à Londres, dans la même année. Voir: Ternaux, *Bibliothèque Américaine*, N°. 409, 416.

Le même en latin.

*complet*: l, m, r, z.

*abrégé*: hh.

Le même en allemand (abrégé?) f.

Le même augmenté de journaux MSS.

en hollandais t, u, ij, ll.

Journal de Le Maire, en hollandais: mm; en latin: nn; en français: oo.

Journal en partie de Schouten, en partie de Le Maire; en hollandais, v, w? x?

---

Ce voyage, on le fait, fut entrepris aux frais de quelques habitants de la ville de Hoorn, principalement à l'inftigation de l'infatigable marchand Ifaac le Maire, père de Jacques (1). Il fut equipé deux navires, *de Eendracht* (la Concorde) & *Hoorn* (Horne), dont les frères Schouten prirent le commandement. Jacques le Maire, le chef de l'expédition, montait le vaiffeau de W. Cz. Schouten; le marchand Aris Claefz, en qualité de commis, s'embarqua fur l'autre.

On fait également que le nom du principal bâtiment n'empêcha pas la jaloufie de fe gliffer entre patron & directeur; que Schouten refufa de s'aventurer dans des découvertes incertaines, & que fous fon nom des tentatives furent faites de priver Le Maire de la part de gloire qui lui revenait. „Le détroit de Le Maire", eft-il dit quelque part dans le journal, connu fous le nom de *Journal de Schouten*, „mériterait bien plutôt de s'appeler le détroit de Schouten; car c'eft principalement à la direction de ce dernier, & à fes connaiffances nautiques fupérieures, que la découverte en fut due". Dans ce journal, & dans la préface dont on l'a augmenté, Schouten eft partout préfenté au lecteur comme l'âme de l'expédition. Il parait cependant certain, quels que puiffent avoir été les mérites de Schouten comme pilote, que l'idée & le plan de l'entreprife ont appartenu aux Le Maire, père & fils; ainfi que

---

(1) Voir la monographie intéreffante que lui a confacrée M. Bakhuizen van den Brink, dans la revue *De Gids*, 1865.

cela eft affirmé dans la préface du journal de Jacques, dont on doit fans doute la publication au vieil Ifaäc. Parmi les contemporains, c'était l'opinion généralement établie, bien que les honneurs de la réimpreffion aient tous été pour le journal de Schouten, devenu populaire. (1) Dans la traduction hollandaife de l'ouvrage fur l'Amérique, publié fous le nom ou le pfeudonyme d'Athanafius Inga (*Weft-Indifche Spieghel*, Amfterdam 1624), on trouve un chapitre additionnel (le 42e) concernant la découverte de Le Maire, avec une petite carte du détroit. Quoique ce récit ne foit qu'un abrégé du journal de Schouten, le nom de celui-ci y eft entièrement fupprimé, & l'on n'y trouve que celui de Le Maire. A l'endroit où l'auteur raconte que le détroit fut vifité plus tard par des vaiffeaux efpagnols, & qu'un capitaine de navire, du nom de Valentin de Hambourg, fit partie de cette expédition, il ajoute cette réflexion : „C'eft merveille que le détroit ne fut pas nommé par eux *détroit de Valentin*, car les capitaines de navires commencent à devenir ambitieux." Jaloufie réciproque des marchands & des pilotes! Le même Valentin (Valentijn Janfz, natif de Stettin) fut le premier de l'expédition de L'Hermite qui reconnût le détroit de Le Maire, & c'eft de fon nom qu'une baie de ce détroit reçut celui de *Valentijns bay* (2). Auffi il prit part comme pilote à l'expédition efpagnole, fous Juan de More, vers le détroit de Le Maire en 1618—19, dont nous parlerons dans notre chapitre fur Herrera.

Le véritable auteur du journal de Schouten est refté inconnu. Dans la préface du journal de Le Maire il eft dit à ce fujet: „Les adminiftrateurs de la Compagnie Auftrale, voulant publier le journal authentique & originel de feu Jacques le Maire,... ont trouvé bon d'avifer le Lecteur que le journal de Willem

---

(1) M. Robidé van der Aa, à la Haye, très-verfé dans l'hiftoire des premières navigations hollandaifes, & à qui nous devons la communication de plufieurs détails intéreffants, nous fait obferver que non-feulement la carte des détroits de Magellan & de Le Maire, publiée par Blaeu, ne fait pas mention de Schouten, mais que fur celle qui fut publiée par Hondius figure expreffément, tiré du journal de Le Maire, le diplôme officiel qu'on pourrait appeler l'acte de baptême du paffage récemment découvert. Cet acte porte, entre autres fignatures, celle de Schouten même.

(2) Voir le journal de L'Hermite (1626), page 35, 36.

Janfz., marchand libraire à Amfterdam, divulgué fous le nom de
G. C. Schouten, Patron de Navire, n'eft pas le vrai journal de
la fufdite navigation, ains une œuvre finiftrement amaffée & mife
en avant au préjugé de la Compagnie, à laquelle feule, *comme
ayant les originels*, il appartenait de publier fembables écrits." Et
plus loin: „Quant à ce que Willem Janfz a publié fon livre fous
le nom de Schouten, le Lecteur foit averti que Schouten n'eft pas
auteur de cette hiftoire, desavouant ledit livre, *& blâmant en
ce le fait de Willem Janfz en fes lettres*". D'autre part, la préface de l'édition hollandaife du journal de Schouten fe termine
par cette proteftation: „Du refte, ce qui eft arrivé dans ce voyage
eft raconté véritablement d'après les écrits et les témoignages oraux
des perfonnages qui l'ont vu & qui y ont affifté, & qui ne furent
pas des moindres, tant par leur rang que par leur emploi (*soo
van aenfien als bedieninghe niet van de minfte*)." Vlafbloem,
dans fon édition de 1649 (voir V), prétend que les auteurs de ce
journal appartenaient alors à la régence de Hoorn. En confron-
tant cependant les liftes des magiftrats de cette ville avec les noms
qui figurent dans les journaux du voyage, je n'en ai rencontré
d'autres que ceux des armateurs de l'expédition.

M. Bakhuizen van den Brink (1) affirme que ce fut à l'inftigation des directeurs de la Compagnie des I. O., intéreffés à dimi-
nuer autant que poffible l'éclat du nom des Le Maire, dont ils
redoutaient la concurrence, que Schouten publia le journal où il
eft fi peu parlé des véritables moteurs de cette importante expédition.

Il paraît qu'on s'eft fervi, pour compofer le journal de Le
Maire, du même *logbook* fur lequel a été rédigé le journal de
Schouten. En plufieurs endroits dumoins, ainfi que M. Camus
l'a déjà fait remarquer, les deux livres contiennent exactement
les mêmes indications. Cependant les additions du journal de Le
Maire font affez confidérables. La conduite de Schouten y eft
du refte désapprouvée; fa perfonne y eft même tournée en ridicule.
Par repréfailles des dénigrements auxquels cette expédition eft en

(1) Etude précitée fur Ifaac Le Maire (*de Gids* 1865 t. IV), page 55.

butte dans le journal de Spilbergen (voir le chapitre fuivant), le voyage de ce dernier eft traité ici avec le même dédain.

Très-probablement, plufieurs particularités du journal de Le Maire font dues au commis Aris Claefzoon. Certains faits, dont celui-ci paraît avoir été le feul témoin avec Jacques le Maire (qui mourut à fon retour au pays), font racontés à la première perfonne (voir, entre autres, pages 151, 155 de l'édition françaife). Claefzoon partageait les fentiments de Le Maire, comme il eft dit expreffément dans la préface du journal. Il eft certain auffi qu'il laiffa un journal MS. Ce que l'éditeur du journal de Schouten, imprimé à Hoorn en 1648 (voir les éd. *t*, *u*, *ij*), peut lui avoir emprunté, n'eft pas de grande importance. Commelin, au contraire (voir l'édition *ll*), paraît avoir puifé à cette fource des renfeignements pleins d'intérêt. Il eft du refte poffible que le texte du *logbook* qui a fourni les principales matières tant du récit de Schouten que de celui de Le Maire, n'ait été autre chose que le MS. même d'Aris Claefz.

———

La onzième partie de la collection des Grands Voyages des frères De Bry, publiée à Oppenheim en 1619, contient une traduction latine du journal de Schouten, différente de la traduction latine publiée à Amfterdam et probablement plus ancienne que celle-ci. Les traducteurs allemands n'ayant pas toujours bien faifi le fens de l'original, en cette occafion-ci auffi peu que dans d'autres, il va fans dire que l'édition d'Amfterdam eft préférable à celle d'Oppenheim.

Les De Bry ont ajouté au texte des copies de deux cartes du journal de Schouten, celle de la Mer du Sud (*d*) & celle de la Nouvelle Guinée (*i*). Des *icones* dont cette partie eft illuftrée, I—III font des copies des pl. *a*, *c*, *e* de l'original;

IV. Les navires Hollandais affaillis par des mouches (*Vliegen-eiland*), eft une invention de l'artifte allemand;

V. est une copie de la planche *f* de l'original.

VI Combat avec les indigènes de l'île fans fond, eft une fantaifie de De Bry.

VII. eſt une copie de la planche *h* de l'original.

VIII. Des enfants nus du ſexe féminin danſant devant le roi de l'île de Horne, eſt encore une fantaiſie de De Bry, qui n'a pas compris, ou a préféré ne pas comprendre, que les *puellae* du texte n'étaient point du tout des enfants.

Parmi les planches de l'Appendice de la onzième partie (Voyage de Spilbergen) on trouve (pl. XX) une copie de la planche *b* du journal de Schouten (Porto Deſire).

La douzième partie de la collection des De Bry reproduit en entier le recueil intitulé *Novus orbis* (voir *nn*), ſauf la relation du voyage de Le Maire, „que De Bry a très-mal fait", dit M. Camus, „de ſupprimer."

Le journal de Schouten a été traduit en allemand dans le recueil de Hulſius, dont il forme la 16e partie, publiée en 1619. Il paraît que cette traduction diffère de celle publiée à Amſterdam en 1618 (éd. *f*). L'éditeur allemand a un peu abrégé le texte; ſa préface eſt une traduction de celle de l'original. Notre exemplaire contient une copie des planches *a*, *e*, *g*, *h* & de la carte *i* de l'original, ainſi qu'une planche de l'invention de l'artiſte allemand, repréſentant un combat avec les habitants de la Nouvelle Guinée. Suivant M. Quaritch (*Collation of Hulſius*), l'ouvrage doit contenir 5 planches & 4 cartes.

L'opinion de M. Aſher (*Eſſay on Hulſius*, p. 81) que Hulſius aurait traduit un récit différent de celui traduit par De Bry eſt erronnée; ce récit différent (celui de Le Maire) ne parut qu'en 1622.

---

5. VOYAGE AUTOUR DU MONDE DE JORIS VAN SPILBERGHEN.

(De Bry, Grands-Voyages, Tome XI 2. 1620; Camus, Mémoire, p. 147, 153).

*a.* Ooſt ende Weſt-Indiſche | Spiegel | der nieuwe Navigatien, | Daer in vertoont werdt de leſte reyſen ghedaen door Ioris van Speilbergen, | Admirael van deſe Vloote; in wat manieren hy de Wereldt | rontſom gheſeylt heeft |

*(Planche gravée)*. | Tot Leyden, By Nicolaes Geelkercken, Anno 1619. | 4° *oblong*. [64].

*(Voir le titre en français ci-après).*

Titre avec planche gravée en taille douce, repréfentant un combat naval. Au premier plan, des deux côtés, des perfonnages font affis : une femme indigène, avec une torche à la main, & un dieu marin, avec un navire fur l'épaule.

Epitre dédicatoire aux Etats Généraux & au Prince Maurice d'Orange, fignée *Joris van Speilbergen*, fuivie, à la page 2ᵉ, d'une préface au lecteur ; à la page 4ᵉ, d'un poëme en l'honneur des expéditions contemporaines (*Eer-dicht op de tegenwoordighe Nieuwe Navigatien*), figné A. L. Z. ; & à la page 6ᵉ, de l'ordre des planches.

Texte, pag. 9—141 ; fuivi (aux pp. 143—192) du journal du Voyage de Le Maire (& Schouten) dont nous avons parlé au chapitre précédent.

L'ouvrage, par conféquent, contient 192 pages, avec fignat. A—Aa iij.

Planches, fur des feuilles féparées, & dont la defcription fe trouve dans le texte. Elles font chiffrées 1—25 & portent refpectivement les infcriptions fuivantes, à l'intérieur :

Nᵒ 1. Nova totius orbis terrarum defcriptio (mappemonde, avec indication de la route de Spilbergen & de Le Maire, & du détroit de Le Maire ; au deffous, une petite carte, copiée fur la carte *i* du Voyage de Schouten, avec l'infcription fuivante : „Novae Guineae Tabula, noviffime luftratae & confcripte (*fic*) a Iocobo (*fic*) le Maire." — Grande feuille).

Nᵒ. 2. St. Vincent (Defcente des Hollandais à St. V.)

Nᵒ. 3. Typus Freti Magellanici quod Georgius Spilbergius cum claffe luftravit (Feuille double).

Nᵒ. 4. La Mocha (Defcente des Hollandais fur l'île la M.)

Nᵒ. 5. Santo Maria (fur la côte de Chili).

Nᵒ. 6. Conception ( „ „ )

Nᵒ. 7. Val Paryfa (Valparaifo).

Nᵒ. 8. Quintero (Combat des Hollandais & des Efpagnols).

Nᵒ. 9. Nocturnum praelium. Battaly by nacht (Combat naval pendant la nuit, fur la côte du Pérou).

Nᵒ 10. Praelium diurnum. Battaly by daegh. (Le même combat, pendant le jour.)

Nᵒ. 11. Caijou de Lima (Combat à Callao de L.)

Nᵒ. 12. Guarme (Defcente des Hollandais à G.)

Nᵒ. 13. Payta (Combat à P.)

Nᵒ. 14. Aquapolque (Attaque d'Acapulco.)

Nº. 15. |St. Jago, Se Lagues. — Natividaet. — Contra la Spaignol. — Planche en trois compartiments, celui d'en bas repréfentant un combat contre les Efpagnols.

Nº. 16. I. Ladrones.

Nº. 17. Typus Freti Manilenfis. Die Straedt vande Manilles. (Planche double).

Nº. 18. Manila. (Baie devant Manille).

Nº. 19. Grande carte des îles de l'Inde Orientale, fans titre, nommée dans la defcription „Carte des Molucques". Dans un coin, une carte du détroit de Botton (à la côte de Célébes). — Nous reviendrons fur cette carte quand nous traiterons plus en détail du journal.

Nº. 20. Inf. Macjan. — Inf. Bajan. — (Ville de Bacjan). — Planche en trois compartiments.

Nº. 21. Solor. — Amboyna. — M. Ganapus (&) I. Nera. — Planche double, en trois compartiments.

Nº. 22—25. Appartiennent au journal du Voyage de Le Maire. (Voir le chapitre précédent).

*b.* Ooft ende Weft-Indifche | Spiegel | Der 2 lefte Navi-gatien, ghedaen in den Jaeren 1614. 15. 16. 17. ende 18. daer in | vertoont wort, in wat geftalt Ioris van Speilber-gen door de Magellanes de werelt rontom geseylt | heeft, met eenighe Battalien fo te water als te lant, ende 2 Hifto-rien de een van Ooft | ende de ander van Weft-Indien, het ghetal der forten, foldaten, fchepen, ende ghefchut. | Met de Auftralifche Navigatien, van Iacob le Maire, die int fuyden, door een nieuwe Straet ghepaffeert is, met veel wonders | fo Landen, Volcken, ende Natien, haer ontmoet zijn, in 26 coperen platen afghebeelt. | (*Planche gravée*) | Tot Leyden, By Nicolaes van Geelkercken, Anno 1619. | 4° oblong. [65]

Même édition que la précédente; le titre feulement a été réim-primé. La 26ᵉ des planches indiquées par le titre eft celle qui fert de frontifpice; c'eft la même que dans l'éd. *a.*

*c.* Speculum | Orientalis Occidentalifque Indiae Naviga-tionum; | Quarum una Georgii à Spilbergen claffis cum poteftate Praefecti | altera Iacobi | le Maire aufpicijs impe-

rioque directa, Annis 1614, 15, 16, 17, 18. | Exhibens
Noui in mare Auftrale tranfitus, incognitarumque hactenus
terrarum ac gentium | inuentionem: praelia aliquot terra ma-
rique commiffa, expugnationefq; urbium: una cum dua- |
bus nouis utriufque Indiae Hiftorijs, Catalogo munitionum
Hollandicarum, ducum & reliqui bellici | apparatus, Fre-
tifque quatuor: fuis quaeque figuris ac imaginibus illuftra-
ta. | (*planche grav.*) | Lugduni Batauorum apud Nicolaum
à Geelkercken. An. CIƆ IƆ CXIX (1619) | 4° oblong. [66]

Titre avec la planche de l'édition hollandaife. Epitre dédicatoire de l'éditeur
à Petrus Graef, datée de Leide 1619. 2 pp.

Carmen extemporale, de Petrus Scriverius. — Au verfo: Ordo imaginum
(page 5—7).

Texte, pag. 9—118. Pp. 119—20 font reftées en blanc. Pp. 121—175
contiennent le Voyage de Le Maire. (Voir le chapitre précédent). — Signat.
du livre Aij—Yij.

Planches, comme dans l'édition hollandaife.

*d.* Speculum | Orientalis Occidentalifque Indiae Naviga-
tionum; | *etc.* (*tout comme le précédent; à la fin du titre on
a ajouté:*) | Sumptibus Judoci Hondii. [67]

Même édition que la précédente. Le nom de Hondius, le
cartographe & éditeur d'Amfterdam, a été ajouté au titre.

*e.* Ooft ende Weft-Indifche | Spieghel | Waer in Befchre-
ven werden de twee laetfte Na- | vigatien, ghedaen in de
Jaeren 1614. 1615. 1616. 1617. ende 1618. De | eene door
den vermaerden Zee-Heldt Joris van Spilbergen door de |
Strate van Magellanes, ende foo rondt om den gantfchen
Aerdt- | Cloot, met alle de Bataellien foo te Water als te
Lande ghefchiet. | Hier fyn mede by ghevoecht twee Hif-
torien, de eene van de Ooft ende de andere van de Weft- |
Indien, met het ghetal der Schepen, Forten, Soldaten ende
Ghefchut. | De andere ghedaen bij Iacob le Maire, de
welcke in 't Zuyden | de Straet Magellanes, een nieuwe

Straet ontdeckt heeft, met de Befchrijvinghe | aller Landen, Volcken ende Natien. Alles verciert met fchoone Caerten | ende Figueren hier toe dienftelijck. | 't Amftelredam, | By Jan Janffz, Boeckvercooper op 't Water inde Pas-Caert. A°. M.DC.XXI (1621) | .4° oblong. [68]

Titre fans planche gravée.

Epitre dédicatoire; préface; poëme; table des planches, abfolument comme dans l'édition de 1619. Texte, page 109—141; voyage de Le Maire, page 143—192. — Signature du livre A ij—Aa iij.

Planches, comme dans les éditions précédentes.

Réimpreffion entière de l'édition a.

*f.* Ooft ende Weft-Indifche | Spieghel | (*etc.*, *en tout femblable au précédent*)..... Tot Zutphen, | By Andries Janffz. van Aelft, Boeckvercooper. | A°. 1621. | 4° oblong. [69]

Même édition que la précédente, avec changement de l'adreffe dans le titre.

*g.* Miroir | Ooft & Weft-Indical, | Auquel font defcriptes les deux dernieres Navigations, faiftes | es Années 1614. 1615. 1616. 1617 & 1618. l'une par le renommé Guerrier de Mer, | George de Spilbergen, par le Deftroict de Magellan, & ainfi tout au- | tour de toute la terre, avec toutes les Battailles données | tant par terre que par eau. | Icy font auffi adiouftées deux Hiftoires, l'une des Indes Orientales, l'autre des Indes Oc- | cidentales, avec le nombre des Navires, Forts, Soldats & Artillerie. | L'autre faicte par Jacob le Maire, lequel au cofté du Zud du Deftroict de Magellan, a | defcouvert un nouveau Deftroict. Avec la defcription de tous Pays, Gens & Nations. | Le tout embelli de belles Cartes & Figures à ce fervantes. | A Amftelredam | Chez Jan Janfz. fur l'Eau, à la Pas-carte. | l'An 1621. | 4° oblong. [70]

Titre fans planche gravée. — Au verfo, l'ordre des planches.

Préface au lecteur 2 pp. Signat. A. 2.

Texte, pag. 1—115. Les pp. 117—172 contiennent le voyage de Le Maire. Signat. B—Z3.

L'ouvrage entier contient donc (IV) & 172 pp.

Planches, au nombre de 25, comme dans les éditions précédentes, quoiqu'il n'y en ait que 20 d'indiquées au verfo du titre.

*h.* Hiftorifch Journael van de Voyagie ghedaen | met fes Schepen....... Omme te varen | Door de Strate Magallanes naer de Moluc- | ques,..... Onder 't gebiedt vanden Heere Joris | van Spilbergen, als Commandeur Generael over de Vlote | Als mede de Auftralifche Navigatie, ontdeckt door Jacob le Maire in den Jaere 1615. 1616. 1617.

Dans. „Beghin ende Voortgang", Vol. II. Sans titre féparé, mais avec la préface. Texte, imprimé en 2 colonnes, 118 pages, dont les pp. 70—118 contiennent le journal de W. Cz. Schouten. (Voir le chapitre précédent).

Avec des épreuves poftérieures de toutes les planches de l'édition originale.

Réimpreffion du journal original, fans les pièces intercalées dont nous ferons mention ci-après, & qui fe trouvent aux pp. 79—90, 119—130, 133—139 de l'édition hollandaife.

*i.* Ooft- en Weft-Indifche Voyagie, | Door de | Strate Magallanes | Naer de Moluques, | Met fes Schepen onder den Commandeur Joris Spilbergen. | Als mede | De wonderlijcke Reyfe ghedaen door Willem Cor- | nelifz Schouten van Hoorn, en Iacob le Maire, in den Jaere | 1615, 1616, 1617. | Hoe fy bezuyden de Straet van Magallanes een Nieuwe paffagie | tot in de groote Zuydt-Zee ontdeckt, voort den gheheelen | Aerd-kloot om-ghezeylt hebben. | Midtfgaders | Wat Eylanden, vreemde Volckeren, en wonderlijcke Avon- | tueren hun ontmoet zijn. | (*Grav. en bois*) | t' Amftelredam, | Voor Jooft Hartgerts, Boeck-verkooper in de Gafthuys-Steegh, | bezijden het Stadt-huys, in de Boeck-winckel. 1648. | 4°. [71].

Titre imprimé, avec la planche ordinaire des navires.

Planche double, contenant 6 vues ou copies des pl. 11, 13, 14, 22, 24, 25 du journal de Spilbergen & de celui de Le Maire.

Préface au lecteur, comme dans l'édition originale, 2 pp.

Texte, pag. 5—66.

Suit, avec un nouveau titre, le journal de Schouten (voir le chapitre précédent), pp. (67)—117.

Les pp. 117—120 contiennent, „pour remplir les feuilles blanches", des demandes & des réponfes fur l'art de naviguer.

Signature du livre *.*.*.*A. 2—H. 3.

Réimpreffion de l'édition précédente.

*k.* Journael van de Voyagie | Gedaen met fes Scheepen, door de | Straet Magalanes, | Naer de | Molucques, | Onder het Beleydt van den Heer Admirael | Joris van Spilbergen, | Zijn tweede Reys, uytgevaren in den Jare 1614. 1615. | 1616. en 1617. Verhalende de eygenfchappen des Landts, vreemdicheyt | der Menfchen, en verfcheyde andere faecken haer op de Reys voorgevallen. | (*Grav. en bois*) | t' Amfterdam, Gedruckt, | By Gillis Jooften Saeghman, in de Nieuwe-ftraet, | Ordinaris Drucker van de Journalen ter Zee, en de Landt-Reyfen. | [*vers* 1663] 4°. [72].

Titre imprimé, avec la planche des navires. Au verfo, un portrait de guerrier, gravé en taille-douce, avec une bordure gravée fur bois. Au deflous du portrait on a imprimé le nom: Joris van Spilbergen, mais nous ne faurions affurer que c'eft fon effigie.

Texte imprimé en 2 colonnes, avec paginat. 3—64. Signat. A. 2—H. 3.

Planches dans le texte, au nombre de 8, dont une feule eft gravée en taille douce & tirée de Hartgers. Elle n'appartient pas plus à ce journal que les 7 gravures fur bois.

Réimpreffion du précédent, avec abréviations, fans la préface, & avec une autre addition à la fin (p. 62—64), contenant une notice fuccincte des coutumes des indigènes Américains.

———

Ce journal remarquable, publié par ordre de l'amiral Joris van Spilberghen, commandant de l'expédition, & augmenté par lui d'une épitre dédicatoire aux Etats-Généraux & au Prince Maurice d'Orange, a été compofé d'après fes inftruftions, probablement par le capitaine de fon navire, Jan Cornelifzoon May, navigateur expérimenté, le même qui commanda dans les années 1611 & 1612 une expédition vers le Nord & les côtes des Etats-Unis (1) & qui prit part comme patron de vaiffeau au premier voyage de Van Neck en 1598 (2). A la fin du voyage de W. Cz. Schouten, quand l'auteur raconte que Schouten & Le Maire répatrièrent à bord du vaiffeau de Spilbergen, le capitaine de ce navire eft nommé „Jan Cornelifz May *alias Menfch-eter* (mangeur d'hommes)". (3) En tout cas, May a rendu des fervices confidérables à fa patrie. Nous ne faurions nommer la fource où Meufel a puifé pour attribuer, dans fa *Bibliotheca hiftorica* (III, 2. pag. 120), la compofition du journal de Spilbergen, & en particulier de la carte du détroit de Magellan, à May, — qu'il nomme à tort *de Maye;* — mais ce qui eft certain, c'eft que dans le texte du journal *hollandais*, à l'endroit où eft indiquée la carte des îles de l'Inde Orientale (N°. 19), May (4) fe défigne lui-même comme le deffinateur de la petite carte du détroit de Botton; détroit *qu'il avait lui-même plufieurs fois franchi & examiné.* Dans l'édition latine le nom eft omis, mais le témoignage fubfifte dans l'emploi de la première perfonne. Dans l'édition françaife, l'addition eft entièrement omife.

La Compagnie des I. O. fut très-irritée de la publication de ce journal, où étaient dévoilées plufieurs chofes qu'elle aurait probablement voulu tenir fecrètes. Le 15 Mai 1619, les direfteurs réfolurent de contrarier autant que poffible la circulation du livre, & deux membres du collège furent députés à cette fin aux Etats-

---

(1) Voir l'ouvrage *Deteftio Freti* (Amft., Heffel Gerritfz 1612, 1613) dont nous traiterons ci-après, à la préface de la première & à l'appendice de la feconde édition.

(2) On ne doit pas le confondre avec Jan Jacobfz May qui donna fon nom à *Jan Mayen-eilant*, qu'il découvrit en 1614. Voir la carte des contrées du Nord dans *l'Atlas* de Blaeu.

(3) C'eft peut-être un jeu de mots. *Maai* ou *made* fignifie *ver.*

(4) Il y a *Moy*, au lieu de *May.*

Généraux. Leur plainte, à ce qu'il paraît, n'a pas eu de fuites, bien que la publication de journaux de voyage, fans la permiffion de la Compagnie, péchât, à en croire les Directeurs, contre un décret du Souverain.

Le journal de Spilbergen contient des infertions importantes:

1° (*Holl.* p. 79—90; *Lat.* p. 62—71; *Franç.* p. 63—70) une „Defcription du gouvernement du Pérou, faite par un prifonnier efpagnol nommé Pedro de Madriga, natif de Lima", fuivie de quelques obfervations concernant le „Royaume de Chili". Ces obfervations font partie d'une Déclaration inédite de Jacob Dirickfzoon van Purmerlant, fous-pilote fur un vaiffeau de la flotte de Mahu & de Cordes, qui fut fait prifonnier à Valparaifo par les Efpagnols. L'original de cette pièce fe trouve dans les Archives de l'Etat, à la Haye. Le *Waldavia*, mentionné par le narrateur, eft Valdivia. — Le traité de P. de Madriga eft ajouté fouvent au journal de L'Hermite. Voir le chapitre fuivant.

2° (*Holl.* p. 119—130; *Lat.* p. 99—106; *Franç.* p. 96—105) un „Difcours du très-fameux Apollonius Schot, natif de Middelbourg en Zélande", concernant les îles Molucques.

Dans le recueil de Commelin (*Begin ende Voortgangh*) cette pièce remarquable eft jointe au journal de Verhoeff. C'eft une réimpreffion textuelle. Voir notre chapitre B X. Comparez fur l'auteur, Apollonius Schot ou Schotte, l'ouvrage cité de M. De Jonge, III p. 66, 104, 331, 396.

3° (*Holl.* p. 133—139; *Lat.* p. 109—116; *Franç.* p. 107—114) une „Courte defcription des forfereffes, etc." appartenant à la Compagnie Hollandaife des Indes Orientales en Juillet 1616 & une lifte des vaiffeaux hollandais qui fe trouvaient aux Indes en Juillet 1616. — Ces pièces font également ajoutées dans *Begin ende Voortgangh* au journal de Verhoeff. Comparez auffi notre chapitre B XII sur la XIIe partie des Petits Voyages.

Les cartes du détroit de Magellan, du détroit de Manille, & celle des Indes Orientales font très-intéreffantes pour l'hiftoire des navigations; la feconde eft omife dans l'édition des De Bry, dont nous parlerons tantôt. Nous faifons obferver que dans la dernière carte on trouve déjà indiquées les découvertes de Schouten & Le

Maire fur la côte de la Nouvelle Guinée. L'opinion de l'auteur du journal de Spilbergen eft cependant peu favorable à la découverte du nouveau détroit. Nous lifons à la page 106 de l'édition françaife:

„Ceux de ce navire" (de Schouten) „n'avoyent en un fi longue voyage decouvert ny aucunes nations incogneuës, ni aucunes places de nouveau commerce, ny ce qu'aucunement pourroit fervir au bien public, combien qu'ils mettoyent en avant d'avoir inventé un paffage plus court que l'ordinaire; ce qui n'avoit aucune apparence, d'autant qu'ils avoyent employé pour faire leur voyage jufques en Ternata, precifement quinze mois & trois jours, & cela, comme mefmes ils confeffoyent, à vent bien favorable, & avec une feule navire. . . . Ces ufurpateurs du nom des paffagiers de la mer meridionale, f'eftonnoyent de beaucoup" etc.

Eft-ce la jaloufie qui parle ici? On eft porté à le croire, quand on rapproche ces mots d'un autre paffage du journal (page 27), où l'auteur raconte que, defcendus à la „Terre de feu", ils virent du haut des montagnes „un paffage et entrée en la Mer meridionale", mais comme leur inftruction portait *bien expreffément* qu'ils auraient à fuivre le détroit de Magellan, ils furent empêchés de f'y rendre. L'auteur ajoute qu'ils étaient d'ailleurs *affez bien informés*, par l'ouvrage d'Acofta traduit par Linfchoten, et par ceux d'autres *hiftoriens*, qu'il exiftait un paffage „par le Méridional." Mais f'ils en favaient fi long, que n'admettaient-ils la vraifemblance du refte? Ou que n'allaient-ils fe convaincre de la réalité du fait? Le Maire avait été moins naïf.

---

Les traductions latine et françaife du journal de Spilbergen font affez exactes, mais la première eft abrégée en plufieurs endroits; on fera donc bien de confulter ou l'édition originale, ou l'édition françaife. — Dans l'édition latine publiée par les frères De Bry en 1620, & qui forme l'Appendice de la onzième partie de leur collection des Grands Voyages, on a fait encore plus de coupures, ainfi que M. Camus l'a déjà remarqué. Les planches y font pour la plupart copiées. La collation qu'en donne M. Camus dans les deux éditions eft exacte, mais il n'a pas remarqué que dans la carte générale des îles de l'Inde Orientale, la petite carte du détroit de Botton, qui fe trouve en haut, à droite, dans la gravure hollandaife, eft omife dans la copie des De Bry.

L'occafion nous manque de comparer avec l'édition originale foit l'édition allemande de Hulfius (17ᵉ partie de fa collection) publiée en 1620, foit celle publiée à Francfort en 1625.

⎯⎯⎯⎯

### 6. VOYAGE AUTOUR DU MONDE DE JAQUES L'HERMITE.

(De Bry, Grands Voyages, Tome XIII, 10. 1634; Petits Voyages, Tome XII, 9. 1628; Camus, Mémoire, page 171, 176, 277).

*a.* Verhael | Van 't ghene | Den Admirael l'Hermite in | zyne reyfe naer de Cuften van Peru ver- | richt, endé oock wat Schepen hij ghenomen | ende verbrandt heeft, inde Haven van | Callao, | Tot den 1 Julij 1624 toe. | Ghetranflateert uyt het Spaenfch in onfe | Neder-duytfche Tale. | (*Figure en bois*) | Tot Amfterdam, | By Chriftiaen Meulemans, Boeckvercooper, woonende | aen de Beurs, inden ghekroonden Hoedt, Anno 1625. | 4°. [73].

(*Récit des faits & geftes de l'amiral L'Hermite durant fon voyage aux côtes du Pérou; quels vaiffeaux il a pris & brûlés dans le port de Callao, jufqu'au 1 Juillet 1624. Traduit de l'efpagnol.*)

8 pp., fans pagination. Signature (A)—A3.
L'image du titre repréfente un vaiffeau dans une tempête.

Ce pamphlet contient les premières nouvelles, reçues dans le temps, concernant les hoftilités commifes par l'amiral L'Hermite, ou plutôt par fon vice-amiral Gheen Huygen Schapenham, fur les côtes du Pérou. Ce font pour la plupart des révélations faites au vice-roi efpagnol par un prifonnier de la flotte hollandaife, nommé Carftens, natif de Hambourg. A en croire le pamphlet fuivant, Carftens était „conftable" et „ingénieur des feux d'artifice".

*b.* Waerachtigh verhael, | Van het fucces van de Vlote,

onder den Admirael | Iaques l'Hermite, | In de Zuyt-zee, op de Cuften van Peru, en | de Stadt | Lima in Indien. | Hier is | Een Spaenfche Brief by-ghevoeght, de | Stáet van Caftilien, en op de Cuft van Peru in | kort verhalende. | (*Planche gravée*) | Anno M. DC. XXV. [1625] 4°. [74].

(*Récit véritable du fuccès de la flotte envoyée fous le commandement de l'amiral Jaques L'Hermite vers la Mer du Sud, le long des côtes du Pérou & à la ville de Lima ; auquel on a ajouté, une lettre d'origine efpagnole, concernant la condition de l'Efpagne & du Pérou.*)

14 pp., fans pagination. Signature (A)—B3.

La planche du titre, repréfentant une attaque de Callao di Lima, eft copiée de la planche 11 du journal de Spilbergen.

On trouve dans ce pamphlet deux lettres, l'une écrite de Panama, 20 Septembre 1624, l'autre de Séville, 4 Janvier 1625, & traduites toutes les deux de l'efpagnol. La première contient la confeffion du hambourgeois Carftens, mais pas dans les mêmes termes que la pièce précédente, &. avec d'autres détails. On y trouve en outre les dépofitions de deux Grecs qui fe rendirent aux Efpagnols & dont parle auffi le journal fuivant. La feconde lettre, grande de 2 pp., ne contient que des nouvelles, racontées en des termes généraux. Il y eft parlé d'un certain déferteur hollandais, qu'on regardait comme la perfonne qui avait traîtreufement conduit les Hollandais à ces côtes, et qui fut condamné à être écartelé. C'était probablement le pauvre Carftens.

Cette pièce fut traduite en anglais et publiée à Londres dans la même année. Voir: Ternaux-Compans, Bibliothèque Afiatique, N°. 1360.

*c.* Iournael | Vande | Naffaufche Vloot, | Ofte | Befchryvingh vande Voyagie om | den gantfchen. Aerdt-kloot, ghedaen met | elf Schepen : | Onder 't beleyd vanden Admirael | Iaques l'Heremite, ende Vice-Admirael Geen Huy- | gen Schapenham, inde Iaeren 1623, | 1624, 1625, & 1626. | Waer in | De gantfche Hiftorie, fo wel haer wedervaren, als de ghelegent- | heyt der Landen ende des Volckx, fo in woorden als in | Figuren voor geftelt wordt. | (*Carte du monde*) | T'Amftelredam, | By Heffel Gerritfz ende Iacob Pieterfz Wachter. | 't Iaer 1626. | 4°. [75]

*(Journal de la flotte Naffovienne, ou defcription du voyage autour du monde entier, fait avec onze vaiffeaux fous le commandement de l'amiral Jaques L'Hermite & du vice-amiral Geen Huygen Schapenham, dans les années 1623—26. Hiftoire complète de leurs aventures, & defcription de la fituation des contrées & de la condition des habitants.)*

Titre imprimé avec une petite carte gravée.

Préface, 6 pp. Signature (.∙.)2, (.∙.)3.

Texte, 99 pp. avec pagination, & fignature A—N.

Planches, avec indication de la page (gravée dans la pl.)

*a.* F. 41. Zuydfyde van Tierra del Fuego waerghenomen ende afghebeeldt door Ioannes a Walbeek (carte de la côte méridionale de T. del F.)

*b.* F. 47. (Habitants de la Terre de Feu.)

*c.* (Page 54 dans le texte:) T'eylandt van Guan Fernando.

*d.* F. 65. Vertoon van 't verbranden van de Spaenfche fchepen in 't Callao (Vaiffeaux efpagnols brûlés devant Callao.)

*e.* F. 69. Vertoning van 't Callao de Lima (Vue de Callao.)

*f.* F. 79. Pafcaert van de zeecuft van byfuyen Callao de Lima tot by noorden de Bay achter de Pifcadores (Carte d'une partie de la côte du Pérou. Dans un coin, une vue de la rade derrière les îles Pifcadores:) Vertoning vande Ree inde Bay achter de Pifcadores.

*g.* F. 81. Afteykening vande Rivier van Guayaquil ende Eylanden Puna ende Sᵗᵃ Clara. (Carte du fleuve Guayaquil etc. Dans un coin, une vue de la rade devant l'île de Puna:) Vertoning vande Ree onder I. Puna.

*h.* F. 85. Vertoning vande Haven van Acapulco (Vue du port d'Acapulco).

*i.* F. 89. 1ᵉ *moitié:* Vertoning hoe de Naffaufche vloot heeft ghelegen onder de Cuft van Nueva Spagna, *etc.* (La flotte en face de la côte de la Nouv. Efpagne).

2ᵉ *moitié:* Vertoning vande Ree waer de Naffaufche vloot heeft ghelegen onder de Suydweftfyd van 't eylandt Guagan, een vande Ladrones eylanden. (La flotte en face de l'île de Guagan).

*d.* Iournael | Vande | Naffaufche Vloot | Ofte | Befchryvingh vande Voyagie om den | gantfchen Aerd-Kloot, ghedaen met elf Schepen: | Onder 't beleydt van den Admirael | Jaques l'Heremite, ende Vice-Admirael Gheen | Huy-

gen Schapenham, in de Iaren 1623, | 1624, 1625, en 1626. |
Wy hebben hier noch achter by gevoeght een Befchryvinghe
vande Regeringe | van Peru, door Pedro de Madriga ge-
booren tot Lima. Als mede een | verhael van Pedro Fer-
nandez de Quir, aengaende de ontdeckinge | van 't onbe-
kent Auftrialia, fijn grooten Rijckdom ende | vruchtbaer-
heyt. | (*Carte du monde*) | t' Amftelredam, | By Jacob Pie-
terfz Wachter, Boeck-verkooper op den Dam, | inde Wach-
ter, Anno 1643. | 4º. [76].

*(Journal etc., (comme c)... Nous l'avons augmenté d'une defcription du
gouvernement du Pérou par Pedro de Madriga, ainfi que d'un récit dè Pedro
Fernandez de Quir, concernant la découverte de l'Auftralie Inconnue.)*

Titre, avec la même carte que l'édition de 1626.
Préface, 6 pp. (Signat. (*2), (*)3.
Texte, 120 pp., avec pagination 1—94 (95, 96 blanc), 99—122 & fignature A—P3.
Les pp. 1—94 contiennent le journal de L'Hermite; les pp. 99—111
la defcription du Pérou par P. de Madriga, & celle du Chili, tirées du
journal de Spilbergen; les pp. 112—122 le Mémoire de Pedro Fernandez
de Quir, adreffé au Roi d'Efpagne concernant les terres Auftrales, primitivement imprimé dans le corps de l'ouvrage *Detectio Freti*, chez Heffel
Gerritfz. Voir notre chapitre B XI.
Planches comme dans l'édition de 1626; feulement, l'indication des feuilles
du texte, gravée dans les planches, eft changée expreffément pour cette
édition.

Cet ouvrage forme la deuxième partie de celui intitulé „Journalen van drie Voyagien, te weten: 1. Van Mr. Thomas Candifh.... 2. Vande Heer Franfoys Draeck.... Noch een Befchrijvinge van de Zee vaert der geheeler Werelt. Naffaufche Vloot,
3. Ofte Befchrijvinge vande Voyagie.... onder 't beleydt vanden
Admirael Jaques L'Heremite *etc*....t' Amft., By J. Pz. Wachter...
1643". Nous traiterons ci-après de la première partie de l'ouvrage.
Cette nouvelle édition du journal de L'Hermite eft beaucoup
plus volumineufe que la première. Elle abonde en obfervations
concernant la navigation et en remarques fur les affaires de la guerre
& fur les contrées vifitées. La préface prépare le lecteur à ces ampli-

fications (1). Elle fait fuppofer qu'il éxifte encore d'autres éditions
du même journal, quoique nous n'en ayons trouvé aucune trace.
Il fe peut cependant que la feconde et la troifième édition, dont
parle la préface, foient fimplement de nouveaux tirages de la première. En tout cas, elles n'en diffèrent pas quant au texte.

On fera bien de ne pas fe fier entièrement à cette édition. Il
f'y trouve de légères incorrections. Entre autres, ce qui eft mentionné dans la 1ª éd. à la date du 24 Octobre 1623, eft omis dans
celle-ci.

*e.* Journael | van de | Naffaufche Vloot, | ofte | Befchrij-
vingh van de Voyagie om den gantfchen Aerd-Kloot, |
Gedaen met elf Schepen: | Onder 't Beleydt van den Ad-
mirael | Jaques l'Heremite, | Ende Vice-Admirael | Gheen
Huygen Schapenham, | In de Jaren 1623. 1624. 1625. en
1626.

Dans „Begin ende Voortgang," Vol. II. Sans titre féparé. Texte, imprimé en deux colonnes (ainfi que la préface qui y eft réunie fans index),
79 pages. Signature *Aa—Kk*3.

Planches & cartes, au nombre de cinq, indiquées dans le texte (N°. 1—5).
Ce font des copies des pl. *a, e, f, g, h* de l'original.

Réimpreffion de l'édition de 1643, avec la defcription du Pérou
& du Chili (p. 60—68) et la relation de De Quir (p. 68—74).
On y a ajouté, „pour remplir les feuilles reftantes", (p. 75—79)
la „Relation de ce qui f'eft paffé à Banda en 1621 & auparavant"
(*Warachtich verhael van 't geene inde Eylanden van Banda, in
Ooft-Indien inden jaere* 1621 *ende te vooren is ghepaffeert*). C'eft

---

(1) „Het wedervaren defer Vlote hebben wy vóor defen in druck ver-
veerdight, dan foo alfdoen te feer ghefpoet is om niet by anderen gheprc-
venieert te worden, en derhalven vele faecken nae-ghebleven zijn, waerdigh
om ghelefen en gheannoteert te worden, foo hebben wy de tweede ende
derde druck verkocht wefende, het journael nae ghefien, en op diverfche
plactfen verbetert en vermeerdert, op dat de Lefer, die gaerne wat meer
kennifle van Chili en Peru hadde, gecontenteert mocht zijn." Cette dernière
phrafe fait allufion à la defcription fupplémentaire de P. de Madriga.

une réimpreffion d'une pièce volante imprimée en 1622 et dont nous parlerons dans notre chapitre B XII.

*f.* Journael | van de | Naffaufche Vloot, | ofte | Befchrij-vingh van de Voyagie om den gantfchen Aert- | Kloot, Gedaen met elf Schepen: | Onder 't beleydt van den Admi-rael | Iaques l'Heremite, ende Vice-Admirael Gheen Huy- | gen Schapenham, in de Iaren 1623. 1624. 1625. en 1626. | Noch is hier by gevoegt een Befchrijvinge van de Regee-ringe van Peru, door | Pedro de Madriga geboren tot Lima. Als mede een verhael van Pedro | Fernandez de Quir, aen-gaende de ontdeckinge van 't on- | bekent Auftrialia, syn grooten Rijckdom ende | vruchtbaerheyt. | Oock mede eenige Difcourfen de Ooft-Indifche Vaert en de Coopmanfchap betreffende. | (*Grav. en bois*) | t'Amftelredam, | Voor Jooft Hartgertfz, Boeckverkooper, woonende inde Gaft-Huys- | fteegh naeft het Stadt-huys, in de Boeck-winckel. Anno 1648 | 4°. [77]

*(Journal etc., (comme d.) ... Suivi de quelques difcours fur la navigation & le commerce des Indes Orientales.)*

Titre imprimé, avec la planche ordinaire des navires.

Planche double, contenant fix vues, dont cinq font copiées du journal de L'Hermite. La première, avec la fauffe indication *Callao de lima*, re-préfente la baie derrière les Pifcadores (petite planche dans *f*); la feconde, intitulée *Pifka dores baey*, eft une copie inexacte de la pl. *b* (Vaiffeaux efpagnols brûlés devant Callao); la troifième offre une copie de la petite planche dans *g.* (Rade devant Puna); la quatrième eft une copie renverfée de *h*; la cinquième, une copie de la feconde moitié de *i.* La fixième, intitulée: *Indiaenfe menfchen fonder hals* (Indiens fans cou) fait partie du récit de la Guyane (voir ci-deffous).

Texte (précédé de la préface, fans que cette particularité foit indiquée), pag. 1—76. La 1e page eft fignée par mégarde *Bb*; cependant la fignature de la 3e page eft \*.\*.\*.\*.\*A 3, & continue jufqu'à *E* 5.

Les pp. 1—61a contiennent le journal de L'Hermite; p. 61a—70a la def-cription du Pérou par P. de Madriga & celle du Chili; p. 70a—74a le récit d'une expédition anglaife vers la Guyane en 1596, intitulé: „Kort journael, gedaen naer het Gout-rijck Coninck-Rijck Guiana"; p. 74ᵃ—76b.: „Eenighe Difcourfen, de Ooft-Indifche vaert betreffende". (Quelques difcours concernant la navigation aux Indes Orientales).

Réimpreffion de l'édition précédente. On y a ajouté, comme dans celle-ci, la defcription du Pérou & du Chili; seulement, le mémoire de De Quir, annoncé fur le titre, eft remplacé par des extraits du journal de Laurence Keymis, chef d'une expédition anglaife vers la Guyane. Hartgers f'eft fervi de la traduction hollandaife de cet ouvrage qui parut à Amfterdam chez Cornelis Claefz en 1598. Voir notre chapitre V de la 4ᵉ partie.

g. Journael (*etc. comme le précédent*)..... 1625. en 1626. | Noch is hier by gevoeght een Befchrijvinge van de Regeringhe van Peru, fijn | grooten Rijckdom ende vruchtbaerheydt. | Door Pedro de Madriga, gheboorentot Lima. | (*Planche repréfentant des vaiffeaux*) | t' Amftelredam, Voor Jooft Hartgerfz.... Anno 1652. | 4°. [78]

Contenant (avec la feuille du titre) 72 pp. Le texte avec pagination 3—72, & fignature *A* 2, *.*.*.*.*A* 3 jufqu'à *E* 4.

Les cinq vues de la grande planche de l'édition précédente, appartenant au journal de L'Hermite, forment ici autant de planches diftinctes, inférées çà & là dans le texte.

Les pp. 1—64 du texte contiennent le journal de L'Hermite; les pp. 65—72 la defcription du Pérou, fans celle du Chili.

Réimpreffion du précédent, fans l'addition des deux dernières pièces.

h. Journael van de | Naffaufche | Vloot, | Zijnde een Befchryvingh van de | Voyagie om den gantfchen Aerdtkloot, | Gedaen met elf Scheepen onder 't beleydt van den Admirael | Jaques l'Heremite, | En Vice-Admirael Geen Huygen Schapenham, in de Jaren 1623. 1624. | 1625. en 1626. Verhalende veel vreemdicheden haer op de Reyfe voor gevallen | en de Befchryvingh der Völckeren, Landen, Beeften, Voogels, etc. | (*grav. en bois*) 't Amfterdam, Gedruckt | Bij Gillis Jooften Saeghman, in de Nieuwe ftraet | Ordinäris Drucker van de Journalen ter Zee, | en de Rey-fen te Lande. [vers 1663]. 4°. [79].

Titre imprimé avec la planche ordinaire de S. Au verfo, le portrait d'un ancien guerrier cuiraffé & portant une couronne de laurier, gravé en taille douce, avec bordure gravée en bois, & l'infcription imprimée „Jaques l'Heremite". C'eft probablement le portrait de quelque capitaine du feizième fiècle.

Carte gravée par A. Goos, avec ce titre: „'t Noorder deel van Weft-Indien. Bij Gillis Jooften Saegman." Cette carte eft tirée de l'ouvrage: „Journalen van drie Voyagien. Amft. 1643" (voir l'édition c); on y a feulement ajouté l'adreffe de Saegman.

Texte imprimé en deux colonnes, avec pagination 3—60 & fignature A2—H2.

Planches dans le texte au nombre de 16; dont 7 en taille douce; les autres font des gravures en bois, dont Saegman fe fervait pour plufieurs journaux. Cinq de ces planches font tirées des voyages de Hartgers & fe rapportent à ceux de L'Hermite, Schouten & Matelief. Les deux autres, plus grandes que les précédentes, font des parties de la planche d du journal de L'Hermite. Il paraît qu'on a taillé cette planche en morceaux pour en fabriquer deux planches féparées; à cette fin, on a ajouté à chaque moitié plufieurs vaiffeaux au combat, de forte qu'elles repréfentent chacune un combat naval.

Réimpreffion de l'édition précédente, fans la préface & fans la defcription du Pérou.

---

Le Journal du Voyage de L'Hermite a été rédigé avec foin. Il a probablement pour auteur Johannes van Walbeeck, qui fit partie de l'expédition à titre de „mathématicien de la flotte". Son nom fe retrouve dans la carte de la Terre de Feu, où l'on fit des découvertes remarquables. M. Camus n'eft pas le feul qui ait relevé l'importance de ce journal, où l'on reconnaît la main d'un homme inftruit, obfervateur exercé et fachant communiquer fes obfervations.

Une rédaction allemande de ce voyage parut en 1629 à Straf-bourg fous le titre de „Diurnal und Hiftorifche Befchreibung

der Reife der naffauifchen Flotte." On l'a attribuée à un certain
Adolf Decker de Strafbourg, qui raconte quelque part qu'il prit
part à l'expédition comme maître des armes (capitaine?). Le nom
de ce même Decker figure auffi, comme étant celui de l'auteur de
l'ouvrage, dans le titre de la réimpreffion qu'on en fit pour la
collection de Hulfius (22e partie, Francfort 1630). Quoique nous
n'ayons pas vu ce journal allemand, nos renfeignements nous font
fuppofer que ce n'eft qu'une traduction du récit original, auquel
Decker aura ajouté quelques particularités.

Le douzième tome de la collection latine des Petits Voyages
(Francfort, Wilhelm Fizzer 1628) contient au chapitre IX de la
2e partie (pag. 168—182) un journal du voyage de L'Hermite
qui n'eft qu'un réfumé du journal hollandais. Dans l'édition allemande de cette partie des Petits Voyages (pag. 37—66) le journal a fubi beaucoup moins d'abréviations que dans l'édition latine.
La treizième partie des Grands Voyages (Francfort, Mt. Merian
1634) paraît cependant contenir le texte complet, traduit d'après
l'édition allemande de Decker. (Voir le Mémoire de M. Camus,
p. 117). Par la notice de M. Camus (p. 171) on apprend que
des neuf planches de l'édition originale, huit (*a—e*, *g—i*) ont
été copiées à l'ufage des Grands Voyages. Il paraît que les mêmes
planches fe trouvent dans l'édition de Decker.

La feule édition complète eft donc l'édition hollandaife de 1643.
Toutes les éditions allemandes & latines étant antérieures à celle-
là, elles ne peuvent contenir les augmentations importantes faites
après coup, d'après de bonnes fources. On f'étonne que ni
M. Camus, ni Meufel (*Bibl. hiftor.* III. 2, pag. 121) ne mentionnent une feule édition hollandaife.

7. COMBATS DES HOLLANDAIS AU BRÉSIL, ETC.

(De Bry, Grands Voyages, Tome XIII 7e, 14e, 15e fection. 1634;
Camus, Mémoire, pag. 175, 180).

Le treizième tome des Grands Voyages contient trois récits de
combats livrés par les Hollandais aux Efpagnols & aux Portugais

en Amérique. Le premier (7e section) se rapporte à la prise de San-Salvador au Brésil par les Hollandais, en 1624, et à la reprise de cette place par les Espagnols, au profit des Portugais, en 1625. C'est la traduction latine d'un récit allemand intitulé: „West Indianische Reisz und Beschreibung der Belag und Eroberung der Statt S. Salvador in der Bahie von Todos os Sanctos in dem Landt von Brasilia. Welcher von anno 1623 bis ins 1626 verrichtet worden. Durch Johann Gregor Aldenburgh. Coburgh, Friederich Grüner 1627. 4°."

A ces mêmes événements sont consacrés quelques récits & autres pamphlets en langue hollandaise dont on trouvera la description dans „Bibliographical and historical Essay on Dutch books and pamphlets relating to New-Netherland and to the Dutch West-India Company." By G. M. Asher (chez l'éditeur de cet ouvrage), part III, pag. 115—117.

Dans la 14e section se trouve le récit du combat naval livré par l'amiral hollandais Pieter Pietersz Heyn aux Espagnols, le 7 Septembre 1628, sur les côtes de l'Amérique, & dans lequel les Hollandais s'emparèrent de la riche flotte espagnole. Plusieurs pamphlets hollandais relatifs à cette victoire sont décrits dans l'ouvrage „Bibliotheek van Nederlandsche Pamfletten in de verzameling van Fred. Muller, beschr. door P. A. Tiele", n°. 2254—2261.

Enfin, la 15e section contient une relation de la prise d'Olinda, au Brésil, par l'amiral hollandais Henrick Cornelisz Lonck, le 16 Février 1630. Voir sur ce coup de main: „Bibliotheek van Nederlandsche Pamfletten", n°. 2350—2354.

Probablement, l'éditeur du tome XIII des Grands Voyages s'est servi, pour la traduction de ces deux derniers récits, de la 21e partie de la collection allemande de Hulsius. Voir A. Asher, *Essay on Hulsius*, page 94.

(De Bry, Petits Voyages, Tome II—IV 1599—1601; Camus, Mémoire p. 189 svv., 198, 208).

*a. [Tome I].* Itinerario, | Voyage ofte Schipvaert, van Jan | Huygen van Linfchoten naer Ooft ofte Portugaels In- | dien, inhoudende een corte befchryvinghe der felver Landen ende Zee-cuften, met aen- | wyfinge van alle de voornaemde principale Havens, Revieren, hoecken ende plaetfen, tot noch | toe van de Portugefen ontdeckt ende bekent: Waer by ghevoecht zijn, niet alleen die Conter- | feytfels vande habyten, drachten, ende wefen, fo vande Portugefen aldaer refiderende, als van- | de ingeboornen Indianen, ende huere Tempels, Afgoden, Huyfinge, met die voornaemfte | Boomen, Vruchten, Kruyden, Speceryen, ende diergelijcke materialen, als ooc die | manieren des felfden Volckes, fo in hunnen Godts-dienften, als in Politie | en Huijs-houdinghe: maer ooc een corte verhalinge van de Coophan- | delingen, hoe en waer die ghedreven en ghevonden worden, | met die ghedenckweerdichfte gefchiedeniffen, | voorghevallen den tijt zijnder | refidentie aldaer. | Alles befchreven ende by een vergadert, door den felfden, feer nut, oorbaer, | ende oock vermakelijcken voor alle curieufe ende Lief-| hebbers van vreemdigheden. | (*Planche grav.*) | t' Amftelredam. | By Cornelis Claefz. op 't Water, in 't Schrijf-boeck, by de oude Brugghe. | Anno CIↃ.IↃ.XCVI [1596] | fol. [80]. |

(*Voir le titre français à la page* 93; 98).

6*

Titre imprimé, avec planche gravée repréfentant des vaiffeaux & aux quatre coins des vues d'Anvers, Amfterdam, Middelbourg & Enkhuizen. Dans la bordure, on lit *L. Cornely fc.* — Au verfo, l'octroi du 8 Oct. 1594.

Epitre dédicatoire aux Etats-Généraux des Provinces-Unies, datée *d'Enckhuyfen den* .... 1595, & fignée *Jan Huyghen van Linfchoten, van Haerlem.* 2 pp.

Préface, intitulée: „Prohemio ofte Voorreden totten Lefer." — Au verfo, deux fonnets en hollandais, fignés *P. H[oogerbeets]* & *C. T[aemfz]*, & un poëme en latin, figné *Th. Velius Hornanus.* 2 pp.

Ode en hollandais, fignée *C. T[aemfz.]* — Au verfo, le portrait gravé de l'auteur avec fon blafon & l'épigraphe *Joannes Hugonis a Linfchoten Haerlemènfis Aeta.* 32 *A°* 1595 *L. C[ornelii] fc. Soufrir pour parvenir.* Aux quatre coins, des vues de Goa, Mofambique, & S.-Hélène. Au deffous du portrait font imprimées 2 lignes, en latin (*Eoum nobis*, etc.). 2 pp.

Texte imprimé en 2 colonnes, 160 pp. numérotées. Sign. A—N 4. Pour les planches & cartes, voir à la fin du tóme 3e.

[*Tome II*]. Reys-ghefchrift | Vande Navigatien der Portugaloy- | fers in Orienten, inhoudende de Zeevaert, foo van Portu | gael naer Ooft Indien, als van Ooft Indien weder naer Portugael; Infgelijcx van Por- | tugaels, Indien nae Malacca, China, Iapan, d'Eylanden van Iava ende Sunda, foo in 't heen varen, als in 't weder | keeren; Item van China nae Spaenfchs Indien, ende wederom van daer nae China; Als oock van de gantfche | Cuften van Brafilien, ende alle die Havens van dien; Item van 't vafte landt, ende die voor Eylanden (Las Antillas ghenaemt) van Spaenfchs Indien, met noch de Navigatie vande Cabo de Lopo Gonfalues, naer Angola toe, aen | de Cufte van Aethiopien; Mitfgaders alle die Courfen, Havens, Eylanden, diepten ende ondiepten, fanden, droogh- | ten, Riffen ende Clippen, met die gheleghentheydt ende ftreckinghe van dien. Defghelijcks die tyden vanden | jare dat de winden waeyen, met die waerachtighe teeckenen ende kenniffe van de tyden, Ende het | weer, wateren, ende ftroomen, op alle die Orientaelfche Cuften ende Havens, ghelijck | fulcks alles gheobferveert ende aen gheteyckent is, van de Piloten ende |

s'Coninghs Stuer-luyden, door de gheſtadighe Navi- | ga-
tie, ende experientie byde ſelfde ghe- | daen ende bevon-
den. | Alles ſeer ghetrouwelijcken met grooter neerſticheyt
ende correctie by | een vergadert, ende uyt die Portugaloy-
ſche ende Spaenſche in | onſe ghemeene Nederlandtſche Tale
ghetranſla- | teert ende overgheſet, | Door Jan Huyghen
van Linſchoten. | (*Planche grav.*) | t' Amſtelredam. | By
Cornelis Claeſz. op 't Water, in 't Schrijf-boeck, by de
oude Brugghe. | Anno M.D.XCV. [1595].

(*Grand routier de mer etc. Voir le titre français à la page* 98.)

Titre imprimé, avec la même planche que le tome 1er.

Epitre dédicatoire au Prince Maurice de Naſſau, Amiral général des
Provinces-Unies, & aux Conſeillers de l'Amirauté de Hollande & de Zélande,
ſans date, & ſignée par l'auteur. Avec pagin. 3, 4. Signat. Aa. ij.

Cinq poëmes & ſonnets, en latin & en hollandais, ſur le voyage *au
Nord* de Linſchoten. Avec pagin. 5, 6. Signat. Aa iij.

Ode, adreſſée aux Conſeillers de l'Amirauté, à la louange de l'auteur,
ſignée: *In Amor' Perſeverando. C. Taemſs.* Avec pagin. 7—12.

Texte impr. en 2 colonnes. Pag. 13—134. Signat. Bb—Mm.

[*Tome II b*]. Een ſeker Extract ende Sommier van alle
de Renten, Domeynen, Tollen, Chijnſen, | Impoſten, Tri-
buyten, Thienden, Derde-penninghen, eñ incomſten des |
Coninghs van Spaengien over alle zyne Coninghrijckē,
Lan- | den, Provintien eñ heerlickheyden, ſodanich als die
alles | uyt de Originale Regiſters der reſpective Rekenca- |
mers getrocken zijn; Met een corte eñ clare | beſchryvinge,
vāde regieringe, macht | ende afcomſte der Coninghen | van
Portugael. | Door Ian Huyghen van Linſchoten, uyt den
Spaenſchen | in onſe Neder-duytſche Tale ghetranſlateert |
ende overgheſet. | (*Carte grav.*) t' Amſtelredam. | By
Cornelis Claeſz. op 't Water, in 't Schrijf-boeck, by de
Oude Brugghe. | Anno CIƆ.IƆ.XCVI. [1596].

(*Extrait fidèle ou ſommaire de tous les rentes, domaines, droits d'entrée,*
*acciſes, impôts, tributs, dîmes, tierces & revenus du Roi d'Eſpagne dans*
*tous ſes royaumes, contrées, provinces & ſeigneuries, entièrement tirées des*

*-regiſtres originaux des Chambres des comptes. Augmenté d'une deſcription
courte & lucide du gouvernement, du pouvoir, & de la deſcendance des rois
de Portugal. Traduit de l'Eſpagnol par Jan Huyghen van Linſchoten.*)

Titre imprimé, avec une petite carte gravée de l'Eſpagne.

Epitre dédicatoire aux Etats de Hollande, datée d'Enckhuyſen 1596 &
ſignée par l'auteur. — Au verſo, des vers latins à l'adreſſe de l'auteur.

Texte. Pag. 135—147. Signat. Mm. 2—4.

[*Tome III*]. Beſchryvinghe van de gantſche Cuſte | van
Guinea, Manicongo, Angola, Monomotapa, ende tegen
over | de Cabo de S. Auguſtijn in Braſilien, de eyghenſchap-
pen des gheheelen Oceaniſche | Zees; Midtſgaders harer
Eylanden, als daer zijn S. Thome, S. Helena, 't Eyland |
Aſcencion, met alle hare Havenen, diepten, droochten,
ſanden, gron- | den, wonderlijcke vertellinghen vande Zee-
vaerden | van die van Hollandt, als oock de be- | ſchry-
vinghe vande bin- | nen landen. | Midtſgaders de voorder
ſchryvinge op de Caerte van | Madagaſcar, anders 't Eylandt
S. Laurens ghenoemt, met de ontdeckinge aller drooch- |
ten, Clippen, mennichte van Eylanden in deſe Indiſche Zee
liggende, als oock de ghelegentheyt van 't vaſte | landt
vande Cabo de boa Eſperança, langhs Monomotapa, Ze-
fala, tot Moſſambique toe, ende ſoo voorby | Quioloa, Gor-
ga, Melinde, Amara, Baru, Magadoxo, Doara, &c. tot die
Roo-Zee toe, eñ wat u dan voort | vande beſchryvinge ont-
breeĉt, hebdy in t' boeck van Ian Huyghen van Linſchoten
int lange; | Met oock alle de navigatien van alle vaerden die
de Portugeſche Piloten ende | Stier-luyden oyt beſeylt heb-
ben, uyt haer Zee-caert- | boecken ende geexperimenteerde
ſtucken ghe | trocken, ende in ons tale in 't | licht ghe-
bracht. | Daerom is de oncoſte van deſe nette, perfeĉte
Caerten ghedaen, met oock deſe beſchry- | vinghe daer op,
om dat ſulcks eyſte aen 't heerlijck werck van | Ian Huy-
ghen voorſchreven. | Volcht noch de beſchryvinge van Weſt
Indien int langhe, met hare Caerte. | (*Carte grav.*) t'Am-

ſtelredam. | By Cornelis Claeſz. op 't Water, in 't Schrijf-
boeck, by die oude | Brugghe, A⁰ M.D.XCVI. [1596.]

*(Deſcription complète de la côte de Guinée, Manicongo, Angola, Monomo-
tapa &, vis à vis, du cap de S. Auguſtin en Bréſil; les particularités de l'Océan
entier, ainſi que ſes îles, comme S. Thomé, S. Hélène, Aſcension, avec tous
leurs ports, profondeurs, bas-fonds, ſables, terres, hiſtoires merveilleuſes
des navigations de ceux de Hollande [vers ces contrées], comme auſſi la deſcription des pays. Enſuite, la deſcription de la carte de Madagaſcar, autrement dit l'île de S. Laurent, avec la découverte de tous les bas-fonds, les
écueils, & les nombreuſes îles de cette mer de l'Inde, comme auſſi la ſituation
du continent du Cap de bonne Eſpérance, le long du Monomotapa, de Zeſala,
juſqu'à Moſambique & ainſi, paſſant devant Quioloa, Gorga, Melinde, Amara,
Baru, Magadoxo, Doara etc. juſqu'à la Mer Rouge. Ce qui peut manquer
à la deſcription, on le trouvera tout au long dans le livre de Jan Iluyghen
van Linſchoten [l'Itinéraire]; comme auſſi toutes les navigations, ſans exception, des pilotes portugais, tirées de leurs routiers & autres pièces dignes
de foi, & traduites dans notre langue. Le bel ouvrage de Jan Huyghen
paraiſſait faire à l'éditeur un devoir de ne point reculer devant les frais
néceſſités par les cartes élégantes & exaſtes que voici, avec leur deſcription.
A la fin du livre on trouvera en ſus une deſcription détaillée de l'Inde Occidentale, avec ſa carte.)*

Titre imprimé, avec une mappemonde gravée de J. Hondius. Le texte
commence au verſo du titre.

Texte. Pag. (2)—82. Signat. A. 2—G2.

Indication du placement des planches & des cartes (*Waerſchouwinge voor
de Boeckbinders*).

Table de l'Itinéraire. A la fin, une indication des planches & des cartes,
antérieure à la précédente (4 pp.) Signat. ††† (1) & 2.

Table du *Reyſ-gheſchrift*. A la fin, une liſte des errata de l'Itinéraire & du *Reyſ-gheſchrift*. (4 pp.)

*Planches*, appartenant toutes à l'Itinéraire. Les épigraphes ſont
en latin & en hollandais. Nous donnerons les premiers mots de
chaque inſcription latine, & l'indication du texte qui ſe trouve ſur
les planches. Du reſte, elles manquent de chiffres. Elles ont été
deſſinées par Linſchoten & gravées par Joannes & Baptiſta van
Doetecom.

*a.* Inſula & arcis Mocambique. Avec deſcription imprimée au verſo. (fol 6).
*b.* Malachae incolae ... Inſulanus e Java (24 & 25).

*c.* Habitus e China regno (32 en 33).

*d.* Lectuli & ratio quibus Chinae proceres (id.)

*e.* Naves e China & Iava (id.)

*f.* A ilha e Cidade de Goa, etc. — Goae Indiae Orientalis metropolis. — Très-grande planche datée de 1595 & dédiée par Linfchoten à l'Archiduc Albert d'Autriche, gouverneur des Pays-bas Efpagnols. Dans la carte fe trouve en outre une explication des mots portugais & un poëme latin de P. Hoogerbeets (42 en 43).

*g.* Goenfi fe quanta foro viden, etc. Planche double (44 en 45).

*h.* Geftus & habitus ... Lufitanorum (46 en 7).

*i.* Hoc habitu, qui e Lufitanis Nobilitati, etc. (46 en 47).

*k.* Hoc forma Lufitanorum nobiliores, etc. (46 en 47).

*l.* Naves caelòces feu biremes (46 en 47).

*m.* Virginis Lufitanae in India geftus, etc. (48 en 49).

*n.* Lectuli quibus Uxores & Filiae, etc. (48 en 49).

*o.* Ratio qua coelo pluvio, etc. (48 en 49).

*p.* Lufitana, templa noctu invifura (48 en 49).

*q.* Habitus & facies Mercatorum, etc. (58 en 59).

*r.* Nuptiarum ritus & epulae (58 en 59).

*s.* Bramenes cum mortuus eft, etc. (58 en 59).

*t.* Legati Regis Ballagatte (58 en 59).

*u.* Agricola Indus Canaryn, etc (58 en 59).

*v.* Scaphae pifcatoriae Goenfium (58 en 59).

*w.* Indorum cafae, villae & vici circa Goam (44 en 45; mais fe trouvant à la page 60 comme la table indique).

*x.* Aethiopum e Moçambyque, etc. (60 en 61).

*y.* Naute Arabes quibus naves, etc. (61 en 62).

*z.* Cochini Rex elephante vectus (64 en 65).

*aa.* Inquilini e Cananor, etc. (64 en 65).

*bb.* Provinciae Pegu incola, etc. (64 en 65).

*cc.* Horrendae Idolorum effigies (66 en 67).

*dd.* Fructuum Mangas, Cajus etc. (76 en 77).

*ee.* Nuces Indicae, etc. (80 en 81).

*ff.* Arundo Indica, etc. (86 en 87).

*gg.* Ecce tibi ramum, etc. [Arbore trifte, etc.] (86 en 87).

*hh.* Infula D. Helenae 1589 (140 en 141). Grande planche dédiée par L. aux nobles Allemands Phil., Ed. & Octav. Fugger & à Mc. Mt. Welfer *ac fociis.* Dans la planche fe trouve auffi un poëme latin de P. Hoogerbeets.

*ii.* Vera effigies ... Infulae S. Helenae (140 en 141). Grande planche dédiée par L. à fon concitoyen Franç. Pierre Maelfon.

*kk.* Vera effigies ... Infulae Afcenfio Dédiée par L. à fon concitoyen &

ami particulier Bern. Paludanus. Dans la carte, une épigramme latine
de P. Hoogerbeets. Avec defcription au verfo (fol. 141.)

*ll.* A cidade de Angra, *etc.* — Angrae Urbis Tercerae ... delineatio
(150 en 151). Très-grande planche datée de 1595 & dédiée par L. à
Chrift. a Moura, commandeur de Tercera. Dans la carte fe trouvent
deux épigr. latines de P. Hoogerbeets.

En tout, 36 planches, & non 35, comme l'indique la table,
qui ne fait mention que d'une feule planche de l'île de S. Hélène.

---

*Cartes.* — La table indique qu'elles peuvent être reliées dans
l'Itinéraire ou le *Reys-ghefchrift* aux pages indiquées.

*a.* Mappemonde (Orbis terrarum compendiofa defcriptio .... Antverpiae
apud Joan. Bapt. Vrient). Avec un planifphère feptentrional & méridional. Gravé par les frères Arnoldus & Henricus Florentii à
Langren. (1)

*b.* Côte orientale d'Afrique (Delineatio Orarum maritim. Terrae vulgo
indigetatae Terra do Natal etc.). Deffiné & gravé par Arnoldus F. a
Langren.

*c.* Côtes d'Abyffinie, Arabie, Hindoftan. (Delineantur in hac tabula
Orae maritimae Abexiae etc.) Gravé par Henricus F. ab Langren.

*d.* Côtes de Chine, Malacca, Sumatra, Java etc. (Exacta & accurata
delineatio cum orarum maritim. tum etiam locorum terreftrium quae
in regionibus Chinae etc.). Deff. par Arn. F. & gravé par Henr. F.
a Langren, 1595.

*e.* Côtes de Guinée, Angola, etc., avec des vues de l'Afcension & de
S. Hélène. (Typus orarum maritim. Guineae etc.) Deff. & gravé
par Arn. F. à Langren.

*f.* Carte de l'Amérique du Sud & des Antilles. (Delineatio omnium
orarum totius Auftralis partis Americae, dictae Peruvianae etc.). Deff.
& grav. par Arn. Flor. à Langren.

---

*b.* [*Tome III. Autre édition*]. Befchrijvinghe van de gant-
fche Cufte | van Guinea ...... met de ontdeckin*ghe*....

---

(1) Le planifphère méridional eft très-remarquable. On y trouve pour
là première fois la conftellation du Pigeon, fixée par Plancius. Voir l'ouvrage de M. G.-Moll, Verhandeling over eenige vroegere zeetogten der Nederlanders (Amft. 1825), page 48 fv.

ghel*eghen*theyt ... bel*chryvinghe* .... Jan Huyg*en*... int
lang*he;* | Met *ooc,* (*etc.*, *comme l'édition précédente & avec
la même année*).

Sur le titre on trouve une autre mappemonde de Hondius, non divifée
en deux hémifphères, & avec cette foufcription : „Domini eft terra & plenitudo
ejus. I. Hondius caelavit." Cette carte eft imprimée à rebours.

Cette édition contient le même nombre de pages que la précédente, mais
fans pagination. La fignature commence à la 3ᵉ feuille, •.• 2. L'avant-
dernière eft fignée: ††††††††2. — Comparez l'édition de 1605.

Les tables etc. de l'ouvrage complet ne fe trouvent pas dans cette feconde
édition.

L'édition originale de l'ouvrage complet de Linfchoten eft,
comme toutes les éditions fuivantes, parfemée de notes de la main
du favant médecin Bernard Paludanus (ten Broecke), d'Enkhuizen.
Elles fe diftinguent du texte par des caractères différents. Nous
ne faurions dire en quoi l'ouvrage original diffère de la traduction
anglaife de William Phillip, publiée en 1598 (1). Dans la même
année parut une traduction allemande, faite par les foins des frères
De Bry. C'eft fur cette traduction allemande que fut faite
l'édition latine des De Bry, dans les 2ᵉ, 3ᵉ & 4ᵉ parties de leurs
Petits Voyages. M. Camus a comparé l'ouvrage des De Bry avec
la traduction latine qui parut en Hollande & que nous décrirons
tantôt. En notant les différences, il a remarqué que les éditions
hollandaifes font de beaucoup préférables à l'édition allemande, défi-
gurée par de nombreufes bévues & garnie de planches & de cartes
d'un mérite très-inférieur (2).

Le Routier (*Reys-ghefchrift*) que Linfchoten a tiré de fources
portugaifes & efpagnoles ne fe trouve pas dans la collection des
De Bry. De la Defcription des côtes & des îles de l'Afrique & de
l'Amérique, ceux-ci n'ont donné qu'un extrait, inféré par eux à la

---

(1) Difcours of Voyages into ye Eafte and Weft-Indies, in 4 bookes.
London, printed by John Wolfe 1598. fol. Avec 12 cartes, dont 11 avec
des titres en anglais. — Quelques exemplaires portent la date de 1597.

(2) La 4ᵉ planche des *Icones* de De Bry (2ᵉ partie) n'exifte dans aucune
édition hollandaife de l'ouvrage de Linfchoten. Elle a été, comme beaucoup
d'autres, inventée par le graveur allemand.

fin du chapitre III de l'Itinéraire. La defcription en queftion, formant la troifième partie de l'ouvrage de Linfchoten, fut compofée
par Bernard Paludanus, l'auteur des notes remarquables qui figurent dans la première partie. Elle y fut ajoutée, „parce que"
(comme le titre f'exprime) „le bel ouvrage de Jan Huygen l'exi-
geait". Linfchoten a publiquement remercié Paludanus des fervices
confidérables qu'il avait reçus de lui, dans la préface de l'ouvrage
d'Acofta, Defcription des Indes Occidentales, dont il donna une
traduction hollandaife à Amfterdam chez Cornelis Claefz en 1598 (1).
Paludanus a, entre autres, profité pour fon travail de la defcription du Congo par Lopez, de celle du nouveau monde de Petrus
Martyr, du voyage au Bréfil de Jean de Léry & du livre d'Oviedo
fur l'Amérique.

*c*. Navigatio | ac Itinerarium | Iohannis Hugonis Lin- |
fcotani in Orientalem five Lufitano- | rum Indiam. Defcrip-
tiones eiufdem terrae ac Tractuum | Littoralium. Praecipuo-
rum Portuum, Fluminum, Capitum, Locorumque, Lufita- |
norum hactenus navigationibus detectorum, figna & notae.
Imagines habi- | tus geftufque Indorum ac Lufitanorum per
Indiam viventium, Tem- | plorum, Idolorum, Aedium, Ar-
borum, Fructuum, Herbarum, | Aromatum, &c. Mores
gentium circa facrificia, Poli- | tiam ac rem familiarē. Enar-
ratio Mercaturae, quo- | modo & vbi ea exerceatur. Memora-
bilia | gefta fuo tempore iis in partibus. | Collecta omnia
ac defcripta per eundem Belgicè; Nunc vero Latinè reddita,
in vfum | commodum ac voluptatem ftudiofi Lectoris no-
varum memoriaque | dignarum rerum, diligenti ftudio ac
opera. | (*Planche grav*). Hagae- Comitis | Ex officinâ Al-
berti Henrici. Impenfis Authoris & Coenelii Nicolai, |
proftantque apud Aegidium Elfevirum. Anno 1599. | fol. [81].

Titre avec la même planche que l'édition hollandaife. — Au verfo, des
vers latins adreffés au Landgrave de Heffe.

---

(1) Voir le chapitre VI de notre 4e partie.

Praefatio ad Lectorem. — Au verſo, le portrait de Linſchoten avec les 2 lignes en latin impr. au deſſous.

Epitre dédicatoire à Maurice, Landgrave de Heſſe, datée *Enchuſae ad cal. Jan.* .... 1599 & ſignée *Joannes Hugonis a Linſchoten.* 2 pp. Signat. *3.

Armoiries du Landgrave de Heſſe ſur une feuille ſéparée ſans inſcription. Texte en 2 colonnes. Pag. 1—124. Signat. A—K. 4.

Après, le titre ſuivant :

Deſcriptio | totius Guineae Trac- | tus, Congi, An- golae, & Monomotapae, | eorumque locorum, quae e regione C. S. Auguſtini | in Braſilia jacent. Proprietates Oceani; Inſularumque ejuſdem, | S. Thomae, S. Helenae, Aſcenſionis etc. Portuum, altitudinis, | Syrtium, vadorum, ac fundi. Mirae Narrationes | Navigationum Batavorum, cum interio- | ris terrae deſcriptione. | Nec non diffuſa ex- plicatio in Tabulam Coſmographicam Inſulae S. Laurentii ſive Ma- | dagaſcar, cum Detectione Syrtium, ſcopulorum omnium, ac multitudinis Inſularum | hujus Indici Maris, ſituſ'que terrae firmae à Bonae ſpei Promoñtorio per | Mo- nomotapam, Zefalam uſ'que ad Moſſambicquam, ac mox ſupra | Quiloam, Gorgam, Melindam, Amaram, Baru, Magadoxo, | Doaram &c. uſque ad Rubrum Mare. | Acce- dit noviter Hiſtoria | Navigationum Batavorum in Septen- | trionales oras, Polique Arctici tractus, cum Freti | Vay- gats detectione ſummâ fide relata. | *(Planche grav.)* Hagae- Comitis | Ex officinâ Alberti Henrici. | Anno 1599.

Titre avec planche gravée repréſentant un navire, avec l'exergue : *Prima ego velivolis ambivi* etc.

Texte en 2 colonnes. Pag. 3—45. Signat. Aa 2—Dd 3.

Au verſo de la 45ᵉ page commence l'*Index*, ſuivi de l'indication des plan- ches, en tout 3 pp.

Planches et cartes comme dans l'édition hollandaiſe (1), aug- mentées d'une carte du Voyage au Nord, deſſinée par le pilote

---

(1) La mappemonde diffère. Celle de Vrient eſt remplacée par une autre ſemblable de Pt. Plancius, de 1594. — Les pl. *a* (Mozambique) & *kk* (Aſcenſion) n'ont point de deſcription imprimée au verſo.

Willem Barentfz & gravée par Bapt. a Doetechem A°. 1598, avec inſcription: „Deliniatio (ſic) cartae trium navigationum per Batavos, ad Septentrionalem plagam, Norvegiae, Moſcoviae, & novae Semblae, & perque fretum Weygatis Naſſovicum diſtum, ac juxta Groenlandiam ſub altitudine 80 graduum nec non adiacentium partium Tartariae, promontorij Tabin, freti Anian atque regionis Bargi & partis Americae verſus orientem, Authore Wilhelmo Bernardo Amſtelredamo expertiſſimo pilota. Beſchrijvinghe vande drie ſeylagien," etc. (1).

Cette édition latine contient l'Itinéraire complet, un peu abrégé en quelques endroits; enſuite, une traduction des pp. 1—16 de la 3e partie hollandaiſe (Deſcriptio Guineae). La deſcription de l'Amérique (pp. 17—25 de la 3e partie hollandaiſe) eſt omiſe. Les pp. 17—25 ſe compoſent d'un court narré des trois expéditions hollandaiſes au Nord, extrait de l'ouvrage de G. de Veer (comparez nos chap. II B. 2 & II B. 11). Aux pp. 26—36 ſe trouve une traduction des pp. 124—134 du Routier hollandais, & aux pp. 37—45 un abrégé des pp. 135—147 du même ouvrage.

*d.* Itinerario, | Voyage ofte Schipvaert, van Jan | Huygen van Linſchoten naër Ooſt ofte Portugaels In- | dien (*etc., comme l'édition de* 1596) . . . . . t' Amſtelredam, | By Cornelis Claeſz op 't Water int Schrijfboeck, by de oude Brugghe. *Sans date* fol. [82].

(VIII) & 160 pp. Signat. A—N. 4.

Reys-gheſchrift | Van de Navigatien der Portugaloy- | ſers in Orienten (*etc.*) . . . . 't Amſtelredam, | By Cornelis Claeſz . . . . Anno 1604.

147 pag., ſans les 2 ff. comprenant le titre & l'épitre dédicatoire pour „Een ſeker Extract", qui ſe trouvent dans la 1e édition. — Signat. Bb—Mm 4.

---

(1) Nous reviendrons ſur cette carte dans notre chapitre II B. 11.

Befchrijvinghe van de gantfche Cufte | van Guinea, Ma-
nicongo, (etc.) .... 't Amftelredam, | By Cornelis Claefz...
Anno XVJ°V (1605).

82 pag. fans pagination & avec fignature ***2—*******(3). — Enfuite
les Tables & l'indication des planches, avec fignature *** & ***2, 8 pag.

Réimpreffion de la première édition en langue hollandaife avec les
mêmes planches. Au verfo des pl. *a* & *kk* manque la defcription
imprimée. De même dans les éditions poftérieures.

*e.* Hiftoire | de la Navi- | gation de Iean Hu- | gues de
Linfcot Hollandois et de | fon voyage es Indes Orientales:
contenante diuerfes defcriptions des | Pays, Coftes, Haûrés
Riuieres, Caps, & autres lieux iufques à préfent | defcou-
verts par les Portugais: Obferuations des couftumes des
na- | tions de delà quant à la Réligion, Eftat Politic &
Domeftic, de leurs | Commerces, des Arbres, Fruicts, Her-
bes, Efpiceries, & autres | fingularitez qui f'y trouuent:
Et narrations des chofes | memorables qui y font aduenues
de | fon temps. | Avec Annotations de Bernard Palu- | danus
Docteur en Medecine, fpecialement fur la matiere des plan-
tes & | efpiceries: & diuerfes figures en taille douce, pour
illu- | ftration de l'oeuure. | A quoy font adiouftées quelques
au- | tres defcriptions tant du pays de Guinee, & autres
coftes d'Ethiopie, | que des nauigations des Hollandois vers
le Nord au Vay- | gat & en la nouuelle Zembla. | Le tout
recueilli & defcript par le mefme | de Linfcot en bas Alle-
man, & nouuellement traduict | en François. | Amftelre-
dam, | De l'Imprimerie de Henry Laurent. | M DC.X.
[1610.] | fol. [83].

Titre. — Préface au Lecteur. — 2 ff.

Texte 275 pag. Signat. A—Ll. 4.

Planches & cartes dans le texte aux pp. 10, 11, 20, 22, 34, 42, 45,
52, 53, 54, 58, 59; 62, 76—77 (planche double), 78, 82, 83, 84, 88,
89, 98, 101, 102, 105, 106, 108, 109, 111, 113, 114, 117, 118, 122,
123, 126, 130, 134, 135, 138, 141, 143, 152, 156, 157, 166, 172,

202, 206, 208, 216, 226, 230, 232, 246, 249, 257, 259, 270, en tout au nombre de 58.

Cartes féparées aux pp. 1, 6, 14, 45, 72, 228, 241.

L'exécution typographique de cette première édition françaife prouve, comme l'attefte auffi le papier fur lequel elle a été imprimée, qu'elle n'eft pas originaire d'Amfterdam, mais de Francfort, probablement de la même imprimerie que les Voyages de De Bry. Auffi les planches & les cartes ne font que des épreuves poftérieures de celles qui fe trouvent dans les parties II—IV du Recueil des Petits Voyages.

On paraît avoir fuivi le texte hollandais. Les pp. 1—251 contiennent l'Itinéraire; les pp. 252—275 une traduction, avec quelques abréviations, de la Defcription de Guinée (pp. 1—16 de la 3e partie de l'original). Les „Navigations des Hollandais vers le Nord," annoncées fur le titre, ne fe trouvent pas dans l'ouvrage. Il n'y a cependant aucun doute que notre exemplaire ne foit complet.

*f.* [Hiftoire de la Navigation *etc.*, *comme le précédent.* Amfterdam, Theod. Pierre, 1610. fol]. [84].

Cette édition contient le même nombre de pages & de planches que la précédente. Nous n'avons pu la comparer avec celle-ci, mais il eft certain qu'on s'eft contenté de réimprimer le titre.

*g.* [Navigatio | ac Itinerarium, *etc.*, *comme l'édition latine de* 1599 ... Amftelodami apud Joannem Walfchaert, 1614. fol]. [85].

Nous n'avons pas vu cette édition, qui fe trouve dans la poffeffion de M. Lenox, mais elle ne diffère pas de la première édition latine de 1599. Il femble qu'on n'ait fait que réimprimer le titre & la préface. La même obfervation f'applique au journal de Houtman, également publié par Walfchaert.

*h.* Itinerarium | Ofte | Schipvaert naer | Ooft ofte Portugaels | Indien. | Inhoudende een befchrijvinge, dier Landen, | Zee-cuften, havens, Rivieren, Hoecken ende plaet- |

fen, met de ghedenckwaerdighfte | Hiftorien der felve. |
Hier zijn by gevoeght de Conterfeytfels, van de | habijten,
drachten, fo van de Portugefen aldaer refiderende, [ als van
de Ingeboorene Indianen: Ende van hare Tempe | len, Af-
goden, Huyfingen, manieren, Godes-dienft, Politie, | Huys-
houdingen ende Coophandel, hoe ende waer die | ghedreven
wordt: Als oock van de Boomen | Vruchten, Cruyden,
Speceryen, ende | dierghelijcke Materialen | van die Lan-
den. | Alles befchreven door Ian Huygen | van Linfchoten. |
Op 't nieuwe gecorrigeert eñ verbetert. | *Au deſſous de la
planche gravée:* Tot Amfterdam, | By Jan Evertfz. Clop-
penburch, in de vergulden Bybel, Anno 1614, | Met Pre-
vilegie voor 12 Iaren. | fol. [86].

Titre imprimé, au milieu d'une planche gravée par P. Serwouters. —
Au verfo, un privilége des Etats-Généraux de 1610.

Epitre dédicatoire à Maurice, prince d'Orange (fans date), qui fe trouve
dans la 1e édition avant la 2e partie. 2 pp.

Ode de C. T(aemfz), & au verfo le portrait de Linfchoten, comme dans
la 1e édition, 2 pp.

Texte 160 pp. Signat. A—N. 4.

[*Tome II*]. Reys-ghefchrift | Van de Navigatien der Por- |
tugaloyfers in Orienten, inhoudende de | Zee-vaert, fo van
Portugael nae Ooft-Indien, als van | Ooft-Indien weder naer
Portugael: Infgelijcx van Por- | tugaels Indien, nae Malac-
ca, China, Iapan, d'Eylandē van | Iava en Sunda, fo in
't heen-varē, als in 't wederkeeren: Item | van China nae
Spaenfch Indien, eñ wederom van daer nae | China: Als oock
van de gantfche Cuften van Brafilien, ende | alle die Havens
van dien: Item van 't vafte landt, eñ die voor | Eylanden,
Las Antilas ghenaemt, van Spaenfchs Indien, | met noch de
Navigatie van de Cabo de Lopo Gonfalues, naer | Angola
toe, aen de Cufte van Aethiopien: Midtfgaders alle | die
Courfen, Havens, Eylanden, diepten ende ondiepten, fan- |
den, drooghten, Riffen ende Clippen, met die ghelegent-

heyt | ende ftreckinge van dien. Defgelijcks die tijden van den jare | dat de winden wayen, met de waerachtige teecke-nen eñ ken- | niffe van de tijden, ende het weer, wateren, ende ftroomen, | op alle die Orientaelfche Cuften ende Ha-vens, ghelijck | fulcks alles gheobferveert ende aenghetey-ckent is, | van de Piloten eñ 's Conings Stuer-luyden, door | de geftadige Navigatie, ende experientie by | de felve ghe-daen ende bevonden. | Alles by een vergadert, ende uyt die Portugaloyfche | ende Spaenfche in de Nederlandtfche Tale | overghefet, door Ian Huyghen | van Linfchoten. | *Au deffous de la planche gravée:* Tot Amfterdam, | By Jan Evertfz. Cloppenburch, in de vergulden Bybel, Anno 1614. | Met previlegie voor 12. Iaren.

Titre imprimé, au milieu de la même planche que la 1e partie. — Au verfo, les 3 fonnets hollandais qui fe trouvent dans les éditions antérieures, à la page VI.

Ode de C. Taemfs (6 pp.) La première page fignée A ij.

Texte, commençant à la page 13, au lieu de 9, & finiffant à la page 147. — Signat. Bb—Mm. 4.

Befchrijvinghe van de gantfche Cufte | van Guinea, Ma-nicongo (etc. *Titre, tout comme dans les 2 premières édi-tions, mais avec l'adreffe:*) Tot Amfterdam, | By Jan Evertfz Cloppenburch, Boeckvercooper, op 't Water | by die oude Brugge in de Vergulden Bijbel. Anno 1614.

82 pages fans pagination & avec fignature a 2—g 2. — Enfuite les tables & l'indication des planches, avec fignature h & h 2 (8 pag.)

Lé texte ne diffère pas des éditions antérieures, bien que le titre & le brevet parlent d'une „édition revue & corrigée." Il fe peut que quelques mots aient été corrigés; ce qui eft cer-tain, c'eft que d'autres d'exacts qu'ils étaient, font devenus fautifs; par exemple, Civilien pour *Sevilien* (Sevilla), à la pre-mière page.

*i.* Hiftoire | de la | Navigation | De | Iean Hugues | de Linfchot Hollandois, Aux | Indes Orientales. | Contenant diverfes Defcriptions des lieux | iufques à prefent defcouverts par les Portu- | gais: Obfervations des Couftumes & fingu- | laritez de delà, & autres declarations. | Avec annotations de B. Paludanus, Docteur | en Medecine fur la matiere des Plantes & | Efpiceries: Item quelques Cartes Geo- | graphiques, & autres Figures. | Deuxiefme edition | augmentee | *Au deffous de la planche gravée:* A Amfterdam, | Chez Iean Evertfz Cloppenburch, Marchand libraire, demeu- | rant fur le Water à la Bible Doree. Avec Privilege pour 12. Ans. 1619. | fol. [87].

Titre au milieu de la même planche que dans l'édition hollandaife de 1614. — Préface de l'auteur, comme dans la 1ᵉ édition françaife. Au verfo commence la table, fuivie de l'indication des planches, & du portrait. Au deffous de ce dernier, 4 lignes en français. — En tout VIII pp., la 3ᵉ & 5ᵉ avec fignat. (. ᐧ .)2, (. ᐧ .)3.

Texte 206 pp. (Pag. 1—168, 169 double, 170—205.) Signat. A—S.

Le Grand | Routier | de Mer, | De | Iean Hugues | de Linfchot Hollandois. | Contenant une inftruction des routes | & cours qu'il convient tenir en la Navigation | des Indes Orientales, & au voyage de la cofte | du Brefil, des Antilles, & du Cap de Lopo Gonfalves. | Avec defcription des Coftes, Havres, Ifles, | Vents, & courants d'eaux, & autres particula- | ritez d'icelle Navigation. | Le tout fidelement recueilli des memoires & obfer- | vations des Pilotes Efpagnols & Portugais. | Et nouvellement traduit de Flameng en François. *Au deffous de la planche gravée:* A Amfterdam, | Chez Iean Evertfz Cloppenburch, Marchand libraire, demeu- | rant fur le Water à la Bible Doree. Avec Privilege pour 12. Ans. 1619.

Titre au milieu de la même planche que dans la 1ᵉ partie. — Préface touchant le contenu du livre, avec fignat. S. 3.—IV pp.

Texte 181 pp. Signat. S 4—Kk 4.

Defcription | de l'Amérique | & des parties d'icelle, comme de la Nouvelle France, | Floride, des Antilles, Iucaya, Cuba, | Jamaica, &c. | Item de l'eftendue & diftance des lieux, de la fertilité | & abondance du pays, religion & couftu- | mes des habitants, & autres | particularitez, | Avec une Carte Géographique de l'Amérique | Auftrale, qui doit eftre inferee en la | page fuivante. | (*Planche gravée*). | A Amfterdam, | Chez Iean Evertfz Cloppenburch, Marchand libraire, demeu- | rant fur le Water à la Bible Dorée. Avec Privilege, pour 12. Ans. 1619.

Titre avec la planche de la 1e & de la 2e édition hollandaife de la 1e & 2e partie.

Texte 86 pp. Signat. Ll (pag. 3)—Rr. 3.

Les planches de cette feconde édition françaife font au nombre de 36, les cartes au nombre de 6, comme dans les éditions hollandaifes.

La première partie eft une réimpreffion complète de celle de la première édition. Au lieu des planches de De Bry, qui fe trouvaient dans le texte, on a ajouté à cette édition-ci les planches & les cartes de l'édition originale. — Le Routier, & la Defcription de l'Amérique font ici traduits pour la première fois. La Defcription de la Guinée précède dans les éditions hollandaifes celle de l'Amérique, mais elle avait déjà été traduite dans la 1e édition françaife, à la fuite de l'Itinéraire, & le même ordre a été obfervé dans cette 2e édition.

La table n'indique que 5 cartes; la 6e, celle de l'Amérique du Sud, n'a cependant point été fupprimée: elle fe trouve dans la 3e partie.

*k.* Itinerarium, | Ofte | Schip-vaert (*etc.*, *comme l'édition de* 1614) ...... Van nieus ghecorrigeert ende verbetert. | T' Amftelredam. | Ghedruckt by Jan Evertfz Cloppenburch, Boeck-verkooper, woonende op 't Water, | in den vergulden Bijbel. Anno 1623. | Met Previlegie voor 12 Jaren. fol. [88].

(VI) & 160 pp. Signat. A—N. 4. — Le privilége au verfo du titre n'eft pas daté.

Reys-ghefchrift | Van de Navigatien der Por- | tugaloy-fers in Orienten (*etc.*) .... T' Amftelredam. | Ghedruckt by Jan Evertfz Cloppenburch .... Anno 1623. Met Pre-vilegie voor 12 Jaren.

(VIII) & 143 pages de texte, avec pagination 13—147, tout comme dans l'édition de 1614. — La 3e page des prélimin. avec fignat. Aij, le texte avec fignat. Bb—Mm 4.

Befchrijvinge van de gantfche Cu- | fte van Guinea (*etc.*) ..... Tot Amfterdam. | By Jan Evertfz Cloppen-burch .... Anno 1623.

82 pp. fans pagination & avec fignat. a ij—g 2. — Enfuite les tables etc., avec fignat. h, h 2 (8 pag.)

Réimpreffion de l'édition de 1614.

*l.* Hiftoire | de la | Navigation | de | Iean Hugues | de Linfchot Hollandois: Aux | Indes Orientales | (*etc., comme l'édition de* 1619) .... Troixiefme édition | augmentée. | A Amfterdam, | Chez Evert Cloppenburgh..... 1638 fol. [89].

(VIII) & 206 pp. Signature A—S.

Le grand | Routier | de mer (*etc.*) ..... A Amfterdam, | Chez Evert Cloppenburgh ...... 1638.

(IV) & 181 pp. Signat. S 4—Kk 4.

Defcription | de l'Amerique (*etc.*).... A Amfterdam, | Chez Evert Cloppenburch .... 1638.

(II) & 86 pp. Signat. Ll—Rr. 3.

Réimpreffion de l'édition françaife de 1619.

*m.* Itinerarium , | Ofte | Schip-vaert naer | Ooft ofte Por-
tugaels | Indien (*etc.* , *comme l'édition de* 1623) ... t' Am-
ftelredam , | Ghedruckt voor Everhardt Cloppenburch ....
Anno 1644. | Met Previlegie voor 12 Jaren. fol. [90].

(VI) en 160 pp. Signat. A—N. 4. — Le privilège , fans date., eft toujours
le même que dans l'édition de 1614.

Reys-ghefchrift | Van de Navigatien (*etc.*) .... t' Am-
ftelredam , | Ghedruckt voor Everhardt Cloppenburch ....
Anno 1644. Met Previlegie voor 12 Jaren.

(VIII) & 143 pp. avec pagin. 13—147. Signat. comme l'éd. de 1623.

Befchrijvinge vande gantfche Cu- | fte van Guinea (*etc.*) ...
t' Amftelredam , | Ghedruckt voor Everhardt Cloppen-
burch ... Anno 1644.

82 pp. fans pagination & avec fignatures a ij—g 2. — Tables (8 pp.) ,
avec fignat. h , h 2.

Réimpreffion de l'édition de 1623.

*n.* Journael | Van de derthien-jarighe Reyfe , te Water
en te Lande | Gedaen door | Jan Huygen van Linfchooten , |
na | Ooft-Indien , | Inhoudende de Befchryvinge der felver
Landen en | Zee-kuften , met aenwijfinge van alle de voor-
naemfte Havens , Revieren , | Hoecken ende Drooghten :
Mitfgaders | 't Leven en Kleedinghe der Inwoonders en
Portugefen , manieren van hare | gebouwen van Tempe-
len , Afgoden , Huyfingen , Gods-dienft , Policie , en Koop-
handel , | hoe , en waer die gedreven wort , &c. Als oock
van de Beeften , Vogelen , Vruchten , | Specerijen , Mate-
rialen en eenige Gefchiedeniffen van die Landen. | (*Pl. des
navires*) | 't Amfterdam , Gedruckt | By Gillis Jooften Saegh-
man , in de Nieuwe-ftraet , | Ordinaris Drucker van de Jour-
nalen ter Zee , en de Landt-Reyfen. | [*Vers* 1663]. 4°. [91].

Au verfo du titre, un portrait de Linfchoten, avec épigramme hollandaile de 6 lignes. Ce portrait eft marqué en haut, dans un coin : A, dans l'autre : 1. Il ne reffemble aucunement au portrait de Linfchoten de l'édition in-fol.

Epitre dédicatoire à Maurice d'Orange, en 2 colonnes, p. 3, 4. Signat. A 2.

Texte en 2 colonnes, p. 5—208. Signat. A 3—Cc 2.

Befchryvinge van verfcheyde Landen, gelegen onder | Africa en America, | Als t Coninckrijck Guinea, Congo, Angola, en voorts | tot voor by de Caep Bona Efperance, de eygenfchappen des geheelen Oceani- | fche Zee en hare Eylanden, St. Thomae, St. Helena en Afcencion. Mitf-gaders de | Befchryvingh van Brafilien, Nova Francia, Flo-rida, de Eylanden Antillas, | Iucaya, Cuba, Iamaica ende van Peru, verhalende het Leven der Volckeren, Wetten, Zeden, | en Godts-dienft, als mede haer Ryckdom, de vreemdicheydt der Beeften, Voogelen, Viffchen en | Aerdt-gewaffen in de felve Landen. In dufdanigen ordre by een vergadert door | Jan Huygen van Linfchooten. | (*Planche gravée*). t'Amfterdam, | Gedruckt bij Gillis Iooften Saegh-man, Ordinaris Drucker van de Journalen.

Avec une planche gravée fur le titre, repréfentant le trafic des Européens & des Américains.

Texte en 2 colonnes, avec le titre 36 pp. Signat. A2—E 2.

Carte de la Guinée au commencement du livre, avec adreffe de Saeghman.

La première partie contient un abrégé de l'Itinéraire (pag. 5—136) & du Routier (137—153), fuivi d'un autre Routier de la Hollande aux Indes Orientales, aller & retour (154—202), de quelques demandes & réponfes concernant la marine, de quel-ques mots javanais; & d'un vocabulaire malais & hollandais en 3 pp. Ces dernières additions font tirées du recueil *Begin ende Voortgangh*, où elles fe trouvent à la fuite du voyage de Matelief & du premier voyage de Van Neck.

La feconde partie confifte en un abrégé de la 3e partie de l'ouvrage de Linfchoten.

Les planches qui figurent dans le texte (57 dans la 1e, 12 dans

la 2e partie), font 1° des gravures fur cuivre, tirées de différentes autres planches, appartenant aux voyages de Houtman,
Matelief, L'Hermite & Van den Broecke, publiés par Hartgers;
2° trois autres gravures fur cuivre plus grandes que les précédentes; 3° des gravures fur bois qui font en partie des imitations
des grandes planches de J. & B. van Doetecum, en partie des
figures d'animaux etc., tirées d'autres ouvrages.

*o.* [Icones & habitus Indorum ac Lufitanorum per Indiam
viventium] fol. oblong. [92].

Recueil de 29 planches de l'édition hollandaife de Linfchoten,
probablement imprimé vers 1600; du moins, les épreuves font
encore affez bonnes. Le titre manque; celui que nous donnons
eft mentionné par Hofman &, d'après lui, par Camus (*Mémoire*,
pag. 192).
Au deffous de chaque planche on trouve une defcription latine imprimée, en 2 colonnes, de 9—14 lignes, extraite de l'ouvrage de Linfchoten.
Ce recueil eft très-rare; nous n'en connaiffons qu'un seul
exemplaire.

---

2. VOYAGES AU NORD, DÉCRITS PAR GERRIT DE VEER.

(De Bry, Petits Voyages, Tome III 3e partie, 1601; Camus,
Mémoire, pag. 197, 205 fvv.)

*a.* Waerachtighe Befchryvinghe | Van drie feylagien, ter
werelt noyt foo vreemt ghe- | hoort, drie jaeren achter mal-
canderen deur de Hollandtfche ende Zeelandtfche fchepen
by | noorden Noorweghen, Mofcovia ende Tartaria, na de
Coninckrijcken van Catthay ende China, fo mede van de
op- | doeninghe vande Weygats, Nova Sembla, eñ van
'tlandt op de 80. gradē, dat men acht Groenlandt te zijn,

daer noyt menſch gheweeſt is, ende | vande felle verſcheu-
rende Beyren ende ander Zee-monſters ende ondrachlijcke
koude, eñ hoe op de laetſte reyſe tſchip int ys beſet is,
ende tvolck | op 76. graden op Nova Sembla een huijs ghe-
timmert, ende 10. maenden haer aldaer onthouden hebben,
ende daer nae meer als 350. mylen met | open cleyne ſchuy-
ten over ende langs der Zee ghevaren. Alles met ſeer
grooten perijckel, moyten ende ongeloofelijcke ſwaricheyt.
Gedaen | deur Gerrit de Veer van Amſtelredam. | (*Planche
gravée*). | Ghedruckt t' Amſtelredam, by Cornelis Claeſz,
op 't water, int Shrijf-boeck (*ſic*). A° 1598. | 4° oblong. [93].

*(Voir le titre français, page 106).*

Titre imprimé, avec planche gravée, compoſée de huit images; au milieu,
en réduction, les planches *g, m, r, aa* du livre; aux côtés, deux figures
avec les inſcriptions: *Navarchus Hollandus*, et *Samivta;* au deſſous de
chaque figure, un bâtiment à voiles.

Epitre dédicatoire aux Etats-Généraux, au conſeil d'Etat, & aux Etats Pro-
vinciaux de Hollande, Zélande & Weſtfriſe, & au Prince Maurice d'Orange,
datée „Wt Amſtelredam ende naeſtleſten dagh [29] van April, des jaers
1598" & ſignée par l'auteur, Gerrit de Veer. (3 pp.)

Texte, ſans les planches, 61 ff., dont la feuille 9 ne porte aucun
chiffre; les feuilles 10, 11, le faux chiffre 20, 21; la feuille 14, le chiffre
13; la feuille 44, le chiffre 45; la feuille 52, le chiffre 51. — Signature
A—Z 3, les planches compriſes, ſoit 23 cahiers, chacun de 4 feuilles.

Planches & cartes gravées, au nombre de 31, ſur des feuilles ſéparées,
avec deſcription imprimée au deſſus. Les cartes portent le nom du graveur:
Baptiſta à Doetechum.

   *a.* (feuille A. 4). Carte de la Nouvelle Zemble. A droite, en haut de
         la planche, une petite carte de *Loms Bay.*
   *b.* ( — B. 1). Les vaiſſeaux devant *Willems Eylandt* (l'Ile Guil-
         laume), etc. Combat avec des ours.
   *c.* ( — C. 1). Tentative pour tuer des morfes.
   *d.* ( — C. 3). Rencontre des vaiſſeaux près du détroit de Waygat.
   *e.* ( — D. 4). Carte du détroit de Waygat.
   *f.* ( — E. 2). Samoyèdes.
   *g.* ( — E. 4). Attaque des ours.
   *h.* ( — F. 4). Météore du 4 Juin.

---

*i.* (feuille G. 2). Combat avec des ours près de *Beyren Eylandt* (l'île des Ours).

*k.* ( — H. 3). Le vaiſſeau pris dans les glaces auprès des îles d'Orange.

*l.* ( — I. 1). Sauvetage de trois hommes près de périr dans les glaces.

*m.* ( — I. 3). Poſition périlleuſe du vaiſſeau dans les glaces.

*n.* ( — K. 1). Trois ours s'approchent du vaiſſeau.

*o.* ( — K. 3). On réunit du bois pour bâtir un logis.

*p.* ( — L. 1). On commence à bâtir.

*q.* ( — L. 3). Attaque des ours au moment que l'on veut quitter le vaiſſeau.

*r.* ( — M. 3). Le logis & ſa cheminée; pièges pour les renards.

*s.* ( — O. 2). On tue un ours & on en retire de la graiſſe.

*t.* ( — Q. 1). On tente de traîner la chaloupe au logis.

*u.* ( — Q. 3). Conſtruction de l'eſquif.

*v.* ( — R. 1). On aplanit un chemin pour les chaloupes.

*w.* ( — R. 3). On porte les vivres etc. dans les chaloupes.

*x.* ( — S. 1). On décharge les chaloupes. Mort de Willem Barentſz & Claes Andrieſz.

*ij.* ( — S. 3). Carte de la Nouvelle Zemble, Waygats etc.

*z.* ( — T. 2). Les chaloupes attaquées par des ours.

*aa.* ( — T. 4). Les chaloupes menacées par les glaçons.

*bb.* ( — V. 3). Les chaloupes en pleine eau.

*cc.* ( — X. 1). Rencontre avec des Ruſſes.

*dd.* ( — Y. 2). Les Ruſſes apportent des vivres au navire.

*ee.* ( — Y. 4). Côte de Laponie, avec 8 petites figures.

*ff.* ( — Z. 2). Ile de Kilduyn & ville de Cola.

*b.* Waerachtighe Beſchrijvinghe .... Catthai .... eñ van 't Landt op de 80 graden, .... 350 mijlen met open | cleyne ſchuyten .... Ghedaen .... op 't Water ınt Schrijf-boeck, A° 1599 | 4° oblong. [94].

Titre avec la même gravure que l'édition précédente.

Epitre dédicatoire, comme dans l'édition précédente.

Texte, entièrement réimprimé, ainſi que les planches. Le nombre des feuilles eſt le même que dans l'édition de 1598. Les ff. 9—11 portent ici le bon chiffre; la f. 12, au contraire, a été à tort chiffrée 19; les ff. 14, 44, 52, quoique réimprimées, ont conſervé leur faux chiffre.

La ſignature de la f. 18 eſt ici G iij (dans l'éd. préc. G. 3); celle de la f. 27 (L.2) manque dans l'éd. de 1598.

Le contenu de cette édition eſt le même que celui de l'édition de 1598.

*c.* Diarium Nauticum, | ſeu | Vera Deſcriptio | Trium Navigationum admirandarum, & nun- | quam auditarum, tribus continuis annis faĉtarum, à Hollandicis & Zelandicis navibus, | ad Septentrionem, ſupra Norvagiam, Moſcoviam & Tartariam, verſus Catthay & Sina- | rum regna: tum ut deteĉta fuerint Weygatz fretum, Nova Zembla, & Regio ſub 80. | gradu ſita, quam Groenlādiam eſſe cenſent, quam nullus unquam adijt: Deinde de feris | & trucibus vrſis, alijſque monſtris marinis, & intolerabili frigore quod | pertulerunt. | Quemadmodum praeterea in poſtrema Navigatione navis in glacie fuerit concreta, & | ipſi nautae in Nova Zembla ſub 76. gradu ſita, domum fabricarint, atque in ea per 10. | menſium ſpatium habitarint, & tandem, reliĉtâ navi in glacie, plura quam 380. millia- | ria per mare in apertis parvis lintribus navigarint, cum ſummis periculis, immenſis la- | boribus, & incredibilibus difficultatibus. | Auĉtore Gerardo de Vera Amſtelrodamenſe. | (*Planche gravée*). | Amſtelrodami | Ex Officina Cornelij Nicolaij, Typographi ad ſymbolum Diarij, ad aquam. | Anno M.D.XCVIII. [1598] fol. [95].

Titre, avec la même planche que l'édition hollandaiſe.

Epitre dédicatoire „Hluſtri viro Ioanni Vincentio Pinello, C. C. A.", datée „Lugduni apud Batavos, nonis Julij 1598" (Nous revenons ·plus loin ſur ces initiales). — 2 pp. Signat. A 2.

Texte 41 ſt. chiffrés 3—43. La dernière page contient un diſtique, un avertiſſement & des correĉtions. — Signat. A 3—L 3.

Les planches & les cartes, les mêmes que dans l'édition hollandaiſe, ſe trouvent dans le texte.

*d.* Vraye Deſcription | de Trois Voyages | de Mer tres admirables, | faiĉts en trois ans, à chacun an un, | par les Navires d'Hollande & Zélande, | au Nord par derriere Norwege, Mofcovie, & Tartarie, | vers les Royaumes de China & Catay : enfemble les decouvremens du Waygat, Nova | Sembla, & du pays fitué fous la hauteur de 80 degrez ; lequel on prefume eftre Groen- | lande, où oncques perfonne n'a efté. Plus des Ours cruels & raviffans, & autres mon- | ftres marins : & la froidure infupportable. D'avantage comment à la derniere fois la | navire fut arreftée par la glace, & les matelots ont bafti vne maifon fur le pays de Nova | Sembla, fitué fouz la hauteur de 76 degrez, où ils ont demouré l'efpace de dix mois : & | comment ils ont en petites barques paffé la mer, bien 350 lieues d'eaue; non fans peril, | à grand travail, & difficultez incroyables. | Par Girard Le Ver. | (*Planche gravée*). | Imprimé à Amftelredam, par Cornille Nicolas, | fur l'eaue, au livre à écrire. Anno M.D.XCVIII. [1598.] | fol. [96].

Titre avec la même planche que les éditions précédentes.

Texte 43 ff. chiffrés 3—44. Les planches & les cartes font corps avec le texte, tout comme dans l'édition latine. Signat. A 2 (1).

*e.* Vraye Defcription | de trois Voyages | de mer ...... par derriere Norwege, & Tartarie (*etc.*) ... Imprimé à Amftelredam par Cornille Nicolas, fur l'eaue, au livre, à | écrire. Anno M.VI'C. (1600) fol. [97].

Réimpreffion de l'édition précédente, avec le même nombre de feuilles.

*f.* Waerachtighe Befchryvinghe | Van drie feylagien (*etc.*, *comme l'édition holland.* de 1599) ... Ghedruckt t'Am-

---

(1) Une contrefaçon de cette édition françaife parut à Paris, chez Chaudier en 1599 (in 8°). Voir Ternaux-Compans, *Bibliothèque Afiatique*, N°. 769; Ch. T. Beke (ouvrage cité plus loin), Introduction, p. cxxv. Nous ne favons pas fi elle contient des planches.

ſtelredam, by Cornelis Claeſz, op 't Water, int Schrijf-
boeck. Anno 1605. 4° oblong. [98].

Cette édition eſt, quant au texte & aux planches, entièrement
conforme à la première. Elle contient le même nombre de feuilles,
dont 11, 12, 44 ſont chiffrées 13, 15, 45, & porte la même ſignature.

*g.* Vraye Deſcription | de trois Voyages | de mer ....
par derriere Norwege, Moſcovie & Tartarie (*etc.*) ....
Imprimé à Amſterdam, chez Cornille Nicolas, Marchand
Libraire, | demeurant ſur l'eauë, au Livre à eſcrire. L'An.
1609. fol. [99].

Troiſième édition françaiſe avec le même nombre de feuilles
que les deux précédentes.

*h.* De waerachtighe beſchrijvinge vande drie ſeylagien,
drie jaren achter mal- | kanderen deur de Hollandtſche ende
Zeelandtſche Schepen, by noorden | Noorweghen, Moſ-
covien ende Tartarien nae de Coninckrijcken van | Catthay
ende China ghedaen. [1617]. 4° oblong. [100].

Première partie de la collection de Voyages, publiée par Michiel Colijn
d'Amſterdam, en 1619 (voir chap. III de notre 1e partie). Le titre que nous
donnons figure dans le titre général du volume. Cette 1e partie n'a pas de
titre ſéparé, comme les parties ſuivantes. La 1e page porte ſeulement
l'inſcription: „Het eerſte deel van de Navigatie om den Noorden."
Le texte, contenant une réimpreſſion complète de la deſcription de Gérard
de Veer, eſt imprimé en deux colonnes. Y compris les planches, qui ne
forment pas des feuilles ſéparées, mais dont le revers porte la ſuite du
texte, il ſe compoſe de 80 feuilles chiffrées, avec la ſignature A—Viij.
Au verſo de la 80e feuille on lit: „Ghedruckt tot Enchuyfen, | By Jacob
Lenaertſz Meyn, Boeckvercooper op de Nieuwe ſtract ǀ int vergulden ſchrijf-
boeck. Anno 1617."
Les planches, au nombre de 31, ne ſont pas les mêmes que dans les
éditions précédentes. Ce ſont en partie des copies des planches originales, en partie des copies de celles des De Bry, dont nous parlerons tantôt.
La Carte de Waygats (*e*), entre autres, porte *Eck* au lieu de *hoeck*; la Carte
de Laponie (*ee*), 7 *Inſulus* (ſic) au lieu de 7 *Eylanden*; la planche *i* re-

produit le météore de *h*, comme dans la planche allemande, etc. Cependant la planche 47 des De Bry n'eſt pas imitée dans cette édition.

---

Là s'arrêtent les éditions entières de l'ouvrage, publiées en Hollande. Pour l'édition italienne, publiée à Veniſe en 1599 (1) & pour l'édition anglaiſe, publiée à Londres en 1609, nous renvoyons nos lecteurs à l'introduction de l'ouvrage intitulé : „A true deſcription of three Voyages, etc.... edited by Ch. T. Beke; London, printed for the Hakluyt Society" (1853, in 8°), où l'ancienne traduction anglaiſe eſt reproduite en entier.

Gerrit de Veer, l'auteur de cette première deſcription des trois voyages remarquables entrepris par les Hollandais pour chercher un paſſage au Nord, n'aſſiſta qu'à la 2e & 3e expédition, probablement en qualité de ſecond (2). Il était intimement lié avec le pilote Willem Barentſz, l'âme de ces expéditions, qui lui a fourni ſans doute les renſeignements néceſſaires pour l'hiſtoire du premier voyage (3). Il exiſte auſſi une deſcription des deux premiers voyages, de la main de Linſchoten ; nous en parlerons ci-après. Mais le troiſième voyage fut le plus remarquable, à cauſe de l'hivernage à la Nouvelle Zemble.

L'éditeur latin, qui ſe cache ſous les initiales C. C. A., eſt ſans doute le ſavant botaniſte Carolus Cluſius Atrebatenſis (Charles de l'Ecluſe, d'Arras), profeſſeur à Leide depuis 1593 & auteur de pluſieurs ouvrages botaniques, entre autres ſur les plantes & drogues des Indes. Pinellus, le ſavant Italien auquel il dédia ſon livre, s'intéreſſait beaucoup à toutes les découvertes ſcientifiques.

Les De Bry ſe ſont ſervis de cette édition latine pour leur

---

(1) Réimprimé dans la collection de Ramuſio.

(2) Gerrit de Veer était le frère cadet de Ellert de Veer, penſionnaire d'Amſterdam & auteur d'une Chronique de Hollande, mort en 1620. Voir à ſon ſujet: Scheltema, *Staatkundig Nederland* (II 387) & De Wind. *Bibliotheek van Nederl. geſchiedſchrijvers* (p. 268).

(3) Voir e. a. Linſchoten, *Voyagie van by Noorden om*, fol. 18 v°. & notre chapitre B 12 de cette partie.

collection de voyages, mais, comme M. Camus l'à démontré (1),
ils y ont fait beaucoup de retranchements. Les planches, au nom-
bre de 23, reproduifent dans l'ordre fuivant les gravures de l'édi-
tion originale: (Icones, pars III) XXXVI = b; XXXVII = c;
XXXVIII = e; XXXIX = g; XL = i avec le météore de h;
XLI = f; XLII = l; XLIII = n; XLIV = m; XLV = o;
XLVI = q; XLVII; l'intérieur de l'habitation de la Nouvelle-
Zemble paraît avoir été imité d'une planche de Hulfius;
XLVIII = s; XLIX = u; L = v; LI = w; LII = x; LIII = z;
LIV = bb; LV = cc; LVI = dd; LVII = ee; LVIII = ff. La
carte ajoutée à la 3e partie, avec l'infcription: *Delineatio cartae
trium navigationum*, ne fe trouve pas dans l'ouvrage de De Veer;
elle a été copiée de la carte qui figure dans l'Itinerarium de
Linfchoten, édition latine de 1599. (Voir ci-deffus, page 92).

Deux années plus tôt les frères De Bry avaient déjà publié une
édition en langue allemande. Elle contient les mêmes planches que
l'édition latine. Le texte eft une réimpreffion, abrégée & mo-
difiée en quelques endroits, de la traduction allemande publiée
par Levinus Hulfius, où l'original avait déjà fubi des abréviations.
L'édition des De Bry eft donc un double abrégé. M. Beke, dans
l'introduction de fon excellent ouvrage (p. cxxvi fuivv.), a amplement traité de l'édition de Hulfius, & démontré qu'elle eft
peu digne de confiance, quoi qu'en dife M. Afher dans fon
*Effay on the collection of Hulfius* (page 33).

Les planches de Hulfius, affez bien gravées, font en grande
partie des imitations libres des gravures originales. De ces planches, 7 ont été inventées par le graveur allemand, entre autres
(pag. 73) l'intérieur du logis des Hollandais à la Nouvelle
Zemble; planche qui ferait très-curieufe fi elle était fidèle, & que
les De Bry paraiffent avoir imitée. (Voir ci-deffus).

M. Beke remarque que la deuxième édition de Hulfius (de
1602) & les fuivantes font encore plus abrégées que la première (2).

(1) Mémoire, pag. 205 svv.
(2) M. Bodel-Nyenhuis, à Leide, poffède un petit livre fingulier & rare,
qu'il a eu la bienveillance de nous montrer. C'eft un traité de ce même

Dans notre description des Voyages de Linfchoten (ci-deffus, page 93) nous avons fait mention d'un court narré des trois expéditions vers le Nord, compris dans la 2e partie de l'édition latine de l'Itinéraire (pp. 17—25). C'eft un extrait du livre de De Veer, qu'on ne doit pas confondre avec l'ouvrage original que Linfchoten a publié fur les voyages au Nord (1). Dans l'ouvrage de Joh. Ifaac Pontanus: *Rerum & Urbis Amftelodamenfium hiftoria* (Amftelod., Jud. Hondius. 1611) & dans la verfion hollandaife: *Hiftorifche Befchrijvinghe der ... Coop-Stadt Amfterdam (Ibidem 1614)* (2) nous trouvons un autre réfumé des trois Voyages vers le Nord. Il eft contenu dans les chapitres fuivants:

| Edition latine. | Edition hollandaife. |
|---|---|
| Pag. 128. (Libri II) Cap. XX. Prima ad Chinam & Moluccas boreali viâ tentata navigatio. | Pag. 160 (2e Boeck) 20e Cap. De eerfte navigatie na China ende de Molucken verfocht by Noorden. |
| Pag. 130. Cap. XXI. Altera per Boream circuitus inveftigandi periclitatio. | Pag. 163. 21e Cap. De tweede Navigatie om den omloop by Noorden te verfoecken. |
| Pag. 134. Cap. XXII. Tertia per eundem Septentrionem inftituta navigatio: ciufque eventus mirabilis. | Pag. 167. 22e Cap. De derde reyfe by het felve Noorden aenghevanghen; ende der felver wonderlicke wtcomfte. |
| Suivi de: | Gevolgd door: |
| Pag. 142.—(144) Cap. XXIII. Objectioni quorundam occurritur, qui has per Boream navigandi periclitationes | Pag. 178.(—180) 23e Cap. Wordt voorgecomen de tegenworpinge der gener die defe onderfoeckingen van |

Helifaeus Roflin qui a écrit contre Kepler, intitulé: „Mitternächtige Schiffarth, von den Herrn Staden inn Niderlanden vor XV Jaren vergebenlich fürgenommen, wie diefelbige anzuftellen, dafz man dafelbft herumb in Orient und Chinam kommen möge.... Getruckt zu Oppenheim, durch Hieronymum Gallart, in verlegung Joh. Theod. de Bry. Anno 1610." (petit in 8°). S'appuyant fur le cours de la comète de 1572, l'auteur prétend démontrer dans cet ouvrage, dédié par lui aux Etats-Généraux des Pays-Bas, comment on pourrait, avec un fuccès affuré, exécuter le voyage autour du monde par le Nord. Il a puifé fes notions des expéditions hollandaifes vers le Nord à la fource un peu trouble de Hulfius. Du refte, il a illuftré fon traité d'une carte curieufe.

(1) Voir le chapitre B. 12 de cette partie.

(2) Nous reviendrons fur ces ouvrages, quand nous traiterons des voyages de Houtman & van Neck.

nimis exaggerant: fimulque via in medium proponitur, quae rei perficiendae videatur certiffima atque expeditiffima, adhibitâ navigationum omnium, quae hactenus eas in oras tentatae fuere, collatione compendiariâ.

te varen door het Noorden al te fwaer maecken; ende met eenen wordt middel voorgeflagen, welck fchijnt den alderfekerften ende gereetften om de fake te volvoeren, daer by gevoecht een corte verghelijckinge van alle de navigatien die tot noch toe in die coften verfocht zijn.

Les extraits, on le voit, font affez courts. Il y a été joint une grande carte du Nord par J. Hondius, imitée de celle qui fe trouve dans *l'Itinerarium* de Linfchoten (1), mais augmentée des découvertes poftérieures, et 13 planches & cartes intercalées dans le texte, chiffrées 4—16 dans l'édition latine, 5—17 dans l'édition hollandaife.

N°. 4 (holl. 5). Planche de Kilduyn, imitée d'une planche des Voyages au Nord décrits par Linfchoten. (Signé: *Ben W.* (2).

5 ( „ 6). Imitation des planches *b*, *c* de De Veer.

6 ( „ 7). Ile Mauritius, imitée de Linfchoten (fignée: *B. W. coela*).

7 ( „ 8). Carte de Waygats, imitée de la pl. *e* de De Veer.

8 ( „ 9). Samoyèdes . . . . . „ „ *f* „ „

9 ( „ 10). Carte de Staten-Eylant (*Infula Ordinum*) imitée de Linfchoten (fignée *Ben W.*)

10 ( „ 11). Imitation de la planche *o* de De Veer.

11 ( „ 12). „ „ *s* „

12 ( „ 13). „ „ *w* „

13 ( „ 14). „ „ *z* „

14 ( „ 15). „ „ *ÿ* „

15 ( „ 16). „ „ *dd* „

16 ( „ 17). Retour de Heemfkerck & fes compagnons à Amfterdam, où ils font conviés par les magiftrats à un banquet donné aux ambaffadeurs du Danemark. Planche originale, qui ne fe trouve en entier que dans l'édition hollandaife.

*i.* Kort verhael van d' eerfte Schip- | vaerd der Hollandfche ende Zeeufche Sche- | pen by noorden Noorwegen,

(1) Edition latine de 1599. Voir page 92. — Cette carte de Hondius eft reproduite dans l'ouvrage de M. G. Afher fur Henry Hudfon. Comparez notre chapitre II B. 12.

(2) C'eft à dire: Benjamin Wright. Nous reviendrons fur ce graveur.

Mofcovien ende | Tartarien om , nae de Coningrijcken van
Ca- | thay ende China , | Getogen uyt het Journael van
Gerrit de Veer.

Dans *Begin ende Voortgang*, Vol. I, fans titre féparé. Imprimé en 2
colonnes. Sans les planches, 71 pages. Signature A—H. 2.
Les planches & cartes, au nombre de 32, fur des feuilles féparées, fans
texte imprimé, font des épreuves poftérieures de celles de l'édition de De
Veer, publiée chez M. Colijn (1617). Elles portent les numéros o, 1—31.
Le n°. 9, marqué 10, eft une carte du Spitfberg (*Delineatio Spitfbergiae*),
qui ne fe trouve pas dans Colijn & qui diffère de la carte dans le recueil
de Heffel Gerritfz, mentionné ci-deffous.

Ce récit eft un abrégé de l'ouvrage de De Veer, rédigé à la
3e perfonne & augmenté (pp. 13—16) d'une annexe concernant
l'île de Spitfberg, tirée d'un ouvrage publié en 1613 par Heffel
Gerritfz („Hiftoire du pays nommé Spitfberghe"), fur lequel
nous reviendrons. — Le journal de De Veer eft fuivi (p. 54,
55) d'un récit du troifième voyage au Nord de Henry Hudfon en 1609, tiré de l'ouvrage de Van Meteren (*Hiftorie d. Nederl. oorlogen* 1614, fol. 629 a), & (p. 55—67) des traités fur
la Mofcovie qui fe trouvent dans le recueil de Heffel Gerritfz,
intitulé „Befchryvinge van der Samoyeden Landt", dont nous traiterons dans notre chapitre B. 11 ; enfin (pp. 68—71), du difcours
dé Pontanus qui occupe le 23e chapitre du 2d livre de fa Defcription d'Amfterdam.

*k.* Verhael van de eerfte | Schip-vaert | der Hollandifche
ende Zeeufche Schepen, | Door 't | Way-gat, | By Noor-
den Noorwegen, Mofcovien ende Tar- | tarien om , na de
Coninckrijcken Cathay ende China. Met drie | Schepen,
uyt Texel gezeylt in den Iare 1594. | Hier achter is by-
ghevoeght de befchrijvinghe van de Landen | Siberia, Sa-
moyeda, ende Tingoefa. Seer vreemt en vermaac- | kelijck
om lefen. | (*Grav. s. bois*). | t' Amfterdam, | Voor Iooft
Hartgers, Boeck-verkooper in de Gafthuys-fteegh, in de |
Boeck-winckel, | bezijden het Stadt-huys. 1648. | 4° [101].

Titre imprimé, avec la planche ordinaire des vaiffeaux.

Planche double, contenant 6 vues, où font imitées les planches *c*, *b*, *g*, *i*, *n*, *s* de l'édition originale.

Texte 57 pp. Signat. A 2—D 4.

Réimpreffion du récit publié dans *Begin ende Voortgang*, avec l'annexe, mais fans les obfervations aftronomiques & plu-fieurs autres particularités, & fans la fupputation des diftances aux pp. 52, 53. On y a joint cependant les traités fur le Nord & le difcours de Pontanus.

*l.* Verhael vande Eerfte | Schip-vaert (*etc., comme le précédent*) .... Den tweeden Druck, van nieuws overfien | (*Planche des vaiffeaux*) | t' Amfterdam, | Voor Jooft Hart-gers, Boeck-verkooper op den Dam, bezijden het Stadts-Huys, | op de hoeck van de Kalver-ftraet, in de Boeck-winckel. 1650. | 4°. [102].

Texte chiffré 3—63. Signat. A 2—D 5.

Réimpreffion de l'édition de 1648; feulement, la planche double a été coupée & les fix vues fe trouvent difperfées dans le texte. A la fin de cette édition on lit: „'t Amfterdam, By Adriaan Roeft, voor aen in de Bloem-ftraet".

*m.* Eerfte | Schip-vaert der Hollanderen | Nae de | Ooft-Indien | Door de | Waygats, | By-Noorden Noorweghen, Mofcovien ende Tartarien: | Zijnde verrijckt met een be-fchryvinge veeler aengrenfende Lan- | den, noyt in eenige voorige Drucken bekent: | Ende met fchoone Copere Pla-ten verciert. | (*Figure de vaiffeau*). | T' Amfterdam, | By Jan Janfz. Anno 1648. | 4°. [103].

Au verfo du titre, un avertiffement de l'imprimeur.

Texte, 92 pag., avec fignat. A—M. 2.

Planches (mauvaifes), au nombre de 4, fur des feuilles féparées, fans texte. Elles n'ont pas été imitées de celles de De Veer, & repréfentent:

(Fol. 4). Combat avec des morfes.

(Fol. 11). „ avec un ours.

(Fol. 16). Des vaiffeaux devant une île.

(Fol. 24). Autre combat avec trois ours.

Cette édition eft poftérieure à la première de Hartgers, mais on fait que le recueil *Begin ende Voortgang* fut aufli publié par Jan Janfz (Janffonius). Dans l'Avertiffement au lecteur, l'éditeur fe plaint de Hartgers, qu'il accufe de contrefaire fes éditions dans l'intention de lui nuire. Pour cette raifon, il publie cette édition „corrigée & augmentée" du premier voyage, pour fervir de précurfeur (*voorlooper*) à d'autres, ainfi qu'à plufieurs écrits inédits. Nous favons que Jan Janfz. publia les voyages autour du monde de W. C. Schouten en 1618, de Spilbergen & le Maire en 1621. C'eft probablement la réimpreffion de ce dernier livre par Hartgers qui lui a donné de l'humeur.

Dans l'édition de Jan Janfz, non-feulement le récit de *Begin ende Voortgang* eft réimprimé en entier, avec les additions, mais Janfz a ajouté à l'annexe (*inwerp*) concernant le Spitfberg plufieurs autres notices fur la Laponie, la Norwège, Petzora, le Groenland, la Nouvelle-Zemble, la Mofcovie, cette dernière en 10 pages. On trouve encore chez lui, à la fin (pp. 84—92), une autre addition intitulée: „Item een Difcours ofte breede water-befchrijvinghe, om te toonen den wegh nae Cathay op vijf manieren," etc. Voir notre chap. B. 7 de cette partie.

*n*. Verhael van de vier eerfte | Schip-vaerden | Der | Hollandtfche en Zeeuwfche Schepen, | Naar Nova Zembla, | By Noorden Noorwegen, Mofcovien ende | Tartarien om, na de Coninckrijcken Cathay en | China. Uytgevaren in de Jaren 1594, 1595. 1596. en 1609. ende | hare wonderlijcke avontueren, op de Reyfen voorgevallen. | Den laetften Druck van nieuws overfien, en met fchoone Figueren verbetert. | (*Grav. fur bois*). | t' Amfterdam, | Gedruckt by Gillis Jooften Saeghman, Boeck-drucker | en Boeck-verkooper, in de Nieuwe-ftraet, Anno 1663. | 4° [104].

Titre imprimé, avec la planche des vaiffeaux. Au verfo, la Renommée, & une épigramme, comme dans d'autres éditions de Saeghman. Texte en 2 colonnes, avec pagination 3—52; fignature A. 2—G. Planches dans le texte au nombre de 16, toutes fur bois, dont 10 font imitées de celles du journal original. Les autres font de ces gravures que Saeghman employait partout.

Réimpreſſion de l'édition de Hartgers. Quelques paſſages du texte font cependant reſtitués, non d'après le *Begin ende Voortgang*, mais d'après le journal original de De Veer. Voir, entre autres, fous la date de Févr. 1597. — A la fin (pag. 51, 52) fe trouve feulement la première des additions de Hartgers, qui eſt ici intitulée : „Journael van Henry Hutſon, gedaen in den jare 1609" etc.

3. VOYAGE D'ORIENT DE CORNELIS DE HOUTMAN (1).

(De Bry, Petits Voyages, Tome III, IV 1601; Camus, Mémoire, p. 200 fvv., 211 fvv.)

*a.* Verhael vande Reyſe by de Hollandtſche Schepen | gedaen naer Ooſt Indien, haer avontuer ende ſucces, met de beſchryvinghe der Lan- | den daer zy ghewoeſt zijn, der Steden ende Inwoonderen met Caerten ende Fi- | gueren verlicht feer ghenoechlijck om lefen. | (*Planche gravée*). | Ghedruckt voor Barent Langenes, Boeck-vercooper tot Middelborgh, Anno 1597. | In 4° oblong. [105].

(*Récit d'un voyage fait aux Indes Orientales par des vaiſſeaux hollandais; leurs ayentures & leur ſuccès, avec la deſcription des pays qu'ils ont viſités, & celle des villes & des habitants. Enrichi de cartes & de figures.*)

Titre, avec planche gravée, repréſentant le départ de l'eſcadre d'Amſterdam, plus grande que dans *b.*
Texte, avec ſignature A (2—H3), ſans pagination. (Avec le titre 31 ff.)
Planches, ſur des feuilles ſéparées, compriſes dans la ſignature & dans

(1) Houtman fit un ſecond voyage vers l'Orient en 1598, mais dont il n'exiſte aucun journal en langue hollandaiſe. Un rapport du pilote anglais Davis, au comte d'Eſſex, concernant cette expédition, ſe trouve dans la collection anglaiſe de Hakluyt & dans celle de Purchas (Tome I, 3e partie, page 117 fvv.) Comparez l'ouvrage cité de M. de Jonge, II, p. 211 fvv.

le nombre des feuilles. Au deſſus de ces planches ſe trouve l'explication en hollandais.

a. (f. A 3). *Een wilt Man op de Caep* etc. (Habitants du Cap de Bonne-Eſpérance & de Madagaſcar).

b. (f. B 2). *Een man ſoo hy ten oorloch gaet* etc. (Habitants de la baie de Tangil).

c. f. C (1). *Een overſte van Sumatra* etc. (Chef de Sumatra avec ſa ſuite, & Portugais, à Bantam).

d. (f. C 3). *Conterfeytinghe der ſtadt Bantam* etc. (Vue de Bantam).

e. (f. D 2). *Een Javaenſche vrouwe* etc. (Habitants de Java).

f. (f. D 3). *Een wilt menſche op een Eylant* etc. (Sauvage d'une île du détroit de Sunda; habitant de Bantam; femme javanaiſe).

g. (f. D 4). *Een ghemeene Veerbarck*, etc. (Navires javanais).

h. (f. E 2). *Aldusdanighe Chinen* etc. (Chinois à Bantam).

i. (f. E 4). Quoique cette planche manque dans notre exemplaire, il n'y a aucun doute qu'elle repréſente le combat naval devant Bantam (*Een ſchermutſinghe gheſchiet voor Bantam*) qui ſe trouve, comme les autres, dans l'édition ſuivante. Le texte de F. 1 fait ſuite au texte de E 3.

k. (f. G. 3). *Hier ſiet ghy de Conterfeytinghe* etc. (Roi de Bali & ſa ſuite).

Les planches *e*, *f*, *h* ont été en partie copiées des planches *b* & *c* du Voyage de Linſchoten (édition de 1596).

Figures de monnaies dans le texte, à la dernière feuille.

Cartes dans le texte, avec les inſcriptions ſuivantes:

(f. A 4). *Africa*.

(f. B 1). *I. S. Lauretij* (ſic).

(f. B 4). *Sumatra inſula*.

(f. C 2). *Java maior. Petrus Kaerius caelavit*.

(f. H. 1). La place eſt reſtée vide pour une carte de S. Helène.

Ces petites cartes ſe trouvent dans le *Caert-Threſoor* de Barent Langenes, dont nous poſſédons une édition parue chez C. Claeſz à Amſterdam en 1598.

*b*. Journael | Vande Reyſe der Hollandtſche Schepen ghedaen in | Ooſt Indien, haer Coerſen, Streckinghen ende vreemde avontueren die haer bejegent zijn | ſeer vlijtich van tijt tot tijt aengeteeckent. Oock de hiſtoriſche vertellingen der Volcken, Landen eñ Steden by haer beſeylt. Van haer Coop- | manſchappen. Wat haer gelt is. Wat profijt daer te doen is. Waer de Speceryen vallen. Hoe de coop daer van is ſeer profijtelijck eñ genoechlijck om leſen, als oock fekere | merckteeckenen eñ opdoeningen den Zeevarenden nut. Oock een Vocabulaer der principaelfte Javaenfche woorden, met vele Caerten ende Figuren verciert. | (*Planche gravée*). | Door begeerte van fekere Coopluyden gedruckt, ende men vintfe te coop by Barent Langenes, | Boeck-vercooper tot Middelburgh, Anno M.D.xcviii. [1598.] | 4° oblong. [106].

(*Voir le titre français page* 120).

Titre, avec planche en taille douce, repréfentant le départ des 4 vaiffeaux d'Amfterdam, avec leurs noms. La planche eft entourée d'une bordure de petites figures, deux de chaque côté, avec cette infcription: *Bantam Vrbis gubernator diɑus kipati*, & *Nàvare Sus (Navarchus?) Maijor;* les figures au deffous font des imitations des planches du livre.

Texte avec fignature A 2—H 3, fans pagination. (Avec le titre 34 ff.). La feuille H 4 eft fignée; cependant le cahier H. fe compofe de 6 ff.

Planches, au nombre de neuf, exécutées dans la même manière que celles de l'édition précédente, mais avec quelques changements. Par exemple, la figure du „Roi d'Antongil", dans la 1e planche, porte ici des cornes à fon bonnet; dans la 1e planche du *Verhael*, ces cornes font attachées à la tête du perfonnage. Le bouclier du „guerrier d'Antongil" eft ici beaucoup plus grand que celui du guerrier figurant dans le *Verhael*.

Figures de monnaies, comme dans le *Verhael*.

Cartes dans le texte.

(feuille  A 4).  Promont. Bonae Spei.
(  „  B 2).  I. S. Lauretii (*fic*)  }
(  „  C 3. v°.)  Sumatra Infula  }  copies des cartes du *Verhael*.
(  „  D 2).  Iava maior.
(  „  H 3).  Santa Helena.

Après, le titre fuivant:

Appendix | Oft By-voechfel achter t Journael vande Reyfe der | Hollantfche Schepen op Iava, inhoudende de opdoeningen vande C. de bona Efperança, van de Reede van Ague Sam- | bras, de Cabo S. Iufta, de Cabo de S. Auguftin, eñ feker opdoeningen van S. Laurens, Sumatra, Iava, met oock de caerte ende befchrijvinge van het | Conincklijck Eylant Baly: Midtfgaders oock feker Vocabulaer der Maleyfefche woorden, in druck ghebracht door Cornelis Gerritfz. van | Zuydt lant. | (*Planche gravée*). | Door begeerte van fekere Coopluyden ghedruckt, ende men vintfe te coop by Barent | Langenes, Boeck-vercooper tot Middelburgh, Anno M.D.XCVIII. [1598.] | 4° oblong.

(*Voir le titre français, page* 121).

Titre, avec planche gravée en taille douce, repréfentant les vaiffeaux en rade devant Bali, & le roi avec fa fuite fur le rivage, comme dans la planche *k*.

Texte, avec le titre 10 ff. dont la 3ᵉ porte la fignature: Bb, & la 5ᵉ—8ᵉ Cc—C(c) 4. — Dans le texte on trouve plufieurs croquis des côtes, gravés fur bois.

La feuille 10 a contient une carte gravée en taille douce, avec l'infcription: *Infula Bali*. Au verfo une figure en bois de l'oifeau appelé *Emc*, avec defcription.

Quelques exemplaires de cet *Appendix* portent l'année M.D.CXVIII au lieu de M.D.XCVIII. Cela n'eft cependant qu'une faute d'impreffion: l'édition eft la même.

*c.* Diarium nauticum | Itineris Batavorum in Indiam Orientalem, curfuum, tractuum, variorumque eventuum, qui ipfis contigerunt, diligenter defcriptum. His accedunt, narra- | tio Hiftorica nationum, regionum, & civitatum, quas adnavigarunt: negotiationes, monetae fpecies, lucri accipiendi ratio, | Aromatum natale folum, eorumque pretium. Lectu periucunda & utiliffima. Defcribuntur & certa figna littoralia, regionumque fitus & ap- | parentiae, nautis fcitu commodiffima: quibus adiungitur explicatio praecipuarum dictionum Iavanicarum. Omnia Regionum tabulis, & | figuris illuftrata. | (*Planche gravée*). | Extant venales apud Bernardum Langeneffe Bibliopolam Middelburgi. Anno 1598. | 4° oblong. [107].

Titre, avec la même planche que l'édition hollandaife.

Texte, avec fignature A 2—G 5, fans pagination. (Avec le titre, 30 ff.). Le cahier G fe compofe de 6 ff. dont 5 font fignés.

Les planches (avec infcriptions latines imprimées), ainfi que les cartes, font les mêmes que dans l'édition hollandaife de 1598.

Vient ap rès, le titre fuivant:

Appendix. | Diarii Nautici Itineris Batavorum in Iavam, continens apparentias | Promontorii Bonae Spei, ſtationis navium Aquae S. Bras, Promontorii S. Iuſti, Promontorii Au- | guſtae, certaſque apparentias inſularum Madagaſcar, Sumatra, & Iavae. Inſuper Tabulam & deſcriptionem Regalis inſulae | Bally : una cum explicatione aliquarum dictionum gentis Madagaſcar : & Dictionario vocabulorum Maliſeorum : per | Cornelium Gerardi Filium Zuidlandum, edita. | (*Planché gravée*). | Extat venalis apud Bernardum Langeneſſe Bibliopolam Middelburgi, Anno 1598. | 4° oblong.

Contenant, avec le titre, 10 ff. La planche du titre & les figures dans le texte ſont les mêmes que dans *b*, mais la carte de Bali eſt une copie. Elle porte l'inſcription *Inſula Baly.* — Signat. de la 2ᵉ f. Aa 2, 3ᵉ f. Bb, 5ᵉ—8ᵉ Cc—Cc 4.

*d.* Diarium nauticum | Itineris (*etc., comme le précédent*) .... Extant venales apud Adrianum Perier Bibliopolam Pariſijs. Anno 1598. | 4° oblong. [108].

C'eſt la même édition que la précédente, avec changement dans le titre. Dans quelques exemplaires la carte de Bali, à la fin de l'Appendix, eſt la même que dans l'édition hollandaiſe. L'éditeur ſemble s'être ſervi des deux gravures indiſtinctement.

D'autres exemplaires portent dans le titre l'adreſſe de Joannes Janſſonius (Jan Janſz), à Arnhem. Voir : Meuſel, *Bibliotheca hiſtorica.* Vol. II, pars 1, pag. 341. Il s'en trouve un à la bibliothèque municipale de Hambourg.

*e.* [Journal | Du voyage de l'Inde Orientale, faict par les navires Hollandoi- | ſes ; leurs courſes & Rhombes, certaines marques & decouvrements de terres. Enſemble un | diſcours hiſtorial des adventures eſtranges, ſurvenues, peuples, terres, villes abordees : qualité des marchandiſes, les lieux, | ou les eſpices ſe trouvent ; l'achat d'icelles ; le proffit qu'on peut y faire, & la ſorte des monnoyes, le tout

très-utile a tous marchans, & navigans, | & très recreatif
a lire. Plus l'explication des dictions principales de Java,
le tout de plusieurs cartes et autres figures enrichi & orné. |
On les vend chez Bernard Langenes a Middelbourg. |
1598 | 4° oblong. [109] ].

> Titre, avec la même planche que l'édition hollandaife.
> Texte avec fignat. A 2—H 3, fans pagination. (Avec le titre 34 ff.)
> Planches avec infcriptions (françaifes?) imprimées.

[Appentis | au Journal du voyage des navires d'Hollande
à Java, contenant les apparences du Promontoire de Bonne
Efperance, en le decouvrant: femblablement, de la | Rade
d'Agua Sambras, du Promontoire S. Jufto; du Cape Au-
gufta, & aucunes apparences de S. Laurens, Sumatra &
Java: enfemble la carte, avec la defcription de la Royale
Ile de Baly. Plus un dictionaire de ceux de Madagafcar,
& Java: & explication des di- | ctions Maleyfines. Le tout
donné en lumière par Cornille fils de Girard de Zudlande. |
On les vend chez Bernard Langenes Libraire à Middel-
bourg 1598 | 4° oblong].

> Comprenant avec le titre 10 ff. Planche du titre & figures dans le texte,
> les mêmes que dans *a*? Signat. Bb—Cc 4.

Cette defcription de l'édition françaife eft tirée de: „G. M.
Afher, Commentationis fpecimen de navigationum quas Batavi
typis defcripferunt collectionibus" (Berol. 1860), page 9. Nous
doutons que la divifion des lignes dans la copie du titre (du moins,
pour ce qui concerne *l'Appentis*) foit exacte.

---

Le *Verhael* (a) & le *Journael* (b) publiés chez Langenes, font
au fond le même ouvrage, à favoir un journal tenu à bord du
vaiffeau *Hollandia*. Seulement, le *Journael* a été confidérable-

ment augmenté & a fubi en quelques endroits des modifications. Il eft probable que l'auteur de ce dernier a fait ufage du même texte original qui a fervi à rédiger le *Verhael*. Ceux qui étudieront ces journaux auront donc à comparer entre elles les deux éditions. Nous ne connaiffons qu'un feul exemplaire du *Verhael*.

Le *Diarium* (c, d.), & le *Journal* (e) font des traductions exactes du *Journael* (b).

C'eft le *Verhael*, c'eft à dire la première édition de ce journal, que Levinus Hulfius à traduit en allemand pour fa collection, dont elle forme la première partie. (Nürnberg 1598. 4°. 72 pag.) Sur les douze planches & cartes qu'elle contient, neuf font des imitations des pl. *a—e*, *h—k* & de la carte de Bali du *Verhael*. Hulfius y a ajouté une carte du monde, une carte de Madagafcar & une vue de l'île S. Hélène. Une 13ᵉ planche, la figure de l'oifeau *Eme* (beaucoup mieux réuffie que dans le journal Hollandais de 1598), fe trouve pour la première fois dans la 3ᵉ *édition* de Hulfius (1612).

Une autre traduction allemande du *Verhael* parut dans la même année à Cologne. Elle eft intitulée: „Warhaffter, klarer, eigentlicher Bericht von der weiter, wunderbarer und nie bevor gethaner Reiff oder Schiffart, biff in India gegen der Sonnenauffgang gelegen, welche ... gethan drey Schiffe ... und eine Pinaffe ... von etlichen Kauffherren in Hollandt zugerüft ... Auss Niderl. Sprach in Hochteutfchen bracht durch Conrad Lew, aller hiftorien Liebhaber. Gedruckt zu Cölln, bey Peter Ketfchedt, vnder der Trachenpfortten, im Jahr 1598. In 4°. (46 pages).

Le *Journael* & l'Appendice furent traduits en anglais & publiés par John Wolfe à Londres (in 4°) dans la même année que l'édition originale. Voir Ternaux-Compans, *Bibliothèque Afiatique*, N°. 746—47. La traduction eft de la main de William Phillip, le même qui traduifit en anglais l'ouvrage de De Veer, celui de Linfchoten & le journal de Schouten.

Dans l'appendice du Journal fe trouvent quatre petits vocabulaires: 1° de quelques mots en ufage parmi les habitants de l'île de S. Laurent; 2° de quelques mots ayant cours parmi ceux de la baie d'Antongil; 3° de quelques mots malais; 4° d'une

vingtaine de mots javanais. Ces pièces font entièrement différentes de l'ouvrage de Frederick de Houtman, frère du chef
de l'expédition, pris en 1598 par le roi d'Atſjin ou Achin,
ſur l'île de Sumatra, & retenu priſonnier par ce prince durant vingt-ſix mois. De retour dans ſa patrie, F. de Houtman
publia :

Spraeck ende woord-boeck, | Inde Maleyſche ende Ma-
dagaſkar- | ſche Talen, met vele Arabiſche ende Turcſche
woorden : | Inhoudende twaelf tſamenſprekinghen inde Ma-
leyſche, ende drie inde Mada- | gaſkarſche ſpraken, met
alderhande woorden ende namen, gheſtelt naer ordre | van-
den A. B. C. alles int Nederduytſch verduytſt. | Noch zijn
hier byghevoecht de Declinatien van vele vaſte Sterren,
ſtaende ontrent | den Zuyd-pool: voor deſen tijdt noyt ghe-
ſien. | Sonderling nut voor de ghene die de Landen van
Ooſt-Indien beſoecken: ende niet | min vermakelick voor
alle curieuſe Lief-hebbers van vreemdicheydt. Alles | ghe-
ſteldt, gheobſerveert, ende beſchreven door | Frederick de
Houtman van Gouda. | T' Amſtelredam, | By Ian Evertſz.
Cloppenburch, Boeckvercooper, op 't Water, | inden groo-
ten Bybel. M.vjC. ende III. [1603] | Met Previlegie van
acht Iaren. | 4° oblong. (1). [110].

*(Dialogues & vocabulaire de mots malais & malgaches, augmentés
de pluſieurs mots arabes & turcs ... A quoi ſont ajoutées les déclinaiſons
de pluſieurs étoiles fixes de l'hémiſphère méridional, inconnues auparavant ...
Le tout compoſé, obſervé & décrit par Frederick de Houtman de Gouda.)*

Privilège des Etats-Généraux au verſo du titre. — Epitre dédicatoire aux
Etats-Généraux, au Prince Maurice, etc. 3 pp. — Préface de l'auteur,

---

(1) Réimprimé, avec quelques changements & augmentations, en 1680
(Amſterdam, par ordre des Directeurs de la Compagnie des I. O., chez
P. Matthyſz in 8°).

avec fignature autographe 1 p. — Poëme à la louange de l'auteur, figné : *Vigilantia & fide.* D. M. 1 p. — En tout 8 pp. de préliminaires.

Texte avec pagination 1—222 au lieu de 221. Enfuite, 3 poëmes (p. 222—224).

Nouveau titre : Hier nae volghen eenighe vafte Sterren &c. En tout 13 pp. fans pagination.

Dans cette même année (1603), Frederick de Houtman prit part, comme commis, à l'expédition de Steven van der Hagen. En 1605 il fut élevé au grade de gouverneur d'Ambon. C'eft en cette qualité que nous le rencontrerons plus tard.

———

*f.* D'Eerfte Boeck. | Hiftorie van Indien, waer inne ver- | haelt is de avon- | tueren die de Hollandtfche Schepen be- jeghent zijn : Oock een particulier verhael der Condi- | tien, Religien, Manieren ende huijfhoudinge der volckeren die zy befeijlt hebben : wat Gelt, Specerye, Drogues ende | Coopmanfchappen by haer ghevonden wordt, met den prijs van dien ; Daer by ghevoecht de Opdoeninghen ende ftreckin- gen vande Eylan- | den ende Zee-cuften, als oock de con- terfeytfels der Inwoonderen, met veel Caertiens verciert ; Voor alle Zee-varende ende curieufe lief-heb- | bers feer ghenuechlijck om lefen. Door G. M. A. W. L. | (*Planche gravée*). | Ghedruckt t' Amftelredam, by Cornelis Claefz. opt Water, int Schrijf-boeck, A° 1598. | 4° oblong. [111].

(*Voir le titre français, page* 127).

Titre, avec une carte gravée en taille douce. Elle porte l'infcription : *Typus expeditionis nauticae Battavorum in Iavam, abfolutae* 1597. Au haut de la planche fe trouvent dix petites figures imitées des planches de l'ouvrage.

Préface, fignée : *By G. M. A. W. L.* (2 pp.) Nous reviendrons fur ces initiales.

Texte, avec titre & préface, mais fans les planches, 70 feuilles. Les ff. 3—23 font numérotées : 3, 5—24, parce qu'on a compris la 1e planche

dans le nombre des feuilles; la 24ᵉ ne porte pas de chiffre; la 25ᵉ porte
le chiffre 25, la 26ᵉ 24; les ff. 27—38 ont le chiffre exact; la 39ᵉ porte le
chiffre 36; les 40ᵉ—43ᵉ le chiffre exact; la 44ᵉ le chiffre 41; les 45ᵉ—58ᵉ
le chiffre exact; la 59ᵉ le chiffre 58; la 60ᵉ le chiffre 50; les 61ᵉ—67ᵉ les
chiffres 60—66; la 68ᵉ le chiffre 64; les 69ᵉ, 70ᵉ ne font pas numérotées.

Signature (y compris les planches) A—R, chaque cahier de 4 ff.; S, cahier
de 6 ff.; T, V, X, IJ, Z, Aa—Ff, cahiers de 4 ff. chacun.

Le texte eft divifé en 43 chapitres, ou plutôt en 44, le numéro 16 ayant été
compté deux fois. Il porte les fommaires en marge. — Dans le texte fe trouvent
plufieurs efquiffes des côtes, gravées fur bois. Elles font prifes d'un autre
point de vue que celles de l'Appendix du *Journael*.

Planches & cartes, au nombre de 49, fur des feuilles féparées, avec
infcription hollandaife imprimée au deffus de la gravure.

*a.* (feuille A 4). Carte de l'Afrique du Sud. Dans un coin, une
petite carte avec l'infcription „De Baij van A. de
S. Bras".

*b.* ( „ B 3). Habitants du Cap de Bonne Efpérance. En partie
imitée de la planche *a* du *Verhael* de Langenes.

*c.* ( „ C 1). Carte: *Infula de S. Laurentij*. Avec 4 petites cartes
alentour (*Infula de S. Maria; D. Baya Dantongil;
'T hollanfche Kerckhof; Porto de S. Augoftino*).

*d.* ( „ C 3). Habitants de Madagafcar. En partie imitée de la
planche *a* du *Verhael*.

*e.* ( „ D 3). Danfe des habitants de Madagafcar.

*f.* ( „ E 3). Habitants de la Baye de Tangil. En partie imitée
de la planche *b* du *Verhael*.

*g.* ( „ F 3). Villages de *Spakenbourch* & *S. Angero*.

*h.* ( „ G 4). Poiffons volants etc.

*i.* ( „ H 3). Habitants de l'île *Pugniatan*. L'une des figures eft
copiée de la planche *f* du *Journael* de Langenes.

*k.* ( „ I 3). Chef de Sumatra avec fa fuite. En partie imitée de
la planche *c* du *Verhael*.

*l.* ( „ K 1). Cocotiers & autres arbres. En partie imitée de la
planche *ee* de Linfchoten (1596).

*m.* ( „ L 1). Port de Bantam.

*n.* ( „ M 2). Combat naval devant Bantam. Imitée de la planche *i*
du *Journael*.

[A la fin du 18ᵉ chapitre ou de la feuille M. 4, on lit: „Hier ftelt het
Caertgien van Java ende Sumatra." (Placer ici la petite carte de Java &
de Sumatra). Ces mots fe trouvent auffi dans l'édition in-fol., mais la petite
carte en queftion manque dans toutes les éditions.]

*o.* (feuille N 3). Plan de Bantam.

*p.* (à la fin de N. 4). Bazar à Bantam. Planche double, non comprise dans la fignature de l'ouvrage.

*q.* (feuille O 2). Gouverneur de Bantam, affis, etc.

*r.* ( „ O 4). Capitaine à Bantam, à la promenade.

*s.* ( „ P 2). Soldats à Bantam.

*t.* ( „ P 3). Marchands à Bantam. En partie imitée de la planche *e* du *Journael.*

*u.* ( „ Q 1). } Marchands étrangers à Bantam.
*v.* ( „ Q 2). }

*w.* ( „ Q 4). Chinois à Bantam.

*x.* ( „ R 1). Temple des Chinois. Il eft poffible que le deffinateur fe foit laiffé infpirer par la planche *ee* de Linfchoten (1596).

*ij.* ( „ R 3). Marchands portugais à Java. Comparez la planche *h* de Linfchoten.

*z.* ( „ R 4). Confeil militaire à Bantam.

*aa.* ( „ S 2). Payfans près de Bantam.

*bb.* ( „ S 3). Inftruments de mufique des Javanais.

*cc.* ( „ S 4). Danfes des Javanais.

*dd.* ( „ S 5). Charpentiers & efclaves à Java.

*ee.* ( „ S 6). Vaiffeaux de guerre des Javanais.

*ff.* ( „ T 2). Navires javanais. En grande partie imitée de la planche *g* du *Journael.*

*gg.* ( „ T 4). Eléphant, Rhinocéros etc.

*hh.* ( „ V 1). Autruche (la figure en bois de l'Appendix du *Journael* nomme cet oifeau *Eme*), Salamandre & autres animaux.

*ii.* ( „ V 2). Combat de coqs.

*kk.* ( „ V 4). Arbres de Java [Mangas, Arcea etc.] Comparez les pl. *dd, ee* de Linfchoten.

*ll.* ( „ X 2). Arbres de Java (Mangoftan, Talaffe, Affa, etc.)

*mm.* ( „ X 3). „ (Palmitas, Jacca, etc.)

*nn.* ( „ X 4). „ (Cancella do mato, Carcapuli, etc.)

*oo.* ( „ IJ 2). Fruits de Java (Canior, Pucho, etc.)

*pp.* ( „ IJ 3). „ (Lacca, Lancuas, etc.)

*qq.* ( „ Z 1). Sycomorus, Semper vivum, etc.

*rr.* ( „ Aa 1). Le vaiffeau *Amfterdam* attaqué par les habitants de Java.

*ss.* ( „ Cc 3). Noble de Bali en voyage.

*tt.* ( „ Dd 2). Roi de Bali & fa fuite. Imitée de la planche *f* du *Verhael.*

*uu.* (feuille Dd 3). Carte de l'île de Bali. Entièrement différente de la carte du *Journael* (Appendix).

*vv.* ( „ Ee 1). Femme indienne, se faisant brûler sur le bûcher de son époux. Imitée de la planche *s* de Linschoten.

*ww.* ( „ Ee 3). Carte de S. Hélène. Entièrement différente de celle du *Journael*.

*xx.* ( „ Ff 1). Sargasso & Trombas.

*ijij.* ( „ Ff 4). Monnaies des Indes, 15 figures, dont 4 se trouvent (grav. s. bois) dans le *Verhael* & le *Journael*.

*g.* Prima pars | Descriptionis Iti- | neris navalis in Indiam | Orientalem, earumque rerum | quae navibus Battavis occurrerunt: | una cum particulari enarratione conditio- | num, morum, œconomiae populorum, quos adnavigarunt. Praeterea de numismatis, | Aromatibus, Speciebus & mercibus ibidem Venalibus, eorumque pretio. Insuper de | Insularum apparentijs, tractibus, Orisque regionum maritimis, Vna cum incolarum | ad vivum delineatione; Cuncta diversis tabulis illustrata; omnibus mare navigantibus | & rerum exterarum studiosis, lectu periucunda. | Authore G. M. A. W. L. | (*Planche gravée*). | Amstelrodami, | Ex Officina Cornelij Nicolaj, Typographi ad symbolum Diarij, ad aquam. | Anno M.D.XCVIII. [1598]. | fol. [112].

Titre, avec la même carte que l'édition précédente.
Préface, signée G. M. A. W. L.
Texte (avec le titre, la préface & la dernière planche) 52 feuilles, dont 2—51 sont numérotées. La feuille 8 porte le chiffre 7.
Les planches & cartes gravées, au nombre de 49, se trouvent dans le texte, ainsi que les croquis des côtes. — Seulement, la planche double *p* (Bazar à Bantam), avec description imprimée en français (*Delineation du Bazar*), est gravée sur une feuille séparée qui se trouve entre les feuilles 25 & 26. Cette planche manque dans beaucoup d'exemplaires, quoique le texte y renvoie.

*h.* Premier Livre | de l'Histoire de la | Navigation aux Indes | Orientales, par les Hollandois | et des choses a eux advenues ensemble | les conditions, les meurs, & manières de vivre des na- | tions, par eux abordées. Plus les Monnoyes, Efpices, Drogues, & marchandifes, & le pris | d'icelles. Davantage les decouvremens & apparences, fituations, & coftes maritimes | des contrees; avec le vray pourtraict au vif des habitans: Le tout par plufieurs figures | illuftré: trefrecreatif a lire a tous navigans & amateurs des navigations lointaines, es | terres eftrangeres. Par G. M. A. W. L. | (*Planche gravée*). | Imprimé à Amftelredam par Cornille Nicolas, fur l'eaue, au livre a écrir. Anno 1598. | fol. [113].

Titre & préface, comme dans l'édition précédente.

Texte, avec titre etc. 54 feuilles, dont 2—53 font numérotées.

Les planches & cartes font partie du texte, comme dans l'édition latine. — La planche double du Bazar (entre les ff 26 & 27) manque dans tous les exemplaires que nous avons eus fous les yeux.

*i.* D'Eerfte Boeck. | Hiftorie van Indien, waerinne verhaelt is de avon- | tuere die de Hollandtfche Schepen bejegent zijn (*etc.*, *comme la* 1e *édition*).... Ghedruckt t'Amftelredam, by Cornelis Claefz, op 't Water, int Schrijfboeck, Anno 1609. | 4° oblong. [114].

Titre & préface comme la 1e édition.

Texte, conforme à la 1e édition, contenant avec le titre & la préface, mais fans les planches, 70 ff. Les ff. 4—22 font fignées 5—23; 23 eft numér. 25; 24 eft fans chiffre; 25—30 ont le chiffre exact: 31 le chiffre 30; 32—38 le chiffre exact; 39 le chiffre 37; 40, 41 le chiffre exact; 42 le chiffre 39; 43 le chiffre 34; 44 le chiffre 41; 45—58 le chiffre exact; 59—65 le chiffre 58—64; 66—69 le chiffre 63—66; la feuille 70e n'eft point chiffrée.

Signature; ordre des chapitres; figures dans le texte; planches & cartes féparées, tout comme dans la 1e édition. — La vue du *Bazar* fe trouve au même endroit.

*k.* Premier Livre | de l'Hiftoire de la | Navigation aux Indes | Orientales, par les Hollandois; (*etc.*, *comme la* 1e *édition*).... Imprimé à Amfterdam, chez Cornille Nicolas, demeurant | fur l'Eaue, au livre à efcrire. L'an 1609. | fol. [115].

Cette feconde édition françaife eft une réimpreffion exacte de la première de 1598. — La planche du *Bazar* ne f'y trouve pas plus que dans celle-là.

*l.* Pirma [*fic*] pars | Defcriptionis iti- | neris navalis in Indiam | Orientalem (*etc.*, *comme la* 1<sup>e</sup> *édition*) ... Am- ftelrodami, | Veneunt Apud Iohannem Walfchaert, 1614. fol. [116].

C'eft la même édition latine que celle de 1598, avec un nou- veau titre. Ce titre eft orné d'une planche qui n'appartient pas à ce Voyage. C'eft une imitation (différente de celle de De Bry) de la planche 19 du Journal de Van Neck.

*m.* 'T Eerfte Boeck. | Hiftorie van Indien, waer inne verhaelt is | de avonturen die de Hollantfe Schepen bejegent zijn .... Daer by gevoecht de conterfeytfels der inwoonderē (*etc.*) ... Tot Amftelredam, By Michiel Colijn, Boeckver- cooper opt Water, int Huyfboeck, Anno 1617. | 4° ob- long. [117].

Titre avec la même carte que la 1<sup>e</sup> édition.

La préface eft omife.

Le texte eft imprimé en deux colonnes. Il contient avec le titre & les planches 87 feuilles, dont 2—39 font correctement chiffrées; 40—47 ont les chiffres 39—46; 64—76 le chiffre 60—72; 77 le chiffre 69; 78—87 le chiffre 74—83.

Signature A—Y iij.

Le nombre des chapitres eft refté le même. Deux portent le numéro 17, comme dans les deux éditions antérieures deux portaient le numéro 16.

Comme le titre l'indique [comparez le titre des éditions de 1598 & 1609], les croquis des côtes avec leur defcription manquent dans cette édition.

Planches, au nombre de 35, dans le texte. — Ce font des épreuves fa- tiguées des planches fuivantes, faifant partie des éditions antérieures : *a—o*, *q—x*, *z—cc*, *ee—hh*, *rr—yy*.

Le texte de ce journal, qui contient le récit le plus important de la première expédition des Hollandais aux Indes Orientales fous Cornelis de Houtman, eft le même dans les éditions *f—m*; feulement, comme nous l'avons remarqué, la fituation des côtes manque dans l'édition de Michiel Colijn (1617).

Le journal a été tenu à bord du vaiffeau *Mauritius* & diffère abfolument du journal publié chez Langenes. L'auteur, qui fe cache fous les initiales G. M. A. W. L. (1), n'eft autre que Willem Lodewijckfz, un des commiffaires (*commies*) de la flotte. On en obtient la preuve en comparant le récit du chap. 17 du *Premier Livre* avec le récit de Pontanus, dont nous parlerons plus tard (2). Dans l'ouvrage important de M. de Jonge on trouve quelques détails concernant ce perfonnage. Moucheron l'envoya comme commis principal à la côte occidentale d'Afrique & à l'île del Principe en 1598; puis, en 1600, en qualité d'amiral d'une petite flotte, au Bréfil (avec Joris van Spilbergen). Plus tard, en 1603, nous le voyons reparaître comme premier commis dans l'expédition commandée par Steven van der Hagen (3).

Dans le Recueil des frères De Bry, on trouve une traduction latine de ce Journal, différente de celle publiée par Cornelis Claefz, & faite fur l'édition allemande des mêmes éditeurs de 1599, par Bilibald Strobaeus. M. Camus a comparé les deux éditions latines & prouvé que celle de C. Claefz mérite la préférence. L'imitation des planches eft paffablement exacte. Elles correfpondent de la manière fuivante à celles du *Premier Livre:*

Pars III. Planche des monnaies. — *P. L.* pl. *ij.*

| | | | | | |
|---|---|---|---|---|---|
| Idem. ICONES. | VIII. | *P. L.* pl. *c.* | | X. *P. L.* pl. | *e.* |
| | IX. | — *d.* | | XI. — | *f.* |
| | | (copie inexacte). | | XII. — | *g.* |

(1) Le fens des trois premières initiales : G. M. A., nous échappe.

(2) Ce que l'auteur du *Premier Livre* raconte ici à la première perfonne („ben *ick* aen landt gheftemt," c'eft à dire, „ce fut moi qu'on envoya à terre à la majorité des voix"), eft attribué dans le récit de Pontanus à Willem Lodewijckfz.

(3) Voir: De Jonge I, 114, 115, 233; III 27.

| | | | | | | |
|---|---|---|---|---|---|---|
| XIII. | *P. L.* pl. | *i.* | | XXXIV. | *P. L.* pl. | *tt.* |
| XIV. | — | *k.* | | XXXV. | — | *ss.* |
| XV. | — | *m.* | Pars IV. *Icones.* | V. | — | *ii.* |
| XVI. | — | *n.* | | (copie inexacte). | | |
| XVII. | — | *o.* | | VII. | *P. L.* pl. | *gg.* |

(XVIII ne fe trouve pas dans le *Premier Livre.*)

| | | | | | | |
|---|---|---|---|---|---|---|
| | | | | VIII. | — | *hh.* |
| | | | | IX. | — | *h.* |
| XIX. | — | *r.* | | X. | — | *xx.* |
| XX. | — | *s.* | | XIV. | — | *kk.* |
| (copie inexacte.) | | | | XV. | — | *ll.* |
| XXI—XXIV. | *P. L.* pl. | *u, v, w, x.* | | XVI. | — | *mm.* |
| XXV, XXVI. | — | *z, aa.* | | XVII. | — | *nn.* |
| XXVII, XXVIII. | — | *ee, ff.* | | XVIII. | — | *pp.* |
| XXIX, XXX. | — | *cc, bb.* | | XIX | — | *qq.* |
| XXXI. | — | *rr.* | | (copie inexacte). | | |
| XXXII. | — | *p.* | | XX. *P. L.* pl. | | *oo.* |
| XXXIII. | — | *uu.* | | | | |

On voit que 40 feulement des 49 planches & cartes de l'ouvrage original ont été copiées par les De Bry. — Les planches I—VII, XVIII des *Icones* de la 3e partie femblent dues au caprice de l'artifte allemand.

---

*n.* Indica Amftelodamenfium navigatio prima; ejufque | hiftoria ordine pofita.

Dans l'ouvrage intitulé:

Rerum & Urbis | Amftelodamenfium | hiftoria. | In qua Hollandiae primum atque inde Amftelandiae, | oppidique natales, exordia, progreffus, privilegia, ftatuta | eventaque mirabilia cum novis urbis incrementis com- | merciifque ac *navigationibus longinquis*, aliaque ad | politiam fpectantia, additis fuo loco tabulis aeri incifis, | ad haec ufque tempora, obfervata annorum ferie | accurate omnia deducuntur. | Auctore | Joh. Ifacio Pontano | ..... Amfterodami | Sub Cane Vigilanti excudit | Judocus Hondius An. D. 1611. | Pet. in. fol. [118].

C'eft le chapitre 24 du 2d. Livre, commençant à la page 144 & finiſſant à la page 191.

*o.* De eerſte vaert na Ooſt-Indien by die van Amſter- dam begonnen; | ende de hiſtorie ende wtcomſte der ſelver ordentlick geſtelt.

(*Première navigation aux Indes Orientales, commencée par ceux d'Amſter- dam; expoſé méthodique de ſon hiſtoire & de ſon ſuccès*).

Dans l'édition hollandaiſe de l'ouvrage précédent, intitulée:

Hiſtoriſche | Beſchrijvinghe der ſeer wijt be- | roemde Coop-ſtadt | Amſterdam | .... met het ghene ... de handel ende verre reyſen ... betreffende is ... Eerſt int Latijn gheſtelt en beſchreven | Door | Ioh. Iſacium Pontanum. | Ende by den ſelven oock naderhandt neerſtich overſien en- de op veel | plaetſen vermeerdert ende verbetert. | Ende nu wt des Autheurs laetſte Copije in Nederduyts overgheſet | Door Petrum Montanum. | Alles met Copere Figuren af- ghebeelt ende verciert. | Tot Amſterdam, | Ghedruckt by Judocum Hondium, woonende inde Calver-ſtraet | inden Wackeren Hont. Anno 1614 | Met Privilegie. | 4°. [119].

(*Deſcription hiſtorique de la ville ... d'Amſterdam .... Augmentée & cor- rigée par l'auteur & traduite par Petrus Montanus.*)

Traduction du récit précédent compoſant le 24e chapitre du 2d. livre, pp. 180—237.

Les planches de ce récit ſont pour la plupart des copies ré- duites & modifiées de celles qui ſe trouvent dans la collection des De Bry. Une ſeule porte le nom du graveur: *Benjamin Wright*, le même qui grava de petites cartes pour l'atlas de Langenes. (1)

Les chiffres que ces planches portent dans l'ouvrage de Pon- tanus ſont imprimés au deſſus de la gravure.

_____

(1) Probablement B. Wright était de la même famille que le cartographe diſtingué Edward Wright, qui fut en relation avec Joſſe Hondius. Voir l'ouvrage de M. de Jonge, I. 74.

Lat.    Holl.

N°. 17.  N°. 18.   Vaiſſeaux de l'expédition. — Cette planche ne ſe trouve ni chez De Bry, ni dans aucun autre récit.

18.  —  19. — Habitants du Cap de Bonne Eſpérance, dévorant les entrailles d'un bœuf, tué par les Hollandais (De Bry. Pars III. Icones, n°. VII).

19.  —  20. — I. S. Laurentii. (Ibid. VIII).

20.  —  21. — 3 figures (dont 2 ibid. XI & 1 ibid. IX).

21.  —  22. — (Ibid. X).

22.  —  23. — (Ibid. XIV).

23.  —  24. — (Ibid. XV). Mauvaiſe copie.

24.  —  25. — (Ibid. XVI).

25.  —  26. — Vaiſſeaux de l'expédition, partant de Bantam. (Unique).

26.  —  27. — Carte de Java. Tirée d'un Atlas du temps?

27.  —  28. — (De Bry XVII).

28.  —  29. — (ibid. XXIV).

29.  —  30. — (ibid. XXV).

30.  —  31. — 3 figures (dont 1 ibid. XXII & 2 ibid. XXVI).

31.  —  32. — (ibid. XXVIII).

32.  —  33. — (De Bry, Pars IV. ic. VII avec changements).

33.  —  34. — (ibid. VIII, très-changé).

34.  —  35. — (id. Pars III ic. XXXI).

35.  —  36. — Vaiſſeaux de l'expédition devant Madura (Unique).

36.  —  37. — (De Bry XXXIII, au rebours).

37.  —  38. — (ibid. XXXIV).

38.  —  39. -- (id. Pars II. ic. IX).

Le récit de Pontanus eſt compoſé en grande partie, comme il dit lui même quelque part, d'après le journal autographe d'un perſonnage ſupérieur, qui avait eu la clef de l'affaire. Probablement ſ'agit-il du même journal que celui de Frank van der Does, publié pour la première fois dans l'ouvrage de M. de Jonge (*De opkomſt van het Nederlandſch gezag in Ooſt-Indië*, Tome II pp. 287 ſvv.), & dont l'auteur du récit ſuivant a certainement fait uſage.

---

*p*. De eerſte Schipvaerd der Hollandſche Natie | naer Ooſt-Indien, waer inne verhaelt wordt al wat haer | ſon-

derlings onder wegen bejegent is, als oock de Conditien, |
Religien, Zeden, en Huyfhoudinghe der volckeren, met |
den Aerd, Vruchtbaerheyd, Ghewaffen, Dieren, ende an-
dere | eygentfchappen der Landen, die fy befeylt hebben:
ghetroc- | ken uyt verfcheyden Iournalen ofte dagh-regifters
daer van | ghemaeckt, zeer vermaeckelijck ende nut om
lefen.

*(Première navigation de la Nation Hollandaife aux Indes Orientales, où*
*eft raconté tout ce qui eft arrivé de remarquable pendant le voyage,*
*comme auffi la condition des peuples, leur religion, leurs mœurs & coutumes,*
*la nature du fol, fa fertilité, fes plantes, fes animaux & autres particularités*
*des contrées vifitées par les Hollandais : récit tiré de divers journaux tenus*
*pendant le voyage).*

Dans *Begin ende Voortgang*, Vol. I. Sans titre féparé. Imprimé en 2
colonnes. Sans les planches : 112 pages. Signat. Aa—Oo 3.

Les planches & cartes, au nombre de 49, fur des feuilles féparées, fans
texte imprimé, ne font pour la plupart que des épreuves fatiguées du
Journal f. Elles font chiffrées 1—32, 33 A, B, 34—35, 36 A, B, C,
37, 38 A, B, 39—43, 44 A, B. Dans quelques exemplaires la planche 3
eft répétée & la planche 1 manque.

Les numéros 1—13 correfpondent aux planches que nous avons décrites
fous les lettres *a—n* du *Premier livre*; 14 à la planche *rr*; 16, 17 à *o, p*;
18 à *cc*; 19 à *bb*; 20 à *q*; 21 à *z*; 22, 23 à *r, s*; 24 à *aa*; 25—28 à
*t—w*; 29 à *ij*; 30 à *ee*; 32, 33 A, B, 34, 35, 36 A, B à *gg—nn*: 37
à *oo*; 38 A à *qq*; 38 B à *pp*; 39—42 à *ss—vv*; 43 à *xx*; 44 A à *ww*;
44 B à *ijij*.

15 eft une carte de *Java Major* dans le format du livre, probablement
d'après une carte de Hondius.

31 eft une copie de la planche *g* du journal *b*.

36 (différents arbres, marqués A—H), ne fe trouve pas dans les journaux
précédents.

Ce récit eft écrit fous forme de journal, mais à la 3ᵉ perfonne.
Pour une grande partie, l'auteur a fuivi le journal de Willem
Lodewijckfz (Premier livre), parfois auffi le journal publié chez
Langenes. Cependant il ne f'eft pas borné à puifer à des four-
ces imprimées. Un autre journal, inédit, lui a beaucoup fervi :
celui-là même que nous avons mentionné tout à l'heure, le journal

de Frank van der Does. Ce récit eſt par conféquent le 5ᵉ qui préſente un intérêt particulier.

Les inſertions (*inwerp*) dans ce journal ont été en partie tirées des journaux précédents du même voyage, en partie d'autres ouvrages, comme ceux de Marc Paul (page 17, 60?) & de Lin-fchoten (page 2, 103, 106), & des récits de voyages poſtérieurs à celui de Houtman. L'addition concernant les poids, meſures & monnaies des Indes eſt tirée (en abrégé) du *Premier Livre*.

*r*. Eerſte | Schip-vaert | Der Hollanders naer | Ooſt-In-dien, | Met vier Schepen onder 't beleydt van Cornelis Houtman uyt | Texel t' zeyl ghegaen, Anno 1595. | Waer in verhaelt werdt, al wat haer ſonderlinghs onder wegen | bejegent is, als oock de Conditien, Religien, Zeden en Huyſ-houdin- | gen der Volckeren, met den Aerdt, Vrucht-baerheyt, Gewas- | ſen, Dieren en andere eygenſchappen der Lan | den, die ſy beſeylt hebben. | Seer vermaeckelijck om leſen. | (*Grav. ſur bois*). | t' Amſterdam, | Voor Iooſt Hartgers, Boeck-verkooper in de Gaſthuys-ſteegh, in de | Boeck-winckel, bezijden het Stadt-huys. 1648. | 4° [120].

Titre imprimé, avec la planche ordinaire des vaiſſeaux.
Planche double, contenant 6 vues, où ſont imitées les pl. *b*, *o*, *cc*, *r*, *yy*, *ww* du „Premier livre".
Texte 102 pp. Signat. *A 1—*G. 3.

C'eſt une réimpreſſion intégrale du récit de *Begin ende Voortgang*.

*s*. Eerſte | Schip-vaert | *etc.....* Houtman van | Alckmaer, uyt Texel *etc.....* T' Amſterdam, | Voor Iooſt Hartgers, Boeck-verkooper op den Dam, in de | Boeck-winckel, bezijden het Stadt-huys, 1650. | 4°. [121].

Dans cette réimpreſſion les 6 différentes vues de la grande planche ſe trouvent diſperſées dans le texte, qui contient le même nombre de pages & la même ſignature que l'édition de 1648.

*iu t.* Eerſte Schip-vaert | Gedaen van de Hollanders naer | Ooſt-Indien, | Met vier Scheepen, onder 't Beleydt van | Cornelis Houtman, | Uyt Texel 't Zeyl gegaen, Anno 1595. | Verhalende al 't gedenckwaerdighſte, dat haer op de Reys | is voor gevallen te Water en te Lande, als oock de Conditien, Religien, | Zeden en Huys-houdingen der In- diaenſche Volckeren, de Vruchtbaerheydt | van 't Aerdt- rijck, de Natuer en verſcheydenheyt der Beeſten en Voge- len, | ende voorts de Koopmanſchappen en andere Vreem- dicheden der | Landen en Steeden die zy geſien en bezeylt hebben. | (*Grav. ſur bois*). | t' Amſterdam, Gedruckt | By Gillis Jooſten Saeghman, in de Nieuwe-ſtraet, | Ordinaris Drucker van de Journalen ter Zee, en de Landt-Reyſen. [Vers 1663] 4°. [122].

Titre imprimé, avec la planche ordinaire. Au verſo, la Renommée, gravure ſur bois de G. van Sichem, avec épigramme imprimée en 6 lignes, ſignée: *Hier na een Beter.*

Texte en 2 colonnes, avec pagination 3—104; ſignature A 2— N 3.

Planches dans le texte, au nombre de 27, dont 6, gravées ſur cuivre, ſont les mêmes que dans l'édition de Hartgers, & une (la 7e) eſt tirée du Journal de Van Neck, publié par le même éditeur. Les autres planches ſont de petites gravures ſur bois, dont 3 ou 4 ſeulement ſe rapportent à ce journal & aux planches gravées pour le *Premier livre*. Saeghman à pluſieurs fois reproduit ces petites figures dans ſes divers journaux.

L'édition de Saeghman eſt une réimpreſſion de celle de Hart- gers; ſeulement, les additions au journal, qui ſe trouvent dans *Begin ende Voortgang* & chez Hartgers ſous le titre de „In- werp", ſont ici inſérées dans le texte.

---

4. VOYAGE VERS L'ORIENT DE VAN NECK ET VAN WARWIJCK.

(De Bry, Petits Voyages, Tome V. 1601; Camus, Mémoire, p. 204, 213).

*a.* Journael ofte Dagh-regiſter, inhoudende een | waer-

achtigh verhael ende Hiſtoriſche vertellinghe vande reyſe,
ghedaen door de acht | ſchepen van Amſterdamme, onder
't beleydt van Iacob Corneliſz. Neck. als Admirael, ende
Wybrandt van | Warwijck, als Vice-admirael, van Amſter-
dam gheſeylt in den jare 1598. den eerſten dagh der |
Maent Martij. Van hare zeylagie ende ghedenckwaerdigh-
ſte zaken ende | gheſchiedeniſſen, hun op de voorſz. reyſe
bejeghent. | Midtſgaders ſekere afbeeldinghen van eenighe
Eylanden, voghels ende ghedierten, ende van den handel |
ende wandel ende maniere van leven, ende de Zeevaert der
ingheſetene vande | Molucken ende andere omligghende
Eylanden. | (*Planche gravée*). | Ghedruckt 't Amſterdam,
by Cornelis Claeſz opt Water, int Schrijf-boeck, by die
oude Brugh. | *S. a.* [1600] 4º oblong. [123].

(*Voir le titre français, p.* 141).

Titre imprimé avec planche gravée, répétée dans l'ouvrage au Nº. 16.
Texte, 39 feuilles, chiffrées 2—17, 20, 19, 18, 19—29, 32, 31, 34—42.
Signature A 2—K 3. Le livre contient donc, avec le titre, 10 cahiers de
4 ff., ſans les planches. — Les dernières ff. contiennent un vocabulaire de
mots malais, etc.
Planches, ſur des feuilles ſéparées, chiffrées 1—18. — La deſcription des
planches fait partie du texte.

1. „Ins. cygnaea Luſit. a noſtris Mauritij nomine indigitata", etc.
2. Notre inſtallation à l'île Maurice.
3. Tournoi à Tuban.
4. Attaque d'Arofbay ſur l'île Madura.
5. Ile d'Amboine, ſes habitants etc.
6. Iles de Banda.
7. Conſeil tenu à Banda avec notre Vice-Amiral.
8. Fête à Banda avant de partir pour la guerre.
9. Galère de l'île de Banda (*Coracora*).
10. Caſe des nôtres à Nera.
11. Habitants de Banda (le petit Turc, etc.)
12. Jeu de paume à Banda.
13. Habitants de Banda allant en guerre.
14. Arrivée à Ternate.

15. Ville de Gammelamme dans l'île de Ternate.
16. Le roi de Ternate fe rendant au temple.
17. Karkol ou galère du Roi de Ternate.

Cette planche manque dans notre exemplaire. Il femble qu'elle diffère de celle de la 2ᵉ édition où fe trouvent deux navires, tandis que dans le texte de la 1ᵉ il n'y en a qu'un feul de décrit.

18. Efcrimeurs & Femmes Molucques (planche divifée en 2 compartiments).

*b.* Het tweede Boeck, | Journael oft Dagh-regifter, inhoudende een wa- | rachtich verhael ende Hiftorifche vertellinghe vande reyfe, gedaen door de acht fchepen van | Amftelredamme, ghefeylt inden Maent Martij 1598. onder 't beleydt vanden Admirael Iacob Cornelifz. | Neck, ende Wybrant van Warwijck als Vice-Admirael. Van hare zeylagie ende gedenckwaer- | dighfte zaken ende ghefchiedeniffen, haer op de voorfz. reyfe bejeghent. | Midtfgaders hare handelinge int coopen ende vercoopen. Oock Hiftorifch verhael vande plaetfen die fy be- | feylt hebben inde Molucken, den handel, wandel, Krijchf-ruftinghe, ghelegentheyt der plaetfen, | ende wat profijt daer te doen is, wonderlijck ende profytelijck om lefen. | Met achthien coperen Platen verciert, met hare befchrijvinghe daer by, ende een Vocabulaer van hare woorden. | Dit is fo den Coninck vande 72 Eylanden van Molucken in fyne magnificentie ter Kercken gaet, gecleet in gouden Laken. | (*Planche gravée*). | Ghedruckt t' Amfterdam by Cornelis Claefz opt Water, int Schrijf-boeck, by die oude Brugh, Anno 1601. | 4° oblong. [124].

(*Voir le titre français, p.* 141).

Titre avec la même planche que la 1ᵉ édition.

Texte, avec le titre, 48 feuilles dont les ff. 2—48 font numérotées 1, 3—23, 23, 25—31, 33, 33, 36, 35, 38—44, 46, 45, 47—50.

Signat. A 2—M 3 (12 cahiers de 4 ff.) Comparez l'*Appendix.*

Les planches, qui font les mêmes que dans la 1ᵉ édition, fe trouvent dans le texte. La defcription, ici imprimée au deffus des planches, diffère un peu de la précédente. En outre, on trouve aux ff. G. 1 v°. & I. 3 v°.

des figures de plantes · (noix mufcades & girofliers), gravées fur bois.
Au verfo de la 50ᵉ feuille fe trouve la defcription de la planche, imprimée dans le titre fuivant :

Appendix | Vocabulaer vande Javaenfche ende Malayfche
woorden, die felfs op Ternate vanden onfen ghe- | fchre-
ven zijn. Hier by gevoecht tot behulp van alle de gene
die derwaerts begeeren te varen, want de Maleyfche fpra- |
ke ghebruyckt wordt door heel Ooft-Indien, principalick
inde Moluckfche Eylanden. Alle de vremdicheydt Lief-
hebbers | ende dieder aen gheleghen is ten beften hier by
ghevoecht. | Noch vindy hier achter een byvoechfel behoo-
rende by 't Iournael, met de Caerte int groot befteck, van
defe hare feylagie, met hare courffen ende ftreckinghen. |
Dit is fo den Coninck van Tuban ons opt ftrant met fyn
volck tegen quam op fynen Olyphant, doen wy met onfe
twee fchuyten aen Lant quamen, | daer wy hem met Trom-
petten gheluyt luftich maecten, alles na t leven fyguerlick
afgeteeckent. De befchryvinge ftaet hier ter fyden. |
(*Planche gravée*). | Ghedruckt tot Amftelredam by Corne-
lis Claefz, opt Water int Schrijf-boeck. Anno 1601.

(*Voir le titre français, p.* 142).

Titre avec planche, marquée 19. Au verfo commence le vocabulaire,
qui finit au v°. de la dernière feuille.

Cet *Appendice* contient 12 ff. non chiffrées avec fignature N—P. Aux
ff. O. 4—P. 4 fe trouvent cinq planches impr. dans le texte numérotées
20—24.

Les planches repréfentent :

19. (dans le titre). Le roi de Tuban fur fon éléphant.
Cette planche porte une infcription françaife & latine.

20. Palais & éléphants du Roi de Tuban.

21. Bagages & animaux appartenant au Roi de T.

22. Oifeaux aquatiques & concubines du Roi de T.

23. Chambre à coucher du Roi de T.

24. Etables du Roi de T.

Ces planches ont été vifiblement fabriquées fur les données du texte
par un artifte de très-peu d'imagination.

Seconde édition, augmentée furtout par les defcriptions topo-graphiques qu'on a inférées dans le journal. En outre, on trouve ici pour la première fois la defcription de la noix mufcade & de la girofle; puis (f. 41 v° — 43 r°.) l'Entretien d'un juif, nommé Abdias, avec le prophète Mahomet, traduit du portugais; (fol. 43 v° — 44 v°) plufieurs particularités concernant les îles Molucques; enfin, le vocabulaire de mots malais etc. eft pré-cédé d'un nouveau vocabulaire de mots javanais, malais & hollandais. Ils forment enfemble 24 pp., y compris les 6 plan-ches nouvelles.

*c.* Het tweede Boeck | Journael oft Dagh-regifter (*etc.*, *comme le précédent. — Au deffous de la planche on lit, au lieu de:* Ghedruct *etc.*): Men vintfe te coop by Barent Langhenes, Boeckvercooper tot Middelburch, Anno 1601. | 4° oblong. [125].

Même édition que la précédente, avec changement dans le titre.

*d.* [Le fecond Livre, | Journal ou Comptoir (*etc. Com-parez le titre de l'édition de* 1609)... Amfterdam, chez Corneille Nicolas, fur l'eauë au Diare. Pour Bonaventure Dacivelle, libraire à Calais, l'an 1601. (*Avec l'*Appendix) fol.] [126].

Cette édition eft mentionnée par M. Camus (p. 204). M. Mul-ler n'en poffléde pas d'exemplaire, & il ne f'en trouve aucun dans les bibliothèques publiques des Pays-Bas. Le texte & les plan-ches femblent f'accorder avec l'édition de 1609.

*e.* [Journal was fich von Tag zu Tag mit den Hollän-difchen Schiffen fo im Martio anni 1598, Amfterdam aufgefahren, etc. Arnheim in Geldern, J. Janfen. 1601. 4°.] [127].

Mentionné par Ternaux-Compans, *Bibliothèque Afiatique*, n°. 837. Nous n'en favons aucune particularité.

*f.* Het tweede Boeck, | Journael oft Dagh-regifter (*etc.*,

*comme l'édition de* 1601) ... Met 26 coperen Platen verciert, met hare befchryvinge daer by, ende een Vocabulaer
van hare woorden ... t' Amftelredam by Cornelis Claefz...
Anno 1608. (*Avec :* Appendix) 4° oblong. [128].

Réimpreffion textuelle de l'édition de 1601. Quoique le titre
faffe mention de 26 gravures *en taille douce*, il ne f'y en trouve
que 24; les deux autres font des gravures fur bois comme dans
l'édition précédente. La 18e planche diffère entièrement de l'ancienne. Les deux vues des efcrimeurs & des femmes molucques
font ici réunies dans une feule & même planche oblongue.

La pagination de cette édition eft auffi mauvaife qu'elle l'eft
dans l'édition de 1601. L'édition contient cependant le même
nombre de feuilles, ainfi que l'Appendix.

*g.* Le Second Livre, | Iournal ou Comp- | toir, conte-
nant le vray Dis- | cours et Narration hiftorique, du
Voyage | fait par les huit navires d'Amfterdam, au mois
de Mars l'an 1598. fous la conduite | de l'Admiral Iaques
Cornille Nec, & du Vice-Admiral Wibrant de Warwic. |
De leur voyage, & chofes plus memorables eux audit voyage
fur- | venuës, de leur riche charge, & fain retour. | En-
femble leur trafique, tant en acheter qu'en vendre, auffi
la defcription des lieux par eux han- | tés ez Molucques, le
train, converfation, equipage de la guerre, fituation des
lieux, | quel prouffit qu'il y a à faire, fort rare & utile a
lire. | Orné avec beaucoup de Lames d'arain & Cartes,
joint leurs explications. | Auffi eft icy adioufté un Vocabu-
laire des mots François, Javans & Malaites. | (*Planche
gravée*). | Imprimé à Amfterdam, chez Cornille Nicolas,
Marchand Libraire, | demeurant fur l'eauë, au Livre à
efcrire. L'An 1609. | fol. [129].

Titre avec la planche gravée qui fe trouve au titre de l'Appendice de
l'édition hollandaife.

Texte, 21 feuilles chiffrées 2—22, & fignature A 2—F 2. Les planches & leur defcription fe trouvent dans le texte; la 18e planche comme

dans l'édition hollandaife de 1608; les figures en bois aux ff. 13, 17 v°.
A la feuille 22 v°. fe trouve la defcription de la planche du titre.

Appendice, | Vocabulaire des | mots Iavans & Malayts, |
qu'avons mefmes efcrits a Ternati, fer- | vant de promp-
tuaire a ceux qui y defirent naviguer, car la langue Ma- |
layte s'ufe par toutes les Indes Orientales, principalement ez
Molucques.  Lequel avons voulu mettre icy pour | fatis-
faire au curieux Lecteur. | Voicy comme le Roy Tubain
nous vint congratuler avec fes vaffaux, monté fur fon
Ele- | phant, quand y arrivames avec deux Bariquelles, &
le fifmes grande | refiouïffance du fon de nos Trompettes,
tout de- | peint naturellement. | (*Planche gravée*). | Imprimé
à Amfterdam, chez Cornille Nicolas, Marchand Libraire, |
demeurant fur l'eauë, au Livre à efcrire. L'An. 1609. |
fol.

Titre avec la même planche que le titre général.

Texte, 6 ff. non chiffrées, avec fignature continuant celle de l'ouvrage
(G, G 2). L'ouvrage entier contient donc 6 cahiers de 4 feuilles & 1 de 5.

*h.* Hiftoriale Befchrijvinghe, | Inhoudende een waerach-
tich verhael vande | reyfe ghedaen met acht Schepen van
Amfterdam, onder 't beleydt van den Kloeck- | moedighen
Admirael Iacob Cornelifz. Neck, ende Wybrant van War-
wijck Vice-Admirael, van 't | ghene haer op de felfde reyfe
is bejeghent ende weder-varen. | Midtfgaders hare hande-
linge in 't koopen ende verkoopen, oock Hiftorifch verhael
vande plaetfen die fy befeylt | hebben inde Molucken, den
handel, wandel, krijchs-ruftinghe, ende ghelegentheyt der
plaetfen. | Hier is by-ghevoecht een Vocabulaer in Duytfch,
Malleys, ende Iavaens. | (*Planche gravée*). | t' Amfterdam,
By Michiel Colijn, Boeck-verkooper, woonende op 't Water, in 't Huyfboeck. Anno 1619. [*Avec :* Appendix]
4° oblong. [130].

Titre avec la même planche que les éditions holl. précédentes.

Texte, 64 feuilles numérotées; fignature : A—Q.

Les planches, épreuves poftérieures de l'édition *f*, fe trouvent dans le texte, furmontées de la defcription un peu abrégée. Les deux gravures fur bois ont été omifes.

Réimpreffion textuelle de l'édition de 1608.

------

Le Journal du Voyage de Van Neck & Van Warwijck contient une relation complète de cette expédition. C'eft à proprement parler un mélange de deux journaux différents, car les vaiffeaux fe féparèrent dans les Indes. Le premier journal (fol. 1—29) fut tenu à bord du vaiffeau *Gelderland* (Gueldre), où fe trouva le célèbre Jacob van Heemfkerck, d'abord en qualité de commiffaire (*commies*), puis comme vice-amiral; le fecond, à bord du vaiffeau (*Amfter-dam*) de Warwijck, le vice-amiral, qui remplaça Van Neck à l'amirauté après le retour de ce dernier dans la patrie. Les auteurs des journaux font reftés inconnus.

On trouve dans la quatrième partie des Petits Voyages des De Bry (page 104—111) un extrait de ces journaux; la cinquième partie de leur collection contient l'ouvrage entier. Il fut premièrement traduit en allemand par Gothart Artus, & de l'allemand en latin par Bilibald Strobæus. L'édition des De Bry préfente donc l'inconvénient d'une double traduction; en outre, comme M. Camus l'a déjà obfervé, on y a fait des fuppreffions confidérables. L'éditeur allemand ayant fuivi la première édition hollandaife, on ne trouve chez De Bry que le très-court vocabulaire malaifan, joint à cette édition, & qui fut confidérablement augmenté dans celle de 1601. Ce n'eft donc pas un extrait de ce dernier, comme M. Camus le penfait.

Dans les *Icones* de la quatrième partie, deux planches (III, IV) appartiennent au Voyage de Van Neck, mais elles ne fe trouvent pas dans les éditions originales; on les doit à l'imagination de l'artifte. Les vingt planches de la cinquième partie font toutes imitées des planches hollandaifes. En voici la collation:

| De Bry. | Second livre. | | De Bry. | Second livre. |
|---|---|---|---|---|
| I—VIII | 1—8. | | XV | 18. |
| IX—XI | 10—12. | | XVI | 17 & 9. |
| XII—XIV | 14—16. | | XVII—XX | 19—22. |

Trois planches de l'édition originale, & les deux gravures fur bois manquent par conféquent dans l'édition des De Bry.

Une autre édition allemande, publiée par Levinus Hulfius, parut en 1602 (in 4°). Elle eft affez exacte. Il paraît que Hulfius a au moins confulté la 2e édition hollandaife (celle de 1601), ou la traduction allemande parue chez J. Janfen à Arnhem (e); mais on ne trouve pas chez lui le vocabulaire malais. Quant aux planches, on a réuni deux ou trois vues des planches originales dans une même gravure. Du refte, l'artifte allemand paraît avoir peu inventé, quoique les imitations foient parfois affez faibles. Les planches 21—24 de l'Appendice ont échappé à fon attention.

Une édition anglaife du journal de Van Neck & Van Warwijck, traduite par W. Walker & publiée à Londres en 1601, eft mentionnée par Ternaux-Compans, *Bibliothèque Afiatique*, N°. 831. Le même auteur fait encore mention d'un récit de ce voyage, publié à Londres, dès 1599. C'eft probablement une traduction de quelque pamphlet hollandais qui nous eft refté inconnu. En voici le titre tel que M. Ternaux nous le donne (N°. 774):

A true report of the gainefull, profperous and fpeedy voyage to Java, in the eaft Indies, performed by a fleet of eight fhips of Amfterdam which fet forth from Texel in Holland the firft of maie 1598, whereof four returned again the 19 of july anno 1599 in leff than 15 months, the other four went forward from Java for the Moluccas. London, By P. C. for W. Apfley. (1599).

On voit qu'il ne f'agit que d'une partie de la flotte.

———

*i.* Altera Amftelodamenfium ad Indos Orientales navigatio; | eiufque euentus & felix totius claffis reditus.

*k.* De tweede Voyagie van die van Amfterdam nae Ooft-Indien, ende der | felver bedrijf ende gheluckighe wedercompfte van de heele vlote.

(*Second voyage de ceux d'Amfterdam aux Indes Orientales; leurs aventures & le retour heureux de la flotte entière.*)

Une relation affez courte du voyage de Van Neck & Warwijck

fous ce titre dans l'ouvrage de Pontanus (*Rerum & urbis Am-ftelodamens. hiftoria*, libri II cap. XXV; pp. 191—200; édition hollandaife pp. 237—248). C'eft un extrait du journal imprimé; ce que Pontanus y a ajouté eft peu de chofe.

Il contient les planches fuivantes dans le texte :

36. (éd. holl. 40). Imitation de la planche 2 du Journal. *Benjamin W(right) caelator.*
37. (   „ 41).    „       „ 3    „
38. (   „ 42).    „       „ 4    „
39. (   „ 43). Petite carte d'Amboine. *B. W.(right) caelator.*
40. (   „ 44).      „ de Banda.       „      „
41. (   „ 45). Pêcherie à Ternate. Imitation de la planche II de la 8e partie des Petits Voyages de De Bry (Second Voyage de Van Neck).

Ailleurs, on trouve dans le livre de Pontanus une imitation de la planche 15 de notre Journal, avec le numéro 46 (50 dans l'édition hollandaife).

*l.* Waerachtigh verhael van de Schipvaerd op | Ooft-Indien ghedaen by de acht Schepen in den jare 1598 | van Amfterdam uyt-ghezeylt, onder 't beleyd van den Ad- | mirael Jacob Corneliffoon van Neck, ende Vice-Admirael | Wybrand van Warwijck : | Ghetrocken | Uyt het Journael ofte Dagh-regifter voor defen daer van | ghedruckt, ende door-gaens tot beter onderrechtinghe | des Lefers, uyt ver-fcheyden andere Schrijvers ver- | rijckt.

*(Récit véritable du voyage aux Indes, fait par les huit navires, etc .... Tiré de l'ancien journal imprimé, & augmenté partout d'extraits d'autres auteurs.)*

Dans *Begin ende Voortgang*, Vol. I. Sans titre féparé.

Imprimé en 2 colonnes. Texte 56 pages. Signat. AAa—GGg. 3.

Les planches & cartes fur des feuilles féparées, fans texte imprimé, portent les numéros 1—26, dont 2—19, 21—26 font les mêmes que dans l'édition de 1619, mais autrement arrangées. Les planches de l'appendice portent ici les numéros 5—9. La defcription eft intercalée dans le texte.

La planche 1 eft le frontifpice du Journal de Corn. Houtman (Premier Livre). Voir page 124.

La planche 20 repréfente des noix mufcades.

Ce récit n'eſt qu'un abrégé du journal original, rédigé à la 3ᵉ perſonne, avec quelques intercalations (*inwerp*) concernant l'île d'Amboine, les Molucques etc. — Le Vocabulaire y eſt joint en entier.

*m.* Waerachtigh Verhael | Van de Schip-vaert op | Ooſt-Indien, | Ghedaen | By de acht Schepen, onder den Heer Admi- | rael Jacob van Neck, en de Vice-Admirael Wy-brand van | Warwijck, van Amſterdam gezeylt in den jare 1598. | Hier achter is aen-ghevoeght | De Voyagie van Se-bald de Weert, naer de Strate | Magalanes. | (*Grav. ſur bois.*). 't Amſtelredam | Voor Iooſt Hartgerts, Boeck-verkooper in de Gaſt-huys-ſteegh, | in de Boeck-winckel, bezijden 't Stadt-huys, Anno 1648. | 4° [131].

Titre imprimé, avec la planche des vaiſſeaux.
Planche double, contenant ſix vues, dont 8 ſont des imitations des planches 2, 3, 7 du *Second livre*; la quatrième eſt une vue de la ville d'Amboine (copie de la pl. 12 du Voyage de Steven van der Haghen dans *Begin ende Voortgang*, tome II); la 5ᵉ & la 6ᵉ appartiennent au Voyage de S. de Weert (voir page 26 de cet ouvrage).
Texte, pp. 3—92, dont 61—92 contiennent le Voyage de S. de Weert. Signat. **A. 2– ** F. 4.

Réimpreſſion du récit de *Begin ende Voortgang*, avec les *inwerp* & le Vocabulaire (pp. 43—60, ſans numéros). A la fin du volume on lit: „t'Amſterdam, | Gedruckt by Chriſtoffel Cunradus .... 1650."

*n.* Waerachtigh Verhael | Vande Schip-vaert op | Ooſt-Indien, | Gedaen by de acht ſchepen, onder den Heer Admirael | Jacob van Neck..... Hier achter is by-ghe-voegt | De Voyagie van Sebald de Weert, naer de Straet Magalanes, | met noch een Vocabulaer van Duyts en Ma-leys, 't welck door | geheel Indien geſproken wort. | (*Grav. ſur bois*) | t' Amſtelredam, | Voor Jooſt Hartgers, Boeck-

verkooper op den Dam, bezijden 't Stadt-huys, | inde
Boeck-winckel, Anno 1650. | 4°. [132].

Contenant avec le titre 80 pages, les pp. 3—76 chiffrées.
Signat. A 2—E 5.
La planche a été brifée & les fix parties intercalées dans le texte.
Les pp. 44—76 contiennent le Voyage de S. de Weert.

Réimpreffion du précédent, moins la plus grande partie du
Vocabulaire. Ce dernier (*Noch een ander Vocabulaer*, pp. 56—60
du précédent) eft ajouté ici à la fin de l'ouvrage (pp. 77—80).

*o.* Journael | Van de tweede Schip-vaert op | Ooft-Indien, |
Gedaen by acht Scheepen, onder den Heer Admirael | Jacob
van Neck, ende Vice-Admirael | Wybrand van Warwyck, |
Van Amfterdam ghezeylt in den Jare 1598. | Getrocken uyt
het Dagh-register, voor defen daer van | gedruckt; en door-
gaens, tot beter onderrechtinghe des Lefers, met een | per-
tinente Befchryvinge van des Landts gelegentheyt, der In-
woonderen | zeden en manieren, als mede de vreemdicheyt
der Beeften en Vogelen in 't | felve, uyt verfcheyde andere
Schryvers verrijckt. | (*Grav. fur bois*) | t'Amfterdam, Ge-
druckt | By Gillis Jooften Saeghman, in de Nieuwe-ftraet,
| Ordinaris Drucker van de Journalen ter Zee, en de Landt-
Reyfen. | 4°. [133].

Titre imprimé, avec la planche ordinaire. Au verfo, une gravure eu
bois, avec épigramme, comme dans le Voyage de Houtman.
Texte en 2 colonnes, avec pagination 3—40. Signature A (2)—E 3.
Planches dans le texte, au nombre de 12, dont une gravée en taille
douce, la même que la première de l'édition de Hartgers; les autres, de
petites gravures fur bois, font en partie des imitations des planches (19,
3, 7) de l'édition originale, en partie des figures d'animaux, etc.

Réimpreffion du précédent, avec des abréviations & des additions infignifiantes, & fans le Vocabulaire ou le Journal de
de Weert. Les „inwerp" ont été inférés dans le texte.

5. VOYAGE DE LA GUINÉE, PAR PIETER DE MAREES.

(De Bry, Petits Voyages, Tome VI. 1604; Camus, Mémoire p. 217).

*a.* Befchryvinge ende Hiftorifche verhael, vant Gout | Koninckrijck van Gunea, anders de Gout-cufte de Mina genaemt, liggende in het | deel van Africa: met haren ge-looven, opinien, handelingen, oft mangelingen, manieren | talen⁻ eñ haere ghelegentheyt van Landen, Steden, Hut-ten, Huyfen eñ Perfoonen: | havenen ende Revieren, | foo de felve tot noch toe bevonden worden. | Mitfgaders oock een cort verhaal vande paffagie die de Schepen derwaerts nemen deur de Canarifche Eylandē, voorby Capo de Verde, langs de Cufte | van Manigette, tot aen Capo de Tref-punctas, daer de Gout-cufte begint: met noch voorts een weynich befchryvens vande Revierē diemen verfoect | int verfeylen vande Gout-cufte, tot aende Capo Lopo Gon-falves, daermen zijn affcheyt neemt int t'Huyfwaerts fey-len, alles perfect ende neerftich | onderfocht ende befchre-ven, door eenen perfoon die daer tot verfcheyden tyden gheweeft heeft. P. D. M. | (*Planche gravée*) | Ghedruct tot Amftelredam, by Cornelis Claefz., woonende opt Water int Schrijfboeck. Anno 1602. | 4° oblong. [134].

(*Voir le titre français au n°. fuivant*).

Titre avec planche gravée, divifée en trois compartiments. Au milieu, une femme, affife fur un crocodile, avec un perroquet fur le poing. Au deux côtés, un homme & une femme de la Guinée.

Epitre dédicatoire de l'auteur à fon oncle Jan Sandra, marchand à Am-fterdam, datée de Delft, 7 Juillet 1602 & fignée P. D. M., 3 pp. — Au verfo de la 3e page commence la préface au lecteur, datée „defen 15 April. Anno 1602. In Amftelredam." 3 pp.

Texte, 129 pages chiffrées, fuivies d'une table, 6 pp.

En tout, avec les ff. prélimin., 18 cahiers de 4 feuilles ou 8 pp., avec fignature A—S.

Planches, fur des feuilles féparées (excepté la pl. 18e) chiffrées 1—20 (le numéro 9 double), avec les infcriptions fuivantes en français ou en hollandais. (La défcription fe trouve dans le texte):

1. A. akoba. B. abaffra. C. apoñfo. (Habitants).
2. A. Brenipono. B. Batafou. C. een Tolck (Trucheman).
3. A. Melato. B. (Payfanne). C. Acatiaffa. D. Hiro.
4. Sans infcription. (Marché de Cabo Corfo).
5. Fetiffio (Adoration des fétiches).
6. A. Confokom. B. Aene. C. Confokom. (Guerriers).
7. Les fentences & exécutions.
8. La navigation avecq leurs Canos.
9. Sans infcription. (Pêcherie).
9. (b). La pefcherie de nuiét.
10. Sans infcription. (Animaux domeftiques).
11. La Chaffe des animauls.
12. Sans infcription. (Animaux fauvages).
13. „ „ (Herbes & blés).
14. „ „ (Arbres avec leurs fruits).
15. Le triumphe de la nobliffement des Gentilhommes.
16. A. Aene odifl. B. Etigafo. C. Akobahiro. (Femmes).
17. La maniere de dueil et funerailles fur les corps morts.
(18). Dans le texte, à la page 118; & fans numéro. Avec infcription: „Vrouwen hoofden in Benijn. — Mans hoofden in Benijn". (Têtes de femmes, têtes d'hommes à Benin).
19. La mangnificence du Roy de Cabo lopo gonfalves.
20. Les habitans de Cabo lopo gonfalves.

*b.* Defcription et | Recit Hiftorial | du riche Royaume d'or de | Gunéa, aultrement nommé, la cofte de l'or de Mina, gifante en certain en- | droiét d'Africque: auecq leurs foy, perfuafions commerces ou trocs coftumes | langaiges, & fituations du pais, Villes, Villages, Cabannes, & perfonnes, fes ports, | haures, & fleuues felon qu'iceulx ont efté recognuz iufques | a cefte heure. | Pareillement ung brieff deduiét du paffaige que les nauires prennent pour y naviguer, paffant au trauers des Ifles de | Canarie, Cabo verde le loing de la Cofte de Maniguette iufques au Cap des Trefpunctas ou que ladicte | cofte commence: en oultre quelque defcription auffi des riuieres quon vifite en finglant de | ladicte Cofte, vers le Cap de lopo Confalues, d'ou quon fe depart, pour retourner | de pardeca, le tout diligement & exactement defcript par l'autheur | qui par diuerfes fois y a efté. | P. D. M. | (*Planche gravée*) | A Amfterdamme. | Imprimé chez Cornille Claeffoñ demourant fur leau au liure. d'efcripture | Anno M.VIC.V. [1605]. | fol. [135].

Titre, où fe trouve répétée la planche nᵒ. 7 du texte.

Préface au lecteur, datée „Ce 15 jour du mois d'Apvril l'an 1602 en Amfterdamme."

Texte, 108 feuilles, numérotées 1—12, 12 double, 13—99, les 8 dernières fans numéros.

En tout, 14 cahiers de 4 feuilles, fignées A—O.

Les planches font au nombre de 21, comme dans l'édition hollandaife, mais font corps avec le texte.

c. Befchrijvinghe ende Hiftorifche verhael, vant Gout | Koninckrijck van Guinea, anders de Gout-cufte de Mina genaemt, leggende in het | deel van Africa, met haren gelooven, opinien, handelinghen, maniéren, talen, | ende hare gheleghentheyt van Landen, Steden, hutten, huyfen ende Perfoonen. | Mitfgaders oock een cort verhael van de paffagie die de schepen derwaerts nemen deur de Canarifche Eylanden, voorby Capo de Verde, | langs de Cufte van Manigette, tot aen Capo de Trefpunctas, voorts vande Reviéren diemen verfoect int verfeylen van de Gout-cufte, tot | aende Capo Lopo Gonfalves, daermen fijn affcheyt neemt int t' Huyfwaert feylen, alles perfect en neerftich befchreven, door P. D. M. | (*Planche gravée*) | Tot Amftelredam, by Michiel Colijn, Wonende op 't water int Huyfboeck. Anno, 1617. | 4ᵒ oblong. [136].

Titre avec la même planche que l'édition de 1602.

Texte, 104 feuilles chiffrées, y compris les planches, qui fe trouvent dans le texte. — Signat. A ij—Cc iij.

A la dernière feuille fe trouve la réclame *Hier*, indiquant, à ce qu'il paraît, que l'intention avait été de faire fuivre le journal du Vocabulaire & de la Table (*Hier na volgen* = fuivent), comme dans l'édition de 1602; mais ces additions ne fe trouvent dans aucun des exemplaires que nous avons vus.

Les planches font des copies de celles de la première édition, ou plutôt des imitations, parfois très-différentes; les n°. 15, 19 font feules des épreuves poftérieures des mêmes planches.

*d.* Befchryvinge | Van de | Goudt-Kuft | Guinea. | Als mede een Voyagie naer de felve. | Waer in den Aert des Landts, Koopmanfchap, Handeling, Gedierten, Vogelen, Viffchen, Boomen, Kruyden, Bergwerck, Mineralia of Goudt- | foecking, Nature, Geftaldt, Kleedinge, Geloove, Steeden, Huyfen, | Leven, Gewoonten, en Viffcherye der Swarten en Inwoon- | ders des felven Landts, feer duyde-lijck befchreven | worden, Door P. D. M. | (*Planche gravée*) | t' Amfterdam, | By Jooft Hartgers, Boeck-verkoper op den Dam, bezijden het Stadthuys, | op de hoeck van de Kalver-ftraet, in de Boeck-winckel, 1650. | 4°. [137].

Titre avec planche gravée où figure un nègre, affis fur un élephant qui n'eft pas plus grand qu'un âne, d'autres nègres faifant des tours impoffibles avec un crocodile, etc.

Texte, pag. 3—128. Signat. A 2—H 4. A la fin: „t'Amfterdam, | Gédruckt by Chriftoffel Cunradus ... Anno 1650."

Planches dans le texte, au nombre de cinq, de la largeur du texte. Ce font en partie des imitations des pl. 3, 5, 6, 7, 17 de l'édition originale.

Cette édition ne renferme que les pp. 1—112 de l'ouvrage original. A la fin du 50e chapitre („ende vervolghen" etc.) on a fubftitué ces mots „ende laten den Goet-gunftigen Lefer inde Befcherminge des Alderhooghften bevolen zijn." Comparez cependant le 9e chapitre de notre IVe livre.

Cet ouvrage important contient la première defcription originale en hollandais de la côte de Guinée. L'auteur, qui fe cache

fous les initiales P. D. M., mais dont le nom eſt indiqué par le
titre général de la collection de M. Colijn (voir p. 7 de notre
ouvrage), Pieter de Marees, exprime à ſon oncle, dans l'épitre dédicatoire (qui ne ſe trouve que dans l'édition hollandaiſe de 1602),
l'étonnement qu'il a éprouvé de ce qu'aucun de ſes compatriotes
n'ait oſé entreprendre ce travail, quoique les Néerlandais euſſent
déjà navigué ſur ces côtes depuis dix ou douze années. Le voyage,
auquel il prit part, fut entrepris par deux vaiſſeaux, qui quit-
tèrent la Hollande le 1ᵉʳ Novembre 1600 & y revinrent le 21
Mars 1602. Le Journal du voyage eſt très-court. L'introduction
du journal & la route des navires à la côte forment la première
partie (éd. holl., p. 1—7); mais le morceau important de l'ouvrage
eſt la ſeconde partie, contenant la deſcription de la côte de
Guinée en 50 chapitres, illuſtrée par des planches très-bien exécutées par un artiſte diſtingué, dans le genre de J. Saenredam,
ou peut-être par lui-même. Elle fournit entre autres des renſeignements remarquables concernant les aventures des Hollandais dans
ces parages. La 3ᵉ partie (pp. 113—124) contient le récit de la
marche des navires au Cap Lopo Gonſalves; une deſcription de
Benin, par un certain D. R.; la ſuite du journal; une deſcription de Rio de Gabom & du Cap Lopo Gonſalves, & la
fin du journal. Les pp. 125—129 ſe compoſent d'un Vocabulaire guinéen-hollandais, ſuivi (pp. 130—135) d'une table de
l'ouvrage.

L'édition françaiſe contient la même choſe que l'édition originale, excepté l'épitre dédicatoire.

A l'édition de 1617, il manque, comme nous avons vu,
le Vocabulaire & la table; celle de 1650 eſt encore plus incomplète.

Dès l'année 1603 il parut, par les ſoins des frères De Bry à
Francfort, une édition allemande de l'ouvrage, traduite par
Gotthardt Artus. La préface de l'auteur y eſt remplacée par
une préface de l'éditeur allemand, datée de Francfort, 1ᵉʳ Avril
1603. En 1604, le même Artus traduiſit l'ouvrage *de l'allemand*,
comme le titre l'indique, en latin; & c'eſt cette édition latine,
qui ſe trouve dans la collection des De Bry avec les mêmes

planches que l'édition allemande. Quant au travail de Artus,
M. Camus a déjà fignalé les fuppreffions & les changements qu'on
f'eft permis de faire fubir au journal primitif, ainfi que les fautes
qu'on découvre en comparant la traduction d'Artus avec l'édition
françaife de 1605. (1) Nous ajoutons à ces remarques que les
chapitres 32 & 33 de l'original, qui traitent des animaux du
pays, ont été entièrement omis par l'éditeur allemand. Les planches des De Bry font pour la plupart des copies des gravures
hollandaifes. Pl. I—XIV des De Bry correfpondent avec pl. 1—9
(a & b), 10—13 de l'édition hollandaife; mais les pl. VIII &
XIV en diffèrent beaucoup; XVI—XX (De Bry) = 15—17;
19, 20 éd. holl.; XXVI = 18 éd. holl. Les planches XV &
XXI—XXV des De Bry ne fe trouvent pas dans l'ouvrage hollandais, mais à fon tour De Bry a omis la planche 14 du dernier
(M. Camus nomme par mégarde les pl. 14 & 15).

Le Vocabulaire fe trouve bien dans l'édition allemande des
De Bry, mais pas dans l'édition latine. Il manque cependant
dans l'édition allemande de Levinus Hulfius, qui parut quelques
femaines après celle des De Bry. La dédicace de l'édition de
1603 eft datée du 18 Mai. Nous avons fous les yeux une édition poftérieure de Hulfius, de 1624. Ce n'eft qu'une réimpreffion
corrigée de la traduction de Artus; il paraît donc que celle-ci
a fervi pour les deux éditions allemandes. Les planches de Hulfius font des imitations faibles & incomplètes de celles des De

(1) Ce que M. Camus (Mémoire, p. 222) nomme férieufement un „détail" qui fe trouve dans l'édition latine & manque dans la defcription
françaife (& hollandaife), n'eft autre chofe qu'une bévue de l'éditeur allemand. Artus, induit en erreur par le mot „aengaen", dans cette phrafe
de l'original: „die den overleden Coninck int minfte fal hebben beftaen of
aengegaen", a cru qu'il s'agiffait d'actes d'hoftilité, tandis que ce mot fignifie
fimplement être en relation avec quelqu'un. La même erreur fe retrouve
dans l'édition allemande de Artus, & par conféquent auffi dans l'édition de
Hulfius; d'où M. Afher (Effay on Hulfius, p. 51) tire la fingulière confé-
quence que l'édition françaife, parce que des informations de ce genre y
font défaut, eft inférieure à celle de Hulfius & doit avoir été „beaucoup
abrégée".

Bry: N°. 1 de XXVI; 2 de I, II; 3 de III, XVII; 3½ (ſic) de VIII; 4 de IV; 5 A de V; 5 de XV; 6 de VI; 7 de VII; 9 de IX, X; 11, 13 (*une planche*) de XI & XIII; 14, 16 de XIV, XVI; 17 de XVIII; planche ſans N°. de XXII; Ile S. Thomas de XXV; 18 de XXIV; 19 & 20 (*une planche*) de XIX & XX. En tout, 18 planches & une carte de l'Afrique.

---

### 6. VOYAGE VERS L'ORIENT DE JORIS VAN SPILBERGEN.

(De Bry, Petits Voyages, Tome VII 1ᵉ partie 1606; Camus, Mémoire, p. 224).

*a.* t' Hiſtoriael Journael, van tghene ghepaſſeert | is van weghen dry Schepen, ghenaemt den Ram, Schaep ende het Lam, ghe- | varen wt Zeelandt vander Stadt Camp-Vere naer d'Ooſt-Indien, onder t' beleyt | van Ioris van Spilberghen, Generael, Anno 1601. [*Delff, Floris Baltha-zar*] 4° oblong. [138].

(*Journal hiſtorique des aventures de trois vaiſſeaux, nommés Le Bélier, La Brebis & L'Agneau, partis de Zélande, de la ville de Camp-Vere, pour les Indes Orientales, ſous le commandement de Joris van Spilbergen*).

Ce titre ſe trouve en tête de la première page du texte, pré-cédée de deux planches. L'une donne les portraits en pied du Roi de Candy & de Spilberghen, avec deux lignes d'inſcription en hollandais, imprimées au deſſus de la planche („Den Coninck van Candy" etc.); l'autre repréſente des deux côtés une eſ-carboucle avec l'inſcription „Maximus hic eſt carbunculus ſeu pyropus", & un blaſon avec la ſouſcription „Speilbergius." Au milieu de la planche on lit: „Hoc diarium excudi curavit una cum typis aeneis Flor. Balthas. F. Scultor Delph." — A droite

de cette planche (& non à gauche, comme dans les éditions
fuivantes) fe trouve cette indication : „Dit is eenen grooten
Carbonckel oft Rubijn | byden generael Speilberghen mede wt |
Celon ghebracht" (ceci eft un rubis de grandeur extraordinaire,
que le général Spilberghen a apporté de Ceylan); & enfuite le
fonnet commençant „Want vremde reijfen"; — mais on n'y lit
ni les mots „Het Journael," etc., ni l'adreffe de l'éditeur comme
dans *b.* Le verfo de la planche eft refté vide; elle eft immédia-
lement fuivie par le texte. L'épitre dédicatoire & l'indication
des planches manquent ainfi dans ce premier tirage. Du refte, il
eft abfolument conforme à l'édition fuivante.

*b.* Het Journael van Joris | van Speilberghen. | Defe af-
beeldinge is vande grootte vanden | grooten Carbonckel oft
Rubyn, by Speil- | berghen mede wt Celon ghebracht. |
Sonet. | Want vremde (*etc.*) . . . . . . | Defe journalē met 14
platen oft afbeeldingen welge- | fneden heeft geordineert
eñ tzijnen coften doen druc- | ken Floris Balthazar, inde
Nobel inde Choor- | ftraet tot Delff, alwaermen de felve
te | coope vint. 1605. [*A droite la planche à l'efcarboucle*]
4° oblong. [139].

*(Journal de Joris van Speilbergen. Cette image a les mêmes dimenfions
que la grande efcarboucle apportée par Spilberghen de Ceylan. — Sonnet. —
Ces journaux, avec leurs belles planches, au nombre de 14, ont été revus
par Floris Balthafar & imprimés à fes frais).*

Portraits du Roi de Candy & de Spilbergen (*planche a*).

Titre. A droite, la planche à l'efcarboucle (*b*).

Epitre dédicatoire aux Etats-Généraux, datée de Delft, 3 Mars 1605 et
fignée *Flor. Balthas Delf.* Cette épitre, commence au verfo du titre, &
eft fuivie, à la feuille III a, de l'Ordre des planches, où l'on a joint
quelques *errata*, corrigés dans l'édition de 1605.

Planche (*c*) repréfentant le départ des vaiffeaux de Vere.

Texte du Journal, 69 pag. Signature A—Iij. — Les pp. 68, 69 (non
chiffrées) contiennent la table.

Planches, fur des feuilles féparées.

*d.* Puorto Dale & Refrifco. — Dedié a Simon Parduyn, bourgmeftre
de Middelbourg; avec fes armes.

*e.* Africae pars (Carte du Cap de Bonne-Efpérance). — Dédiée à Jacques de Malderée, premier noble, & à Guill. Haultain, amiral de Zélande, avec leurs armes.

*f.* Anabon. — Avec les armes de Balth. Moucheron.

*g.* Zelon. — Carte, fur une feuille double. Dédiée aux Etats de Zélande & au Prince Maurice. Avec les armes de Zélande & de la maifon d'Orange.

*h.* Maticalo. — Entrée de Spilbergen dans cette ville.

*i.* Vintana. — Proceffion dans cette ville, etc.

*k.* De Stadt Kandy gelegen int eilant van Celon. — Grande planche, pliée en quatre. Avec defcription imprimée au verfo, en regard du texte.

*l.* De Plaet (fic) voor Maertekalo. — Rade de Maticalo. Prife d'un vaiffeau portugais.

*m.* Dit is den Godt vanden Coninck van Matecaloo, etc. — Anneau du Roi de Maticalo. Au deffous, un sonnet imprimé.

*n.* De Kraeck van Ste Thomo (fic). — Prife d'une caraque portugaife par les Hollandais & les Anglais.

*o.* d'Wapen ende Cachet van den Coninck van Celon. — Au deffous, un fonnet imprimé.

Les planches *a—i, l* & *n* portent une defcription imprimée au deffous de la gravure. Le titre, mentionné par nous, fe trouve à l'intérieur de la planche. Les planches *m* & *o* ont une bordure, un titre & un fonnet imprimé.

*c.* Het Journael (*etc., comme le précédent; feulement, le texte compte* 71 *pages*) 4° oblong. [140].

Troifième tirage de cette première édition, en tout conforme au fecond, excepté qu'on a ajouté à la fin de l'ouvrage deux chanfons (Liedeken), imprimées en 3 colonnes, aux pp. 70 71 (non chiffrées), fignées „Waerom ghequelt."

*d.* tHiftoriael Journael, van tghene ghepaffeert is | van weghen drie fchepen, ghenaemt den Ram, Schaep ende t' Lam, ghevaren wt | Zeelant van der ftadt Camp-Vere, naer d'Ooft-Indien, onder tbeleyt van Ioris van Speilberghen | Generael, Anno 1601. den 5. Mey, tot in t'Eylant Celon, vervatende veel fchoone gefchiedeniffen, die | by haer op defe reyfe ghefchiedt zijn, inden tijdt van twee

Jaer elff | maenden, neghenthien daghen. | Defe Hiftorie is verciert met feventhien welghefneden platen van root coper, daer in ghefigureert zijn Eylanden, Steden, | Kuften, Havens, ghevechten op verfcheyden plaetfen, met meer ander afbeeldinghen, als mede een heerlijcke | befchrijvinghe van ander landen, feer profijtelijck voor de Zeevarende man. | (*Planche gravée*) | Defe Journalen met alle de platen heeft doen fnijden ende drucken tzijnen koften Floris Balthafars Plaet-fnijder | woonende inde Choor-ftraet tot Delff, Anno 1605. | 4° oblong. [141].

(*Journal hiftorique des aventures de trois vaiffeaux, nommés le Bélier, la Brebis & l'Agneau, partis de Zélande, de la ville de Camp-Vere, pour les Indes Orientales, jufqu'à l'ile de Ceylan, fous le commandement de Joris van Speilberghen, général, le 5 Mai 1601, contenant plufieurs chofes remarquables qui leur font arrivées durant les deux années, onze mois & dix-neuf jours qu'a duré le voyage. Cette hiftoire eft ornée de 17 planches en taille-douce, repréfentant des îles, villes, côtes, ports, batailles en divers endroits etc. .... gravées par Floris Balthafar*).

Titre avec planche gravée, repréfentant une femme indienne, affife fur le rivage & entourée de marchandifes. Cette planche eft indiquée dans l'ordre des pl. comme „het fpiegel."

Epitre dédicatoire, comme dans les éditions *b*, *c*, commençant au verfo du titre, & fuivie de l'ordre des planches, finiffant f. II b.

Portraits du Roi de Candy & de Spilbergen.

Planche à l'efcarboucle; à gauche, le fonnet & l'infcription „Defe afbeeldinghe is vande grootte" etc., mais fans le titre du journal & fans l'adreffe de l'éditeur.

Planche du départ des vaiffeaux de Vere.

Texte, 72 pag. La table commence p. 69, les fonnets p. 71.

Planches fur des feuilles féparées, comme dans l'édition précédente.

Dans l'ordre des planches on trouve cette indication: „Fol. 17. Hier falmen ftellen de plaet van Saffala". Cette planche ne fe trouve cependant ni dans les exemplaires que nous avons vus de cette édition, ni dans l'édition fuivante.

A la fin (pag. 67), on trouve un plan de Middelbourg, avec le retour des vaiffeaux.

Ce livre contient donc en tout (IV) & 72 pp. de texte, avec une nouvelle planche au titre, & 15 planches fur des feuilles imprimées.

Réimpreſſion textuelle, mais corrigée, de la première édition, avec quelques additions dans l'Ordre des planches.

*e.* t' Hiſtoriael Journael, van tghene ghepaſſeert is | van weghen drie Schepen (*etc.*, *comme le précédent*) . . . . t' Amſterdam, | By Michiel Colijn Boeck-vercooper opt Water, int Huyſboeck aen de Cooren-Marct. 1617. | 4° oblong. [142].

Titre, avec la même planche que *d.* Au verſo, la planche du départ des vaiſſeaux de Vere.

Texte imprimé en 2 colonnes, y compris le titre & les planches *d—f*, *h—i*, *l—o*, qui font imprimées au verſo, 42 feuilles (2—41) chiffrées. Les ff. 9 (chiffrée 6), 10, 11, 12 (chiffrées 12, 11, 10) font mal imprimées. Le verſo de 9 ſe trouve au verſo de 11; réciproquement, 10 recto ſe trouve au verſo, etc.

Planches ſéparées, ſans texte au verſo, *g* & *k* de la 1e édition.

Réimpreſſion textuelle du Journal, mais ſans l'épitre dédicatoire, ſans l'ordre des planches, ſans les chanſons à la fin, & ſans les planches *a*, *b*, & le plan de Middelbourg. Au lieu de 17 planches, comme le titre l'annonce, cette édition n'en contient que 13, celle du titre compriſe.

*f.* 't Hiſtoriael Journael, van de Voyagie ghe- | daen met drie Schepen, ghenaemt den Ram, Schaep, ende het Lam, ghevaren | uyt Zeelandt, van der Stadt Camp-Vere, naer d' Ooſt-Indien, onder 't beleyt van den | Heer Admirael Joris van Spilbergen, gedaen in de Jaren 1601, 1602, 1603 ende 1604.

Dans *Begin ende Voortgang*, Vol. I. Sans titre ſéparé.

Imprimé en 2 colonnes. Texte 62 pages. Signature AAAA—HHHH. 3.

Les planches, fur des feuilles ſéparées & dont la deſcription ſe trouve dans le texte, font numérotées 1—10. Les nos. 1, 2, 6, 9 font des copies renverſées de *d*, *e*, *k* & *g* de l'original; les nos. 3, 4, 5, 7, 8 (double) & 10 font des épreuves poſtérieures de *f*, *h*, *i*, *l*, *m* & *o*, *n*.

Réimpreffion textuelle du précédent; au lieu de la table, on a ajouté ici à la fin (pag. 58—62) une defcription de l'île de Java, tirée de l'Hiftoire d'Amfterdam de Pontanus, & copiée de l'édition hollandaife, pag. 209—11, avec quelques additions infignifiantes.

*g.* Hiftoris Journael | Van de | Voyage | Gedaen met 3 Schepen uyt Zeelant naer d' Ooft-In- | dien onder het beleyt van den Commandeur Joris van Spil- | bergen, fijn eerfte Reyfe. In den jare 1601. 1602. 1603. 1604. | Als meede | Befchryvinge vande Tweede Voyage ghedaen | met 12 Schepen na d'Ooft-Indiën onder den Admirael | Steven van-der Hagen. | (*Gravure fur bois*) | t'Amfterdam, | Voor Jooft Hartgers Boeck-verkooper inde Gaft-huys-fteegh | bezijden het Stadt-huys. 1648. | 4°. [143].

Titre imprimé avec la planche des vaiffeaux.
Planche double, divifée en 6 compartiments, dont les 2 premiers appartiennent au Voyage de Spilberghen. La 1e repréfente le combat de *Puorto Dale;* la 2e eft une copie réduite de la planche *h* de l'original.
Texte, 96 pages (avec le titre), dont 3—61 contiennent le Voyage de Spilbergen. Signature ****2—****F. 4.
Comparez, pour le fecond voyage de Van der Hagen, notre chap. B 9.

Réimpreffion textuelle du précédent, avec l'extrait de Pontanus.

*h.* Hiftoris Journael | Van de | Voyagie | Gedaen met 3 Schepen uyt Zeelandt | Naer | d' Ooft-Indien, | Onder 't beleydt van den Commandeur Joris van | Spilberghen, fijn eerfte Reyfe. Inde Jaren 1601. | 1602. 1603. 1604. | Hier is achter by gevoeght de Befchrijvinge van het Eylandt | Java. | (*Figure de vaiffeaux*) | t'Amfterdam, | Voor Jooft Hartgers, Boeck-verkooper op den Dam, bezijden | het Stadt-huys. Anno 1652. | 4° [144].

Contenant (avec le titre) 62 pp. Signat. ****A 2—[****] D. 4.

Les 2 petites planches font inférées dans le texte, plus une troifième (pag. 27) qui appartient au Journal de Van der Hagen.

Réimpreffion du précédent, fans le Voyage de Van der Hagen.

*i*. Journael van de Voyagie | Gedaen met drie Schepen, uyt Zeelandt, | Naer | Ooft-Indien, | Onder het beleydt van den Commandeur | Joris van Spilbergen, | Zijn eerfte Reyfe, uytghevaren in den | Jare 1601. 1602. 1603. en 1604. | (*Figure de vaiffeaux*). | t' Amfterdam, Gedruckt | By Gillis Jooften Saeghman, in de Nieuwe-ftraet, | Ordinaris Drucker van de Journalen ter Zee, ende Landt-Reyfen. | [*Vers* 1663] 4°. [145].

Titre imprimé. Au verfo, la même figure en bois que dans les Voyages de Houtman & Van Neck, & au deffous une épigramme de 6 lignes en l'honneur de Spilbergen.

Texte, en 2 colonnes, avec pagination 3—56. Signat. A 2—G 3.

Planches dans le texte, au nombre de 6, dont deux tirées de Hartgers: encore, l'une des deux appartient au Voyage de Van der Hagen. Les autres font des gravures fur bois indifférentes.

Réimpreffion du précédent, fans la defcription de Java de Pontanus, mais avec d'autres additions infignifiantes aux pp. 55, 56.

———

Le Journal du Voyage de Spilbergen eft furtout intéreffant à caufe du récit circonftancié du féjour des Hollandais à Ceylan. Il y a là plufieurs particularités fur la réception amicale de l'amiral hollandais par le roi de Candy, fur la cour & l'hiftoire du règne de ce monarque, & fur les mœurs & coutumes des habitants de l'île. L'auteur du journal, dont le nom nous eft refté inconnu, fe trouva à bord du nàvire de l'Amiral, *het Schaep* (la Brebis) (1). Il était membre du Confeil général.

———

(1) M. de Jonge (ouvr. cité, II 272) femble s'être trompé en nommant le navire de l'amiral: *het Ram* & celui du vice-amiral: *het Schaep*. Le contraire eft affirmé dans le journal même.

Peut-être avons-nous à l'identifier avec le miniftre proteftant qui accompagna l'expédition en qualité d'aumônier. Nous favons par l'épitre dédicatoire du fecond voyage de Spilbergen (voir page 64, 70), que l'amiral approuva l'ouvrage & le fit publier. Le livre eft écrit dans un efprit calvinifte, & l'auteur fe permet dans plufieurs endroits des forties contre les catholiques. C'eft probablement pour cette raifon que le journal ne fut traduit en français qu'en 1703.

Dès 1605, il en parut à Francfort, par les foins des De Bry, une traduction allemande, de la main de Gotthardt Artus. L'année fuivante les De Bry en donnèrent une édition latine, due au même traducteur. M. Camus, en comparant cette verfion avec l'édition françaife du journal, dans le *Reçueil des Voyages* (1703), a fuffifamment démontré que c'eft une narration abrégée & tronquée dans plufieurs endroits. L'éditeur français paraît avoir fuivi fidèlement le fens de l'original. Les mots latins *coquus* & *reftiarius* (cités par M. Camus, page 228) fignifient cuifinier (*kok*) & trévier (*zeylmaker*). Les particularités qu'Artus raconte, au fujet des coupes offertes à l'interprète du roi de Malaly, ont été inventées par lui.

Les planches des De Bry font des copies fidèles des gravures originales de Floris Balthafar. Dans l'édition allemande, il fe trouve au deffous de la préface une planche avec l'efcarboucle (pl. *b* de l'original), mais fans les armes de Spilbergen. Cette planche manque dans le texte latin. Du refte les planches I—XII de la 7e partie de De Bry correfpondent de la manière fuivante aux planches de l'original :

| | |
|---|---|
| I—IV = *c—f*. | IX (pl. double) = *g*. |
| V, VI = *h, i* (1). | X = *a*. |
| VII = *l*. | XI = *m, o*. |
| VIII (pl. double) = *k*. | XII = *n*. |

(1) Dans ces deux planches, l'infcription hollandaife : „'T Paleis vanden Coninc" (le Palais du Roi) a été confervée. „Serait-ce le nom du graveur ?" demande M. Camus, peu verfé dans cet idiome.

## 7. SECOND VOYAGE VERS L'ORIENT, SOUS JACOB VAN NECK.

(De Bry, Petits Voyages, Tome VIII 1<sup>e</sup>, 3<sup>e</sup> partie 1607; Camus, Mémoire, p. 235, 242).

*a.* Kort ende waerachtigh verhael van de tweede | Schip-vaerd by de Hollanders op Ooft-Indien gedaen, | onder den Heer Admirael Iacob van Neck, getogen uyt het Jour- | nael van Roelof Roeloffz, vermaender op 't Schip Amſter- | dam, ende doorgaens uyt andere Schrijvers vermeerdert.

*(Récit ſuccinct & véritable du ſecond voyage fait par les Hollandais aux Indes Orientales ſous le commandement de l'amiral Jacques van Neck, tiré du journal de Roelof Roeloffz, aumônier à bord du vaiſſeau „Amſterdam" & augmenté de particularités tirées d'autres ouvrages).*

Dans *Begin ende Voortgang*, Vol. I. Sans titre ſéparé. Imprimé en 2 colonnes. Texte 51 pages. Signature A—G.

Les pp. 1—27 contiennent le Journal du Voyage de Van Neck, avec des inſertions dont nous parlerons ci-après; les pp. 27—32, un petit journal du voyage de quelques vaiſſeaux de la même flotte, d'abord placés ſous le commandement du vice-amiral Cornélis van Foreeſt, enſuite ſous celui de Gaſpar Groeſbergen. („Volght de Beſchryvinghe van de drie reſterende Schepen, Dort, Haerlem ende Leyden, behoorende onder 't Admiraelſchap van Jacob van Neck... ende den 12 October ontrent Annobon naer voorgaende reſolutie van den anderen gheſcheyden"); les pp. 32—51, des diſſertations ſur la navigation & le commerce aux Indes Orientales, en Chine etc., tirées de différentes ſources, principalement d'auteurs portugais. („Tot vermaeck ende nuttigheydt dienende, zijn hier achter ghevoeght eenige Diſcourſſen ofte verhalen, den Zeevaert, ende voornementlijcke den Ooſt-Indicen, ſoo in 't generael als beſonder betreffende: te ſamen ghebracht uyt verſcheyde ſoo Portugeſche als andere oude ende nieuwe ſchrijvers"). Nous revenons ſur une de ces additions.

Planches, ſur des feuilles ſéparées, indiquées dans le texte.

*a.* (N°. 1). Banquet chez le Roi de Patana.
*b.* Vue de Patana. Cette planche manque dans tous les exemplaires que nous avons vus.
*c.* (N°. 2). Promenade de la Reine de Patana & ſa ſuite, ſur de petits éléphants.
*d.* (N°. 3). Punition des fornicateurs à Patana.
*e.* (N°. 4). Combat d'éléphants.

*b.* Kort ende waerachtig verhael van de twee- | de Schip-
vaert *etc.* (*tout comme le précédent*).

Ajouté au journal d'Olivier van Noort, „'t Amftelredam, voor Jooft
Hartgers .... 1648" (voir page 34), & occupant les pp. 59—88 de cet
ouvrage.

La planche au commencement de l'ouvrage a été deffinée d'après les pl.
*a*, *c*, *d*, *e* de l'édition précédente.

Réimpreffion de l'édition précédente avec les infertions, mais
fans les difcours fur la navigation & le commerce.

*c.* Kort ende waerachtig verhael van de twee- | de Schip-
vaert *etc.* (*tout comme le précédent*).

Ajouté au journal d'Olivier van Noort, édition de Hartgers de 1650,
pp. 57—88.
Les 4 différentes vues, compofant la planche de l'édition précédente,
font ici inférées dans le texte.

Réimpreffion du précédent.

*d.* Journael | Van de | Tweede Reys, | Gedaen by den
Heer Admirael | Jacob van Neck, | Naer | Ooft-Indien, |
Met fes Scheepen in den Jare 1600. | Verhalende al 't ge-
dénckwaerdighfte dat haer op de Reyfe | is voor gevallen,
als mede de vreemdicheydt van Menfchen, Beeften, | en
Vogels, van de Landen daer zy gheweeft zijn. | (*Planche
repréfentant des vaiffeaux*) | t' Amfterdam, Gedruckt | By
Gillis Jooften Saeghman, in de Nieuwe-ftraet, | Ordinaris
Drucker van de Journalen ter Zee, ende Landt-Reyfen. |
[*Vers* 1663] 4°. [146].

Titre avec la gravure en bois & la Renommée au verfo, avec une épigramme de 6 lignes.
Texte, imprimé en 2 colonnes. Avec le titre: 32 pag.
Planches dans le texte, au nombre de 6, dont 4 font des épreuves poftérieures de celles de l'édition précédente; les deux autres font des gravures
en bois indifférentes.

Réimpreffion de l'édition précédente, avec les infertions, qui ne font cependant pas féparées du texte & qui ont été dans quelques endroits un peu abrégées. La feconde petite infertion eft omife.

---

Il paraît qu'il n'exifte aucune édition hollandaife de ce journal, antérieure à celle que donne le recueil *Begin ende Voortgang*. Au moins n'en avons-nous trouvé aucun veftige. L'édition de 1619, mentionnée par Camus (Mémoire, p. 236), fe rapporte au *premier* voyage de Van Neck (voir chap. II B. 4). Elle n'appartient donc pas à celui-ci.

La flotte hollandaife, partie de Texel le 28 Juin 1600 (& non 1691; voir Camus, p. 237), fe divifa auprès de l'île Annobon; une partie, fous les ordres de l'amiral Van Neck, fe dirigea directement vers Bantam, y arriva le 29 Mars 1601, & vifita enfuite les Molucques, Macao, Patane, etc. Elle revint dans les Pays-Bas le 15 Juillet 1603 (l'édition hollandaife dit par mégarde 1604). Le journal de Roelof Roeloffz, aumônier à bord du vaiffeau de l'amiral, fe rapporte à cette première partie de la flotte.

L'autre divifion, fous les ordres de Cornelis van Foreeft, arriva à Bantam, le 9 Aout 1601. De là Foreeft retourna en Hollande avec fon vaiffeau *Dordrecht*, tandis que les deux autres navires, fous le commandement de Gafpar Groefbergen, furent envoyés vers Cambodge, la Cochinchine etc., & revinrent à Bantam le 27 Janvier 1604. Un journal fommaire de cette expédition eft ajouté au journal de Roeloffz. Dans l'édition latine des De Bry, ce récit eft attribué à Cornelis Claefz, maître d'équipage fur le vaiffeau *Harlem*. Cette affertion eft probablement fondée.

Dans le journal hollandais de Roeloffz fe trouvent, comme nous l'avons déjà remarqué, quelques infertions. La première, de 26 lignes, concerne les îles de Célèbes & de Gilolo (pag. 5); la feconde n'eft qu'un renvoi au journal de Matelief pour ce qui concerne la ville de Macao; la troifième ne contient qu'un feul

renfeignement; la quatrième au contraire (pp. 16—25 de l'édition
*Begin ende V.*) eft très-remarquable. Elle contient des particularités intéreffantes concernant Patane, Siam, Malacca, tirées
de communications manufcrites de l'année 1616, de la main du
commis Victor Sprinckel, envoyé par Matelief à Patane en 1607,
& depuis chef du commerce dans ces contrées. L'éditeur hollandais y a joint quelques détails, tirés du récit de Gotthardt
Artus, de l'itinéraire de Fernan Mendez Pinto & de celui de
Linfchoten.

Parmi les additions à cette partie du recueil de Commelin, il
f'en trouve une qui n'eft pas fans importance. Elle eft intitulée: „Cinq manières différentes de fe rendre en Cathay par voie
de mer, dont deux font connues, les trois autres feulement par
conjecture". Les routes inconnues font celles du nord-oueft, du
nord-eft, & du paffage à travers le pôle du nord. Ce difcours
eft traduit de l'ouvrage anglais de William Bourne intitulé: „A
regiment for the fea, containing very neceffary matters for all
fort of feamen and travellers... Newly corrected and amended
by the author. Whereunto is added a hidrographicall difcourfe
to go unto Cattay five feverall wayes", London 1584 in 4°.
Nous n'en connaiffons pas de traduction hollandaife antérieure a
celle de Commelin. Il eft cependant probable qu'il en exifte.

Le récit de Artus dont nous avons parlé tantôt fe trouve dans
la 8ᵉ partie de la collection des Petits Voyages des De Bry,
publiée en allemand en 1606, en latin en 1607. Les éditeurs
racontent dans la préface de l'édition allemande que les récits leur
avaient été envoyés de la Hollande par un patron bienveillant,
qui les tranfcrivit de fa propre main d'après le MS. original.
Il eft très-probable que le même journal a fervi auffi bien pour
l'édition des De Bry que pour le recueil hollandais, mais on rencontre dans l'un & l'autre plufieurs particularités différentes. Le
journal hollandais offre plus d'intérêt, à caufe des additions poftérieures qu'on y a faites, & il nous paraît évident que Artus a
ajouté à fon récit des détails qui n'appartiennent pas directement
au texte en queftion. On trouve pourtant chez lui quelques particularités qu'on chercherait en vain dans l'édition hollandaife.

Le petit journal de Cornelis Claefz (4 pp.), également dans la 8ᵉ partie des De Bry, eſt le même qu'on a imprimé dans le recueil hollandais à la ſuite du journal de Roeloffz. Il paraît que Commelin l'a tiré de Artus.

Nous remarquons encore qu'il ſe trouve dans le 8ᵉ tome des De Bry une préface „de cauſis quibus invitati Hollandi naviga- tiones haſce ſuſceperunt, & Hiſpanis ſeſe Luſitaniſque in regio- nibus illis tam longinquis oppoſuerunt, ſcripta à B. P. B. M. D." (7 pp.). Dans l'édition allemande cette préface eſt ajoutée à l'appendice du 8ᵉ tome, où ſe trouve auſſi le journal de Corn. Claefz; elle eſt répétée au commencement de la 13ᵉ partie de la même collection. Voir notre chap. B 12.

Peut-être les initiales B. P. B. M. D. ſont-elles celles de Bernardus Paludanus, Med. Doctor. Nous renvoyons ſur Paludanus à notre article concernant les voyages de Linſchoten.

Les planches de cette partie de la collection des De Bry nous ſemblent être purement le fruit de l'imagination des éditeurs. Les pl. I, III, IV, V ſont imitées dans les éditions hollandaiſes (a, c—e). La vue de Patane, promiſe par l'éditeur hollandais, n'eſt pas donnée par De Bry; la pl. III, une pêcherie des habitants de Ternate, eſt copiée de l'ouvrage de Pontanus (voir ci-deſſus page 131); les pl. VI—X n'appartiennent pas à ce journal-ci.

XI. Arrivée des Hollandais à Patane.

XII. Ville de Macao (nommée *Amacao*).

XIII (répétée XVIII). Combat naval devant Tidore. (XIV—XVI. Appartiennent à un autre journal).

XVII. Arrivée des Hollandais & du roi de Ternate à Tidore.

Dans la 8ᵉ partie de la collection allemande de Hulſius on ne trouve que quelques nouvelles concernant le ſecond voyage de Van Neck.

8. VOYAGE VERS L'ORIENT SOUS LES ORDRES DE WYBRAND
VAN WARWIJCK ET SEBALD DE WEERT.

(De Bry, Petits Voyages, Tome VIII 2°, 4ᵉ partie. 1607;
Camus, Mémoire, p. 239).

*a.* Hiſtoriſche Verhael, | Vande Reyſe gedaen inde Ooſt-
Indien, met 15 Sche- | pen voor Reeckeninghe vande ver-
eenichde Ghe- | octroyeerde Ooſt-Indiſche Compagnie: |
Onder het beleydt van den Vroomen ende Manhaften Wy-
brandt van Waerwijck, | als Admirael, ende Sebaldt de
Weert, als Vice-Admirael. | Wt de Nederlanden ghevaeren
in den Iare 1602.

*(Récit hiſtorique du voyage fait aux Indes Orientales, avec 15 vaiſſeaux, aux
frais de la Compagnie réunie des I. O. & ſous le commandement du pieux
& vaillant Wybrandt van Waerwijck comme amiral, & Sebaldt de Weert
comme vice-amiral, partis des Pays-Bas en 1602).*

Dans *Begin ende Voortgang*, Vol. I. Sans titre ſéparé.
Imprimé en 2 colonnes. Texte 88 pages. Signat. AAAAA—LLLLL 3.
Planches, ſur des feuilles ſéparées, indiquées dans le texte.
*a.* N°. 1. Carte de l'île S. Thomé, tirée de quelque atlas.
*b.* N°. 2. Attaque de l'île d'Annabon.
*c.* N°. 3. Juſtice criminelle à Achin.
*d.* N°. 4. Le Roi de Maticalo reçoit le vice-amiral De Weert. Tours
de force d'un jongleur.
*e.* N°. 5. Maſſacre de De Weert.
*f.* N°. 6. Le Prince d'Achin entouré de ſes amazones reçoit les Hollandais.

Nous ne connaiſſons aucune édition hollandaiſe antérieure de
ce journal détaillé & important. Il ne fut réimprimé ni dans
la collection de Hartgers, ni dans celle de Saegman.

———

La flotte placée ſous le commandement de Wybrand van Warwijck, la première qui fut équipée par la Compagnie Générale
des I. O., ſe compoſait de 15 navires, dont trois partirent quel-

que temps avant les autres (le 31 Mars 1602), fous les ordres du vice-amiral Sebald de Weert. L'amiral effectua fon départ avec les autres navires le 17 Juin 1602. Quand il eut paffé le Cap de Bonne-Efpérance il envoya trois de fes navires vers Achin (île de Sumatra) pour fe rallier à l'efcadre de De Weert; ce dernier avait déjà vifité l'île de Ceylan & il y retourna avec les vaif-feaux qu'il trouva à Achin, le 3 Avril 1603. On fait qu'il fut maffacré par le roi de Candi. Son fucceffeur, Jacob Pieterfz, retourna le 9 Août à Achin, remporta en Octobre une victoire fur les Portugais devant Djohor, vifita depuis Patane, Bantam, & retourna dans fon pays le 24 Avril 1604.

L'amiral Warwijck, arrivé à Bantam le 29 Avril 1603, y fonda le premier comptoir hollandais aux Indes; il vifita Djohor, Pa-tane, la Chine & quitta ces parages en Février 1606; il ne revint en Hollande qu'en Juin 1607.

L'expédition fe divifa donc en plufieurs parties dont les jour-naux font réunis dans le récit hollandais. Nous accompagnons l'amiral, jufqu'au moment où les trois vaiffeaux prennent congé de lui pour fe porter à Achin (pag. 1—6); nous fuivons ces vaiffeaux dans leur voyage avec De Weert & fon fucceffeur, jufqu'à leur retour, en Novembre 1604 (pag. 6—52); puis, nous retrouvons l'amiral fur la côte d'Afrique & nous l'accompagnons jufqu'à la fin de fon voyage, en Juin 1607 (pag. 53—88).

Le journal de Warwijck, par les pièces officielles qu'on y trouve inférées, par des lettres de l'amiral, des ordonnances & inftructions pour le comptoir de Bantam etc., porte tous les caractères de l'authenticité.

Le journal de l'expédition commandée par De Weert & Pie-terfz (pp. 6—52) eft un récit remarquable, écrit par un certain Jan Harmenfz Bree, commis fur un des trois navires qui furent détachés de la flotte (Hollantfe Tuyn); l'auteur mourut vers la fin du voyage, de forte que fon journal fut achevé par quelqu'un d'autre. C'eft le même récit qui fe trouve dans la 8e partie des Petits Voyages. L'auteur eft nommé dans l'édition allemande: „Johann Herman von Bree, aufz dem Lande von Luyk burtig, oberfte Handelfman auff d. Schiff d. Holl. Zaun".

Le récit de Van Bree, publié dans la collection des De Bry, diffère en quelques endroits du récit hollandais. Quant au dernier, il est évident que Commelin l'a traduit en grande partie fur le texte allemand; car il contient les mêmes inexactitudes. Un des vaisseaux de De Weert, par exemple, nommé *der Goes*, d'après la ville de ce nom en Zélande, s'appelle chez Artus *die Ganfz* (l'Oie); or, l'édition hollandaise du journal de Van Bree parle aussi de l'*Oie*, quoique dans les autres parties de l'ouvrage, qui n'ont pas été traduites de l'allemand, le vaisseau porte fon vrai nom. Du reste, quoique l'édition hollandaise ait quelques insertions (entre autres la description de Madère, p. 2; de S. Thomé, p. 3; la commission de Séb. de Weert, p. 12) qui ne se trouvent pas dans l'allemand ni dans le latin, l'édition de Artus est cependant plus détaillée. C'est ainsi qu'il donne une courte description de Ceylan, que l'éditeur hollandais a omise, en renvoyant au journal de Spilbergen. Le renvoi au journal de Van Neck se trouve dans l'édition allemande aussi bien que dans l'édition hollandaise. Le continuateur du journal se nomme chez Artus: „Frantz von Steinhauffen, der an Johann Hermens Statt gekommen." Dans l'édition hollandaise, on trouve à la fin (page 52) deux fausses dates (29 Sept. pour 19 Sept., & plus loin 7 Sept. pour 27 Sept.).

Des planches des De Bry, gravées pour la 8ᵉ partie, celles qui portent les numéros VI—X appartiennent au voyage de De Weert & Pieterfz, & font imitées dans le journal hollandais (*b—f*. Voir ci-deffus).

---

*b*. Kort verhaelt (*sic*) van de twee-jaerige Voyagie ghe- | daen door Cornelis van Veen, in de | Ooft-Indien.

Dans *Begin ende Voortgang*, Vol. I, à la fuite du Journal de Wolfhart Harmanfen, pag. 26, 27.

C'est un récit des aventures de deux vaisseaux (*Erafmus* & *Naffau*) qui furent détachés de l'efcadre de Warwijck à Bantam, envoyés en Chine en Juin 1603, & qui revinrent au pays en Août 1604. Cornelis van Veen, ou proprement Cornelis van de Venne (voir l'ouvrage de M. de Jonge, III p. 4), était le capitaine du navire *Naſſau*.

Ce petit journal eſt tiré de la 8ᵉ partie des Petits Voyages. Il ſe trouve dans l'édition allemande, aux pp. 17, 18 de l'Appendice.

Dans la 8ᵉ partie de la collection allemande de Hulſius on ne trouve qu'un court récit de l'expédition de Warwijck.

---

9. SECOND VOYAGE VERS L'ORIENT, SOUS STEVEN
VAN DER HAGEN.

(De Bry, Petits Voyages, Tome VIII. 5ᵉ partie 1607, Camus, Mémoire, p. 243).

*a.* Kort ende warachtich verhael | vande heerlicke victorie te weghe gebracht by de twaelf Sche- | pen afghevaren uyt Hollandt, onder t' ghebiedt vanden Gene- | rael ende Admirael der ſelve Schepen Steven Verhaghen, in | de Eylanden vande Moluckes, alwaer zy twee Steden ende | een kaſteel ingenomen ende ſes Kraken verbrandt hebben, | wat haer meer bejeghent is. | (*Gravure en bois, repréſentant une bataille navale.*) | Tot Rotterdam, | By Jan Janſz. Anno 1606 | 4°. [147].

(*Récit ſuccinct & véritable de l'heureuſe victoire remportée par les douze vaiſſeaux, partis de Hollande ſous le commandement de Steven Verhaghen, dans les Molucques, etc.*)

4 pp. y compris le titre, ſans pagination.

Premières nouvelles des victoires remportées par Van der Hagen.

*b.* Beſchrijvinghe van de tweede Voyagie, | Ghedaen met 12 Schepen naer d' Ooſt-Indien. | Onder den Heer Admirael | Steven vander Hagen. | Waer inne verhaelt wert het veroveren der Portugefer Forten, op Amboyna ende Tydor. | Item : | De Reyfe van 't Schip Delft, (mede onder defe Vloote behoorende) | van Bantam naer de Cufte van Choromandel, ende elders. | Alles uyt verfcheyde Journaelen te famen ghebracht.

*(Defcription du fecond voyage fait avec 12 vaiffeaux aux Indes Orientales, fous l'amiral Steyen van der Hagen, où eft racontée la prife des fortereffes portugaifes d'Amboine & de Tidore. Comme auffi le voyage du vaiffeau „Delft", appartenant à la même flotte, de Bantam à la côte de Coromandel & ailleurs. Le tout compilé de plufieurs journaux).*

Dans *Begin ende Voortgang*, Vol. II. Sans titre féparé.

Imprimé en deux colonnes. Texte 91 pages. Signature (A)—(M.)

Les pp. 1—39 contiennent le Journal du Voyage de Van der Hagen jufqu'en Mai 1605, mais ce journal eft en grande partie rempli d'extraits du voyage que le vénitien Cafpare Balbi fit en Orient (en 1579). Ces extraits fe rapportent à Goa (pag. 4—7; à Cochin & au Pégou (pag. 9—34). — Les pp. 40—91 contiennent le journal de Paulus van Solt, commis fur le vaiffeau *Delft*. Nous y reviendrons tantôt.

Planches, fur des feuilles féparées, indiquées dans le texte. Elles font copiées de De Bry. Voir ci-après.

*a.* (N°. 1). Prife d'une caraque devant Mofambique.
*b.* (N°. 2). Samorin de Calicut, & fa cour.
*c.* (N°. 3). Réception des Hollandais par le Samorin.
*d.* (N°. 4). Manière de tranfporter les habitants du Pégou, etc.
*e.* (N°. 5). Comment le Roi de Pégou fait brûler fes nobles.
*f.* (N°. 6). Cour & éléphants blancs du Roi de Pégou.
*g.* (N°. 7). Combat des Rois de Pégou & d'Ava.
*h.* (N°. 8). Chaffe aux éléphants.
*i.* (N°. 9). Marche triomphale du Roi de Pégou.
*k.* (N°. 10). Fête nommée *Sapan Daiche*.
*l.* (N°. 11). Comment ils brûlent leurs morts.
*m.* (N°. 12). Vue du chateau d'Amboine.
*n.* (N°. 13). Prife du château de Tidor.

*c.* Befchrijvinghe *(etc., comme le précédent)* .... ende Tydor. | Alles uyt verfcheyde Journaelen te faemen ghebracht.

Ajouté au Journal de Joris van Spilbergen vers l'Orient, „t' Amſterdam, voor Jooſt Hartgers ... 1648" (voir chapitre II B. 6), aux pp. 62—96; Hartgers ne l'a pas ajouté à ſon édition du voyage de Spilbergen de 1652.

La planche au commencement de l'ouvrage contient des copies des pl. e, f, g, k de l'édition précédente.

Cette planche eſt diviſée pour l'édition du journal de Spilbergen publiée en 1652. Comme cette édition ne contient pas le journal de Van der Hagen, une des vues appartenant au dernier, a ſervi pour le premier (pag. 27).

Réimpreſſion de la première partie de l'ouvrage précédent, contenant le journal du voyage de Van der Hagen avec les inſertions tirées de Balbi.

*d.* Journael van de Voyagie, | Gedaen met twaelf Scheepen naer | Ooſt-Indien, | Onder 't beleydt van den Heer Admirael | Steven van der Hagen, | Waer in verhaelt wordt het veroveren der Portugeeſche | Forten op Amboyna en Tydoor. Mitſgaders de | Reyſe van 't Schip Delft, (mede onder deſe | Vloot behoorende) van Bantam naer de Kuſte van Choromandel, | en andere plaetſen; Beſchryvende het gedenckwaerdighſte dat haer op | de Reyſe, ſoo te Water als te Lande, is voor gevallen. | (*Grav. en bois repréſentant des vaiſſeaux*) | t' Amſterdam, Gedruckt | By Gillis Jooſten Saeghman, in de Nieuwe-ſtraet, | Ordinaris Drucker van de Journalen ter Zee, en de Reyſen te Lande. | [*Vers* 1663] 4°. [148].

Au verſo du titre ſe trouve le portrait de quelque homme d'état du 16e ſiècle, gravé en taille douce, avec une bordure gravée en bois & au deſſous le nom imprimé de Steven van der Hagen.

Texte imprimé en 2 colonnes, avec le titre: 64 pag. Les pp. 1—41 contiennent le journal de Van der Hagen; 41—64 celui de Van Solt.

Planches dans le texte au nombre de 18, dont 4, tirées de l'édition de Hartgers, appartiennent à ce voyage. Les autres, dont 3 ſont gravées en taille douce & 11 ſur bois, appartiennent à d'autres journaux. La planche de la page 6e eſt cenſée repréſenter la ville de Goa, mais évidemment elle figure une ville hollandaiſe, ou du moins européenne.

Réimpreffion, quant au voyage de Van der Hagen, de l'édition précédente, abrégée en quelques endroits : c'eft ainfi que la lifte des vaiffeaux de l'expédition eft omife. Quant au journal de Van Solt, il eft copié du recueil *Begin ende Voortgang*, mais très-mutilé en plufieurs endroits. Quand la feuille eft remplie, c'eft à dire au 17 Décembre 1606, le journal f'arrête.

---

Le journal du voyage dirigé par Steven van der Hagen eft un récit peu important & incomplet des aventures de la feconde flotte équipée par la Compagnie Hollandaife des I. O. Il nous conduit avec l'amiral jufqu'à Amboine, où la flotte fe divifa en deux parties (Mars 1605); puis, nous fuivons le vice-amiral Cornelis Baftiaenfz à Tidore, d'où il chaffa les Portugais. C'eft la partie la plus intéreffante du journal. L'auteur de cette dernière partie, ou peut-être du tout, femble f'être trouvé à bord du vaiffeau *Gelderland* (Gueldre). Il raconte du moins en terminant le retour de ce vaiffeau dans fa patrie (1).

En comparant ce journal avec le récit allemand & latin donné par G. Artus dans la 8e partie de la collection des Petits Voyages, on f'aperçoit que l'éditeur hollandais, ne poffédant pas le MS. original, l'a traduit de l'édition allemande, avec quelques changements & additions infignifiants, par exemple la lifte des vaiffeaux au commencement du journal. Les infertions de l'ouvrage de Balbi font également traduites du 7e tome de la collection des Petits Voyages, compofé par Artus, & publié en 1605.

Beaucoup plus important & très-détaillé eft le voyage de Paulus van Solt, premier commis à bord du vaiffeau *Delft*, appartenant à l'expédition de Van der Hagen. Il fut envoyé en Décembre 1605 de Bantam à la côte de Coromandel, où il refta jufqu'en Septembre 1606, pour vifiter enfuite les îles Molucques. On

---

(1) Un journal beaucoup plus circonftancié de ce voyage, tenu par Hendrick Janfz Craen, premier commis fur le même vaiffeau, a été publié par M. de Jonge (ouvr. cité, III p. 164—204).

trouve dans fon récit des particularités intéreffantes pour l'hiftoire de l'établiffement des Hollandais dans ces contrées, mais un trop grand nombre de détails peu attrayants pour le lecteur épris d'aventures. C'eft probablement pour cette raifon que Hartgers ne l'a pas réimprimé & qu'on n'en trouve pas de traduction avant le 18e fiècle.

Les planches qu'on a ajoutées au voyage de Van der Hagen dans *Begin ende Voortgang*, font toutes copiées de celles des De Bry, à l'exception de la 2e qui eft probablement tirée d'un autre ouvrage. De celles défignées par nous *a*, *c*, *m*, *n*, les originaux fe trouvent dans la 8e partie des Petits Voyages (ic. XIV—XVII); de celles défignées *d—l*, dans la 7e partie (ic. XV—XXII).

La 9e partie de la collection allemande des Voyages de Hulfius (Francfort 1606) contient le même journal de l'expédition de Van der Hagen, que celle des De Bry, mais plus détaillé (du moins l'édition de 1612 que nous avons fous les yeux). Il paraît que c'eft une autre verfion du même journal hollandais. Les planches dans cette partie font copiées de De Bry; la carte des Indes Orientales, dreffée par Hulfius, n'a aucune valeur.

## 10. VOYAGE VERS L'ORIENT SOUS PIETER WILLEMSZ VERHOEFF.

(De Bry, Petits Voyages, Tome IX 1612, Supplém. 1613, Camus, Mémoire, p. 246).

Journael ende Verhael, | Van alle het gene dat ghefien ende voor-ghevallen | is op de Reyfe, | Gedaen door den E. ende Geftrengen Pieter Willemfz Verhoeven, | Admirael Generael over 13 Schepen, gaende naer de Ooft-Indien, China, Philipines, ende | byleggende Rijcken, In den Iare 1607 ende volgende. | Alles ghetrocken uyt de Journaelen gehouden by Iohan de Moelre, Opper-Coop- | man op des Heeren Admiraels Schip, ende Iacques le Febvere, Fifcael van de felvige Vloote. | Als mede een Difcours, betreffende de gelegentheyt ende 't gene ten felvige tijde voor-ghevallen is | int Eylandt Borneo, gheftelt door den Coopman S. B. | Item: Een volkomen Befchrijvinghe van den Staet ende ghelegentheydt van Ambona en de Moluccae Eylanden, | foo die in den Iare 1627 bevonden is by den Commiffaris G. Z.

*(Journal & récit du voyage fait en 1607, & pendant les années fuiv., par Pieter Willemfz Verhoeff, amiral général d'une flotte de 13 vaiffeaux, aux Indes Orientales, en Chine, aux îles Philipines & dans les contrées environnantes, tiré des journaux tenus par Johan de Moelre, premier commis fur le vaiffeau-amiral, & Jacques le Febvre, tréforier de la même flotte. De plus, un difcours concernant la fituation de l'île de Bornéo, & ce qui s'y-eft paffé au même temps, compofé par le commis S. B. En outre, une defcription complète de l'état & de la fituation d'Amboine & des Molucques, dreffée en 1627 par le commiffaire G. Z.)*

Dans *Begin ende Voortgang*, Vol. II. Sans titre féparé.

Imprimé en deux colonnes. Texte 214 pages. Signature (AAAA)—(******3).

Les pp. 1—68 contiennent le journal de Joh. de Moelre & Jacq. le Febvre, fuivi des pièces fuivantes.

Pag. 68—72. „Aenteeckeninghe uyt het Journael ghehouden by Reynier Dieckfz (*fic*) van Nimmegen, alias Krijfman, voor Stuerman gevaren hebbende op het Jacht *de Leeuw met de Pijlen* naer Jappan, ende van daer weder t' huys, onder de Vloote van den Admirael Pieter Willemfz Verhoef." (Extrait du journal de Reynier Dirckfz concernant fon voyage au Japon).

Pag. 72—98. [Reifjournaal van] Jacob Specx ende Pieter Segertfz met het jacht *den Brack* van Patane naar Japan. (Journal du voyage de J. Specx & P. Segerfz de Patane vers le Japon).

Pag. 98—107. Difcours ende ghelegentheyt van het Eylandt Borneo, ende 't gene daer voor ghevallen is in 't Jaer 1609, gheftelt door S. B. (Difcours & fituation de Bornéo & ce qui s'eft paffé dans cette île en 1609 par S. B.) (1)

Pag. 107—116. Difcours van den feer vermaerden Apoloni Schot, ghebooren tot Middelburch in Zeelant, aengaende de Molucques. (Difcours d'Apollonius Schotte concernant les Molucques). (2)

---

(1) S. B. font les initiales du commis Samuel Blommart, dont parle le journal de De Moelre & Le Febvre, aux pp. 47, 48, 65.

(2) Voir fur cette pièce ci-deffus p. 71.

Pag. 116—125. Volcht nu des voorn. Apolini (*fic*) Schots verhael, wegens fijn·Voyagie gedaen van Bantam, nae Botton, Solor ende Tymor.... ghelijck hy fulcx gefchreven heeft aen Mathijs Couteel, tot Bantan, van dato den 5 Julij 1613. (Récit fait par Apollonius Schotte de fon voyage de Bantam à Botton etc., dans une lettre à Mathijs Couteel à Bantam, du 5 Juillet 1613). (1)

Pag. 125—128. Corte Befchrijvinge van het ghetal ende ghelegent vande Forten, Crijghf-lieden *etc.* .... zijnde inde Indien ten dienfte vande Generale·Compagnie. ... Inde Maent v. Julio int Jaer 1616. (Courte defcription des fortereffes, garnifons etc. de la Compagnie des I. O. en Juillet 1616). (2)

Pag. 129—230. Lijft vande Schepen de welcken in d'Indien ... waren in ... 1616. (Lifte des vaiffeaux aux Indes en 1616).

Pag. 130—151. Verhael van den tegenwoordigen Staet inde quartieren van Amboyna ende omleggende plaetfen .... ghemaeft door den Commiffaris Gillis Seys. [A la fin:] Aftum in·'t Schip Orangie Ady 17 May, Anno 1627. (Récit de la fituation actuelle d'Amboine & endroits environnants, dreffé par le commiffaire Gillis Seys ou Van Zeyft en Mai 1627).

Pag. 151—162. Volcht alhier een Difcours van Sebaftiaen Danckert Dienaer des G. W. in Amboyna; belangende het voort-planten der Chriftelijcke Religie onder de Indianen aldaer. (Difcours de S. Danckaerts, miniftre proteftant à Amboine, concernant la propagation de la religion chrétienne dans cette île). (3)

Pag. 162—187. Verhael vande Mollucs Eylanden, hoe ende in wat manieren de felvige in 't Jaer 1627 bevonden hebben, onder de Regeringhe van de Heer Gouverneur Jacques le Febures, gheftelt door G. Zeyft (*fic*) [A la fin:] Aftum int Schip Orangie, den 15 September 1627. (Relation des îles Molucques, & de leur fituation en 1627 fous le régime de Jacques le Febvre, compofée par G. van Zeyft).

_____

(1) Peu de temps après, le 25 Novembre 1613, le capitaine Schotte périt dans la rivière de Jacatra.

(2) Voir fur cette pièce & la fuivante ci-deffus p. 71, et notre chap. B 14.

(3) C'eft une réimpreffion de la majeure partie d'un ouvrage de Danckaerts publié fous le titre de „Hiftorifch ende grondich·Verhael van den ftandt des Chriftendoms int quartier van Amboina, mitfgaders vande hoope ende apparentie eenigher reformatie ende beterniffe van dien, ghefteldt door Seb. Danckaerts, pred. des G. Woordts aldaer, ende by den felven met het fchip *Walcheren*, onlangs uyt Ooft-Indiën in Zeelandt aenghekommen, over-ghefonden. 's Gravenh., Aert Meuris. 1621. (In 4°.) Réimprimé en entier dans „*Bijdragen tot de taal-, land- en volkenkunde van Nederl. Indië. Nieuwe Volgreeks.*" Tome II. (Amft., F. Muller. 1859).

P. 187—214. Difcours & pièces officielles concernant les îles Molucques, jufqu'en 1638. (1)

Planches. Dans le texte, p. 51, une vue de la fortereffe de l'île de
Banda eft indiquée comme Fig. N°. 1. La planche même ne portant
aucune indication, on la trouve dans quelques exemplaires inférée en face
du Journal ou à la p. 126. La „Fig. N°. 2", une carte des îles Molucques, renvoyant à la p. 62, ne fe trouve pas dans les exemplaires que
nous avons vus.

L'efcadre envoyée aux Indes par la Compagnie Générale, fous les
ordres de Pieter Willemfz Verhoeff, avait pour miffion fpéciale
d'enlever les Molucques aux Portugais. La flotte appareilla en
Décembre 1607, vifita Mofambique, où on tenta vainement de
f'emparer d'une fortereffe portugaife (2), les côtes de Malabar,
de Coromandel & de Malacca, & arriva à Bantam en Février
1609. Deux navires avaient alors quitté l'efcadre pour fe rendre
au Japon. Leur voyage eft décrit dans le petit journal de Reynier Dirckfz (voir ci-deffus). Les autres fe divifèrent en trois efcadres, qui devaient fe réunir aux îles Molucques. Celle du vice-
amiral Francois Wittert fut détruite par une flotte efpagnole
venant de Manille. L'amiral fe porta vers Banda où il trouva
la divifion de Jacob de Bitter. Les Hollandais remportèrent des
avantages confidérables, mais ils perdirent de bons capitaines, entre
autres l'amiral Verhoeff & les vice-amiraux Wittert & Hoen.
L'auteur du journal, le commis Johan de Moelre, périt à Neira
en même temps que Verhoeff; le tréforier de la flotte, Jacques le
Febvre (depuis gouverneur des Molucques), femble avoir continué
l'ouvrage; le vaiffeau où il fe trouvait (*de Geunieerde Provincien*)
partit des Molucques en Juin 1610 & répatria en Décembre de
la même année.

---

(1) Le récit de ce qui s'eft paffé à Banda en 1621 (pp. 191—195) a été
également joint par Commelin au journal de L'Hermite. Voir page 77 de
notre ouvrage.

(2) L'ouvrage portugais fuivant traite des efforts de Van Caerden & de
Verhoeff pour s'emparer de Mofambique: „Antonio Durao, Cercos de Mo-
çambique defendidos par D. Eftevao de Attayde, General y Governador
daquella Piaça. Madrid. 1633 in 4°."

Le journal de De Moelre & Le Febvre contient quelques infertions concernant l'île de Mayo, celle de S. Hélène, l'Abyffinie
& les villes de Calicut & d'Achin. Celle concernant l'Abyffinie
(pp. 18—25) a certainement été ajoutée par l'éditeur de
l'ouvrage.

Des pièces qui font fuite à ce journal, & qui font d'autant
plus remarquables qu'elles ne fe trouvent qu'en partie dans les
collections poftérieures ou dans l'ouvrage de Valentijn, — celle
des pp. 68—72 (extrait du journal de Reynier Dirckfz, concernant le Japon, que nous avons déjà mentionné), & quelques
pièces officielles aux pp. 195—199, 204—209, fe rapportent
directement à l'expédition de Verhoeff. Il importe néanmoins
de confulter auffi les autres pièces.

Un récit différent de cette même expédition nous eft donné dans
le neuvième tome de la collection des Petits Voyages, qui parut
en allemand & en latin en 1612 & fut augmenté l'année fuivante
d'un fupplément. L'auteur de ce récit fe nomme Johann Verken, natif de Meiffen en Saxe, caporal fous le capitaine Hendrick van Croonenburgh. Il refta aux Molucques jufqu'en Juillet 1611, en forte qu'on trouve chez lui la relation de fe qui
f'eft paffé à Neira dans l'année qui fuivit le départ du navire où fe trouvait le narrateur hollandais. Verken retourna
à Bantam avec le vaiffeau *Middelburg* & revint en Hollande en
1612. La defcription des contrées qu'il vifita eft certainement
en grande partie l'œuvre de l'éditeur de fon journal, Gotthard
Artus. Auffi ce dernier fe nomme-t-il le compofiteur de l'ouvrage
„d'après de courtes notices de Johann Verken" (*aufz kürtzer
Verzeichnus J. V.*). De ce qui eft dit à la fin de l'ouvrage il
réfulte que ces informations ont été auffi bien des communications
orales que des notes MSS.

Un cahier de douze planches fe trouve à la fin de la 9e partie; un autre de cinq planches à la fin du fupplément. M. Camus a déjà fait remarquer que les pl. II, V, VIII, IX font tirées
d'autres parties de la collection des De Bry. Il aurait pu ajouter
qu'il en eft de même de la pl. XI, qui avait déjà été publiée dans
la cinquième partie (pl. VI). Quant aux autres planches, on les

doit probablement à la fantaifie de l'artifte allemand. Elles repréfentent :

I. Arbre dans l'île de Ferro, fourniffant une rofée conti-
nuelle.

III. Siège de Mofambique.

IV. Les Hollandais reçus par le Samorin de Calicut.

VI. Viĉtoire fur les Portugais près de Malacca.

VII. Le roi de Goa à bord de la flotte hollandaife.

X. L'amiral hollandais communique une lettre du Prince Maurice aux habitants de Banda.

XII. L'amiral hollandais maffacré à Neira.

Suppl. I. Prise de Labetacca.

II. Le château de Neira attaqué par les Indiens.

III. Prise de Slanga par les Hollandais.

IV, V. Proceffions nuptiales à Java.

Le onzième tome de la colleĉtion de Hulfius, également divifé en deux parties & publié en 1612—13, contient le même jour-nal que la 9e partie des Petits Voyages, dont c'eft une réim-preffion. Les planches font imitées de celles des De Bry.

---

## II. RECUEIL DE HESSEL GERRITSZ SUR LES DÉCOUVERTES AU NORD ET EN AUSTRALIE.

(De Bry, Petits Voyages, Tome X, 1613; Camus, Mémoire p. 254).

*a.* Befchryvinghe | Vander | Samoyeden Landt | in Tar-tarien. | Nieulijcks onder 't ghebiedt der Mofcoviten ghe-bracht. | Wt de Ruffche tale overghefet, Anno 1609. | Met een verhael | Vande opfoeckingh ende ontdeckin- | ge vande nieuwe deurgang ofte ftraet int Noord- | weften na de Rijc-ken van China ende Cathay. | Ende | Een Memoriael ge-prefenteert aenden | Coningh van Spaengien, belanghende de ont- | deckinghe ende gheleghentheyt van 't Land ghe- | naemt Auſtralia Incognita. | t' Amſterdam, by Heſſel Ger- ritſz. Boeckvercooper, opt | Water, inde Paſcaert, Anno 1612 | 4°. [149].

*(Deſcription du pays des Samoyèdes en Tartarie, dernièrement conquis par les Moſcovites. Traduite de la langue Ruſſe, en l'an 1609. Avec un récit de la recherche & de la découverte d'un nouveau paſſage ou détroit dans le Nord-oueſt, vers les pays de Chine & Cathay. Plus un mémorial, préſenté au Roi d'Eſpagne, concernant la découverte & la ſituation du pays nommé Auſtralia Incognita).*

En tout (VIII) & (32 pp.) avec 3 cartes.

Au verſo du titre un texte des Proverbes, ch. X.

„Tot den Leſer" (préface au lecteur), ſignée: „Heſſel Gerritſz van Aſſum, Liefhebber der Geographie." 6 pag. Signat. de la 2ᵉ feuille A 3, de la 3ᵉ également A 3.

Mappemonde (feuille double), où ſont indiquées les découvertes de Hudſon & de Quiros.

Grande carte des découvertes de H. Hudſon. („Tabula nautica, qua re- praeſentantur orae maritimae, meatus, ac freta, noviter a H. Hudſono Anglo ad Caurum ſupra Novam Franciam indagata Anno 1611"). Au verſo, deux pp. de texte hollandais: „Verhael van de Reyſe ende de Nieuw- ghevonden Strate van Mʳ. Hudſon." (Récit du voyage & du détroit nou- vellement découvert par Mʳ. H.)

Grande carte des côtes ſeptentrionales de la Ruſſie par Iſ. Maſſa („Caerte van 't Noorderſte Ruſſen, Samojeden, ende Tingoeſen landt: alſoo dat vande Ruſſen afghetekent, eñ door Isaac Massa vertaelt is"). Au verſo, deux pp. de texte hollandais: „Aenmerckinghen op deſe Ruſſche Caerte ende oock op de tuſſchen-reden die Iſaac Maſſa by de beſchryvinghe ghe- voecht heeft." (Remarques ſur cette carte ruſſe & ſur les détails qu' Iſaac Maſſa a ajoutés à la deſcription).

Texte 31 pp. Sans pagination. Signature B—E. Ce texte contient:

(Pp. 1—8). Copie vande beſchryvinge der Landen Siberia, Samoieda ende Tingoeſa, met oock de weghen uyt Moſcovia derwaert *etc.* (Copie de la deſcription des pays de Sibérie, des Samoyèdes etc.)

(Pp. 9—22). Een cort verhael van de Wegen ende Rivieren uyt Moſ- covia Ooſtwaerts eñ Ooſt ten Noorden aen te Landewaert *etc.* (Court récit des chemins & fleuves de la Moſcovie vers l'Eſt & vers le Nord-eſt).

(Pp. 23—31). Verhael van ſeker Memoriael, ghepreſenteert aen zyne

Majesteyt by den Capiteyn Pedro Fernandez de Quir, aengaende de be-
volckinghe ende ontdeckinghe van 't vierde deel des Werelts, ghenaemt
Austrialia (*sic*) incognita, *etc.* (Relation de certain mémorial présenté au
Roi par De Quir etc.)

*b.* [Beschryvinghe | Vander | Samoyeden Landt *etc.* (*même
titre que le précédent*). 4°.] [150].

Second tirage de l'édition hollandaise. Après la préface au
lecteur, on a ajouté 2 ff. ou 4 pp., dont une est restée
en blanc, contenant „Verhael van d'ontdeckinghe vande nieu-
ghesochte Strate int 't Noord-westen, om te seylen boven langhs
de Landen van America en Japan, ghedaen door Mr. Henry Hudson," c'est à dire: Relation de la découverte, nouvellement faite
par Mr. Hudson, du détroit au Nord-ouest, pour naviguer le
long de l'Amérique & du Japon. — Nous n'avons pas vu cette
édition, mentionnée par M. G. M. Asher dans son important
ouvrage sur Hudson (p. 270), où l'on apprend en même temps
(p. 181—194) en quoi cette notice diffère de celle qu'on trouve
au verso de la carte de Hudson dans l'édition précédente.

*c.* [Descriptio ac delineatio Geographica Detectionis Freti.
Sive, Transitvs ad Occasum, supra terras Americanas, in
Chinam atq; Japonem ducturi, Recens investigati ab M.
Henrico Hudsono Anglo. Item, Narratio Ser^mo. Regi
Hispaniae facta, super tractu, in quinta Orbis terrarum
parte, cui Avstraliae Incognitae nomen est, recens detecto,
per Capitaneum Petrum Ferdinandez de Quir. Vnà cum
descriptione Terrae Samoiedarvm & Tingoesiorvm, in Tar-
taria ad Ortum Freti Waygats sitae nuperq; Imperio Mos-
covitarum subactae. Amsterodami, Ex officina Hesselij
Gerardi. Anno 1612. 4°.] [151]. (1).

_____

(1) Cette édition n'est plus entre nos mains, mais le titre est exact. La
description est empruntée à l'ouvrage de M. G. M. Asher: „Henry Hudson
the navigator" (London 1860), à la monographie de M. Hen. C. Murphy:

En tout (VIII) & (38) pages, avec 3 cartes, & deux figures dans le texte.

Au verfo du titre une gravure en bois, repréfentant un vaiffeau, &, au deffous de cette gravure un poëme latin de 8 lignes, *Liber ad Lectorem*, commençant par ces mots: *Huc quicunque novas.*

„In tractatus fequentes Prolegomena ad Lectorem", fignés: „Heffelius Gerardus Affumenfis Philogeographus". 6 pp. [Signature ?]

Texte 38 pp. Sans pagination. Signature B—E. Contenant:

(Pp. 1—3). Relatio fuper detectione Freti. La page 4ᵉ eft reftée en blanc.

(Pp. 5—15). Relatio ... per Capitaneum Petrum Fernandez de Quir, *etc.*

(P. 16). Gravure en bois avec cette épigraphe: „Samoiedarum, trahis a rangiferis protractis infidentium, Nec non Idolorum ab ijfdem cultorum effigies." Cette planche eft en partie copiée de la 15ᵉ du Voyage au Nord de Linfchoten, que nous décrivons dans notre chapitre fuivant.

(Pp. 17—24). Apographum Defcriptionis Regionum Siberiae, Samojediae & Tingoefiae.

(Pp. 25—37). Itinerum atque Fluviorum, Ortum & Aquilonem verfus in Mofcoviam & Siberiam Samojediám etc. ... ducentium, Defcriptio."

Cartes comme dans l'édition précédente, mais fans defcription au verfo.

*d.* [Exemplar | Libelli fupplicis, Potentiffimo | Hifpaniarum Regi exhibiti, à Capitaneo | Petro Fernandez de Quir: | Super | Detectione quintae orbis terrarum partis, cui | Auftraliae Incognitae | nomen eft. | Item | Relatio fuper Freto per M. Hudfonum Anglum | quaefito, ac in parte detecto fupra Provincias Terrae | Novae, novaeque Hifpaniae, Chinam & Cathiam | verfus ducturo: | Vna | Cum Freti ipfius quatenus iam detectum eft, | Tabula Navtica. | Nec non | Ifaaci Maffae Harlemenfis | Samoiediae atque Tingoeffae regionum ad Orientem ultra | Fretum Weygats in Tartaria fitarum, nuperque Imperio | Mofcovitico adquifitarum defcriptio. | Et | Tractus eiufdem Tabula Ruffica. | Latinè verfa ab R. Vitellio. | Amfterodami | Ex Officina Heffelij Gerardi. Anno 1612. | 4°.] [152].

---

„Henry Hudfon in Holland" (The Hague 1859) & à l'Effai d'une Bibliographie Neerlando-Ruffe" (Amft., Fred. Muller, page 103). Quant au titre double (voir *d*), nous croyons qu'il a dû fervir à faciliter un double emploi du livre. Voir du refte ce que nous avons obfervé au fujet de l'édition *d.*

Ceci n'eft qu'un double titre imprimé à l'ufage de l'édition précédente, & qu'on trouve dans quelques exemplaires après les *Prolegomena*, dans d'autres au commencement de l'ouvrage. Dans ce dernier cas l'autre titre & les 3 pp. concernant Hudfon font reportés à la fin. Dans la plupart des exemplaires ce titre manque.

*e.* Defcriptio ac delineatio Geographica | Detectio- | nis Freti, | Sive, Tranfitus ad Occafum fuprà | terras Americanas, in Chinam | atq; Iaponem ducturi. | Recens inveftigati ab M. Henrico Hudfono Anglo. | Item, | Exegefis Regi Hifpaniae facta, fuper | tractu recens detecto, in quintâ Orbis parte, cui nomen, | Avftralis incognita. | Cum defcriptione | Terrarum Samoiedarum, & Tingoefiorum, in | Tartariâ ad Ortum Freti Waygats fitarum, nuperq; | fceptro Mofcovitarum adfcitarum. | Amfterodami | Ex Officina Heffelij Gerardi. Anno 1613. | 4°. [153].

En tout 48 (ou IV & 44) pages, avec 4 cartes, une planche & 3 figures dans le texte.

Au verfo du titre, le navire, comme dans l'édition précédente, mais les vers latins (*Liber ad Lectorem*) diffèrent. Ils fe compofent ici de 10 lignes, commençant par ces mots: *Qui cupis ignotas.*

Ad Lectorem Prolegomena in tractatus fequentes, 2 pp. Signat. A 2.

Carte de Hudfon (1).

Texte 44 pag., fans pagination. Signat. A. 3—F 2. Contenant.

(Pp. 1—3). Defcriptio, ac delineatio Geographica Detectionis Freti *etc.* Mappemonde, en face de la page 4ᵉ (2).

(Pp. 4—13). Exegefis Libelli fupplicis, oblati Regiae Majeftati Hifpaniae, a Duce Petro Fernandez de Quir, *etc.*

(P. 16). Gravure en bois, comme dans l'édition précédente.

---

(1) Cette carte a fubi une modification. Les mots qui fe trouvent dans le méridien 360°: „Meridianus per infulas Corvi & Florum tranfiens ac pro omnium primo ufurpari folitus", ont été rayés pour cette édition. — Signature imprimée: A 3.

(2) Dans la Mappemonde on a changé la côte entière de la Californie & rayé la ligne jufqu'au *Fretum Anian.* — Signature imprimée B.

(Pp. 17—23). Defcriptio Regionum Siberiae *etc.* (P. 24 en blanc). Carte de Maffa (1).

(Pp. 25—35). Brevis Defcriptio Itinerum ducentium & fluviorum labentium è Mofcoviâ Orientem & Aquilonem verfus, *etc.* (*Signé:* Ifaac Maffa Haerlem). Page 36 & la feuille fuivante en blanc.

Carte du Spitfberg (ici nommé Nieu Lant) & de la Nouvelle-Zemble. Dans le coin inférieur, à droite, on trouve gravée l'initiale F. C'eft la fignature de la p. 37.

(Pp. 37—39). In praefatione poftremae editionis *etc.* (Defcription du voyage de May).

Planche gravée, repréfentant un morfe avec fon petit, en face de la page 40e. Signature imprimée F 3.

(Pp. 40—42). De detectione Terrae polaris, fub latitudine octoginta graduum. (Addition de l'éditeur).

(P. 43). Deffin d'une baleine gravé en bois avec foufcription de 8 lignes: „Veram effigiem Balenarum" etc.

*f.* Defcriptio *etc.* (*même titre que le précédent*) 4°. [154].

Même édition que la précédente, augmentée d'un appendice de 4 pp. (Signature G.), dont la première contient une préface de l'éditeur (Heffel Gerritfz) commençant par les mots „Cum temere & inconfiderate antea fcripferim", — & les trois autres un traité de Petr. Plancius intitulé „Refutatio rationum, quibus Angli Dominationem Pifcationis ad Infulam Spitfbergenfem five Novam Terram praetendere & defendere conantur."

L'éditeur du recueil remarquable qui fait le fujet de ce chapitre, Heffel Gerritfz, natif du village d'Affum, était un des cartographes les plus diftingués de fon temps. La préface, qu'il

---

(1) C'eft la même carte que dans l'édition de 1612, mais la partie de droite a été très augmentée. On y trouve deux figures de Samoyèdes avec l'infcription: „Gentium Samojedarum" etc., des noms ajoutés comme *Toboll*, des noms changés comme *Ob:* en *Obb reca*, *Piet Riviere* en *Pyhr Riviere* etc. On a également rectifié quelques noms dans l'autre moitié comme *Pitzaniza* pour *Pitzianitfa*, *Niefnaja* pour *Niffeaja*, etc. — Signature imprimée D 2.

figne H. G. „philogeographus", témoigne du foin extrême qu'il mettait à fe rendre compte du travail des géographes étrangers· Plufieurs cartes ajoutées à de petits livrets, les grandes cartes de Ruffie, de Lithuanie, etc. dans l'*Atlas* de Blaeu, ainfi que la plupart de celles qui figurent dans l'ouvrage de De Laet fur l'Amérique, ont été taillées par lui. La Compagnie des I. O. le choifit pour fon cartographe. En 1629 elle l'autorifa à dreffer une carte de Batavia.

Son recueil fe compofe de plufieurs petits traités. En fuivant l'ordre de l'édition latine de 1613, qui eft la mieux connue, nous traiterons de chacune de ces pièces féparément.

1. Traité fur les découvertes de Henry Hudfon, avec une grande carte. — On fait que le troifième voyage de ce célèbre navigateur fut entrepris en 1609 aux frais de la Compagnie Hollandaife des Indes Orientales, afin de chercher une route aux Indes par le Nord-eft. Trouvant près de la Nouvelle-Zemble une barrière infranchiffable de neige, Hudfon changea de cours, naviqua vers l'oueft & explora le fleuve qui a reçu fon nom. A fon retour en Angleterre, les Anglais, jaloux de leurs rivaux, retinrent leur compatriote & l'envoyèrent de nouveau en 1610 aux contrées feptentrionales de l'Amérique pour chercher un détroit vers la Mer du Sud. Hudfon paffa l'hiver de 1610 à 1611 dans un des ports méridionaux de la baie qui a reçu fon nom; peu de jours après fon départ de ce port (21 Juin 1611), fon équipage f'infurgea contre lui & l'abandonna avec quelques-uns de fes compagnons dans une barque. On ne connut jamais leur fort.

Des particularités concernant ces deux voyages fe trouvent 1° dans la préface de Heffel Gerritfz, en tête de l'édition hollandaife de 1612, traduite avec quelques variantes dans l'édition latine de la même année; 2° dans le texte hollandais, imprimé au verfo de la carte; 3° dans le traité fur ces voyages dans l'édition latine de 1612; 4° dans celui ajouté plus tard à l'édition hollandaife (*b*), & traduit dans l'édition latine de 1613. Comme toutes ces pièces ont été réimprimées & traduites dans l'ouvrage de M. Afher fur Hudfon (page 181—194), il ferait fuperflu d'en relever ici les divergences.

Ainfi que M. Afher l'a juftement obfervé (1), il n'y a pas de doute que la carte des voyages de Hudfon, qui fut dreffée par le célèbre voyageur & probablement envoyée d'Angleterre au favant mathématicien Petrus Plancius, n'ait été gravée par Heffel Gerritfz. Sa profeffion de cartographe, le ftyle de la gravure, & les noms hollandais qu'on trouve dans la carte le prouvent fuffifamment. Il n'y a donc pas de raifon pour fuppofer avec M. Murphy (ouvr. cité), ou avec M. van der Linde, dans l'intéreffante monographie qu'il vient de publier fur Ifaac Maffa (2), que la carte ait été gravée en Angleterre. Elle éft fidèlement reproduite dans l'ouvrage de M. Afher.

Nous reviendrons dans notre chapitre fuivant fur la carte de Hondius, dans la Defcription d'Amfterdam de Pontanus, où font indiquées les découvertes faites par Hudfon pendant fon troifième voyage & qui a été également reproduite dans l'ouvrage de M. Afher.

---

2. La requête préfentée par De Quir au roi d'Efpagne, relativement à la découverte des Terres Auftrales, a été vifiblement ajoutée à l'ouvrage hollandais après la publication des deux traités fuivants. Au bout du premier traité on rencontre le mot *Finis*, & dans la préface il n'eft queftion ni de ce traité ni de celui fur Hudfon. Dans la préface de 1613 il y a quelques particularités concernant cette requête. Elle fut publiée primitivement à Séville en 1610, ainfi que Purchas l'affirme en tête de fa traduction anglaife (*Pilgrimes* part IV, pp. 1422—27). Wachter, & plus tard Commelin, l'ont réimprimée dans leurs éditions du journal de L'Hermite. (Voir ci-deffus, page *76*, *77*).

---

(1) Introduction, p. XLV.

(2) „Hiftoire des guerres de la Mofcovie (1601—1610) par Ifaac Maffa de Haarlem, publiée pour la première fois d'après le Ms. hollandais original de 1610, avec d'autres opufcules fur la Ruffie & des annotations par M. le Prince Michel Obolenfky & M. le Dr. A. van der Linde. Bruxelles, Fr. J. Olivier. 1866. 2 tomes". (Tome II p. XIII).

3, 4. La partie principale du recueil de H. Gerritfz confifte en deux traités fur les contrées au nord de la Ruffie. A en juger par leur contenu, ils font de la même main. Dans l'édition latine le deuxième eft figné *Ifaac Maffa Haerlem*(enfis). Sur ce marchand & voyageur diftingué, on peut confulter l'ouvrage cité de MM. Van der Linde & Obolenfky, dans lequel les deux traités en queftion font réimprimés d'après l'édition latine de 1613, qui diffère en quelques endroits des éditions hollandaife & latine de 1612 (1).

La carte de Ifaac Maffa (*Caerte van 't Noorderfte Ruffen, Samojeden ende Tingoefen landt*), dreffée d'après une carte ruffe, augmentée par Maffa, & gravée à ce qu'il paraît par Heffel Gerritfz, fut remaniée trois fois. Le premier tirage fe trouve dans l'éd. holl. de 1612. Il ne contient pas les figures des Samoyèdes. Dans le fecond tirage, à l'ufage de l'éd. lat. de 1612, ces figures & les mots *Gentium Samojedarum* etc. font ajoutés. On en trouve un fac-fimile, dont l'exécution laiffe à défirer, dans l'ouvrage de M. Beke fur les voyages vers le Nord décrits par G. de Veer (voir notre chap. II B 2). Les divergences du troifième tirage, deftiné à l'éd. lat. de 1613, ont déjà été indiquées par nous. (2).

———

5. La première addition de H. Gerritfz à l'éd. lat. de 1613 (p. 37—39) contient des particularités concernant le voyage au Nord entrepris aux frais de l'Amirauté d'Amfterdam en 1611, fous la direction de Jan Cornelifzoon May (3). On peut confulter fur cette expédition l'ouvrage cité de M. de Jonge, I p. 28—30.

———

(1) Voir auffi l'article de M. von Baer, dans le Bulletin fcientifique de l'Académie Imp. de St. Péterfbourg, Tome X (1842), p. 267—71.

(2) La monographie de M. J.-Hamel fur le voyageur anglais Tradefcant (*T. der ältere.* 1845, p. 315—20), contient un commentaire intéreffant fur cette carte.

(3) Voir fur ce perfonnage, ci-deffus, page 70.

6. La feconde addition à l'éd. lat. de 1613 (p. 40—42) traite de la découverte du Spitfberg par les Hollandais en 1596 & des prétentions des Anglais au droit de grande pêche dans ces contrées. L'éditeur fait à la fin mention de la carte du Spitfberg & de la Nouvelle-Zemble („exaƈte delineatum, qua ftudiofe defignavi fingula quae in oris hifce funt deteƈta") & de la planche, repréfentant des morfes, l'une & l'autre ajoutées par lui. Heffel Gerritfz nous raconte lui-même dans l'*Hiftoire de Spitfberghe*, dont nous traiterons dans notre 13ᵉ chapitre, que la carte a été fuivie d'après une autre carte de John Daniel „efcrite à Londres l'an. 1612." On y trouve les découvertes récemment faites par les Anglais Jonas Poole en 1610 & Thomas Edge (de concert avec Poole) en 1611 aux côtes du Spitfberg. — La planche des morfes fut deffinée par Heffel Gerritfz d'après un individu qu'on avait apporté vivant en Hollande. Il y joignit plus tard fon nom (*Ad vivum delineatum ab Heffelo G. A.*). C'eft ainfi qu'elle fe trouve dans l'*Hiftoire de Spitf-berghe* & dans l'atlas de Blaeu (édition de 1665. Tome I *Arctica*, p. 25; defcription de la Nouvelle-Zemble). A caufe de fon exaƈtitude elle a été plufieurs fois copiée par des naturaliftes, entre autres par Blumenbach dans fes *Abbildungen nat. Gegenftände* (Nᵒ. 25). Voir fur ces copies l'ouvrage de M. K.-E. von Baer: *Unterfuchungen über das Wallroff*, dans les Mémoires de l'Académie des Sciences de S. Pétersbourg, VIᵉ férie. Sciences nat. T. II (1838), p. 128—30.

Dans notre chap. 13 nous reviendrons fur l'addition poftérieure à l'édition latine de 1613 (édition *f*).

Enfin, dans la préface des éditions de 1612 on rencontre quelques particularités fur les voyages des Hollandais au Nord, de 1609 à 1612.

---

Nous paffons aux réimpreffions des traités du recueil de Heffel Gerritfz. Aucune ne contient les additions poftérieures (5, 6).

1ᵒ Dans la colleƈtion des Petits Voyages de De Bry, tome Xᵉ, publié en allemand & en latin en 1613. La traduƈtion allemande ainfi que la traduƈtion latine portent le nom de Gotthard Artus (1). Comme M. Camus l'a déjà obfervé, Artus a copié l'édition latine de Heffel Gerritfz de 1612 pour ce qui concerne la préface & le petit traité fur Hudfon. La requête de De Quir & les traités de Maffa femblent avoir été traduits par lui de l'édition hollandaife ; du moins, le texte latin de ces morceaux diffère de celui publié en Hollande. M. Camus paraît inférer de la préface de Heffel Gerritfz que les traités de Maffa doivent leur origine à l'ouvrage de Herberftein fur la Ruffie. C'eft une erreur. Heffel Gerritfz mentionne fimplement le nom de cet auteur.

Les De Bry ont joint à leur Xe tome des copies, en proportions réduites, des cartes de Maffa & de Hudfon. A la première manquent les figures des Samoyèdes & les changements de date plus récente ; à la feconde, les mots *Meridianus per infulas*, etc. Dans le cahier d'*Icones*, qui appartient à ce tome, la planche III eft une imitation de la gravure fur bois de la *Detectio freti*, repréfentant les Samoyèdes & leurs idoles. Nous parlerons des autres planches dans le chapitre fuivant.

2° Dans la collection des Voyages de Hulfius, XIIe partie, publiée en 1614 & réimprimée en 1627. Cette édition n'eft qu'une réimpreffion de la traduction allemande d'Artus, illuftrée d'une copie des planches & des cartes (même gravure) employées par les De Bry.

3° Dans le recueil hollandais, intitulé *Begin ende Voortgang*, à la fuite des Voyages au Nord décrits par Gerrit de Veer (2), on trouve, après la relation du voyage de Hudfon en 1609, tirée de Van Meteren, une copie textuelle des deux traités de Maffa (édition hollandaife de 1612). Les mêmes pièces font jointes aux éditions fuivantes de ces voyages.

4° Dans le recueil publié par Hartgers (éditions de 1648 & 1650).

---

(1) De là l'erreur de M. F. von Adelung (*Ueberficht der Reifenden in Ruffland bis* 1700, II p. 296), qui attribue l'itinéraire en Sibéric à Artus, & compte Artus parmi les voyageurs ayant vifité la Ruffie.

(2) Voir page 113 de notre ouvrage.

5° Dans l'édition parue chez Jan Janſz, 1648.

6° Le ſecond traité de Maſſa a été joint par Saegman à ſa Deſcription de la Ruſſie („Beſchrijvinge van Moſcovien"). Voir le chap. 12 de notre 3e partie.

7° Enfin, on trouve les traités de Maſſa, avec des abréviations, dans l'ouvrage de Nicolaas Witſen, *Noord en Ooſt Tartaryen* (1705) II p. 826—34; 2e édition (1785): II p. 936—40.

Purchas auſſi les a traduits dans la 3e partie de ſon recueil.

---

## 12. VOYAGES DE JAN HUYGHEN VAN LINSCHOTEN AU NORD.

(De Bry, Petits Voyages, Tome X. 1613; Camus, Mémoire, p. 256).

Le dixième tome des Petits Voyages & la douzième partie de Hulſius contiennent, après le traité ſur Hudſon, un court extrait tiré de la deſcription des trois Voyages au Nord par Linſchoten, qui ſe trouve dans l'édition latine de ſes Voyages en Orient de 1599. Cet extrait a été ſans doute inféré en cet endroit pour ſervir de texte à une grande carte & à deux planches que les De Bry ont ajoutées à leur tome Xe. M. Camus ſuppoſe que la carte a été copiée de celle de l'édition latine de Linſchoten. Mais, demande-t-il, les deux autres cartes ou planches, d'où les De Bry les ont-ils tirées? Nous ſommes en meſure de répondre à cette queſtion. Elles ont été tirées de l'ouvrage ſuivant:

*a.* Voyagie, ofte | Schip-vaert, | van Ian Huyghen van | Linſchoten, | van by Noorden om lan- | ges Noorwegen de Noortcaep; Laplant, Vinlant, | Ruſlandt, de Witte Zee, de Cuſten van Can- | denoes, Swetenoes, Pitzora, &c. door de | Strate ofte Engte van Naſſau tot | voorby de Revier Oby. | Waer inne ſeer diſtinctelicken Verbaels- | ghewijſe be- | ſchreven ende aengheweſen wordt, alle 't ghene dat | hem op de ſelve Reyſe van dach tot dach | bejeghent en voorghecomen is. | Met de afbeeldtſels van alle de Cuſten, Hoecken, | Landen, Opdoeningen, Streckinghen, Courſen, | Mijlen, ende d'ander merckelicke dingen meer: | Gelijc als hy 't alles ſelfs ſichtelicken eñ waerach- | telicken nae 't leven uytgeworpen ende ghean- | noteert heeft, &c. Anno 1594. eñ 1595. | Ghedruct tot Franeker, | By Gerard Ketel. [*A la fin de l'ouvrage:* Anno 1601] fol. [155].

(*Voyage de Jan Huyghen van Linſchoten, fait par le Nord, le long de la Norwége, le Cap Nord, la Laponie, la Finlande, la Ruſſie, la Mer blanche, les côtes de Candenoes, Swetenoes, Pitzora etc., par le détroit de Naſſau, en paſſant le fleuye Oby. Où eſt décrit & ſignalé très-diſtinctement, ſous forme de récit, tout ce qu'il a rencontré. Avec les figures de toutes les côtes, promontoires, terres, cours & autres choſes mémorables. Le tout vu en perſonne & noté correctement ſur place. Anno 1594 & 1595*).

En tout (XVI) & 76 pages, avec 14 planches.

Titre imprimé dans un frontiſpice gravé contenant entre autres une petite carte du détroit de Waygats (la Nouvelle-Zemble eſt ici appelée *Nova Hollandia*) & les noms des graveurs des planches (*Ioannes à Doetechum, Baptiſta à Doetec. fecerunt*).

Epitre dédicatoire aux Etats-Généraux & au conſeil de l'Amirauté, datée d'Enchuyſen, 1ᵉʳ Janvier 1601, & ſignée par l'auteur, 3 pp. Signat. § ij.

Odes, ſonnets, etc. (au nombre de 11, dont 10 en hollandais & 1 en latin), par C. Taemſſoon van Hoorn, H. I. Compoſtel tot Hoorn, P. Hoogherbeets, G. Tuning, Jac. Viverius, E. Vorſtius, etc. (1), 11 pp. Signat. de la 5ᵉ feuille (*), de la 6ᵉ (*) iij, de la 7ᵉ (*).

Préface 4 pp. (Fol. 1, 2.) Signat. A, A ij.

Texte imprimé en deux colonnes. Premier Voyage, 41 pp. (fol. 3—23*a*); Second Voyage, 28 pp. (fol. 24—37*b*). — Signature A iij—K. [ij].

Concluſion ou Epilogue (*Concluſie, ofte Nae-reden*). Fol. 38*a*.

Octroi des Etats-Généraux, du 20 Mai 1597. Fol. 38*b*. — A la fin de cette page: „Ghedruckt tot Franeker, | By Gerard Ketel, | Voor Jan Huyghen van Linſchoten, | reſideerende binnen Enchuyſen. | Anno 1601."

Planches figurant l'aſpect des côtes, avec indication des pages où elles doivent être inſérées, chiffrées 1—3 (dans la 3ᵉ l'île de Kilduyn),

(1) Quatre de ces poëmes, entre autres la grande Ode de C. Taemſſoon, avaient déjà été imprimés en 1595, en tête du „*Reys-gheſchrift*" de Linſchoten. Voir page 85.

4--10 (avec l'île de Maelſon), 11 (*Staten-eylant*); 12 (en partie *Mauritius-eylant*, avec la figure d'une croix couverte de caractères runiques), 14 (*Wardhuys*). La planche 4ᵉ offre une vue curieuſe de la rade devant Kilduyn, du village bâti dans cette île, avec ſes habitants, animaux etc. La 13ᵉ eſt une grande carte des côtes ſeptentrionales de la Ruſſie, deſſinée par Linſchoten en 1594; dédiée à Théod. van Oſch. (*Vera delineatio Maris Inſularum Portuum & littorum Septentrionalium ab Inſula Toxar per fretum Naſſoviacum ſeu Arcticum in mare Tartaricum ultra flumen Obi protenſa* etc.) La 15ᵉ repréſente les côtes ſeptentrionales, de la Hollande juſqu'au fleuve Oby; une partie de la planche contient des figures de Samoyèdes à pied & en traîneau, & leurs idoles. Elle eſt dédiée à Balth. Moucheron. Les planches & cartes ont toutes été gravées par J. & B. van Doetecom.

*b.* Voyaſie, ofte | Schip-vaert | van Jan Huyghen van | Linſchoten (*etc., comme le précédent. Dans le frontiſpice, les noms des graveurs ont été rayés & remplacés par cette adreſſe gravée:*) T' Amſterdam By Jan Evertſzen Cloppenburg Aº. 1624. | fol. [156].

En tout (IV) & 76 pages, avec 15 planches.

Titre imprimé, dans le même frontiſpice gravé qui a ſervi pour la première édition.

Epitre dédicatoire 2 pp. Signature: (2).

Préface, texte & planches comme dans la 1ᵉ édition. Signature A—K [ij].

*c.* Twee Journalen | Van twee verſcheyde Voyagien, gedaen door | Jan Huygen van Linſchooten, | Van by Noorden om, langhs Noorwegen, de | Noordt-Caep, Laplandt, Finlandt, Ruſlandt, de witte Zee, de Kuſten | van Candenoes, Sweetenoes, Pitzora, &c. door de Strate ofte Enghte | van Naſſouw, tot voor by de Reviere Oby, na | Vay-gats, | Gedaen in de Jaren 1594. en 1595. | Waer in ſeer pertinent beſchreven ende aen geweſen wordt, | al het geene hem op de ſelve Reyſen van dagh tot dagh voor gevallen is, als mede de | Beſchryvingh van alle de Kuſten, Landen, Opdoeningen, Streckingen en Courſſen, &c. | (*Planche gravée*) | t' Amſterdam, Gedruckt | By Gillis

Jooften Saeghman, in de Nieuwe-ftraet, | Ordinaris Drucker van de Journalen ter Zee, en de Reyfen te Lande. | (*Vers* 1663) 4°. [157].

(*Journaux de deux voyages différents de Jan Huygen van Linfchoten, faits par le Nord etc.*)

Dans le titre, une gravure en taille douce tirée des Voyages de De Veer, édition de Hartgers.

Texte en 2 colonnes, commençant au verfo du titre, avec pagination 2—40. Signature A 2—E 3.

Planches dans le texte, au nombre de 8, toutes gravées fur bois, les mêmes qui ont fervi pour les Voyages de De Veer (voir page 115).

Carte des découvertes au Nord, tirée de Pontanus. Le nom de Saeghman eft joint au titre (*Tabula Geogr. in qua admiranda* etc.) — C'eft la carte bien connue de Hondius.

Abrégé de l'ouvrage précédent, fans la préface & fans l'épilogue.

---

Cet ouvrage important & rare, même en Hollande (il n'en exifte que les deux éditions décrites par nous (1) & l'abrégé de Saeghman), contient la defcription détaillée des deux premiers voyages vers le Nord, entrepris par les Hollandais. Linfchoten y prit part en qualité de commis. Son journal eft plus étendu & plus intéreffant que celui de De Veer, qui n'affifta pas lui-même au premier voyage. De Veer travailla probablement fur le journal de Willem Barentfz. Quand, pendant le voyage, il fut réfolu de fuivre deux directions différentes, Barentfz côtoya avec le vaiffeau originaire d'Amfterdam les terres de la Nouvelle-Zemble,

---

(1) Au titre de l'édition françaife de l'*Hiftoire de la Navigation* de Linfchoten (voir p. 94), celle des Voyages au Nord eft annoncée, mais à tort, comme faifant partie du livre. Cette dernière hiftoire en eft abfente. Nous ne connaiffons aucune traduction françaife des Voyages au Nord antérieure à celle qui figure dans le tome IV du „Recueil de Voiages au Nord" (Amfterdam 1715).

& c'eſt ſon voyage que De Veer a décrit. Dans l'intervalle, Linſchoten ſe rendit, avec les deux autres navires ſous le commandement de Cornelis Corneliſz Nay & Brant IJſbrantſz Tetgales, par le détroit de Waygatz au golfe de Kara. Les journaux de De Veer & de Linſchoten traitent par conſéquent, quant à la première expédition, de deux voyages différents; durant la ſeconde, le vaiſſeau de Barentſz ne ſe ſépara point des autres. Cela fait que les journaux de Linſchoten & de De Veer ſe complètent mutuellement.

Quand ſon ouvrage eut paru, Linſchoten, qui était alors tréſorier de la ville d'Enkhuizen, en offrit un exemplaire aux Etats de Hollande. Ils lui témoignèrent leur reconnaiſſance par un don de 100 livres („hebben denzelven tot een vereeringe toegevoegt de ſomma van 100 ponden van 40 groten". Réſolution du 8 Septembre 1601).

Dans le grand *Atlas* de Blaeu (édition de 1664) on trouve, ſous le titre *Freti Waigats ſive Naſſavici ... deſcriptio* (1), un extrait de 12 pp. in fol. de l'ouvrage de Linſchoten. Les deux cartes qui font partie de ce texte (*I. Ordinum vulgo Staten Eyland* & *I. Mauritius*), ainſi que la figure de la croix avec les caractères runiques, ont été copiées des pl. 11 & 12 de Linſchoten.

Pour revenir aux *Icones* du 10e tome des Petits Voyages, planches dont nous pouvons maintenant indiquer l'origine, la 1e (*Warthuſz*) eſt une copie partielle de la 14e de Linſchoten, la 2e (*Kilduyn*) de la 4e, tandis que la carte des côtes ſeptentrionales (*Vera delineatio totius tractus ex Hollandia Septentrionem verſus*) eſt copiée de la 15e de Linſchoten; mais elle ne va que juſqu'à *Dronten* (Drontheim) & ne contient point les figures des Samoyèdes. De Bry avait déjà copié ces figures de l'ouvrage de Heſſel Gerritſz, dans ſa 3e planche.

M. Camus préſumait que cette dernière carte, copiée par les De Bry, devait avoir été imprimée à la ſuite de l'édition latine du voyage de Linſchoten en Orient. Cette conjecture ne ſe con-

(1) Dans l'édition hollandaiſe: *Weygats en de ſtraet Naſſou.*

firme point. La carte jointe à cet ouvrage eſt abſolument différente; nous en avons copié le titre p. 93. Comme elle paraît être très-peu connue, nous nous permettrons de nous y arrêter un moment.

En effet, quand M. Aſher, M. de Jonge (I, p. 23) & d'autres parlent de l'*intéreſſante* carte des contrées polaires de Jodocus Hondius, faiſant partie de la deſcription d'Amſterdam par Pontanus, ils ſemblent avoir perdu de vue que cette carte tant vantée eſt tout ſimplement une copie de la carte de Willem Barentſz, gravée, après ſa mort, en 1598. Il eſt vrai que Hondius y a fait quelques changements. Il y a joint, par exemple, les îles apocryphes nommées *Matſyn* & *Sir Hugh Willoughby's land*, & les noms de quelques endroits viſités par Hudſon; quoique la côte du Spitſberg n'ait point été revue d'après la carte compriſe dans l'*Hiſtoire* de ce nom. Mais du reſte, l'original de Barentſz eſt bien plus intéreſſant & plus authentique que la copie de Hondius. Le tracé de la route ſuivie par Barentſz lors de ſon dernier voyage, juſqu'à l'endroit de ſon hivernage, a été copié par Hondius de l'original. M. Béke qui, malgré cette indication, ſ'eſt efforcé de prouver que Barentſz a fait *le tour* du Spitſberg, ne pouvait ſavoir que Hondius la devait à Barentſz lui-même.

---

### 13. DESCRIPTION DU SPITSBERG.

(De Bry, Petits Voyages, Tome XI. 1613; Camus, Mémoire, p. 254).

*a.* Hiſtoire | Du Pays nomme | Spitſberghe. | Monſtrant comment qu'il eſt | trouvée, ſon naturel & ſes animauls, | avecques | La triſte racompte des maux, que noz Pecheurs, | tant Baſques que Flamens, ont eu a ſouffrir des Anglois, | en l'eſté paſſée l'An de grace, 1613. | Eſcrit par H. G. A. | Et en apres une Proteſtation contre les Angloys, | & annullation de touts leurs frivoles argumens, parquoy | ils penßent avoir droiét, pour fe faire Mai- | ftre tout feul, dudiét Pays. | En Amfterdam, a l'enfiegne de la Carte nautiq. | M. DC. XIII. [*Chez Heffel Gerritfz*] 4°. [158].

, Au verfo du titre, la même figure de vaiffeau que dans la *Defcriptio detectionis Freti*, mais fans texte.

Avec le titre, 30 pages. Signat. A 2—D 2. Font partie de l'ouvrage : la carte du Spitfberg, celle de la Nouvelle-Zemble, & la planche des morfes, qui fe trouvent dans l'édition *e* de la *Defcriptio detectionis Freti*, &, dans le texte, la figure de la baleine, tirée du même ouvrage.

Dans la carte du Spitfberg etc., Heffel Gerritfz a fait quelques changements. Après *Niev lant* il a ajouté : *autrement Spitfberghe*; au nord du Spitfberg il a indiqué : *Glacies ab Henrico Hudfonio inventa a°*. 1608 ; au coin du Groenlant il a feulement indiqué le cap *Hold with hope*, & dans la partie inférieure de la planche il a deffiné une „Figure des cornes des cherfs (cerfs) qu'on trouve au païs de Spitfbergen."

La planche des morfes porte les mots : *Ad vivum delineatum ab Heffelo G. A.* Voir du refte les obfervations faites par nous dans notre XIe chapitre.

Un exemplaire de cet ouvrage, le feul que nous connaiffions, fe trouve à la Bibliothèque Royale à la Haye. M. Beke (*Voyages by the N. Eaft*, p. lxxxvii) fait mention d'une autre édition avec le titre fuivant :

*b.* Hiftoire du Pays nommé Spitfberghe. Comme il a efté découvert, fa fituation & de fes Animauls. Avec le Difcours des empefchemens que les Navires efquippes pour la peche des Baleines tant Bafques, Hollandois que Flamens, ont foufferts de la part des Anglois, en l'Année prefente 1613 . Efcript par H. G. A. Et une Proteftation contre les Anglois, & annullation de tous leurs frivolz argumens, par les quelz ils penfent avoir droit de fe faire feuls Maiftres du dit Pays. A Amfterdam, chez Heffel Gerard A. a l'enfiegne de la Carte Nautiq. MD. C. XIII. [159].

Il femble que le contenu de cette édition ne diffère pas de l'édition précédente.

Dans cet ouvrage de Heſſel Gerritſz, l'éditeur de la *Deſcriptio & delineatio Detectionis Freti*, ſe trouve, après une courte introduction, 1° une partie du journal tenu par Willem Barentſz pendant ſon troiſième voyage au Nord en 1597, copiée de ſon MS. autographe. Cet extrait va juſqu'au 1er Juillet, date de la ſéparation des vaiſſeaux de Barentſz & de Rijp. On y rencontre par conſéquent le récit de la découverte du Spitſberg, nom qui fut d'abord donné à cette île, quoique les navigateurs la priſſent pour une partie du Groënland, & quoique Barentſz l'indique dans ſa carte ſous le nom de *Het nieuwe land* (la nouvelle terre). „La terre", liſons-nous dans la traduction de H. Gerritſz, „la terre (au long duquel prenions noſtre route) eſtoit la plus part rompue, bien hault, & non autre que monts & montaignes agües, parquoy l'appellions Spitſbergen." Ces mots du journal de Barentſz ſ'accordent avec la dépoſition de ſon compagnon de voyage Jan Corneliſzoon Rijp devant les magiſtrats de Delft, dont M. de Jonge (ouvr. cité, I, p. 24, note 1) a trouvé aux Archives de la Haye une traduction françaiſe, dans laquelle il eſt dit: „.... & donnerent à ce pays le nom de Spitſberguen à cauſe des grandes & hautes poinctes qu'il y a en iceluy". De Veer ne fait pas mention de ce nom dans ſon récit du voyage de 1597, mais l'extrait du journal de Willem Barentſz, communiqué par Heſſel Gerritſz, contient encore d'autres particularités qui ne ſe trouvent pas chez De Veer. C'eſt donc à tort que M. Beke a mis en doute l'authenticité de cet extrait. Du reſte, nous avons déjà eu l'occaſion de faire remarquer que la grande carte de Barentſz, où ſe trouve le tracé de ſon dernier voyage, réfute les aſſertions de M. Beke, en ce qui concerne la découverte du Spitſberg.

L'extrait du journal de Barentſz eſt ſuivi, dans l'ouvrage de H. Gerritſz, 2° d'une deſcription de la ſituation du Spitſberg, de la nature du lieu & des animaux qui ſ'y trouvent; 3° d'un récit du voyage de Willem Vermuyden au Nord en 1613 & de ſes démêlés avec la flotte anglaiſe. A la fin, H. Gerritſz y joint le traité de Plancius dans lequel celui-ci réfute les prétentions des Anglais à l'exercice excluſif de la pêche de la baleine, & qu'il avait déjà joint au *Detectio Freti* (édition *f.*). Ce traité de Plancius a été traduit en hollandais dans l'ouvrage de Nic. van Waffenaer, intitulé *Hiftorifch Verhael* (Tome VII, p. 93—94). Waffenaer y joint la convention du 23 Juin 1614 entre les amiraux hollandais & anglais Antonie Monier & Benjamin Jofeph, en vertu de laquelle une partie du Spitfberg eft affignée à chaque nation pour la pêche de la baléine.

Un extrait de l'*Hiftoire du Spitfberghe* eft ajouté par Commelin comme annexe à fon édition des Voyages de De Veer. Voir notre chapitre II B 2, p. 113.

Les de Bry ont fait traduire l'ouvrage de Heffel Gerritfz en entier, tant en allemand qu'en latin, & l'ont ajouté à leur XIe tome, publié en 1618. Le traité de Plancius y eft également traduit derechef en latin, quoiqu'il fût compofé dans cette langue, mais il paraît que l'éditeur allemand ne connaiffait pas ce dernier appendice au *Detectio Freti.* Comme d'habitude, la traduction de Francfort laiffe à défirer; dans l'édition allemande, par exemple, p. 43, l. 11, De Bry a omis les mots de Heffel Gerritfz: „Encores deux barques du bourg de Serdam", en forte que la phrafe eft mutilée. — Dans le cahier des planches appartenant au tome XIe, la 10e eft cenfée illuftrer la pêche des baleines. Elle avait déjà fervi pour le IVe tome des Petits Voyages & repréfente la pêcherie des habitants de l'île S. Marie.

## 14. PIÈCES DIVERSES.

(De Bry, Petits Voyages, *en allemand*, Tome XII, XIII. 1628. Camus, Mémoire, p. 272).

Les XIIe & XIIIe parties du recueil allemand des Petits Voyages contiennent quelques pièces qui ont rapport aux navigations hollandaifes. On fait (1) que „dans le recueil allemand ce font

(1) Camus, Mémoire p. 272.

toutes pièces détachées ; dans le recueil latin au contraire on a
fondu enfemble ces parties féparées pour en former un tout (dans
un feul tome), diftribué en trois livres & les livres en chapitres." Nous citerons donc les pièces comme elles font intitu-
lées dans l'édition allemande, & mentionnées dans le Mémoire
de M. Camus, p. 272 note 1.

XIIe partie. Pp. 31, 32. Relation und Befchreibung von Unei-
nigkeit vnd Streit der Englifchen Nation mit den Holländern
vnd Portugefen in den Orientalifchen Indien. Copey eines Schrei-
bes Thomae Spurconi, eines Englifchen Kauffmans ... Gefchehen
im Jahr 1616.

Extrait d'une lettre de Thomas Spurway, marchand anglais
à Bantam, dans le recueil anglais de Purchas, I, pp. 608 fvv.,
concernant les difputes des Anglais avec les Hollandais & les
Portugais aux Indes Orientales.

P. 33. „Schreiben der Englifchen Factorn in den Orientalifchen Indien, an die Indianifche Company, in Engelland. Im
Jahr Chrifti 1621". (Lettre des marchands anglais dans les I. O.
à la Compagnie des Indes en Angleterre).

Pp. 33, 34. „Erklärung der Holländer wie es wegen der
Orientalifchen Indien und etlichen deren Infulen befchaffen, auff
den Englifchen vermeinten zufpruch, in Niderländifcher Sprach
befchrieben, im Jahr 1622". (Déclaration des Hollandais en
réponfe à la lettre des marchands anglais).

P. 35. „Replica und Antwort der Englifchen Nation auff
vorgehende Erklärung der Holländer." (Réplique des Anglais à
la déclaration des Hollandais).

Ces trois pièces font traduites avec abréviations du recueil de
Purchas, tome I, pp. 684—692. L'original hollandais de la
feconde pièce porte pour tire :

Waerachtich | verhael, | Van 't geene inde Eylanden |
van Banda in Ooft-Indien, inden | Jaere feftien-hondert
eenentwintich, ende | te vooren is ghepaffeert. | Gedruckt
int Jaer ons Heeren, Anno 1622 | 4°. [160].

*(Relation véritable de ce qui s'eſt paſſé aux îles de Banda dans l'I. O., avant & pendant l'an 1622.)*

10 pages, ſans pagination. Signat. A ij—B.

Dans le recueil de Commelin (*Begin ende Voortgang*) cette pièce eſt auſſi ajoutée aux journaux des voyages des L'Hermite & de Verhoeff. Voir nos chapitres II A. 6 & II B. 10.

Pp. 35, 36. „Beſchreibung etlicher Scharmützel, und Schiff-ſtreit zwiſchen den Engliſchen und Holländern. Geſchehen im Jahr 1619." (Deſcription de quelques échauffourées & batailles navales entre les Anglais & Hollandais, en 1619).

Tiré en abrégé du recueil de Purchas, tome I, page 635.

P. 36. „Verzeichnuſz des Gewins, ſo die Holländer aufz den Orientaliſchen Indien etliche Jahr hero erlangt." (Tableau des avantages que les Hollandais ont tirés des I. O. pendant quelques années).

C'eſt un court réſumé de la pièce qu'on trouve dans le même recueil, tome I, pp. 718—20.

Pp. 36—66. „Journal von der Naſſawiſchen Flotta" etc.

Voir ſur cet extrait du journal de L'Hermite notre chapitre II A. 6.

Pp. 67—70. „Beſchreibung deſz denckwürdigen Schiff oder Waſſer Kriegs, ſo im Golfo di Perſia ſich zugetragen. Vier Engliſche Schiff. Vier Teutſche Holländiſche Schiff," etc. (Deſcription de la remarquable bataille navale livrée dans le Golfe Perſique par les Anglais & Hollandais réunis aux Portugais, en 1624).

Evidemment tiré d'une ſource anglaiſe. On trouve quelques particularités de cette expédition dans le journal de Pieter van den Broecke. Le nom du marchand hollandais Jacques Dedel, commis de la Compagnie dans ces contrées, ne doit pas être confondu avec celui de John Weddel, le commandant de la flotte anglaiſe, que M. Camus nomme Wedel (Mémoire, p. 276).

Pp. 70, 71. „Relation Petri Hillioni Galli, von Uberwalte-gung 8 Portugeſer Schiffen, welche mit der Engliſchen vnd Hol-ländiſchen Flotta geſtritten in Golfo di Perſia ... den 13 und 14

Tag Februar 1624" etc. (Relation de Pierre Hillion, natif de France, concernant la prife de 8 vaiffeaux Portugais par les Anglais & les Hollandais, etc.").

Cette pièce a rapport au même événement que la précédente.

XIII<sup>e</sup> partie, pp. 4—8. „Andere Vorrede an den günftigen Lefer, oder Bericht, belangend die Urfachen der Holländer diefe weitgelegene Oerter zuerfuchen, und fich wider die Spanier und Portugefen dafelbft feindlich zuerzeigen, geftellt durch B. P. B. M. D. (Seconde préface au lecteur, ou expofé des motifs qui ont porté les Hollandais à vifiter ces contrées lointaines & à faire la guerre aux Efpagnols & aux Portugais, écrite par B. P. B. M. D.).

Cette „feconde préface" contient entre autres un récit de l'expédition hollandaife aux I. O. fous l'amiral Jacob van Heemfkerck en 1600—1603. C'eft la même pièce qui fe trouve dans le huitième tome des Petits Voyages. Voir p. 166.

Pp. 20. „Verzeichnufz der Veftungen fo die Portugefen vnd Holländer in den Molluccifchen Infuln haben" etc. (Notice fur les fortifications que les Portugais & les Hollandais poffèdent aux Molucques).

Notice infignifiante tirée d'autres ouvrages. Cette pièce n'a aucun rapport avec la notice remarquable inférée dans le voyage de Spilbergen (voir p. 71). L'auteur confond les Efpagnols avec les Portugais. Probablement la pièce a été abrégée de Purchas.

Pp. 26—40. „Befchreibung der Schiffarth vnd Reyfz der ... Englifchen Capitänen Saris und Wilhelm Adams, in Japonien." (Defcription des voyages des capitaines anglais Saris & William Adams au Japon).

Récit tiré de différentes pièces du recueil de Purchas, I pp. 125 fvv., 334 fvv. — On fait que le pilote anglais William Adams prit part à l'expédition hollandaife fous Mahu & de Cordes, dont quelques vaiffeaux fe rendirent fous le commandement de Quaeckernaeck au Japon. Voir p. 23, note.

Pp. 124—128. Pièces concernant les voyages des Anglais & des Hollandais au Spitfberg, traduites en abrégé du récit de

Thomas Edge dans le recueil de Purchas, III, pp. 462 fvv. La carte remarquable du Spitfberg, qui fe trouve dans l'ouvrage anglais, n'a pas été copiée par les De Bry.

Le récit pp. 129—130 regarde le dernier voyage de Hudfon en 1610, & paraît avoir été tiré des journaux compris dans le recueil de Purchas, III, pp. 596 fvv.

Enfin, la „Defcription des Samojèdes" (pp. 151—52) a été tirée des obferyations de William Gourdon (1614—15), inférées dans le IIIe tome du recueil de Purchas, pp. 555—56.

# C. COLLECTION DES VOYAGES DE HULSIUS (1).

## I. VOYAGE EN ORIENT SOUS WOLFERT HARMENSZ.

(Collection de Hulfius, 8e partie. 1605).

Journael, ofte dach-regifter vande Voyagie, | Ghedaen onder het beleydt van den Admirael | Wolfhart Harman-fen. | Naer de Ooft-Indien, inden Iaren 1601. 1602. ende 1603. | Vervatende de vermaerde Zee-flagh, met zijn 5 Schepen gedaen | voor Bantam. Teghens de Portugefe Admirael Don Andrea Fortado Mendas, Met fijn Vlote | beftaende uyt acht groote Galioenen, ende 22 foo groote, als kleyne Galeynen. | Als mede kort verhael van de twee Iaerighe Voyagie ghedaen naer de Ooft-Indien door | Cornelis van Veen.

(*Journal du voyage fait fous le commandement de l'amiral Wolfert Harmenfz aux Indes Orientales, en 1601—3. Contenant le récit de la célèbre bataille livrée par lui devant Bantam, avec fes cinq vaiffeaux, à l'amiral portugais (lifez : efpagnol) Andrea Hurtado de Mendoza, avec fa flotte de huit grandes galiotes & 22 grandes & petites galères. De plus, un court récit du voyage de deux années fait aux Indes Orientales par Cornelis van Veen*).

Dans *Begin ende Voortgang*, Vol. I. Sans titre féparé. Imprimé en deux colonnes. Signat. AAA—DDD.

Pag. 1—25. Voyage de W. Harmenfz; pag. 26, 27. Récit de C. van Veen. Sur ce dernier, voir notre chap. II B. 8.

---

(1) Nous traitons dans cette partie des journaux de navigations hol-landaifes qui ne fe trouvent pas dans la collection des De Bry, mais feu-lement (les collections hollandaifes exceptées) dans celle de Hulfius. Du voyage, fait fous Gerard le Roy, en 1598, dont Hulfius donne une notice infignifiante dans fa 8e partie, il n'exifte aucun journal hollandais.

Le 23 Avril 1601 partirent de la Hollande deux efcadres, réunies fous le commandement de Wolfert Harmenfz & de Jacob van Heemsfkerck. Ils fe féparérent auprès des Açores. Harmenfz arriva à Bantam vers la fin de Décembre & y trouva la flotte efpagnole commandée par Andrea Hurtado de Mendoza, qu'il attaqua vaillamment & qu'il mit en fuite. Il vifita enfuite les Molucques & revint dans fa patrie en Mars 1603.

Le journal publié dans le recueil de Commelin eft le feul que nous poffédions du voyage de Harmenfz. M. de Jonge a publié dans fon intéreffant ouvrage (II, pp. 530—36) une lettre concernant cette expédition, écrite à bord de la corvette *het Duyfken* (le Pigeon), dont le capitaine fut ce même Willem Cornelifz Schouten qui prit part à la découverte du détroit de Le Maire. Voir notre chap. II A. 4.

La notice de Hulfius eft évidemment une traduction de la lettre publiée par M. de Jonge, fauf quelques omiffions & quelques infertions de l'éditeur allemand. L'un & l'autre récit f'accordent parfaitement quant aux dates, différentes de celles du journal de Commelin, qui fut tenu à bord du vaiffeau-amiral *Gelderland* (Gueldre). Commelin a quelque part (pp. 12—15) une infertion concernant le commerce aux Indes, les efforts des Portugais pour empêcher celui d'autres nations européennes dans ces contrées, & les opérations antérieures de la flotte de Mendoza. Cette dernière partie, celle qui traite de la flotte efpagnole, fe trouve auffi dans Hulfius (chap. V), un peu raccourcie, il eft vrai, mais évidemment tirée de la même fource (1).

## 2. VOYAGE EN ORIENT SOUS JACOB VAN HEEMSKERCK.

(Collection de Hulfius, 8e partie. 1605).

*a.* Schip-vaerdt by de Hollanders | ghedaen naer Ooft-Indien, onder 't beleydt | van den Admirael Iacob Heemf-

---

(1) Les planches de la 8e partie de Hulfius font fans doute imitées d'autres ouvrages.

kerck, | in den Iare 1601. Ghetogen uyt het Iour- | nael, ghehouden by Reyer Cornelifz, | Stuyr-man op 't Schip ghenaemt de Swarte | Leeuw, uytgevaren voor Vice-Admirael van | de Vlote, daer Schipper op was Adriaen | Block.

*(Navigation faite par les Hollandais aux Indes Orientales fous le commandement de l'amiral Jacob van Heemfkerck, en 1601. Tiré du journal tenu par Reyer Cornelifz, pilote fur le vaiffeau du vice-amiral).*

Dans *Begin ende Voortgang*, vol. I, à la fuite des journaux de Steven van der Haghen & de Guillaume Sénéchal, pp. 26—31.

*b.* Derde voornaemfte Zee-getogt | (Der verbondene vrye Nederlanderen) | Na de | Ooft-Indien: | Gedaan | Met de Achinfche en Molukfche Vloten, onder de Ammiralen | Iacob Heemfkerk, en Wolfert Harmanfz. In den Jare 1601. 1602. 1603. | In de welcke | Verfcheiden Zee-gevallen, vreemde Eilanden, Landen, Volkeren, Zeden, | Godsdienften, wonderlijke en nutte Vrugten, Trouloofheden, Voor- | zorgen, Zee-flachten, &c. befchreven werden, waardig om lezen. | Getrocken | Uyt de naarftige aanteekeningen van Willem van Weft-Zanen, Schipper | op de Bruin-Vis, en met eenige noodige byvoegfelen vermeerdert, | Door H. Soete-Boom. | (*Planche gravée*) t' Sanerdam, | By Hendrik Jacobfz Zoet, Boekverkoper aan den Dam, in de witte Pars. 1648. | 4°. [161].

*(Troifième expédition capitale des Hollandais réunis aux Indes Orientales, avec les flottes d'Achin & des Molucques fous les amiraux Jacob van Heemfkerck & Wolfert Harmenfz, en 1601—3. Dans laquelle font décrits plufieurs aventures de mer, des particularités touchant les pays vifités, des combats navals, etc. Tiré des notes confciencieufes de Willem van Weft-Zanen, capitaine à bord du vaiffeau „Bruinvis", & augmenté de quelques additions néceffaires par H. Soete-Boom).*

En tout: (VIII) & (60)pp.
Titre avec une planche emblématique gravée, repréfentant des vaiffeaux au combat, avec la devife *Door vuur en brant, voor 't vaderlandt*, & un

couplet de 4 vers par Soeteboom. — Au verſo du titre ſe trouve un ſonnet ſigné *Deugt maakt Edel.*

Introduction (par Soeteboom, conc. les premiers voyages des Hollandais), 4 pp. Signat. A 2, *3.

Poëmes de H. Bergius, H. Soeteboom, T. Traudenius; indication des planches. 2 pp.

Texte, imprimé en deux colonnes, 30 ff. chiffrées ou 59 pages. Signat. A—H. A la fin: „t'Amſteldam, Uit de Drukkery van Tymen Houthaak, op de Nieuwe-zijds Kolk, naaſt de Boog van Weeſp. Anno 1648."

Planches dans le texte, au nombre de 8, toutes bien gravées; il y a cependant une grande différence entre le premier tirage & les éditions poſtérieures. Ceci s'applique ſurtout aux planches ſuivantes, imprimées ſur des feuilles doubles.

N°. 1. Carte de Java avec des vues de Batavia, Bantam, Jacatra, & d'un volcan.

N°. 2. Navires des Japarais; combat avec les naturels de Japara, etc. (4 diviſions).

N°. 3. Les vaiſſeaux du vice-amiral à Mauritius; chaſſe, pêcherie, etc. (4 compartiments).

N°. 4. Ile de S. Helène.

*b.* Derde voornaemſte Zee-getogt (*etc.*, *comme le précédent*) .... t' Amſteldam, | By Jan Jacobſz Schipper, op de Prince-graft, in Titus Livius, 1648. | 4°. [162].

Même édition que la précédente avec changement dans le titre.

*c.* Derde voornaemſte Zee-getogt (*etc.*, *comme le précédent*) ... Tot Wormerveer, | By Willem Symonſz Boogaert, Boeckverkoper, in den Beſlagen Bybel. 1648 | 4°. [163].

Même édition que *a*, avec changement dans le titre.

*d.* Derde voornaemſte Zee-getogt (*etc.*, *comme* a). [164].

C'eſt encore la même édition que les précédentes, y compris les feuilles préliminaires; ſeulement, on a changé le numérotage des feuilles du texte en 41—70, & la ſignature en L—S. De plus, on a inſéré dans la première page, ſous le nom de

Heemſkerck, les mots: „Het 2<sup>de</sup> Boek." Cela s'eſt fait évidemment afin de pouvoir ajouter ce voyage à quelque autre.

---

L'eſcadre de Jacob van Heemſkerck, nous l'avons dit, partit en même temps que celle de Wolfert Harmenſz, & ſ'en ſépara auprès des Açores. Peu de jours après, Heemſkerck livra bataille à une diviſion eſpagnole, mais, par différents déſaſtres, ſon eſcadre ſe diſperſa, le vice-amiral Jean Grenier fut contraint de pourſuivre le voyage à lui ſeul ſur le vaiſſeau *de Swarte Leeuw* (le Lion noir), & arriva devant Achin le 14 Décembre, d'où il partit pour Ticou en Février 1602, & enſuite pour Bantam. Heemſkerck était arrivé dans ce même port, avec le reſte de ſon eſcadre, le 22 Février. Au mois de Mai 1602, quatre de ſes vaiſſeaux, ainſi que le *Swarte Leeuw*, repartirent pour la Hollande ſous le commandement de Hans Schuurmans. Heemſkerck lui-même reſta avec deux de ſes vaiſſeaux aux Indes & ne rapatria qu'en Octobre 1603, après avoir mis la main ſur la grande caraque envoyée chaque année par les Portugais de Macao à Malacca, & dont la valeur, ſuivant Hulſius, ſe ſerait élevée cette année-là à 5 millions.

Le journal publié dans le recueil de Commelin eſt celui qui a été tenu à bord du vaiſſeau *de Swarte leeuw* (le Lion noir). Il raconte rapidement le voyage du vice-amiral Grenier & ſes aventures à Achin & Ticou, juſqu'à ſon départ pour la Hollande.

Le journal de Willem Pieterſz, de Weſtzanen, capitaine du navire *de Bruinvis* (le Marſouin), appelé auſſi *Enkhuizen*, eſt plus ample & plus intéreſſant. Ce vaiſſeau reſta auprès de l'amiral juſqu'à ſon départ de Dèmak pour les Molucques, & quitta Bantam avec le *Swarte leeuw* & trois autres vaiſſeaux, en Mai 1602, pour reprendre le chemin de la patrie. L'éditeur, Hendrik Jacobſz Soet ou Soeteboom, a inféré dans le récit de Pieterſz pluſieurs deſcriptions des contrées viſitées, tirées d'autres ouvrages. A l'exception d'un ſeul épiſode, celui du combat livré à Mendoza par

Wolfert Harmenfz, l'ouvrage eft entièrement confacré au voyage de Heemfkerck; l'autre amiral n'y eft nommé qu'incidentellement.

Il nous femble que les planches, dont le livre eft illuftré, celles du moins qui font corps avec le texte, font dues à l'imagination de l'artifte.

A une courte notice fur le voyage de Heemfkerck aux Indes fuccède, dans la 8ᵉ partie de Hulfius, un récit détaillé & très-remarquable du combat livré par l'amiral hollandais à la caraque portugaife, dont nous avons parlé plus haut. A titre de pièces juftificatives, cette narration eft fuivie d'une lifte des marchandifes compofant la cargaifon de la caraque, & de la fentence de l'amirauté d'Amfterdam (9 Septembre 1604), la déclarant de bonne prife. — Voir auffi, fur la prife de ce navire, la feconde préface dans l'édition allemande du XIIIᵉ tome des Petits Voyages (ci-deffus, p. 201).

3. VOYAGE EN ORIENT DE CORNELIS MATELIEF.

(Colleétion de Hulfius, 10ᵉ partie. 1613).

*a.* Hiftoriale | ende ware | Befchrijvinge vande reyfe des | Admiraels Cornelis Matelief de Jonghe, naer | de Ooft-Indien, wtghetrocken in Mayo 1605. Mitfgaders | de belegheringhe voor Malacca, als ooc den flach ter | Zee teghen de Portugijffche armade, | ende andere difcourffen. | (*Gravure en bois*) | Tot Rotterdam, | By Ian Ianffz. Anno 1608. | 4°. [165].

(*Defcription hiftorique & véritable du voyage de l'amiral Cornelis Matelief le Jeune, aux Indes Orientales (parti en Mai 1605), ainfi que du fiège de Malacca, de la bataille navale livrée à la flotte portugaife, etc.*)

En tout 12 pp., fans pagination. Signat. des feuilles 2—5, (··)ij—(··)v. La gravure en bois eft la même qui fe trouve dans le titre de: „Difcours ende Befchrijvinge van ... Canaria .... Tot Rotterdam, By Gillis Pieterfz... 1599" (voir p. 38).

*b.* Breeder verhael ende klare be- | fchrijvinge van tghene den Admirael Cornelis | Matelief de Jonge inde Ooft-Indien voor de Stadt Malacca, ende | int belegh der zelver weder- varen is: als ooc den vreeffelijc- | ken ftrijdt ter Zee, tuf- fchen den Admirael voorfz | ende de Portugijfen, ende andere ghe- | fchiedeniffen meer. | Overghefchreven by eenen der Commifen inde Vlote. | Tot Rotterdam, | By Ian Ianffz. Anno 1608. | 4°. [166].

(*Ample récit & defcription lucide de ce qui eft arrivé à l'amiral Cor- nelis Matelief le Jeune devant la ville & durant le fiège de Malacca; de la fanglante bataille navale livrée par cet amiral aux Portugais, etc. Com- pofé par un des commis de la flotte*).

En tout 18 pp. fans pagination. Signat. A ij—C. — La gravure en bois fe retrouve dans le „Difcours” fur l'île de Canarie, de 1599, page 14.

*c.* Breeder verhael (*etc., comme le précédent*).

Même édition; autre tirage. A la fin, une figure avec écuffon blanc. Dans l'édition précédente, à l'écuffon d'Autriche.

*d.* Hiftorifche Verhael, | Vande treffelijcke Reyfe, ge- daen naer de Ooft-Indien | ende China, met elf Schepen | Door den Manhaften Admirael | Cornelis Matelief de Jonge. | Inden Jaren 1605. 1606. 1607 ende 1608.

(*Récit hiftorique du remarquable voyage fait aux Indes Orientales & à la Chine, avec fix vaiffeaux, par le vaillant amiral Cornelis Matelief le Jeune, en* 1605—8).

Dans *Begin ende Voortgang*, Vol. II. Sans titre féparé.
Imprimé en deux colonnes. Texte 191 pages. Signature (AA)—₊*₊3.
Planches fur des feuilles féparées, avec numéros indiqués dans le texte, quelques-unes avec infcription gravée.
N°. 1. De Reede van Anna-bon. (La rade d'A.)
N°. 2. Malacca (1).
N°. 3. (Trois vaiffeaux portugais brulés).
N°. 4. Iacatra.

N°. 5. Intérieur du château d'Amboine).

N°. 6. (Extérieur „   „       „ ).

N°. 7. Ternata (& fort Malaya).

N°. 8. (Plan de Gamalama).

N°. 9. (Idole chinoife, affife devant une table).

N°. 10. (Jonque chinoife).

N°. 11. (Palais de Lamthau près de Canton).

Les pp. 1—139 de l'ouvrage contiennent le Journal de Matelief; les pp. 140—187, deux lettres de Jacques L'Hermite le Jeune à fon père, concernant le voyage de Matelief (le fiège de Malacca, etc.) Nous y reviendrons à l'inftant même. Pour remplir les feuilles reftantes on a ajouté (pp. 188—191) quelques demandes & réponfes concernant la navigation, tirées du *Reyf-gefchrift* de Linfchoten, pp. 132—34.

*e.* Journael, | Ende | Hiftorifche Verhael, van de | treffelijcke Reyfe, gedaen naer Ooft-Indien, ende | China, met elf Schepen. | Door den Manhaften Admirael | Cornelis Matelief | de Jonge. | Uyt-ghevaren in den Jare 1605. En wat haer in de volghende Jaren 1606. 1607. ende 1608. weder-varen is. | Een feer Vreemde en Wonderlijcke Reyfe. | (*Planche repréfentant des vaiffeaux*) | t'Amftelredam, | Voor Jooft Hartgers, Boeck-verkooper in de Gafthuys-Steegh, | bezijden het Stadt-huys, in de Boeck-winckel. 1648 | 4°. [167].

Titre imprimé.

Planche double, contenant en fix divifions des copies des pl. 1, 2, 4, 7, 8, 9 de *Begin ende Voortgang.*

Texte, pp. 1—142. Signature A 2—I 5. A la fin: „t'Amftelredam, | Gedrukt by Adriaan Harmenfz Roeft, woo- | nende in de Bloem-Straat, naaft de Fonteyn | van Aken. 1648."

Réimpreffion du précédent fans les additions (pp. 140—191). On y a auffi omis une lifte des vaiffeaux hollandais & portugais

(1) Cette planche ainfi que la onzième font expliquées dans le texte par des initiales & des chiffres qui ne correfpondent à rien dans la gravure.

qui ſe trouve dans l'édition précédente à la page 29, & les „Noms des familles & des peuples ſur l'île d'Amboine", aux pp. 59—61.

———

La flotte envoyée aux Indes par la Compagnie des I. O. en Mai 1605, ſous le commandement de Cornelis Matelief le Jeune, arriva en Mai 1606 à Malacca, où elle remporta deux victoires ſur la flotte portugaiſe. Le 6 Janvier 1607 Matelief envoya une partie de ſa flotte ſous les ordres du vice-amiral Olivier de Vivere, à Achin; deux de ces vaiſſeaux revinrent en Hollande en Mai 1608. L'amiral lui-même partit pour les Molucques, où il fit bâtir le fort Malayo dans l'île de Ternate, viſita la Chine, & retourna à Bantam en Novembre 1607. Après l'arrivée de la flotte de Paulus van Caerden à Bantam, en Janvier 1608, Matelief retourna dans ſa patrie & y débarqua en Septembre de la même année.

La pièce *a* contient une lettre qui, bien que la ſignature de l'amiral n'y ſoit point appoſée, eſt cependant évidemment de Cornelis Matelief lui-même. Elle fut écrite le 7 Janvier 1607, & envoyée avec l'eſcadre du vice-amiral en Hollande. Il ſemble qu'elle était adreſſée aux Directeurs de la Compagnie des I. O. à la Chambre de Rotterdam. „Quant aux moyens de recommencer la guerre (à Malacca)", liſons-nous à la fin de cette brochure, „je les diſcute dans ma lettre à la *Compagnie générale.*"

Cette pièce, où ſont racontés, ainſi que dans la pièce ſuivante, les événements ſurvenus à Malacca (Mai-Décembre 1606), contient des particularités qui ne ſe trouvent pas dans le journal de Matelief.

La pièce *b*, écrite „par un des commis de la flotte" aux Directeurs de la Compagnie des I. O. & datée „int ſchip *Eraſmus*, den 6 Januarij 1607", paraît avoir été envoyée en Hollande par la même occaſion que la lettre précédente. L'auteur, qui ne ſe nomme pas, n'eſt autre que Jacques l'Hermite le Jeune, qui ſuc-

14*

céda à Adriaen Franſz, décédé le 22 Juillet 1606, en qualité de commis ſur le vaiſſeau *Eraſmus*, comme il le rappelle au commencement de cette lettre même (1).

Le journal de Matelief, bien que rédigé à la troiſième perſonne, à moins que l'éditeur n'en ait lui-même modifié la rédaction ("Den Admirael kreeg tijdinge" etc.), eſt évidemment de la main de l'amiral, qui ſavait très-bien manier la plume. L'importance de cet ouvrage eſt du reſte aſſez reconnue. Nous obſervons ſeulement que l'auteur a inſéré dans ſon journal une deſcription de l'île Mauritius; de la flotte portugaiſe; de la ville de Malacca; de l'île d'Amboine, augmentée de quelques notices de Frederick de Houtman (2), gouverneur de cette île (Mai 1607), & d'une liſte des "Noms des familles & des peuples" qui y demeurent, compoſée par un habitant; — un diſcours compoſé par lui-même ſur l'état du commerce aux Indes ("Diſcours gheſtelt by den Admirael C. Matelief op den Staet ende handel van Indien," pp. 72—76); — enfin, une deſcription étendue & remarquable de la Chine (pp. 91—118).

L'éditeur a ajouté au journal de Matelief 1° dans ce journal, à la ſuite des pièces ſur Amboine (pp. 62, 63), un extrait d'un journal du voyage de Jacques L'Hermite, envoyé par l'amiral en Mai 1607, d'Amboine à Célébes, d'où il partit pour Bantam; — 2° à la ſuite de l'ouvrage, comme nous l'avons déjà obſervé, deux lettres du même L'Hermite à ſon père. La première (pp. 140—145), ſans date, a été évidemment écrite à Mauritius en Janvier 1606 (3) & fut apportée aux Pays-Bas par les vaiſſeaux de l'amiral Steven van der Hagen, que Matelief rencontra devant cette île. La ſeconde (pp. 145—187), très détaillée, eſt écrite, comme le

---

(1) Comparez la ſeconde lettre de L'Hermite à la ſuite du Journal de Matelief, dans *Begin ende Voortgang* page 163 & 187.

(2) C'eſt le frère de Cornelis de Houtman. Voir ſur lui page 123 & comparez le chapitre ſuivant.

(3) Les dates en tête des pages dans *Begin ende Voortgang* ſont fautives. Aux pp. 140—145*a*, liſez 1605 au lieu de 1606; aux pp. 145—187, au lieu de 1607 & 1608, liſez 1605 & 1606. La date du départ de la flotte de Van der Hagen, à la page 145 doit être 9 Janvier 1606.

porte la foufcription, „à bord du vaiffeau *Erafmus*, en rade de
Pulo Pinaon, le 5 Janvier 1607", un jour avant la lettre qu'il
adreffa aux Directeurs de la Compagnie & celle qui nous a été
confervée dans le *Breeder verhael.*

Jacques L'Hermite, le même qui fit plus tard le tour du monde
(voir notre chap. A 6), fut de 1607 à 1611 commiffaire, en chef
du commerce à Bantam. Dans l'ouvrage de M. de Jonge (III, p.
378—394) on trouve de fa main un mémoire très-remarquable
concernant le commerce aux Indes.

Dans la defcription d'Amfterdam de Pontanus (éd. lat., pp.
212—15; éd. holl., pp. 262—66), fe trouve un récit des victoires
remportées fur les Portugais devant Malacca. Nous en faifons
mention à caufe de trois planches, gravées en taille douce, dont
ce récit eft illuftré.

Le récit du Voyage de Matelief qui fe trouve dans la collection
de Hulfius (10ᵉ partie, publiée en 1613) eft une compilation des
deux pièces que nous avons décrites fous *a, b.* L'éditeur allemand y a joint quelques courtes defcriptions des endroits vifités
(Malacca, Achin, Ceylan), tirées d'autres ouvrages, &, à la fin
(p. 50—52), quelques nouvelles concernant le retour de la flotte.
Deux des quatre planches n'appartiennent pas au récit; les deux
autres font apparemment dues à l'imagination de l'artifte allemand.

---

2. VOYAGE EN ORIENT DE WILLEM IJSBRANTSZ BONTEKOE, ET AU
SPITSBERG, DE DIRCK ALBERTSZ RAVEN.

(Collection de Hulfius, 24ᵉ partie, 1648).

*a.* Iournael | ofte | Gedenckwaerdige befchrij- | vinghe
vande Ooft-Indifche Reyfe van | Willem Yfbrantfz Bon-
tekoe van Hoorn. | Begrijpende veel wonderlijcke en ge-
vaerlijcke | faecken hem daer in wedervaren. | Begonnen den
18 December 1618. en vol-eynt den 16. November 1625. |
(*Planche gravée*) | Tot Hoorn, Ghedruckt by Ifaac Wil-

lemfz. | Voor Ian Ianfz Deutel, Boeck-verkooper op 't Ooft in Bieftkens | Teftament, Anno 1646. | 4°. [168].

*(Journal ou defcription du mémorable voyage aux Indes Orientales fait par Willem Ijfbrantfz Bontekoe, natif de Horne. Contenant plufieurs chofes étonnantes & périlleufes qui lui font arrivées en chemin. Du 18 Décembre 1618 au 16 Novembre 1625).*

La planche du titre repréfente les armes de la ville de Hoorn, entourées de marchands & de marins. Au fecond plan on aperçoit la ville.

Epitre dédicatoire de l'éditeur aux Directeurs de la Compagnie des I. O. à la chambre de Hoorn, datée de H., 16 Juillet 1646. 2 pp. Sign. *ij.

Préface au lecteur, fuivie de 4 fonnets & épigrammes fur le voyage de B., par J. B. Berckhout etc., & de quelques errata. 4 pp. Sign. *iij.

Portrait de B. dans un cadre ovale, avec une épigramme de 4 lignes. (*Dits 't beelt van Bonte-koe*, etc.) Signée I. I. d[eutel].

Texte 75 pp. Signat. A—K. La 76e page contient une indication des planches.

Planches fur des feuilles doubles, chiffrées, mais fans infcription :

Nº. 1. On achète des vivres dans l'île de S. Marie.

Nº. 2 en 4 divifions. Naufrage du vaiffeau de B.

Nº. 3 en 2 divifions. Ils attrapent des oifeaux & des poiffons volants dans les barques.

Nº. 4 en 2 divifions. Defcente fur la côte de Sumatra.

Nº. 5 en 2 divifions. Ils font attaqués par les Indiens & prennent la fuite dans leur barque.

Nº. 6 en 2 divifions. Defcente dans une île, & rencontre avec la flotte de Frederick Houtman.

Nº. 7. Naufrage près de Madagafcar.

Nº. 8. Radoub du vaiffeau fur la côte de Madagafcar.

Pour être complet, le Journal de Bontekoe réclame l'appendice fuivant :

Iournael | ofte | Befchrijvinge vande rey- | fe ghedaen by den Commandeur Dirck Al- | bertfz Raven, nae Spits- berghen, in den Jare 1639. | ten dienfte vande E. Heeren Bewindt-heb | bers vande Groenlandtfche Com- | pagnie tot Hoorn. | Waer in verhaelt wordt fijn droevighe Schip- breucke, | fijn ellende op 't wrack, en fijn blijde verlof- finge. | Met noch eenighe ghedenckweerdige Hiftorien. | Alles waerdigh om te lefen. | (*Vignette : un livre au milieu*

*d'un fleuron*) | Tot Hoorn, Gedruckt by Iſaac Willemſz. |
Voor Ian Ianſz. Deutel, Boeck-verkooper op 't Ooſt in |
Bieſtkens Teſtament, Anno 1646.

Pag. 3: Préface de l'éditeur. Signat. A ij.

Pag. 4: Poëme au lecteur, ſigné Ian Ianſz. Deutel. *Tracht nae 't goede.*

Pag. 5—16. Texte, avec ſignat. A iij—B iij. — Les pp. 5—11 contiennent le journal de Raven; pp. 12—16 trois autres récits de voyages au
Nord, de Andries Janſſz van Middelburch & d'autres en 1634; de Raven
en 1633; de Pieter Janſz Pickman en 1616.

Planche (à la 6e page): Naufrage de Raven.

A la fin des deux journaux on trouve une répétition de l'adreſſe, avec
l'année 1646.

En tout (VIII), 75 & 16 pp. avec portrait, & 9 planches.

Première édition des journaux de Bontekoe & de Raven.
L'éditeur, Jan Janſz Deutel, qui eut quelque ſuccès comme poëte,
nous apprend dans la préface du premier voyage qu'en liſant le
journal de Bontekoe „qui ſemblait déjà deſtiné à l'oubli par l'auteur",
il le jugea digne de reſter „en éternelle mémoire chez nous &
nos deſcendants". Il le pria donc de le lui laiſſer imprimer.
Bontekoe réſiſta d'abord, penſant que le ſouvenir de ſon voyage était
déjà preſque effacé, & jugeant que ſon journal n'avait pas aſſez de
mérite pour être livré au public. Cependant, preſſé par ſes amis,
il finit par donner ſon conſentement.

Le 28 Décembre 1618 Bontekoe quitta les Pays-Bas ſur le vaiſſeau
*Nieuhoorn*, dont il était le capitaine (*schipper*). Après avoir
paſſé l'île de Madagaſcar, ſon vaiſſeau brûla. Il ſe ſauva avec
une partie de ſon équipage dans une barque & arriva, après
une ſérie d'aventures, au détroit de Sunda, où ils rencontrèrent
une flotte hollandaiſe ſous les ordres de Frederik Houtman (1).
Bontekoe raconte enſuite ſes aventures aux Indes, ſon voyage en
Chine, & ſon retour dans ſon pays où il arriva en Novembre

---

(1) Ce Frederik Houtman, natif d'Alkmaar, qui fut membre du conſeil
des I. O. & gouverneur des Molucques de 1618 à 1625, ne doit pas être
confondu avec Frederik de Houtman, natif de Gouda, que nous avons déjà
rencontré plus d'une fois (voir p. 123, 212).

1625. A la fin de fon récit il fait mention de la mort de „fon ami particulier" Willem Cornelifz Schouten, arrivée dans la même année.

Le portrait de Bontekoe, que Deutel a ajouté à l'ouvrage, eft bien gravé; il ne porte pas de nom d'artifte. Les planches ont été deffinées de fouvenir & ne poffèdent par conféquent qu'une valeur très-relative.

Le journal du voyage de Raven eft également de la main du voyageur. C'eft une hiftoire de naufrage. Le récit de 1634 comprend un hivernage dans l'île du Spitfberg. Dans l'extrait du journal de Raven de 1633, on trouve l'anecdote d'un certain Thijs Syvertfz qui fut merveilleufement fauvé à *Jan Mayen-Eylandt*. Le récit de Pickman reproduit une aventure femblable.

On verra par le grand nombre d'éditions de ces journaux (1) qu'ils devinrent & reftèrent longtemps populaires. Les aventures de Bontekoe furent vraiment furprenantes. Elles font racontées avec une naïveté & une bonne foi remarquables. Encore aujourd'hui, dans les ouvrages pour la jeuneffe qu'on publie en Hollande, Bontekoe reparaît à tout moment. La locution „voyage de Bontekoe", pour défigner en général un voyage malencontreux, n'a point difparu jufqu'ici du langage familier.

*b.* Iournael | ofte | Gedenckwaerdige Befchry- | vinghe (*etc., comme le précédent. La marge de notre exempl. eft coupée, mais cette édition porte l'adreffe:* Tot Utrecht, By Efdras Willemfz Snellaert 1647.) 4°. [169].

(VIII) & 72 pp. & Journal de Raven 16 pp. — Au titre le portrait de Bontekoe, gravé par H. Wynter; copie, ainfi que les planches 1—7 de l'édition précédente. — L'épitre dédicatoire porte le nom de Deutel. — A la fin du Journal de Bontekoe on trouve la foufcription: „t'Vtrecht,

(1) Pour ce qui concerne les éditions que nous mettons entre [ ], nous ne les avons pas vues, mais leurs bienveillants poffeffeurs nous en ont fourni des indications. Plufieurs autres éditions encore font mentionnées dans des catalogues, par exemple: Amfterdam 1659; Amfterdam 1682; Utrecht 1684.

Gedruckt by Gillis Bilfteyn, 1647". — La préface du Journal de Raven porte auffi le nom de Deutel. — A la fin de l'ouvrage on trouve l'indication des (7) planches du voyage de Bontekoe.

Réimpreffion textuelle de l'édition précédente.

[c. Journael (*etc.*, *comme le précédent*). Rotterdam, Ifaack van Waefberghe. 1647. 4°]. [170].

*d.* Iournael (*etc.*, *comme* a) .... Waer by ghevoeght is het Iournael van Dirck Albertfz Raven, als | oock ver-fcheyden gedenckwaerdige gefchiedeniffen, op veel plaet-fen | verbetert en een groot deel vermeerdert. | Tot Hoorn, Ghedruckt by Ifaac Willemfz. | Voor Ian Ianfz. Deutel, .... Anno 1648 | 4°. [171].

(*Journal etc. Où l'on a ajouté le Journal de Dirck Albertfz Raven, comme auffi plufieurs hifloires remarquables, corrigées & confidérablement augmentées.*

(VIII) & 80 pp., y compris le Journal de Raven, dont le titre fe trouve à la page 61e. — Avec les 8 planches du Journal de B. & la planche de celui de R. Toutes portent le numéro de la page où elles doivent être inférées; dans le texte même il ne s'en trouve pas d'indication. — Le titre de l'ouvrage contient la même vignette qu'on remarque dans celui des éditions *t* & *u* du Journal de Schouten (voir page 50).

Edition augmentée, 1° (à la page VIII des ff. préliminaires) d'un difcours de Deutel à fes confrères (*gilde-broeders*), dans lequel il fe plaint des copies faites de fes journaux à Utrecht & à Rotterdam; — 2° de quelques particularités ajoutées au récit de Pickman; — 3° de quatre autres récits d'expéditions fem-blables, les trois dernières entreprifes en 1645—46; — 4° de deux gravures en taille-douce inférées dans le texte de ces récits.

[e. Iournael (*etc.*, *comme le précédent. Même titre*)... 1648 4°.] [172].

Dans cette édition le voyage de Bontekoe contient (VIII) & 72 pp., comme dans la première. A la fin on lit: „t' Haerlem, gedruckt by Thomas Fonteyn 1646". — Le voyage de Raven eſt ſemblable au texte de l'édition *d*.

*f.* Journael | ofte | Gedenckwaerdige beſchrijvin- | ge van de Ooſt-Indiſche Reyſe van | Willem Yſbrantſz | Bontekoe van Hoorn. | Begrijpende (*etc.*, *tout comme le précédent*).... t'Amſtelredam, | Voor Jooſt Hartgers, Boeck-verkooper ın de Gaſthuys-Steegh, bezij- | den het Stadt-huys, in de Boeck-winckel. 1648. | 4°. [173].

(IV) & 76 pp., y compris le journal de Raven, donc le titre ſe trouve à la page 59°. — La page 76e porte le numéro 56.

Après le titre on trouve une planche double en 6 diviſions, contenant des imitations des pl. 2, 1, 3, 5, 6, 7. — Enſuite la préface, & au verſo deux des poëmes de l'édition de Deutel. Signat. de cette feuille *a* 2.

Signat. du texte *a* 3—*e* 5. La préface & le poëme de Deutel, qui pré- cédent le Journal de Raven, ont été copiés avec ſon nom.

Réimpreſſion textuelle de l'édition *d*, avec les additions, mais ſeulement une partie des préliminaires.

*g.* Journael | ofte | Gedenckwaerdige beſchrijvin- | *ghe etc.* (*comme le précédent*) ..... t'Amſtelredam, | Voor Jooſt Hartgers, Boeck-ver*k*oper· ... 1648 | 4°. [174].

(IV) & 76 pp., avec la planche, tout comme le précédent. La page 76e porte le numéro exact. La différence ſe voit entre autres par la 1ᵉ ligne du texte qui finit ici par *Decem-*, & dans l'éd. préc. par *De-*, ainſi que par les deux premières lignes du texte de Raven, qui finiſſent ici par *voor, Heeren*, & dans l'éd. préc. par *Raven, Hee-*.

[*g\*.* Journael (*etc.*, *comme le précédent*) ... t' Sardam, By Willem Willemſz. 1648. 4°.] [175].

Il ſemble que cette édition ſoit la même que celle de Hartgers, avec un titre différent. On affirme du moins qu'elle auſſi contient une planche en ſix diviſions.

*h.* Iournael, | Ofte | Gedenckwaerdige beſchrijvinge | (*etc.*, *comme l'édition* d) .... Mitſgaders met meer kopere

Platen als voor defen gedruckt. | (*Planche gravée*) | t' Utrecht. | By Lucas de Vries, Boeck-verkooper in de Snippe-vlucht, 1649 | 4°. [176].

(II) & 78 pp. Le journal de Raven n'a pas de titre féparé.

Préface au verfo du titre.

Texte avec fignature A 2—E 5.

Planches, dans le texte, au nombre de 13, toutes gravées en taille douce. Les pl. 1—12 font des copies de 1, 2*a*, 2*c*, 3*a*, 3*b*, 4, 5*b*, 6*a*, 6*b*, 7, 8, du journal de Bontekoe, & de la pl. de celui de Raven, dans l'édition de Deutel. La 13e planche, répétée au titre & repréfentant un enterrement dans l'île du Spitfberg, paraît avoir été fabriquée pour le récit de 1634, par les foins de Lucas de Vries.

Réimpreffion de l'édition *d*, fans le titre & la préface du journal de Raven, & fans les poëmes, etc., qui précédent celui de Bontekoe.

*i.* Journael (*etc., comme* f) .... vermeerdert, en met Kopere platen verziert. | (*Portrait de Bontekoe*) | t' Amfterdam, | By Jooft Hartgers, Boeck-verkoper op den Dam, bezijden het Stadt- | huys, in de Boeck-winckel, 1650. | 4°. [177].

(IV) & 76 pp. Le journal de Raven fans titre & préface.

Titre avec portrait gravé de Bontekoe.

Préface & poëmes comme dans l'édition *f.*

La planche de l'éd. *f* a été brifée en 6 parties, qui fe trouvent difperfées dans le texte. — La planche mife en tête du journal de Raven eft une copie de celle de Deutel.

A la fin de l'ouvrage: „t'Amftelredam, Gedruckt by Chriftoffel Cunradus .... Anno 1650."

Réimpreffion de l'édition *f.*

*k.* Journael (*etc., comme* b) .... t' Utrecht, Gedruckt voor de Weduwe van Efdras Snellaert, 1651 | 4°. [178].

(VIII) & 72 pp. & Journal de Raven, 16 pp. avec titre & préface. — Au titre, le même portrait de Bontekoe que dans l'édition *b*; dans celui du journal de Raven, une gravure en bois indifférente. — A la fin de l'ouvrage l'indication de 8 planches; les 7 premières, les mêmes que dans *b*, fe trouvent feules dans notre exemplaire.

Réimpreſſion textuelle de l'édition *b*.

[*l*. Journael (*etc.*, *probablement comme* i) ..... Amſter-dam, Michiel de Groot 1654. 4°.] [179].

Portrait gravé en bois au titre. Gravures en bois dans le texte. A la fin du journal de Raven: „Gedruckt by Jacob Theunifz 1660.”

[*m*. Journael (*etc.*, *comme* h?) .... Utrecht, Lucas de Vries 1655. 4°]. [180].

Planches dans le texte.

[*n*. Journael (*etc.*) .... Amſterdam, Abr. de Wees. 1656. 4°.] [181].

(IV?) & 76 pag. Avec 7 planches dans le texte.
A la fin: „Tot Steenwijck, gedruckt by H. Stuyfzant 1656”.

[*o*. Journael (*etc.*) .... Amſterdam, Abr. de Wees. 1659. 4°.] [182].

(IV?) & 76 pag. Avec des gravures en bois dans le texte. A la fin: „Tot Campen, gedruckt by Gerrit van der Tollen ... 1659.”

*p*. Journael (*etc.*, comme *d*) .... t'Amſterdam, | Ge-druckt by Jan I. Bouman, woont op 't Water, tegen over de | Koren-Beurs, in de Lelye onder de Doornen, Anno 1659. | 4°. [183].

Titre avec une figure de vaiſſeau gravée en bois; au verſo, la préface.
Texte du journal de Bontekoe, pp. 1—62; de celui de Raven, fans titre ni préface, mais fuivi des additions de l'édition *d*, pp. 63—78.
Gravures en bois dans le texte au nombre de 8. Ce font des copies des planches 1—4, 7, 9, 10, 12 de l'édition *h*.

[*q*. Journael (*etc.*) ... Amſterdam, Wed. van Theunis Jacobfz. 1660. 4°.] [184].

Avec les mêmes gravures en bois que l'édition de Michiel de Groot, 1654; le texte auffi eft abfolument le même.

*r.* Journael, | Van de Acht-jarige, Avontuerlijcke Reyfe van | Willem Yfbrantfz. | Bontekoe van Hoorn, | Gedaen nae | Ooft-Indien; | Uyt Texel gevaren den 18. December, 1618. | en t' huys gekomen den 16. November, 1625. | Verhalende het op-fpringen van 't Schip, en hoe hy van fijn volck gebergt | wierdt, voorts het ongemack, honger, dorft en andere perijckelen die hem neffens zijn | Volck overgekomen zijn, nevens veele gedenckwaerdige Gefchiedeniffen | (*Planche repréfentant des navires*) | t' Amfterdam, | By Gillis Jooften Zaagman, in de Nieuwe-ftraet, | Ordinaris Drucker van de Journalen ter Zee, ende Landt-Reyfen | [*vers 1670*] 4°. [185].

Au verfo du titre, le portrait de Bontekoe, le même que dans l'édition *i*; au deffous de ce portrait, une préface de Saegman.

Texte imprimé en deux colonnes, pp. 3—60. Signat. A 2—H. — Planches dans le texte au nombre de 10 dont 6 font tirées de l'édition *i*; les autres font des gravures fur bois indifférentes, dont une (page 7) figure le dronte ou dodo.

Cette édition ne contient que le journal de Bontekoe, abrégé en quelques endroits. Pour remplir la feuille on y a joint, à la 60e page, le dernier récit (de 1646) qui fe trouve à la fin du journal de Raven dans les éditions précédentes. Le journal de Raven, édition de Saeghman, forme un ouvrage à part, fous ce titre:

Journael | Van de Ongeluckighe Voyagie, | Gedaen by den Commandeur | Dirck Albertfz. Raven, | Naer | Groenlandt, | In den Jare 1639 | (*Planche gravée*) | t' Amfterdam, Gedruckt | By Gillis Jooften Saeghman *etc.* | 4°.

Titre avec planche en taille douce, repréfentant le naufrage. — Au verfo la Renommée de Van Sichem, avec épigraphe en vèrs de 6 lignes.

Texte, imprimé en deux colonnes, p. 3—8. — Avec deux figures fur bois.

C'eſt une réimpreſſion peu correcte du ſeul voyage de Raven, ſans les additions.

[*s*. Journael (*etc.*, *probablement comme* i) .... Amſter-dam, Michiel de Groot 1667. 4°.] [186].

Portrait gravé en bois ſur le titre. Gravures en bois dans le texte. A la fin du journal de Raven: „Gedruckt tot Haerlem, by Michiel van Leeu-wen. 1667".

[*t*. Journael (*etc.*, *probablement comme* i) .... Amſter-dam, Michiel de Groot, 1672. 4°.] [187].

Tout comme le précédent.

*u*. Journael (*etc.*, *tout comme* i) .... t' Amſterdam, | By Michiel de Groot, Boeckverkooper, op den Nieuwen-dijck | *S. anno.* 4°. [188].

(IV) & 76 pp. Tout comme l'édition *i*, mais les gravures en taille douce ont été remplacées ici par des gravures en bois. Ainſi du portrait de Bon-tekoe, au titre, & des 7 figures intercalées dans le texte, toutes copiées de celles de Hartgers.

[*v*. Journael (*etc.*) .... t' Amſterdam, By de Weduwe van Gyſbert de Groot ... 1692. 4°.] [189].

Probablement tout comme l'édition précédente.

[*w*. Journael (*etc.*) ... 't Amſterdam, By de Weduwe van Gyſbert de Groot ... 1696. 4°.] [190].

Probablement tout comme le précédent.

*x*. Journael ofte gedenckwaerdige Beſchrijvinge, | Van de acht-Jarige, ende ſeer Avontuerlijcke Reyſe, van | Willem Yſbrantfz | Bontekoe van Hoorn, | Gedaen na | Ooſt-In-dien, | Begrijpende veel wonderlijcke ende gevaerlijcke ſaec-ken, hem | op deſelve Reyſe wedervaren | Oock is hier by gevoeght een Verhael, van | Dirck Albertz Raven, | Commandeur op 't Schip Spitſbergen, gedeſtineert na Groenland. | (*Portr. gravé en bois*) | Tot Utrecht, | Gedruckt by de Weduwe van J. van Poolſum, Ordinaris | Stads Druckſter, woonende op de Plaets, tegen over 't Stadhuys, 1701 | 4°. [191].

Au verſo du titre la préface, copiée de celle de Saegman (édition *r*).

Texte pp. 3—64, dont les pp. 3—54, imprimées en 2 colonnes, contiennent le journal de Bontekoe; les pp. 55—64 le journal de Raven, avec les trois annexes primitives, mais la dernière (récit de Pickman) corrigée d'après les éditions poſtérieures.

Gravures en bois dans le texte (très-mauvaiſes), au nombre de 7, copiées des planches originales.

Réimpreſſion de l'édition *r* quant au texte du journal de Bontekoe.

*ij*. Journaal (*etc., tout comme* u) ... t' Amſterdam, | By de Weduwe van Gyſbert de Groot, Boek-verkoopſter op de Nieuwen-Dijk, | tuſſchen de twee Haarlemmer Sluyſen, in de Groote Bybel 1708. | 4°. [192].

(IV) & 76 pp. Tout comme l'édition *u* & avec les mêmes gravures ſur bois, très-fatiguées; au lieu de la 1ᵉ, qui était probablement caſſée, on a répété la 5ᵉ.

*z*. Journaal (*etc., comme* ij) ... t' Amſterdam, By de Wed. van Gyſbert de Groot .... 1716 | 4°. [193].

(IV) & 76 pp. Tout comme l'édition précédente, avec les mêmes gravures ſur bois.

*aa*. Journael (*etc., comme* z) ... t' Amſterdam, | By de Erve van de Weduwe Gyſbert de Groot .... Anno 1730 | 4°. [194].

(IV) & 76 pp. Tout comme l'édition précédente, avec les mêmes gravures ſur bois.

*bb*. Journaal (*etc., comme* aa) ... t' Amſterdam, | Ge

drukt by Iſaac van der Putte, Papier en Boekverkooper op 't Water | in de Loots-Man | *S. anno.* 4°. [195].

(IV) & 76 pp. Tout comme les éditions précédentes, mais les figures en bois diffèrent, bien qu'elles ſoient auſſi au nombre de 7 (excepté le portrait du titre). La 1ᵉ & la 5ᵉ planches ſont interverties.

[*cc.* Journaal (*etc.*) ... Dordrecht, Adr. Walpot 1766. 4°.] [196].

[*dd.* Journaal (*etc.*) ... Amſterdam, J. Kannewet. 1778. 4°]. [197].

[*ee.* Journaal (*etc.*) ... Dordrecht, Adr. Walpot en Zoon. 1780. 4°.] [198].

Ces trois éditions ſont toutes ornées (?) de gravures ſur bois.

*ff.* Journaal (*etc. comme* bb) ... Te Amſterdam, | By d'Erve Vander Putte .... 1789 | 4°. [199].

(IV) & 76 pp. Tout comme l'édition *bb.* Le portrait & les 7 figures ſur bois dans le texte ſont des copies de celles de cette édition.

*gg.* Journaal (*etc., comme* ff) .... Gedrukt by de Erven de Weduwe Jacobus van Egmont: | Op de Reguliers Brêe-Straat, tot Amſterdam. | 4°. [200].

(IV) & 76 pp. Tout comme l'édition précédente. Le portrait & les 7 figures ſur bois, quoique copiées d'après le même original, diffèrent de l'édition *ff.* A la ſuite du journal de Raven on a placé une planche qui appartient au journal de Bontekoe.

*hh.* Journaal ofte gedenkwaardige Beſchryving, | Van de Acht jarige, ende zeer Avontuurlyke Reyſe (*etc., comme* x) .... Te Amſterdam, | By S. en W. Koene, Boekdrukkers in de Boomſtraat | (*vers* 1790) 4°. [201].

Comptant avec le titre 64 pag., dont les pp. 3—54, imprimées en 2 colonnes, contiennent le journal de Bontekoe.

La préface au verſo du titre & le texte s'accordent entièrement avec l'édition *x* (copie de Saegman).

Le portrait du titre & les (7) gravures fur bois diffèrent de l'édition précédente, quoique ce foient les mêmes vues.

*ii.* Gedenkwaardige Befchrijving, | van de Achtjarige (*etc. comme le précédent*) .... Te Amfterdam, | By B. Koene, Boekdrukker in de Boomftraat. | (*vers* 1810) 4°. [202].

Avec le titre: 64 pp., tout comme l'édition précédente avec les mêmes gravures fur bois, quoique le portrait du titre diffère.

La préface au verfo du titre eft entièrement nouvelle. L'éditeur l'a fignée: „UE. Dienaar, Willem IJfbrantfz Bontekoe" (!)

*kk.* Journaal of gedenkwaardige befchrijving | van de | achtjarige en zeer avontuurlijke reize | van | Willem Yfbrandtfz Bontekoe, van Hoorn, | gedaan naar | Ooft-Indiën, | bevattende vele wonderlijke en gevaarlijke zaken, | hem op genoemde reize wedervaren. | Het alles door hemzelven befchreven. | (*Portrait gravé en bois*) | Te Haarlem, bij J. J. Weeyeringh | (1860.) 4°. [203].

En tout 92 pp., impr. en deux colonnes. Dans le texte fe trouvent 6 gravures fur bois, dont 5 font très-bien deffinées par Ch. Rochuffen & taillées par E. Vermorcken.

C'eft l'édition la plus récente du journal de Bontekoe publiée par M. J.-H. van Lennep dans fon recueil populaire intitulé *Jan Davids boekekraam* (Magafin de livres de Jan David). L'éditeur a changé l'orthographe & quelquefois le ftyle de l'original. Il donné la préface de Bontekoe en extrait, précédée d'un mot de Jan David à Bontekoe. Pour remplir la feuille, on a ajouté au journal (p. 92) le récit de deux délivrances remarquables.

Nous ne connaiffons pas l'édition allemande des Journaux de Bontekoe & de Raven, que Chriftophe Le Blon, éditeur à Francfort, a donnée en 1648 à la fuite des Voyages de Hulfius. De la defcription de M. Afher, dans fon *Effay on Hulfius* (p. 105—8) il paraît réfulter que les journaux y font traduits en entier, & que le portrait & les planches font des copies.

Dans le tome 1ᵉʳ de la „Relation de divers Voyages de Thevenot" (Paris 1663) fe trouve une traduction françaife du voyage de Bontekoe. Elle contient l'ouvrage complet avec quelques abréviations de peu d'importance.

---

### 3. VOYAGE AU CHILI SOUS HENDRICK BROUWER.

(Collection de Hulfius, 25ᵉ partie, 1649).

*a.* Journael | Ende | Hiftoris verhael van de | Reyfe gedaen by Ooften de Straet le | Maire naer de Cuften van Chili, onder | het beleyt van den Heer Generael | Hendrick Brouwer, | In den Jare 1643 voor gevallen, | Vervatende | Der Chilefen manieren, handel ende ghewoonten. | Als mede | Een befchryvinghe van het Eylandt Efo, ghelegen | ontrent dertigh Mylen van het machtigh Rijcke van | Japan, op de hooghte van 39 graden, 49 minu- | ten, Noorder breete; foo alft eerft in 't felvige jaer door het Schip Caftri- | cum bezeylt is. | Alles door een Liefhebber uyt verfcheyden Journalen ende | Schriften te famen geftelt, ende met eenighe | Kopere Platen verrijckt. | Tot Amfterdam, | Gedruckt by Broer Janfz, woonende op de Nieu-zijds | Achter-burghwal, in de Silvere Kan. Anno 1646. | 4°. [204].

*(Journal & récit hiftorique du voyage fait à l'eft du détroit de Le Maire vers les côtes du Chili, fous le commandement du général Hendrick Brouwer, en 1643. Contenant les mœurs & coutumes & le commerce des habitants du Chili, comme auffi une defcription de l'île d'Efo [Jeffo], fituée à une diftance d'environ trente lieues du puiffant empire du Japon, à la hauteur de 39' 49" latitude Nord, vifitée pour la première fois dans la même année par le vaiffeau „Caftricum". Le tout compilé de divers journaux & rédigé par un amateur, & orné de quelques planches gravées en taille douce).*

Avec le titre: 104 pages. Signat. A 2—N 2.

Planches fur des feuilles doubles avec indication de la page.

N°. 1.  Habitants du Chili & figure d'un lama.

N°. 2.  Carte de la baie d'Ancaos.

N°. 3.  Carte de la rivière de Baldivia.

*b.* Journael | Ende | Hiftoris verhael *etc.* (*tout comme a*)...
Tot Amfterdam, | Gedruckt by Jan I. Bouman Boeckver-
kooper, woont op 't | Water, tegen over de Koorn-Marckt,
inde Lelye onder de Doornen. [*vers* 1660] | 4°. [205].

Avec le titre: 104 pages. Signat. A 2—N 2. La page 65 eft chiffrée:
63. La page 37 manque de fignature (E 3).

Planches, les mêmes que dans *a.*

Réimpreffion textuelle de l'édition précédente.

---

C'eft un journal exaĉt de l'expédition entreprife fous le commandement de Hendrick Brouwer (le même qui de 1632 à 1635
remplit la charge de Gouverneur général des I. O.), en qualité
d'amiral, & de Elias Herckmans (1) comme vice-amiral, contre les
Efpagnols, au Chili. L'amiral mourut pendant la traverfée. On
trouve un récit de ce voyage dans l'ouvrage de Barlaeus: *Brafi-
lia fub Joanne Mauritio*, pp. 258 fvv.

Le titre indique que Brouwer navigua à l'eft du détroit dē
Le Maire, vers les côtes occidentales de l'Amérique, c'eft à dire
qu'il fit le tour du *Staten-eiland*, qu'on avait pris jufque là
pour une partie de la grande terre inconnue du Sud, & appelé
*Statenland*. En l'honneur de cette découverte le canal dans le fud
oueft de l'île fut appelé depuis *Brouwerfzee* (mer de B.).

La defcription de l'île d'Efo (Jeffo), qu'on a ajoutée au journal de Brouwer (pp. 95—104), eft un document remarquable

(1) Ce Herckmans eft le même de qui nous poffédons un poëme en
fix chants, en l'honneur de la navigation (*Der Zeevaert lof*), publié à Amfterdam en 1634, in-fol. C'eft un récit poétique des navigations hollandaifes. Le livre eft recherché par les amateurs d'eftampes, à caufe de fes
planches, gravées à l'eau forte. Une de ces planches, connue fous le nom
de *la Fortune contraire*, eft de la main de Rembrandt.

du voyage entrepris au Japon en 1643 par Maarten Gerritſz Vries qui fit des découvertes importantes dans ces contrées, & dont le journal a été publié récemment par M. Leupe (1).

Thevenot a traduit cette defcription dans la 2e partie de ſa collection de voyages. Il y a ajouté une petite carte.

Nous ne ſaurions dire ſi l'édition allemande du voyage de Brouwer, publiée par Chriſtophe le Blon en 1649 (à la ſuite des voyages de Hulſius), contient le, texte complet de ce journal ou ſeulement un abrégé. La defcription d'Eſo dans cet ouvrage, eſt remplacée dans l'édition allemande par une defcription de Formoſe & du Japon, rédigée par un bourgeois de Francfort qui avait voyagé dans ces contrées.

---

(1) Reize van M. Gz. Vries in 1643 naar het noorden en ooſten van Japan, enz. (Voyage de M. Gz. Vries vers le nord & l'eſt du Japon, ſuivant le journal tenu par C. J. Coen ſur le vaiſſeau *Caſtricum*, publié d'après le MS. avec des additions confidérables, des cartes, etc. par P. A. Leupe). Amſterdam, Fred. Muller. 1858. 8°.

# TROISIÈME PARTIE.

---

## VOYAGES PUBLIÉS DANS DES COLLECTIONS HOLLANDAISES DU XVII<sup>e</sup> SIÈCLE (1).

---

### I. VOYAGE DE GUINÉE ET D'AMÉRIQUE, SOUS LAURENS BICKER ET CORNELIS VAN HEEMSKERCK.

(Dans les collections de C. Claefz & de Heubeldinck).

*a.* Journael | Oft Daghelijcx-regifter van de Voyagie na Rio | de Plata, ghedaen met het Schip ghenoemt de Silveren Werelt, het welcke onder | t'Admiraelfchap van Laurens Bicker, ende het bevel van Cornelis van Heemf-kerck als Commies die | Cuften van Guinea verfocht hebbende, ende van den Admirael daer na verfteken zijnde, alleen voorts feylende | na Rio de Plata, daer in de voorfz. Rieviere by de 60. mijlen opwaerts gekomen wefende, tot Bonas Aeris den Commis (d'welcke op de val- | fche aen-biedinghe van den Gouverneur derfelver Plaetfen, om vry te mooghen

---

(1) Cette divifion embraffe les voyages qui ne fe trouvent pas dans les collections des De Bry & de Hulfius.

handelen, aen Landt voer) met noch 8. ander | Perfonen heeft moeten achter laten, ende van daer wederom wech varende, noch felven feer deyrlijcken na 't af-fter- | ven van bycans all het Volck met die Refte in de Bay Todos los Santos in der Portugijfen handen | ghevallen is, allen Zee-varende Luyden tot eenen Spieghel ende Excempel befchreven | Door den Schipper daer op gheweeft zijnde Hendrick Ottfen. | Zeer weerdich om lefen eñ aenmerckelijck om der Spaengiaerden gruwelijcke wreetheyt wille; die trouw, eer ende geloof fchandeljck mis-bruycken, | om alle andere Natien, ('tzy met gheweldt oft met fchalcheyt) uyt de niewe Werelt te fluyten, daer fy door fulcken middel de verfte af werden fullen. | Nitimur in vetitum femper cupimusque negata. | (*Planche gravée*). | Gedruckt tot Amftelredam by Cornelis Claefz, op 't Water in 't Schrijf-boeck, Anno 1603. | 4° oblong [206].

*(Journal du voyage fait à Rio de la Plata avec le vaiffeau nommé le „Monde d'argent", qui après avoir vifité fous l'amiral Laurens Bicker, & fous le commandement du commiffaire Cornelis van Heemfkerck les côtes de Guinée, fut féparé de l'amiral, navigua feul vers Rio & remonta la rivière près de 60 lieues jufqu'à Bonas Aeris [Buenos Ayres], où le commiffaire, fauffement averti par le gouverneur qu'il pouvait librement trafiquer, mit pied à terre & fut fait prifonnier avec huit autres perfonnes. Comment le vaiffeau quitta ces contrées &, après la mort d'une grande partie de l'équipage, fut pris avec le refte par les Portugais, dans la Baie de Tous les Saints. Mis par écrit pour fervir de miroir & d'exemple à tous les navigateurs par le capitaine du vaiffeau, Hendrick Ottfen. Très-digne d'être lu & remarquable à caufe de la cruauté horrible des Efpagnols, etc.)*

Titre avec une planche gravée repréfentant un Américain fur une tortue. Texte, imprimé en deux colonnes, page 1—49. Signat. A ij—F 5.
Planches fur des feuilles féparées & dont la defcription fe trouve dans le texte.

N°. 1. Infula S. Nicolai.
N°. 2. (Carte de Rio de la Plata).
N°. 3. (Combat avec des loups marins fur l'Ifla de Lobos).
N°. 4. Inhabitantes fluvij Rio de la Plata.
N°. 5. (Les Hollandais devant Bahia).

*b.* Journael | Oft Daghelijcx-regifter (*etc.*, *comme le pré-cédent*) ... Tot Amftelredam by Michiel Colijn, Boeck-vercooper op 't Water by de Oude-brugge int Huys-boeck. 1617. | 4° oblong. [207].

Titre avec la même planche que l'édition précédente.

Texte, imprimé en deux colonnes, page 1—54. Signat. A 2—G 3. Les planches, les mêmes que dans l'édition précédente, fe trouvent ici dans le texte.

---

En Août 1598 deux navires, *de Gulden Werelt* (le Monde d'or) & *de Silveren Werelt* (le Monde d'argent), furent équi-pés par Laurens Bicker & Pieter Gerritfz Ruytenburch, mar-chands d'Amfterdam, pour vifiter la Guinée & Rio de la Plata. Bicker, l'un des armateurs, & qui prit part à l'expédition comme amiral fur le premier vaiffeau, perdit la trace de l'autre navire dans une tempête, le 17 Avril 1599, & revint de la Guinée dans fa patrie. Le *Silveren Werelt* partit pour Rio de la Plata, vi-fita Buenos Ayres, où fon commandant, le commiffaire Cornelis van Heemfkerck, fut fait prifonnier; le vaiffeau, pourfuivant fon voyage vers le Bréfil, fut capturé par les Portugais à Bahia. Après plufieurs mois de captivité le refte de l'équipage fut délivré par une efcadre de la flotte de Van der Does & revint dans la patrie en Février 1601.

C'eft le journal du capitaine de ce navire, Hendrick Ottfen, que Cornelis Claefz a publié. Il n'eft pas fans intérêt pour l'hif-toire des premières navigations hollandaifes.

---

2. VOYAGE EN ORIENT SOUS PIETER BOTH ET
PAULUS VAN CAERDEN.

(Dans la colleftion de Is. Commelin).

Kort Verhael, ofte Journael, | Van de reyfe gedaen naer de Ooft-Indien met 4. Schepen, | Nederlandt, Ver-

eenigde Landen, Naſſou, ende Hoff van Hollandt, | Onder
den Admirael | Pieter Both | van Amesfort, voor Reecke-
ninge van de Nieuwe Bra- | bantſche Compagnie tot Am-
ſterdam; in den Jaren 1599. 1600 ende 1601. | Gehouden
by Capiteyn Paulus van Caerden.

*(Court récit ou journal du voyage fait aux Indes Orientales par une eſcadre
de 4 vaiſſeaux: „la Neerlande", „les Provinces Unies", „Naſſau", & „Cour
de Hollande", ſous le commandement de l'amiral Pieter Both, natif d'Amers-
foort, pour le compte de la nouvelle Compagnie Brabançonne à Amſterdam,
en 1599—1601. Tenu par le capitaine Paulus van Caerden).*

Dans *Begin ende Voortgang*, Vol. I. Sans titre ſéparé.
Imprimé en 2 colonnes. Texte 20 pages. Signature: AAAAAa—CCCCCa 2.

C'eſt le récit des aventures du vice-amiral Paulus van Caerden
à Achin, après le retour de Pieter Both dans ſa patrie, avec la
moitié de la petite flotte. — Voir ſur ce voyage l'ouvrage de
M. de Jonge, II p. 230 ſvv.

Pour remplir la feuille, on a ajouté aux pp. 19—20 le contrat
des Orancaïs de l'île Aru avec les Hollandais, daté du 26 Mai 1623.
Cette pièce ſe rapporte au voyage remarquable que Jan Carſtenſz
fit en 1623 vers la côte occidentale de la Nouvelle Guinée & la
baie de Carpentaria. Le journal du voyage de Carſtenſz fut publié par M. L.-C.-D. van Dijk, dans ſes „Mededeelingen uit
het Ooſt-Indiſch archief." (Communications tirées des archives
de la Compagnie des I. O.) Amſterdam 1859 in 8°.

———————

3. PREMIER VOYAGE EN ORIENT SOUS STEVEN VAN DER HAGEN,
ET VOYAGE DE DEUX VAISSEAUX A ACHIN.

(Dans la collection de Is. Commelin).

Hiſtoriſch Verhael van de Voyagie der | Hollanderen met
dry Schepen gedaen naer de Ooſt-Indien, | Onder het be-
leydt van den Admirael | Steven vander Hagen. | Inden
Iare 1599 ende volghende. Beſchreven door | Jan Sas vander

Goude. | Daer by ghevoecht is de Voyagie van twee Achins-
Vaerders, onder het beleyt van Cornelis | Pieterz, ende
Guiljam Senecal (*fic*). Gedaen inden Iaere 1600 ende
1601. | Item: | Extract uyt het Iournael van den Admirael
Jacob Heemfkerckx Voyagie, ghedaen inden Jaere 1601
&c. ghe- | houden by Reyer Cornelifz Stierman op den
Vice-Admirael. | Alles waerdich om te lefen.

*(Récit hiſtorique du voyage aux Indes Orientales fait par les Hollan-*
*dais avec trois vaiſſeaux, ſous le commandement de l'amiral Steven van der*
*Hagen, en 1599 & années ſuivantes. Décrit par Jan Sas, natif de Gouda.*
*Auquel eſt ajouté le voyage de deux vaiſſeaux deſtinés à Achin, ſous le*
*commandement de Cornelis Pieterſz & Guillaume Senefcal, en 1600—1601.*
*Comme auſſi un extrait du journal de voyage de l'amiral Jacob van Heemf-*
*kerck, en 1601 etc., tenu par Reyer Cornelifz, pilote ſur le vaiſſeau du*
*vice-amiral. Le tout méritant l'attention).*

Dans *Begin ende Voortgang*, Vol. I. Sans titre féparé.
Imprimé en 2 colonnes. Signature AA—DD 3.
Page 1—13 Voyage de Van der Hagen; p. 14—25 Voyage à Achin;
p. 26—31 Voyage de Heemfkerck.

Ce font des récits affez courts, mais pas fans importance. Jan
Sas, van der Goude, l'auteur du premier, était commis en chef
(*opperkoopman*) à bord du vaiſſeau de l'amiral Van der Hagen, qui
retourna en Hollande en Juillet 1601. Ce fut à l'occaſion de
ce voyage que les Hollandais bâtirent dans l'île d'Amboine leur
première fortification dans l'archipel Indien.

Le fecond journal n'a point été terminé. C'eſt le récit du voyage
malheureux de deux navires: *den Witten Arent* (l'Aigle blanc)
& *den Swarten Arent* (l'Aigle noir), à Achin, tenu à bord du
dernier, dont le commis Cornelis Pieterfz paraît avoir eu le commandement. Pieterfz ayant débarqué avec une partie de l'équipage, fut fait priſonnier par les Malais avec fes camarades, entre
autres Guillaume Senefcal, dont Commelin a mis le nom en tête
du journal, probablement parce que les priſonniers l'élurent pour
leur capitaine dans une tentative d'évaſion. Les vaiſſeaux conti-
nuèrent leur route & nous n'en entendons plus parler. Par des

renſeignements tirés d'une autre ſource, on ſait qu'ils arrivèrent
à Priaman, que les priſonniers furent enfin délivrés & qu'ils retour-
nèrent dans leur patrie en 1602 avec l'eſcadre commandée par le
vice-amiral Schuurmans.

Dans notre chapitre II C. 2, nous avons traité du troiſième
récit, concernant l'expédition de Jacob van Heemſkerck.

────

### 4. VOYAGE EN ORIENT SOUS PAULUS VAN CAERDEN.

(Dans la collection de Is. Commelin).

*a.* Loffelijcke Voyagie op Ooſt-Indien, | Met 8 Schepen
uyt Teſſel gevaren int Jaer 1606. onder het beleyt van den |
Admirael Paulus van Caerden. | Haer wech genomen heb-
bende tuſſchen Madagaſcar ende Abiſſina deur.

(*Brillant voyage aux Indes Orientales, entrepris ſous le commandement de
l'amiral Paulus van Caerden, avec une eſcadre de huit vaiſſeaux, partis de Texel
en 1606 & ayant fait route entre l'Abyſſinie & l'île de Madagaſcar*).

Dans *Begin ende Voortgang*, Vol. II. Sans titre ſéparé.
Imprimé en deux colonnes. 48 pages. Signat. (AAA)—(FFF 3).

*b.* Journael, | ofte | Een Ooſt-Indiſche-Reys-beſchrij- |
vinghe, ghedaen | door | Cornelis Claeſz | van Purmer-
endt. | Verhalende veel beſondere vreemdigheden van lan-
den, lie- | den [,] het belegeren van Monſambiecke en
Goa, met het veroveren van de | Portugeſe Kraecke en
andere Schepe. | Met een beſondere opmerckinge ontrent de
diepte, ondiepte, Sanden, | Stranden, Gronden, Havenen,
Bayen, ſtreckinge der Coerſen en 't val- | len der ſtroo-
men: alles waerdigh om geleſen te worden. | (*Figure d'un
vaiſſeau, gravée en bois*) | t'Amſtelredam, | Voor Gerrit
van Goedeſbergen, Boeck-verkoo- | per op het water, by
de nieuwe-brugh, inde Delſſe Bybel. Anno 1651. | 4°. [208].

*(Journal ou defcription hiftorique du voyage fait aux Indes Orientales par Cornelis Claefz, natif de Purmerendt. Racontant plufieurs particularités de divers pays & de leurs habitants, le fiége de Mofambique, la prife d'une caraque portugaife & autres vaiffeaux. Avec des remarques particulières concernant les profondeurs, les bas-fonds, bancs, côtes, ports, baies, etc.)*

Préface de l'éditeur, appelant l'attention du lecteur fur l'abondance des obfervations nautiques contenues dans ce journal, 2 pp. Signature (*2.

Texte, p. 1—79. Signature A—K 3.

Planche double, repréfentant le fiége de Mofambique, & la prife d'une caraque portugaife, avec cette indication gravée : „N°. 4 Int jornael van C. Claefz, foly 31." Les planches chiffrées N°. 1—3 fe trouvent dans le Journal de Mattheus van den Broeck, publié par le même éditeur dans la même année. Mattheus van den Broeck raconte fes aventures au Bréfil en 1645—46.

Ce journal contient donc en tout (IV) & 80 pp. avec *une* planche.

Paulus van Caerden, le même qui accompagna Pieter Both aux Indes en 1598, en qualité de vice-amiral (voir notre chap. 2 de cette partie), partit en Avril 1606 avec une efcadre de huit vaiffeaux, dont il eut le commandement. Après une tentative infructueufe pour s'emparer de la forterefle portugaife à Mofambique (1), il vifita Goa, Calicut, la côte de Coromandel, & enfuite les Molucques. De là il renvoya une partie de fa flotte à Bantam. Lui-même fut fait prifonnier par les Efpagnols, le 17 Septembre 1608, & fes compagnons condamnés aux galères. Echangé contre d'autres prifonniers, en Mars 1610, il obtint la charge de gouverneur des Molucques; mais un mois plus tard l'ennemi s'empara de nouveau de fa perfonne. Il mourut prifonnier en 1616.

Le journal de ce voyage publié par Commelin eft entièrement différent de celui de Cornelis Claefz (2), pilote fur le vaiffeau *Bantam.* L'auteur du premier paraît s'être trouvé à bord du vaiffeau de l'amiral, jufqu'au 7 Juin 1608. A cette date il fut placé fur une frégate conquife fur les Efpagnols, fous le com-

(1) Comparez notre chap. B 10 de la 2e partie, page 177.
(2) Ne pas le confondre avec Cornelis Claefz qui prit part à la deuxième expédition fous van Neck en 1600 (voir page 166).

mandement de Jan Rofegein. Il quitta Ternate le 3 Août, pour revenir dans fa patrie avec l'efcadre qui partit de Bantam le 15 Novembre. Le 7 Août 1609 il arriva en rade de Fleffingue.

On trouve dans ce journal des defcriptions détaillées des contrées vifitées, entre autres de Goa (14 pages), de Calicut (6 pages), du royaume de Narfinga fur la côte de Coromandel (6 pages). La dernière infertion eft tirée de l'ouvrage intitulé: „Les Etats, Empires & principautez du monde par le Sr. D. T. V. Y.", c'eft à dire: Davity (2e édition, Paris 1627 in-fol).

Les dates en marge des pages 3—32 de *Begin ende V.* font fautives. C'eft 1607 qu'il faut lire, au lieu de 1606.

Le journal de Cornelis Claefz fut tenu à bord du vaiffeau *Bantam* & continué jufqu'au 20 Mars 1608. Claefz fut alors placé comme pilote fur le vaiffeau *Ceylon*, un des navires que Van Caerden envoya à Banda fous le commandement de fon vice-amiral Adriaen Maertfz. On chercherait donc en vain chez lui des nouvelles du féjour aux Molucques & de la lutte avec les Portugais. Claefz revint à Bantam le 5 Octobre 1608 & reprit deux jours plus tard le chemin de fa patrie en compagnie de 4 autres vaiffeaux, dont 2 de l'efcadre de Van Caerden (l'un était le *Bantam*), & 2 de celle de Matelief. Il arriva devant Texel le 9 Août 1609. Son journal eft un vrai journal de pilote, plein d'obfervations nautiques. Au point de vue des matières hiftoriques cet ouvrage ajoute peu aux données de *Begin ende Voortgang*.

---

5. VOYAGES EN GUINÉE ET EN ORIENT DE PIETER VAN DEN BROECKE.

(Dans la collection de Commelin, etc.)

*a.* Korte | Hiftoriael | ende | Journaelfche Aenteyckeninghe, | Van al 't gheen merck-waerdich voorgevallen is, | in de langhduerighe Reyfen, foo nae Cabo Verde, Angola, &c. | als infonderheydt van Ooft-Indien; beneffens de befchrijvingh en af-beeldingh van | verfcheyden Steden, op

de Cuſte van Indien, Perſien, Arabien, en aen 't Roode |
Meyr: Aldereerſt (van wegen de Gheoĉtroyeerde Ooſt-In-
diſche | Compaignie) beſocht, en opghedaen, | door | Pie-
ter van den Broecke. | Ghedruĉt tot Haerlem, by Hans
Paſſchiers van Weſbuſch, Boeckdrucker op de Marckt, | by
de Vleys-hal, in den beſlaghen Bybel. Anno M.DC.XXXIV. |
4° oblong. [209].

*(Notes hiſtoriques & anecdotiques de tout ce qui s'eſt paſſé de remarquable
durant les longs voyages, non-seulement au Cap Vert, à Angola, etc., mais
auſſi & principalement aux Indes Orientales; avec la deſcription & les figures de pluſieurs villes des côtes de l'Inde, de la Perſe, de l'Arabie, &
de la Mer Rouge, viſitées & explorées pour la première fois de la part de
la Compagnie des I. O., par Pieter van den Broecke).*

En tout (VIII) & 163 pp. Avec planches dans le texte, & portrait.

Titre; — Dédicace aux Direĉteurs de la Compagnie des I. O., ſignée par
l'auteur, ſans date. (Signat. (I2) 2 pp.

Poëmes, 1° au leĉteur, 2° à la louange de l'auteur; par C. V. K., deviſe:
*Arbeyd om Ruſt.* 4 pp.

Portrait ſuperbe, gravé d'après F. Hals par A. Matham, dans un cadre
ovale avec bordure: *C°. Pieter van den Broecke, van Antwerpen aetatis
ſuae.* 48. *Anno CIƆ. IƆC XXXIII.* Au deſſous du portrait la deviſe de B.
*Een vyr betaelt het al,* & 4 lignes de vers, commençant ainſi: *Dit is
die van den Broeck.* — Sans texte au verſo.

Texte, en caraĉtère italique, p. 1—163. Signat. A.—X.

Planches dans le texte, au nombre de 12:

*a.* (p. 11). Figures de poiſſons (Dorade, etc.)

*b.* (p. 13). Cheval marin & pieuvre ou poulpe géant.

*c.* (p. 42). Vue d'Aden.

*d.* (p. 65). Vue de Mocha.

*e.* (p. 78). Barricade ten Broeck, près de Damman.

*f.* (p. 128). Chaſſe aux cerfs avec des léopards.

*g.* (p. 137). Bélier avec une corne, & deux figures de Dodo ou dronte.

*h.* (p. 149). Vue d'Ormuz.

*i.* (p. 152). Caſe de Suratte.

*k.* (p. 153). Vue de Suratte.

*l.* (p. 156). Vue du fort Batavia.

*m.* (p. 159). La flotte ſous le commandement de Van den Broecke
en 1630.

Ces planches font gravées par l'artifte diftingué Adrien Matham, dont le nom fe trouve fur les pl. *d* & *k*. C'eft le même dont le „Voyage au Maroc" (1640—41) a été publié récemment par M. Ferd. de Hellwald. (La Haye, M. Nijhoff. 1866.)

Quelques figures des pl. *b* & *g*, dont Van den Broecke ne donne pas de defcription dans le texte, font précieufes pour l'hiftoire naturelle. Celle du poulpe géant s'accorde parfaitement avec la defcription d'un animal analogue donnée par M. le capitaine Frédéric Bonyer, dans le récit d'un voyage à la Guiane fait en 1861. (Voir *Le tour du monde*, 1866, I, p. 276). Les figures du Dodo, ou dronte, de l'île Mauritius ne font pas non plus mentionnées dans le texte. La plus grande des deux (*Didus ineptus*, Linn.) diffère de l'exemplaire dépeint dans le journal de Van Neck (2ᵉ planche; voir p. 137); l'autre eft la feule image connue d'une efpèce plus petite à laquelle notre favant ornithologue M. Schlegel a donné le nom de *Didus Broeckei*. — La planche *g* du Journal de Van den Broecke eft copiée en entier dans la collection de Thevenot & inférée dans le voyage de Bontekoe (p. 5), pour illuftrer ce qu'il dit des drontes (*dod-aerfen*). MM. Strickland & Melville, qui ont également, dans leur ouvrage fur cet oifeau (1), copié les figures des drontes de Van den Broecke, difent à tort (p. 5) que ces figures ne reffemblent en rien aux oifeaux que Bontekoe mentionne. C'étaient, pour le moins, des oifeaux analogues.

*b.* Korte Hiftoriael ..... langh*du*rige ..... &c. als in- | fonderheyd .... af-beeldingh van | verfcheyden (*etc.*, *comme le précédent*) .... T'Amftelredam, | Gedruckt voor Herman Janfz Brouwer. cIɔ Iɔ cxxxiv. | 4º oblong. [210].

En tout (XVI) & 130 pp. avec 12 planches dans le texte.

Titre & dédicace, comme dans l'éd. préc.

Poëmes, augmentés d'un chant & d'un „laurier" à la louange de l'auteur, le premier figné *Durum Patientia Premo*, le fecond *Dat u Lampe brandt*. (Signat. *3—**3.) 12 pp.

Texte, en caractère belge, p. 1—130. Signat. A—Q 3. A la fin: „t' Amfterdam, | Ghedruckt by Jooft Broerfz. Boeck-drucker inde Grave-ftraet, | Inde Druckerye. Anno M. DC. XXXIV."

Planches, au nombre de 12, les mêmes que dans *a*.

---

(1) *The dodo and its kindred* (London 1848). Comparez l'intéreffant article de M. Schlegel dans: *Verflagen van de K. Akad. van Wetenfchappen. Afd. Natuurkunde*, 186. p.

Réimpreffion du précédent, avec quelques changements infignifiants dans les expreffions.

*c.* Hiftorifche ende Journaelfche aenteyckeningh, Van |
't gene Pieter van den Broecke op fijne Reyfen, foo | van
Cabo Verde, Angola, Gunea, en Ooft- | Indien (aenmerc-
kens waerdigh) voorghevallen is, &c.

Dans *Begin ende Voortgang*, Vol. II. Sans titre féparé.
Imprimé en deux colonnes, 110 pp. Signat. (AAAAA)—(OOOOO3).
Planches dans le texte, chiffrées 1—12. Ce font des épreuves très-fati-
guées de celles du journal original.

Réimpreffion du précédent, augmentée par l'éditeur (Is. Commelin) de trois infertions (*inwerp*) confidérables : 1° une defcription du Royaume du Congo (p. 6—13, jufqu'à l'alinéa: *fo haeft*,
&c.); 2° une defcription des pays qui dépendent du Grand Seigneur en Afie & en Afrique (p. 33—66, jufqu'à l'alinéa *Den
16 dito*); 3° une defcription des terres du Roi Cotebipa (Sou-
dan de Golconde?) fur la côte de Coromandel (p. 77—86,
jufqu'à l'alinéa *In Mafilipatan gecomen zynde*). L'auteur du
dernier traité raconte qu'il a féjourné fix ans à Nifchapatam,
ville fituée fur cette côte.

*d.* Wonderlijcke Hiftorifche | Ende | Journaelfche | Aen-
teyckeningh, | Van 't ghene | Pieter van den Broecke,
Op | fijne Reyfen, foo van Cabo Verde, Angola, Gunea, |
Ooft-Indien: Waer in hem, foo in Schip-breuck, als in
't door-rey | fen van 't Landt, feer veel vreemde dingen
ontmoet zijn, foo van | Religie, Manieren, Zeeden, en
Huys-houdingen der volc- | keren: En andere eyghenfchap-
pen der Landen | en Kuften die fy bezeylt hebben. | (*Grav.
fur bois*.) | t' Amftelredam, | Voor Jooft Hartgerts, Boeck-
verkooper in de Gafthuys-Steegh, | bezijden het Stadt-huys,
in de Boeck-winckel. 1648. | 4°. [211].

Titre imprimé.

Planche double en 6 divifions, contenant des copies des pl. *c*, *d*, *e*, *h*, *k*, *l* de l'édition originale.

Texte, pag. 3—112. Signat. \*\*\*\*\* A 2 — \*\*\*\*\* G 5.

Réimpreffion du précédent avec les infertions ; les commiffions de Van den Broecke de 1620, 1626 & 1629 font cependant omifes.

*e.* Vijf verfcheyde Journalen | Van | Pieter van den Broeck, | Gehouden op zijne Reyfen, na | Cabo-Verde, Angola en Guinea, | Doch voornamentlijck na | Ooft-Indien, | Waer in hem, foo in Schip-breuck, als in 't door-reyfen | van 't Landt, feer veel vreemde dingen ontmoet zijn; Als mede van de | Religie, Manieren, Zeeden en Huys-houdinghen der Volckeren, oock de | eygenfchappen der Landen en Kuften die hy bezeylt heeft. | (*Gray. fur bois*) | t' Amfterdam, Gedruckt | By Gillis Jooften Saeghman, in de Nieuwe-ftraet, | Ordinaris Drucker van de Journalen ter Zee, ende Reyfen te Lande. | [*vers* 1663] 4°. [212].

Titre imprimé. Au verfo, le portrait de l'auteur gravé par A. Matham. C'eft une épreuve poftérieure du portrait de la 1ᵉ édition.

Texte en deux colonnes, avec paginat. 3—112. Signat. A 2—O 3.

Planches dans le texte au nombre de 23, dont 5 gravées en taille douce & tirées de la grande planche de l'édition de Hartgers. Les autres font des figures fur bois indifférentes.

Réimpreffion du précédent avec des abbréviations. La commiffion de Van den Broecke, en 1629, comme commandant de la flotte, omife par Hartgers, f'y trouve cependant, & à la fin (pag. 108—112) Saeghman y a ajouté, pour remplir la feuille, quelques curiofités concernant le commerce, etc., aux Indes.

———————

L'ouvrage de l'intrépide Pieter van den Broeck eft très-important pour l'hiftoire de l'établiffement des Hollandais aux Indes. Il embraffe une période de 25 ans. L'auteur (1) fit fon premier

———————

(1) Il était né à Anvers le 25 Février 1585, de Pieter van den Broecke, plus tard (dès 1588) marchand à Hambourg, & de Maiken de Morimon.

voyage à Cabo Verde en 1605—6, en qualité de fous-commis pour la maifon d'Elias Trip; le fecond en 1607—9 à Angola & Congo, comme fous-commis pour Jaques Niquet; le troifième & le quatrième en 1609—12 à Angola, comme premier commis pour le même. Le récit de ces quatre voyages, tout court qu'il eft, renferme des particularités intéreffantes; le quatrième contient entre autres une defcription de Loango. Beaucoup plus important, cependant, eft le récit des voyages de Van den Broecke aux Indes en 1613—1629. Il y fut envoyé comme premier marchand (oppercoopman) avec l'efcadre du général Reynft, en 1613, noua des relations de commerce avec les ports de la Mer Rouge (Aden, Mocha etc.), fe diftingua par la défenfe héroïque du fort de Jacatra (depuis Batavia) contre les Anglais & les Javanais réunis, en 1618—19, & fut enfuite envoyé par Coen à Surate, où il refta comme Directeur du commerce Hollandais dans l'Hindoftan, jufqu'en 1629. De retour à Batavia, il fut nommé commandant de la flotte qui appareillait pour les Pays-Bas, où il arriva en Juin 1630. Quelques années plus tard il retourna aux Indes & y prit part, comme commandant, au fiége de Malacca. Il mourut, avant la prife de cette ville, le 4 Décembre 1640. Son journal nous fait connaître l'homme tout entier. C'eft un ouvrage extrêmement fimple, fouvent naïf, fans aucune érudition, mais l'auteur poffède un jugement fûr & ne raconte que des chofes remarquables. Sa manière de dire eft concife, fans ceffer d'être claire, & fon journal fe diftingue favorablement de la plupart des ouvrages du même genre.

M. Muller poffède un manufcrit remarquable, contenant une copie de l'original des journaux de Pieter van den Broecke. De la collation du manufcrit avec l'ouvrage imprimé il réfulte que le dernier eft un récit très-condenfé, & que le MS. renferme plufieurs détails intéreffants que l'auteur a paffés fous filence, quand il préparait fon travail pour la preffe.

(Dans la collection de Commelin, etc.)

*a.* Generale | Befchrijvinghe van Indien. | Ende in 't befonder | Van 't Coninckrijck van Guferatten, ftaende onder de | beheerfinge van den Groot Machtighen Coninck | Chaiahan : anders genaemt den grooten | Mogor. | Uyt Verfcheyden Autheuren ende eygen onder-vindinghe vergadert | ende by een gheftelt : | Door | Johan van Twift, Ghewefen Over-hooft vande Nederlantfche Comp- | tooren, Amadabat, Cambaya, Brodera ende Brotchia. | Naer de Copye | Ghedruckt tot Batavia, inde Druckerye vande Ganfen Pen. | Anno 1638. | 4° oblong.

*(Defcription générale de l'Inde, et en particulier du royaume de Gufuratte, placé fous la domination du puiffant roi Chaiahan, autrement dit le grand Mogol. Tiré de plufieurs auteurs & de fouvenirs perfonnels., & compofé par Johan van Twift, chef des comptoirs néerlandais Amadabat, Cambaya, Brodera & Brotchia).*

Dans *Begin ende Voortgang*, Vol. II. Titre féparé. Le texte imprimé en deux colonnes, 112 pages. Signature (PPPPP)—EEEEE (e) 3.

Second titre à la page 69 :

Corte Befchrijvinghe van het Coninckrijcke Cuncam, | ofte Decam, ftaende onder de beheerfinge, van den grootmach- | tigen Sultan, Mamedh, Idelza, Coninck van Vifiapour.

*(Courte defcription du royaume de Cuncam ou Decan, placé fous la domination du puiffant Mamedh Idelza, roi de Vifiapour).*

Comme le titre l'indique, cet ouvrage contient principalement une defcription du Royaume de Gufuratte, qui eft une province de l'empire du Grand Mogol. Elle eft précédée d'un aperçu général de cet empire & contient quelques chapitres qui traitent fpécialement du Grand Mogol. En tout elle comprend 45 chapitres (pages 1—68). Suit (pp. 69—83) une defcription du Royaume de Dekan, & (pp. 84—112) une defcription des côtes de l'Inde, divifée en 142 alinéas („Aenwyfinge van meeft alle Cuften, Drooghten ende Reden, om door ganfch Indien te feylen").

Le titre du journal fait mention d'une édition originale imprimée à Batavia en 1638, mais ce qui eft ajouté: „in de druckerije van de ganfen pen" (à l'imprimerie de la Plume d'Oie) paraît plus ou moins apocryphe. Auffi n'avons-nous trouvé aucune trace de cette édition.

Johan van Twift remplit de 1639 à 1643 la charge de membre extraordinaire du Confeil des Indes, & fut nommé gouverneur de Malacca après la prife de cette ville en 1641.

*b.* Befchrijving | van | Guferatte | Dat is: | Cort verhael van de Regering, Cere- | monien, Handel, Vruchten en Gelegentheyt van 't Co- | ninckrijck van Guferatte, ftaende onder de Beheer- | fching van de Grootmachtige ende Wijd- | befaemden Coninck Chanziahan, an- | ders genaemt den grooten | Magoll. | Wt verfcheyde Autheuren en eyghen ondervindingh ver- | gadert, ende by een gheftelt | Door | Johannem van Twift | Opper-Coopman, | En ghewefen Overhooft van de Nederlandtfche Kanto- | ren Amadabath, Cambaya, Brodera en Brotcha, gheleghen | in het voor-verhaelde rijck van Guferatten. | t'Amfterdam, | Ghedruckt voor Henderick Doncker, Boeck-verkooper woo- | nende op Monckel-Baens-Borghwal. Anno 1647. | 4°. [213].

Titre & introduction (Defcription de l'Inde, le premier chapitre de l'ouvrage précédent), 8 pp. fans pagination. Signat. (*2), (*3).

Defcription de Guferatte, 82 pages. Signature A—K. 3. — A la fin de l'ouvrage: „t' Amfterdam, | Gedruckt by Baltus de Wild', woonende op | de Angeliers-Graft, naeft het wapen van | Vrieflandt."

Cette édition contient la première & la principale partie (pp. 1—68) de l'ouvrage de Van Twiſt dans le recueil de Commelin, mais elle n'eſt pas diviſée en chapitres. L'orthographe des mots orientaux n'eſt pas partout la même; l'expreſſion auſſi varie quelquefois. A la fin, l'auteur promet „dans la partie ſuivante de notre hiſtoire", une deſcription des autres colonies portugaiſes dans l'Inde, la Perſe & l'Arabie, & ſ'excuſe des erreurs qu'il peut avoir commiſes dans l'emploi de termes orientaux. L'ouvrage eſt ſigné de ſon nom. — Cet épilogue manque dans *Begin en Voortgang*.

*c.* Generale Beſchrijvinge | Van | Indien. | Ende in 't beſonder | Kort verhael van de Regering, Ceremonien, Handel, Vruch- | ten en Geleghentheydt van 't Koninckrijck van Guſuratten, | ſtaende onder de beheerſchinghe van den Groot-Machtighen Koninck | Cajahan: anders genaemt den grooten | Mogor. | Uyt Verſcheyden Autheuren ende eyghen onder-vindinge vergadert | ende by een gheſtelt: | Door | Johan van Twiſt, Geweſen Overhooft van de Nederlant-ſche Comtoo- | ren, Amadabat, Cambaya, Brodera, ende Brotchia. | Hier achter is by-gevoeght de aenwijſinge van meeſt alle Kuſten, Drooghten ende Reeden, om | door gantſch Indien te zeylen. | (*Marque typogr.*) | t' Amſtelredam, | Voor Jooſt Hartgerts, Boeck-verkooper in de Gaſt-huys-Steegh, bezij- | den het Stadt-Huys, in de Boeck-winckel. 1648. | 4°. [214].

Titre avec marque typographique & l'exergue: *Myn glas loopt ras.*
Texte pag. 1—94. Signat. aaa2—fff 5.

Réimpreſſion de la première partie & des 115 premiers alinéas de la troiſième partie de l'ouvrage de Van Twiſt, tout comme dans le recueil *Begin ende Voortgang* (pp. 1—68, 84—104).

*d.* Generale Beſchrijvinge van | Indien. | (*etc.*, *comme le précédent*) ....... Brotchia. | Hier is noch bygevoecht 't Iournael van d' Heer Admirael Wybrant Schram, | met de Zee-Slagh tegen Claes Compaen. | Den tweeden druck ver-

ciert met Kopere plaeten. | (*Vue de Suratte*). | t' Amfter-
dam, | By Hendrick Doncker, Boeck-verkooper inde Nieuwe-
Brug-fteeg, in 't Stuur- | Mans Ghereedt-schap. Anno
1650. | 4°. [215].

Titre avec vue de Suratte, gravée en taille-douce & copiée du journal
de Pt. van den Broecke (pl. *k.*).

Texte, page 1—88, contenant feulement la première partie de l'ouvrage
de Van Twift, tout comme dans l'édition précédente.

Planches dans le texte.

*a.* pag. 13. Vue de Suratte. C'eft la même planche que celle du titre,
mais on a ajouté à droite un arbre & des pêcheurs. L'infcription
(*Svratte*) manque.

*b.* pag. 29. Fêtes à la Cour d'Agra.

*c.* pag. 32. L'ambaffadeur de Vifampour préfente des cadeaux au Grand
Mogol.

*d.* pag. 39. Habitants de Gufuratte.

*e.* pag. 43. Femme indienne fe jetant dans les flammes fur le cadavre de
fon mari.

*f.* pag. 62. Nôces en Gufuratte.

*g.* pag. 66. Habitants de Gufuratte. C'eft la même planche que *d*, où
la figure à droite eft reftée, tandis que celle de gauche eft remplacée par
une autre figure prefque nue.

Nouveau titre: „Journael ende Verhael van de Ooft-Indifche Reyfe,
gedaen by ... Wybrant Schram" etc. etc. (Voir le chapitre fuivant).

Texte, page 3—22. Signat. A—C3.

*e.* Generaele Befchrijvinghe van | Indien | (*etc.*, *tout
comme le précédent*) .... Compaen. | (*Vue de Suratte*). |
t' Amfterdam. | By Hendrick Doncker ..... Anno 1651 |
4°. [216].

Titre avec vue de Suratte, comme dans le texte (p. 13) de l'édition
précédente, mais avec l'infcription *Syratte*.

Texte, page 1—88. — Journal de Schram, 22 pp.

Réimpreffion textuelle du précédent, avec les mêmes planches.
L'édition du journal de Schram eft celle de 1650, comme dans
l'édition précédente.

7. VOYAGE DE WYBRANT SCHRAM ET RENCONTRE AVEC
CLAES COMPAEN.

(Dans la collection de Commelin).

*a.* Journael ende Verhael, | Vande Ooft-Indifche Reyfe, gedaen by den Heer Ad- | mirael Wybrant Schram. Uyt-gevaren met een Vloot | van 9 Schepen, den 3 May. 1626. | Met een Befchrijvinghe van den See-Slach, die hy ghefla-gen heeft met den ver- | maerden See-roover Claes Com-paen. | Item : | Ooft-Indifche Reyfe, ghedaen by Seyger de Rechteren, Kranck-befoecker inde | voornoemde Landen, ende nu gheweldigen Generael, vande Landen Over-Yffel, uytghevaren | onder den Heer Admirael Iacob Speckx, den 25 Januarius 1629. Vervattende alle het | gedenckwaerdigh-fte, by hem op de voornoemde Reyfe gefien ende bejegent is. | Alles met veel Difcourfen vermeerdert.

Dans *Begin ende Voortgang*, Vol. II. Sans titre féparé. Imprimé en deux colonnes, 94 pages. Signature *Aaa—Nnn* 3.

Les pp. 1—18 contiennent le journal de Schram; les pp. 19—89 le journal de Seger van Rechteren, dont nous traiterons dans le chapitre fuivant; les pp. 90—94 le récit d'un combat naval entre les Hollandais, fous les ordres de l'amiral Cornelis Simonfz, & trois galions Portugais, livré près de Goa, le 30 Septembre 1639; en outre, quelques autres nouvelles de cette efcadre, écrites le 21 Octobre de la même année (1).

*b.* Journael ende Verhael | (*etc comme le précédent*) ...

_____

(1) En tête de ce récit, Commelin f'excufe dans une courte préface du peu d'ordre obfervé par lui dans la communication de fes documents. Lorfqu'il commença fon travail, dit-il, on lui avait fait entrevoir toute une férie de pièces officielles, mais cette efpérance ne f'étant point réalifée, il avait été obligé de communiquer les différents récits à mefure qu'ils lui tombaient fous la main. Cette demi-accufation regarde probablement les Directeurs de la Compagnie des I. O.

Compaen. | t' Amfterdam. | By Hendrick Doncker, inde Nieuwe-Bruch- | fteegh, in 't Stuer-mans-gereetfchap. Anno 1650 | 4°. [217].

Avec le titre: 22 pp. Ajouté à l'ouvrage de Van Twift, éditions de 1650 & de 1651 (Voir le chapitre précédent).

Réimpreffion textuelle des pp. 1—18 de l'ouvrage précédent.

---

L'amiral Wybrant Schram, chef d'une efcadre de neuf vaif-feaux, deftinée aux Indes, partit de Texel en Mai 1626. Obligé de jeter l'ancre devant Sierra Leona, avec deux de fes vaiffeaux, pour faire quelques réparations à l'un d'eux, il fut abordé par le pirate Claes Compaen. Sa bravoure & fa tactique fauvèrent l'efcadre. On trouve dans le journal la narration de cet événement & la correfpondance curieufe du pirate & de l'amiral.

Comme ce récit a été tranfcrit prefque en entier dans le livre populaire où font racontées les aventures du pirate Claes Com-paen, nous noterons les éditions de ce livre qui nous font connues :

*c.* 't Begin, Midden en eynde | Der See-Roveryen, van den Alder- | famieuften Zee-Roover, | Claes G. Compaen | Van Ooftfanen, in Kennemerlant. | Vervattende. | Sijn won-derlijcke, vreemde en Lants fchade- | lijcke drijftochten. | Waer in verthoont wort, | Hoe hy met weynich Schepen de Zee onveyligh | gemaeckt, een ongelooffelijcken Buyt, en groot ghetal | van Schepen van alle Landen gerooft, en af gelopen heeft. | (*Gravure fur bois*) | Gedruct by een Liefhebber van alle Nieuwicheden, 1659. | 4°. [218].

Titre avec une ancienne gravure fur bois repréfentant une île, avec l'inf-cription: *Infula do Cirne.*

Préface, fignée *Nihil occultum quod non revelabitur*, & fuivie d'extraits de l'ouvrage de Nic. à Waffenaer, 6 pp. fans pagin. Signat. Aij—Aiiij.

Texte, 50 pp. avec fignature Av—Ciiij.

Gravures en bois dans le texte, au nombre de quatre. Elles ont probablement fervi pour d'autres journaux.

*d.* 't Begin, Midden en Eynde | Der See-Rooveryen ... Lants | fchadelijcke .... See on- | veylgh *etc.* (*comme le précédent*) .... Gedruckt by een Lief-hebber van alle Nieuwigheden, 1659. | 4°. [219].

Titre avec une gravure en taille-douce, repréfentant un vaiffeau battu par la tempête.

Préface etc., 4 pp. fans pagin. Signat. A 3 (*fic*), A 3.

Texte, 42 pp. avec fignature A 4— C 5.

Réimpreffion textuelle du précédent, ainfi que les éditions fuivantes.

*e.* 't Begin, Midden en Eynde | Der Zee-Rooveryen van den Alderfamieu- | ften Zee-Roover (*etc.*) .... Gedruckt by een Liefhebber van alle Nieuwigheden, 1659 | 4°. [220].

Titre avec la même gravure que l'édition précédente, mais plus fatiguée.

Préface, etc. 4 pp., fans pagin. Texte 42 pp. Signature comme dans l'édition précéd. — En haut de la dernière page on lit: „De Zee-Rooveryen Van Klaes Compaen"; dans l'édit. précéd.: „De Zee-Rooveryen Van Compaen."

*f.* 't Begin, Midden en Eynde | *etc.* .... Tot Rotterdam, | Gedruckt by Ifack Kaftyn, Boeck-drucker in de Beggyneftraet, | In de Druckery, 1682 | 4°. [221].

Titre avec gravure en bois repréfentant un naufrage.

Contenu total, (6) & 42 pp. comme *d & e.*

Gravures en bois dans le texte, au nombre de 3.

*g.* 't Begin, Midden en Eynde | *etc.* .... Tot Amfterdam, | By de Erven van de Wed. van G. de Groot, Boekverkopers op de Nieuwen- | Dyk, tuffchen de twee Haarlemmer-Sluifen, 1726. | 4°. [222].

Titre avec gravure en bois repréſentant un navire.

Contenu total, (6) & 42 pp.

Gravures en bois dans le texte, au nombre de 3 ? Les pp. 1—4 manquent dans notre exemplaire.

*h.* 't Begin, Midden en Eynde | *etc.*.... Tot Amſterdam, | By de Erven van de Wed. van G. de Groot .... Anno 1733 | 4°. [223]. (1).

Titre avec la même gravure que dans l'éd. préc.

Contenu total, (6) & 42 pp.

Gravures en bois dans le texte au nombre de 3, différentes de celles de l'éd. préc.

———

Le récit des aventures de Compaen, copié en partie, comme nous l'avons vu, du journal de Wybrant Schram, eſt du reſte une compilation des „Hiſtoires" de Nic. van Waſſenaer (2), enrichie des communications de Hendrick Soeteboom, éditeur de quelques ouvrages de mérite, établi à Zaandam, où Compaen paſſa les dernières années de ſa vie, après avoir reçu ſon „pardon" des Etats Généraux. Dans les éditions de l'ouvrage qui portent l'année 1659, il eſt dit qu'il était alors âgé d'environ 70 ans, & qu'il était revenu dans ſa patrie vers l'âge de 40 ans. Dans les autres éditions (celles de 1682, etc.) ce paſſage eſt mutilé. L'âge de 70 ans y eſt fixé comme la date de ſon retour. Un détail curieux, c'eſt que la tirade finale où l'auteur prédit que le pirate mourra pauvre, a été conſervée même dans l'édition de 1733. Claes Compaen eſt d'ailleurs ſi bien reſté immortel que ſon nom a paſſé en proverbe. „Hij is een rechte Compaen" (c'eſt un vrai *Compaen*) ſe dit encore dans certains cercles de la ſociété hollandaiſe actuelle, lorſqu'on veut blâmer dans quelqu'un un excès de témérité.

———

(1) Autres éditions citées : Amſterdam, Michiel de Groot, 1662; *ibidem*, 1675; *ibidem*, 1688; Amſterdam, 1756; Amſterdam, Joh. Kannewet, 1762; Amſterdam, Erve Wed. Jac. van Egmont; Amſterdam, B. Koene, 1778. Toutes in-4°, excepté celle de 1756 (in-8°).

(2) Hiſtoriſch Verhael, Tome XIII (1627).

8. VOYAGE AUX INDES DE SEYGER VAN RECHTEREN.

(Dans la collection de Commelin).

*a.* Journael, | Ghehouden door Zeyger van Rechteren : | Op zyne gedane voyagie naer Ooft-Indien. | (*Portrait*) | Tot Zwolle, | Ghedruckt by Frans Jorrijaenfz ende Jan Gerritfz, Boeck- | druckers. Anno 1635. | Met confent der felver Heeren. | 4°. [224].

(*Journal tenu par Seyger van Rechteren pendant fon voyage. aux Indes Orientales*).

En tout (VIII) & 90 pp.

Portrait en bufte, gravé au titre, dans un cadre ovale, avec la foufcription : *Seijger van Rechteren gewefen Cranckbefoecker In Ooftingen Atates (fic) : 35.*

Au verfo du titre un poëme en l'honneur de l'auteur, commençant par ces mots : „*Siet hier dit is de Man etc.*", fignée *'k Soeck te leeren.*

Epitre dédicatoire de l'auteur aux Etats d'Overiffel & aux magiftrats de Deventer, Campen & Zwolle, datée de Zwolle, 16 Mai 1635, 2 pp. Signat. (. · .)2.

Préface au lecteur, même date, 2 pp. Signat. (. · .)3.

Deux poëmes de la main de l'auteur, le premier imprimé en 2 colonnes, commençant par : *Onlangs meend' ick wat te fchryven ;* le fecond commençant par : *Al die nae Ryckdom hier* & figné, *Wie hadt gedocht* (2 pp.).

Un mot de l'auteur au „Lief-hebbende Lefer", concernant fon voyage. Signat. A. — La feuille eft blanche au verfo.

Texte, pag. 3—90. Signat. A 2—L 3.

Carte & planche (elles manquent dans notre exemplaire). On trouve l'explication de la carte à la p. 52; la planche eft mentionnée à la page fuivante.

1. „Af Conterfeyting van Die groote vermaerde Riuier Chincheo ghelegen Int groot Conincrijck Chijna."

2. „Af Conterfeytinge vant fort Zeelandia in Taijovang gelegen op de N. breete van 22 graden bijt Koninckrijck van China in Ooftindien Ao 1629."

*b.* Journael, | Gehouden op de reyfe ende wederkomfte | van | Ooft-Indien | door | Seyger van Rechteren | Voor defen Kranck-befoecker in de voor-genoemde Lan- | den, ende nu Geweldige Generael van de Landen van | Over-

Yſſel. | Den tweeden druck, van nieuws verbetert | ende vermeerdert. | t' Zwolle, | Gedruckt by Jan Gerritſz ende Frans Jorrijaenſz | Boeck-druckers, Anno 1639. | 4°. [225].

(*Journal tenu pendant un voyage aux Indes Orientales, aller & retour, par Seyger van Rechteren, ci-devant aumônier dans ces contrées, actuellement prévôt-général de la province d'Overiſſel. Seconde édition, corrigée & augmentée*).

En tout (XIV) & 111 pp.

Portrait (le même que dans l'édit. préc.), ſur une feuille ſéparée; au verſo le poëme *Siet hier*.

Epitre dédicatoire aux habitants d'Overiſſel etc., différente de celle de l'éd préc., ſuivie du poëme commençant par *Onlangs meend' ick*, ici intitulé: „Tot den Beriſpers ofté ſpotters." 6 pp. Signat. A 3, [A 4], B.

Poëme commençant par: *Al die nae Ryckdom hier*, ici intitulé „Stichtelijck Gedicht, om te betrachten den waeren Rijckdom." Signat. B 2.

„Tot den Lief-hebbende Leſer", 2 pp. (Différent de l'éd. préc.) Signat. B 3.

Texte, pp. 1—111. Signat. [B 4]—Q 2.

Carte (p. 64) & planche (p. 66), comme dans l'éd. préc.

*c.* Journael, | Ghehouden op de Reyſe ende weder-komſte van | Ooſt-Indien. | Door | Seyger van Rechteren, Voor deſen Kranck-beſoecker in de voor- | ghenoemde Landen, ende nu Geweldige Generael vande Landen van | Over-Yſſel.

Dans *Begin ende Voortgang*, vol. II, à la ſuite du Journal de V. Schram (voir le chapitre précédent); pp. 19—90.

Planches.

N°. 1. *Mont van der* (ſic) *Rivier Chincheo in China*. Copie de la grande carte de l'édition originale.

N°. 2. Vue de la fortereſſe Zelandia. Copie de la grande planche de la même édition.

N°. 3. Vue de Macao (*Maccauw*), appartenant à la 3ᵉ inſertion de Commelin.

Dans quelques exemplaires ſe trouve auſſi en face du titre le portrait de l'auteur, copié de l'édition précédente, avec le poëme: *Siet hier*.

Cette édition contient trois inſertions importantes, dont nous traiterons tantôt.

Seyger van Rechteren partit en Décembre 1628 pour les Indes, en qualité d'aumônier de vaiffeau au fervice de la Compagnie des I. O. Il fut placé fur la flotte de l'amiral Jacques Cornelifz Specx, le premier chef de la factorie néerlandaife au Japon (1), plus tard gouverneur général des I. O. Pendant le
voyage, la flotte aborda la côte occidentale de l'Auftralie, où Pelfaert avait fait naufrage peu de temps auparavant (2). Arrivé
à Batavia en Septembre 1629, du temps du fecond fiége, dont
il raconte quelques particularités, Van Rechteren fut envoyé à
Salamma, dans Lonthoir, une des îles de Banda. Il y féjourna
quinze mois; mais fa mauvaife fanté l'obligea de quitter le pays.
Il vifita enfuite Macaffar, & revint en Décembre 1632 de Batavia
dans fa patrie.

L'auteur a inféré dans le journal de fes voyages un „court
récit concernant la Chine" (Kort verhael van 't groot Koningh-
rijck van China), fuivi d'un „récit fuccinct concernant Tayo-
wang" (Kort verhael van Tayovang), une petite île près de
Formofa, & d'un „court récit" concernant le commerce des Hollandais en Chine & au Japon (1e édit. pp. 45—67, 2e édit. pp.
57—80). Van Rechteren prétend que c'eft le refumé d'entretiens fréquents avec des officiers, qui avaient été prifonniers
en Chine pendant près de cinq années; mais en réalité les
deux dernières infertions font tirées d'un mémoire officiel que
Pieter Nuyts, troifième gouverneur de Formofa (1627—1629),
préfenta au gouvernement des I. O. le 10 Février 1629, & qui fe
trouve dans l'ouvrage de Valentijn (*Oud- en Nieuw Ooft-Indien*,
IV 2, p. 63—70). Peut-être Van Rechteren a-t-il poffédé une
copie de ce mémoire & a-t-il caché la vraie fource de fon récit,
afin de ne pas encourir les peines plus ou moins févères qu'entraî-
nait la publication de pareils documents.

Dans la feconde édition du journal le ftyle a fubi des corrections.
L'auteur l'a augmentée de récits curieux concernant les habitants

(1) Voir page 175.
(2) Voir notre chapitre 10 de cette partie.

de Nera (p. 37—42). P. 44 il raconte la caufe de fon départ. Du refte le journal eft refté le même.

La troifième édition, celle qui fait partie du recueil de Commelin, eft une réimpreffion de la feconde, augmentée des infertions fuivantes:

1° (p. 45—53): Hiftoire des relations des Hollandais avec la Chine. Ce récit fe rapporte principalement à l'expédition fous Cornelis Reyerfz vers ce pays, en 1622—24, la même dont on trouve des particularités dans le journal de Bontekoe (voir notre chap. II C 4), qui en fit partie.

2° (p. 55—70): „Difcours ende Cort verhael, van 't Eylant Formofa, onderfocht ende befchreven door den Eerw. Dᵃ. Georgius Candidius, Dienaer des H. Euang..... op 't felve Eylant." (L'île de Formofa, explorée & rapidement décrite par Georgius Candidius, pafteur de l'églife réformée). Cette pièce eft datée de „Sinckan, fur l'île de Formofa, le 27 Dec. 1628", & fuivie d'un avis du même auteur (p. 71—74) concernant l'établiffement de la religion chrétienne dans cette île. Candidius y féjourna de 1627—1631 & plus tard de 1633—1637.

3° (p. 78—83): „Befchryvinge van de Stadt Maccaon ofte Maccauw, met haer Fortreffen, gefchut, commercien, ende zeeden der Inwoonderen, befchreven door Marcus d'Aualo Italien" (Defcription de la ville de Maccao avec fes fortereffes, fon artillerie, fon commerce & les mœurs de fes habitants, par l'Italien Marcus d'Avalo). Suivi (p. 84—86) d'un mémoire fur les marchandifes introduites au Japon par les Portugais, en 1637. Les Portugais furent chaffés de ce pays en 1639. Peut-être d'Avalo était-il paffé de leur fervice à celui des Hollandais.

---

9. VOYAGES AUX INDES ET AU JAPON, PAR HENDRICK HAGENAER, AVEC LA DESCRIPTION DU JAPON PAR FRANÇOYS CARON, ET D'AUTRES PIÈCES.

(Dans la collection de Commelin).

*a.* Verhael | Van de Reyze gedaen inde meefte deelen |

Van de | Ooſt-Indien, | Door den Opper-Coopman | Hendrick Hagenaer, | Uyt gevaeren inden Jaere 1631. Ende weder gekeert A°. 1638. | Met | Een beſondere Beſchryvinge eeniger | Indiaenſche Coninckrycken, | Ende Landen.

*(Récit du voyage fait dans la majeure partie des Indes Orientales par le commis en chef Hendrick Hagenaer, parti en 1631 & retourné en 1638. Avec une deſcription ſpéciale de quelques royaumes & contrées des Indes).*

Dans *Begin ende Voortgang*, Vol. II. Sans titre ſéparé. Imprimé en deux colonnes; 217 pages. Signature *Aaaa—Eeeee.*

Contenant: p. 1—33 les voyages de Hendrick Hagenaer, ſous le titre mentionné ci-deſſus.

P. 134—175. „Beſchrijvinghe van het machtigh Coninckrijck Japan, geſtelt door Francoys Caron, Directeur des Compagnies negotie aldaer, ende met eenige aenteeckeningen vermeerdert door Hendrick Hagenaer."

*(Deſcription du puiſſant royaume du Japon, par Françoys Caron, directeur du commerce dans ce pays, de la part de la Compagnie des I. O.; augmentée de quelques notes par Hendrick Hagenaer).*

P. 176—188. „Hiſtorie der Martelaeren, die in Japan om de Roomſche Catolijcke Religie, ſchrickelijcke, ende onverdraghelycke pynen geleeden hebben, ofte ghedoodt zyn. Beſchreven door Reyer Gyſbertſz."

*(Hiſtoire des martyrs au Japon, qui, pour la confeſſion de la religion Catholique Romaine, ont ſubi des peines atroces ou ont été tués. Décrite par Reyer Gyſbertſz).*

P. 189—194. „Verhael van de groote pracht die daer gheſchiedt, ende ghebruyckt is, op den Feeſt gehouden inde Stadt van Meaco (*Miako*), alwaer den Dayro, zijn Keyſerlijcke Mayſt. van Jappan quam beſoecken, voor gevallen op den 20 October 1626. Beſchreven door Coenraet Krammer, als doen weghen de ... Ooſt Ind. Comp. ... aen den gemelde Keyſerl. Mayſt. gecommitteert, die ſulckx alles ſelfs geſien heeft."

*(Récit de la pompe étalée à la grande fête de Miako, où le Dayro vint viſiter l'Empereur du Japon, le 20 Octobre 1626. Décrit par Coenraet Krammer, témoin oculaire, député de la Compagnie des I. O. auprès dudit empereur).*

P. 195—197. „Tranſlaet van een Iapanſche Brief, van Siragemondonne, Burgermeeſter in Nangaſacqui, aen den Gouverneur Generael &c. door den Opper-Coopman Jan van Elzerach overgeſonden dato den 28 Oct. 1642. *(Suivi de:)* Extract uyt de Miſſive van den Gouverneur Generael van Indien, aen de Heeren Bewinthebberen geſonden, nopende den handel van Iapan."

*(Traduction d'une lettre japonaife de Siragemondonne, gouverneur de Nanga-facqui, au Gouverneur général, envoyée par le premier commis Jan van Elzerach, & datée du 28 Oct. 1642. Suivie d'un extrait de la lettre du Gouverneur général des I. O. aux Directeurs de la Compagnie, concernant le commerce du Japon).*

P. 198—202. „Kort verhael van 't profyt, dienft, ende nuttigheyt dat de Ooft-Indifche vereen. Neederl. Comp. in Iappan foude genieten, by zoo verre fy den Chineefen handel bequamen. Geftelt door Leonart Campen."

*(Réfumé des avantages qui réfulteraient pour la Compagnie Néerlandaife au Japon, du commerce avec la Chine; par Leonart Campen).*

P. 203—207. „Befchrijvinge vande Regeeringe, Macht, Religie, Coftuymen, Traffijcquen, ende andere remercquable faecken, des Coninghrijcks Siam. Geftelt inden Jaere 1636 door Iooft Schouten, Directeur weghens de geoctr. Ooft-Ind. Comp. aldaer."

*(Defcription du gouvernement, du pouvoir, de la religion, des coutumes, des trafics, & d'autres affaires remarquables du royaume de Siam. Dreffée en 1636 par Jooft Schouten, Directeur du commerce dans ce pays de la part de la Compagnie des I. O.)*

---

Hendrick Hagenaer fut envoyé aux Indes par la Compagnie des I. O., en qualité de premier commis *(opperkoopman)* à bord de la corvette *Grol*, qu'accompagnèrent deux autres vaiffeaux. Parti en Décembre 1631, il refta aux Indes jufqu'en 1637 & vifita dans cet intervalle la Perfe, la côte de Malabar, Cambodge, les Moluques, & trois fois l'île de Formofe & le Japon; c'eft là qu'il rencontra François Caron, l'auteur de la defcription de ce pays qu'on a ajoutée au journal de Hagenaer, accompagné des notes de ce dernier. Nous y reviendrons tantôt. Le journal, que Commelin paraît avoir abrégé (voir la fin de l'ouvrage), manque abfolument de ftyle & d'ordre, mais il contient plufieurs chofes intéreffantes. On y a inféré des defcriptions des contrées vifitées, des mœurs & coutumes de leurs habitants, etc., comme la Perfe (p. 14—33) (1), Ormuz (p. 35—38), Bender Gamron

---

(1) Cette annexe a été probablement ajoutée par Commelin & compilée par lui de plufieurs ouvrages antérieurs, principalement celui de Pedro Teixeira,

(p. 41—44), Socotora (p. 57—59), de Cambodge (p. 120—122). L'annexe p. 46—47 contient un court récit „des cruautés & tyrannies du roi actuel de la Perſe, Chan Sophi, depuis l'année 1632", etc. Une autre annexe ſe trouve aux pp. 91—96. C'eſt un inventaire curieux de tous les cadeaux faits à l'empereur & aux nobles etc. à la cour du Japon, par François Caron, au nom des Directeurs de la Compagnie des I. O.

Nous ne connaiſſons du journal de Hagenaer aucune autre édition du XVIIᵉ ſiècle. M. Pagès (*Bibliographie Japonaiſe* p. 27) mentionne une édition en langue ruſſe publiée à St.-Péterſbourg, 1734 in 8° avec figures.

La deſcription additionnelle du Japon par François Caron eſt imprimée ici pour la première fois (1); l'hiſtoire des martyrs japonais par R. Gyſbertſz avait déjà été publiée ſous ce titre:

*b.* De | Tyrannije ende Wreedtheden | der | Jappanen. | Beſchreven door | Reyer Gyſbertſz voor de Gouverneur | Cornelis van Nieuwerode voor de | Hollandtſche Compagnie | (*Figure en bois*) | t'Amſtelredam, | Ghedruckt by Jan Frederickſz Stam, inde Hope byde | Zuyder-Kerck. Anno cIɔ Iɔ c xxxvii. | 4°. [226].

Contenant 26 pages. Signat. A 2—D.

---

intitulé „Relaciones d'el origen, déſcendencia y ſucceſſion de los reyes de Perſia y de Harmuz ... y de un viage hecho por el miſmo autor desde la India Oriental haſta Italia par tierra", & imprimé à Anvers en 1610 in 8°.

(1) M. Camus s'eſt mépris en mentionnant une édition de l'ouvrage de Caron imprimée en hollandais, dès 1636, *à la Haye* (Mémoire, p. 312). Il fut induit en erreur par Meuſel (*Biblioth. hiſtor.* II 2, p. 198), qui cite l'édition de la Haye (*ſine anno*) comme imprimée avant celle d'Amſterdam 1648, tandis que c'eſt la même que celle de 1661, comme nous le verrons ci-après. — L'édition anglaiſe des ouvrages de Caron & Schouten de 1643, mentionnée par M. Ternaux-Compans (*Biblioth. Aſiatique*, n°. 1645) nous ſemble pareillement apocryphe; c'eſt probablement la même édition que celle de 1663, citée dans le même ouvrage (N°. 1949). Auſſi M. Pagès ne fait pas mention de cette édition anglaiſe de 1643 dans ſa *Bibliographie Japonaiſe* (p. 32).

L'édition de Commelin eſt une réimpreſſion textuelle de ce pamphlet.

---

L'ouvrage de Caron, avec les notes de Hagenaer & toutes les additions qui ſe trouvent dans *Begin ende Voortgang*, même la deſcription de Siam par Jooſt Schouten, fut réimprimé ſous le titre ſuivant :

*c.* Beſchrijvinghe | Van het Machtigh Coninckrijcke | Japan, | Vervattende | Den aert eñ eygenſchappen van 't Landt, | manieren der Volckeren, als mede hare grouwe-lijcke | wreedtheyt teghen de Roomſche | Chriſtenen, ge-ſteldt, | Door Françoys Caron. | (*Signe typogr.*) | T'Am-ſterdam, | Voor Jooſt Hartgers, Boeck-verkooper in de Gaſthuys-ſteegh, inde | Boeck-winckel, bezijden het Stadt-huys. 1648. | 4°. [227].

Au titre, la marque typogr. avec la deviſe *Myn glas loopt ras.*
Texte pp. 1—78. Signat. *aaaa2—eeee5.*

*d.* Beſchrijvinge | Van het Machtigh Koninckrijcke | Japan (*etc., comme le précédent*) .... t'Amſterdam, | Voor Jooſt Hartgers ..... 1649 | 4°. [228].

Au titre, la même marque typogr. que dans l'éd. de 1648.
Texte pp. 1—78. Signat. A 2—E 5.

*e.* Beſchrijvinghe | Van het Machtigh Koninghrijcke | Japan (*etc., comme le précédent*) ..... t'Amſtelredam, | Voor Jooſt Hartgers .... 1652 | 4°. [229].

Titre avec figures de vaiſſeaux.
Texte, pp. 1—78. Signat. A 2—E 5.

*f.* Rechte Beſchryvinge | Van het Machtigh Koninghrijck van | Iappan, | Beſtaende in verſcheyde Vragen, betreffende dès felfs Re- | giering, Coöphandel, maniere van Leven, ftrenge Juftitie | &c. voorgeftelt door den Heer Philips Lucas, Directeur | Generael wegens den Nederlandfen Staet | in India, ende door de Heer | Francoys Caron, | Prefident over Comp. ommeflach in Iappan, beantwoort inden Iare 1636. | Welcke nu door den felven Autheur overfien, vermeerdert en uytgelaten is de Fa- | buleufe aentekeningen van Hendrick Hagenaer, foo dat nu alles met zijn voo- | rige Origineel komt te accorderen, en met Ko- pere Figueren verrijckt | (*Planche gravée*) | In 's Graven- hage, by Johannes Tongerloo, Boeckverkooper, 1661. | 4º. [230].

En tout: (VIII) & 96 pag.

La planche du titre repréfente la manière dont les Japonais s'ouvrent le ventre. Au verfo de la feuille fe trouve l'explication.

Préface, fuivie de la table des queftions, 5 pp. Signat. )( 2.

Texte, pp. 1—96. Signat. A—M 2.

Carte du Japon, (en regard de la 1e page) avec titre: „Perfeckte Kaert vande gelegentheijdt des Landts van Japan."

Planches:

*a.* (dans le texte, à la 32e page) *Maniere der Buyck-fnijdinge.* C'eft la même planche que celle du titre, mais après en avoir fait ufage pour le texte, on a coupé la foufcription gravée. On retrouve encore les traits fupérieurs des caractères fur le titre.

*b.* (entre les pp. 36 & 37) *Maniere van Juftitie in Jappon* (trois vues). C. Moninckx invent (fic) G. f. fculps. — Avec explication imprimée au verfo & fur la planche l'indication: *fol. 36.*

*c.* (entre les pp. 48 & 49) *Afbeelding van 's Keyfers Paleys, mitfgaders de manier van 't verlenen fijner Audient.* — C. Moninckx invent. Avec indic. fur la planche: *fol. 49* & explication imprimée au verfo.

*g.* Rechte Befchryvinge, etc. (*tout comme le précédent, mais fans date*). [231].

C'eft la même édition que la précédente. On la diftingue aifément de l'édition *f* par la planche page 32, qui porte ici encore, comme dans *f*, l'infcription *gravée.*

*h.* Rechte Befchryvinge .... fo dat nu alles .... In 's Gravenhage, by Johannes Tongerloo, Boeckverkooper, 1662 | 4°. [232].

Réimpreffion textuelle du précédent. La 3e feuille porte la fignature )( 3. — Comme la foufcription de la planche, p. 32, avait été coupée dans l'édition précédente, afin que la planche même pût fervir pour le titre, elle porte dans cette édition une infcription *imprimée.* L'épreuve eft d'ailleurs très-fatiguée.

*i.* Rechte Befchryvinge etc. *(tout comme le précédent mais fans année).* [233].

Même édition que la précédente: elle n'en diffère que par l'abfence de la date.

---

Les éditions de l'ouvrage de Caron, publiées chez Tongerloo, à la Haye, font feules authentiques. Il paraît, d'après la préface de l'imprimeur, que Hagenaer l'avait fait imprimer avec fes notes fans l'autorifation de l'auteur. Tongerloo, voyant que l'ouvrage était encore affez recherché, quoique deux éditions (nous en avons décrit trois) fuffent épuifées, pria l'auteur de l'examiner, fi c'était fon propre ouvrage, & de l'augmenter: „car je penfais", dit il naïvement, „qu'on pourrait encore racon_ ter bien d'autres chofes de ce grand empire, notamment quelqu'un qui y avait demeuré plus de vingt ans." Caron voulut bien corriger l'ouvrage & l'enrichir de quelques planches, mais il refufa d'y joindre plus de détails „qui pourraient fembler fabuleux à des ignorants". Il retrancha auffi „les notes apocryphes d'un certain Hendrick Hagenaer", qui n'avait vu que très-peu de chofe en ces contrées & qui n'y comprenait rien. Il paraît que Caron & Hagenaer s'entendaient très-mal, les notes du dernier n'étant pas tout à fait dénuées d'intérêt.

L'ouvrage a donc fubi peu de changements. Il eft divifé en 37 chapitres ou réponfes aux queftions qui furent propofées à Caron par le directeur Philips Lucas. La lifte des revenus des princes Japonais, donnée en abrégé dans l'édition de Hartgers (page 2), eſt ici reproduite en entier (page 2—12). Du reſte, la réponſe à la 30ᵉ queſtion, appartenant à la planche *c*, ſe trouve ici pour la première fois.

Les additions de R. Gyſbertſz, C. Krammer, L. Campen (ici appelé Camps), & J. Schouten ſont les mêmes que dans *Begin ende Voortgang* & dans l'édition de Hartgers, ainſi que la lettre du gouverneur-général ſur le commerce du Japon. Seule, la lettre japonaiſe de 1642 n'eſt pas réimprimée par Caron, peut-être par ce que le contenu lui ſemblait quelque peu choquant. Les Hollandais y ſont exhortés à cacher leur religion.

Une année après l'édition de Tongerloo parut une traduction allemande de l'ouvrage de Caron avec toutes les additions de l'ouvrage hollandais. Cette édition fut ſurveillée par Chriſtoph Arnold & publiée à Nürnberg. On en trouve une deſcription détaillée, ainſi que de la 2ᵉ édition augmentée de 1672, dans l'ouvrage de Johan Beckmann: „Litteratur der älteren Reiſebeſchreibungen" (Göttingen 1808), I p. 258—269. — L'édition anglaiſe de 1663 a déjà été mentionnée par nous p. 256 note 1.

C'eſt d'après l'édition de Tongerloo que Thevenot a traduit l'ouvrage de Caron dans ſa Collection de Voyages. Caron le lui envoya lui-même, ce qui lui donna occaſion „de luy faire de nouvelles queſtions par l'entremiſe de l'incomparable Monſieur C. H. de Zuykchen" (c'eſt à dire, ſans doute, C(onſtantijn) H(uygens) de Zuylichem). Caron lui fournit quelques renſeignemens qu'il ajouta à cet Avis. A la fin Thevenot a mis les remarques de Hagenaer „que monſieur Carron condamne de fauſſeté, car pour peu qu'il y ait de veritez meſlées, j'ay crû que l'on ne devoit pas les ſupprimer: ainſi l'on trouvera la Relation telle que Monſieur Carron l'a publiée, & avec les meſmes figures, à l'exception de la Carte de l'Iſle du Japon que j'avois fait graver, & que j'ay ſupprimée depuis à cauſe que j'ay appris de Monſieur Voſſius (1) que Monſieur Carron la tenoit fauſſe." En effet,

(1) Dans la bibliothèque d'Iſaac Voſſius, achetée de ſes héritiers par les Curateurs de l'Univerſité de Leide pour la Bibliothèque Académique, on trouve l'édition de 1661 de l'ouvrage de Caron, qui eſt devenue rare.

cette carte eſt très-incorrecte. Elle repréſente les îles de Nip-
pon & de Jeſſo comme un promontoire du continent de l'Aſie.

Les trois planches que Thevenot a ajoutées au récit de Caron
ſont des copies de celles de l'édition hollandaiſe.

A la ſuite de l'ouvrage de Caron, Thevenot donne une traduction du récit des martyrs Japonais par R. Gyſbertz, avec
une „Continuation par Varen." — Cette dernière pièce eſt un
extrait de l'ouvrage du médecin allemand Bernhardus Varenius,
publié à Amſterdam par Louis Elzevier en 1649 pour faire ſuite
à ſa collection de „Reſpublicae", ſous le titre de „Deſcriptio
regni Japoniae cum quibuſdam affinis materiae, ex variis auctori-
bus collecta." Voir ſur le contenu l'ouvrage cité de M. Beckmann, p. 262. — Une traduction de la relation du Royaume de
Siam par Jooſt Schouten ſe trouve dans la première partie de la
collection de Thevenot, & le récit de Camps, ainſi que la lettre
du gouverneur-général, au commencement de la ſeconde partie.

---

Nous mentionnons ſéparément l'édition ſuivante de l'ouvrage
de Schouten :

*k*. Voyagien, | Ende | Beſchryvinge | van | 't Koninck-
rijck van Siam | Moſcovien, ofte Rus-landt, | Ys-landt ende
Groen-landt. | Yder vertoonende in 't byſonder | De Gele-
genheyt, Religie, Maght, Regerin- | ge, Coſtumen, Koop-
manſchappen, ende | andere aenmerckens-weerdige ſa- | ken
derſelver Landen | (*Marque typographique*) | Tot Dor-
drecht, | Voor Vincent Caeymacx, Boeck-verkooper | wo-
nende by de Wijn-brugh, 1652. | 16°. [234].

(*Voyages & deſcription du royaume de Siam, de la Moſcovie ou Ruſſie, de
l'Iſlande & du Groënland, etc.*)

La première partie de ce recueil (48 pages, y compris le
titre) contient la deſcription de Siam par Jooſt Schouten, diviſée en chapitres, dont les titres ſont empruntés aux notes marginales de l'édition de Commelin. A la fin on trouve la date
du 30 Novembre 1636, qui manque chez Commelin. — L'auteur

fut depuis membre extraordinaire du Confeil des I. O. (1640—44).

La feconde partie (p. 1—162) renferme la defcription de la Mofcovie de J. Danckaert; la troifième (p. 163—214) le Voyage en Iflande & au Groënland de D. Blefkenius.

Ce recueil eft ajouté comme fecond tome à d'autres voyages, fous ce titre colleétif: „Verfcheyde Voyagien ofte Reyfen: gedaen door Jr. Joris vander Does na Conftantinopelen. Heer Adriaen de Vlaming na Hierufalem. Den Faétoor van den Koning van Portugael door verfcheyde Landen. Nicolaes Clenard na Turckyen, &c. Als mede door 't Koninckrijck van Siam. Mofcovien, ofte Rus-landt. Ys-landt ende Groen-landt. Alle by een verfamelt door een lief-hebber der felver. Tot Dordrecht, Voor V. Caeymacx ... 1652." — L'éditeur du recueil fe nomme Adriaen van Nifpen.

---

10. NAUFRAGE EN AUSTRALIE DU VAISSEAU B A T A V I A, COMMANDÉ PAR FRANÇOIS PELSAERT, ET DESCRIPTION DU ROYAUME DE SIAM, PAR JEREMIAS VAN VLIET.

(Dans la colleétion de Hartgers, etc.)

*a.* Ongeluckige Voyagie, | Van 't | Schip Batavia, | Nae de Ooft-Indien. | Gebleven op de Abrolhos van Frederick Houtman, op de | hooghte van 28⅓ graet by-Zuyden de Linie Aequinoétiael. | Vytgevaren onder den E. Francoys Pelfert. | Vervatende | Soo 't verongelucken des Schips, als de grouwelijcke | Moorderijen onder 't gebergde Scheepsvolck, op 't Eylant | Bataviaes Kerck-hof voorgevallen, nevens de Straffe de Hantda- | digers overgekomen. Gefchiet in de jaren 1628 en 1629. | Nevens | Een Treur-blyeynde Ongheluck, des Ooft-Indifche Compagnies Dienaers in 't jaer 1636. weder-varen, in 't Co- | nincklijcke Hof van Siam, in de Stadt Judia, onder de direétie | van den

E. Jeremias van Vliet. | Als mede | De groote Tyrannye van Abas, Coninck van Perfien, | Anno 1645. begaen aen fijn grootfte Heeren des Rijcks, in | fijn Conincklijck Hof tot Efpahan. | Alles door een Liefhebber uyt verfcheyde Schriften te famen gheftelt, ende tot | waerfchouwinghe aller derwaerts varende Perfoonen, in 't licht gege- | ven; oock met veel fchoone kopere Platen verrijckt. | Tot Amfterdam, | Voor Jan Janfz. Anno 1647. | 4°. [235].

*(Voyage défaftreux du vaiffeau Batavia, parti pour les Indes Orientales fous François Pelfert, & brifé contre les Abrolhos de Frederick Houtman, à la hauteur de 28$\frac{1}{8}$', latitude méridionale. Récit du naufrage ainfi que de l'horrible maffacre commis fur l'équipage, fauvé dans l'île Batavia's Kerckhof (Cimetière de B.), & de la punition des affaffins en 1628 & 1629. Suivi des aventures fémi-tragiques des ferviteurs de la Compagnie des I. O. à la cour de Siam, dans la ville de Judia, fous le commandement de Jeremias van Vliet. Enfin, les actes tyranniques d'Abas, roi de Perfe, commis en 1645 fur les plus grands Seigneurs de fon Empire, dans fa cour royale à Ifpahan. Le tout compilé de divers écrits etc.)*

Au verfo du titre l'indication des planches.

Texte pag. 1—118. Signat. A--P 8.

Page 1—60 Voyage du vaiffeau *Batavia*; p. 61—108 Journal de Jeremias van Vliet; p. 109—118, Récit des événements d'Ifpahan pendant les difputes entre le Roi & la Compagnie Néerlandaife des I. O., en 1645, tiré de plufieurs lettres, arrivées de ce pays. (1)

Planches doubles au nombre de fix, toutes appartenant au naufrage du vaiffeau *Batavia*.

N°. 1, f. 2, divifé en trois tableaux.
N°. 2, f. 8,        en deux       „
N°. 3, f. 17,
N°. 4, f. 31,        en trois       „
N°. 5, f. 32,        en quatre      „
N°. 6, f. 40,        en deux       „

---

(1) Une efcadre hollandaife, envoyée de Batavia fous le commandement de Claes Cornelitz Block, au Shah Abbas II était arrivé en Perfe, quand eut lieu la confpiration qui eft racontée dans ce récit.

C'eft la première édition de ce journal que nous connaiffions. Probablement il en exifte au moins une antérieure. Seyger van Rechteren du moins, lorfqu'il fait mention du naufrage du vaiffeau *Batavia*, dans fon journal publié en 1635, ajoute (p. 16): „Du refte, nous renvoyons ceux de nos lecteurs, qui voudraient connaître cette tragédie, aux Journaux du voyage en queftion" (2). Il fe peut que Van Rechteren ait vu un journal imprimé à Batavia.

*b*. Ongeluckige Voyagie, | Van 't | Schip Batavia, | Nae Ooft-Indien. | Vytgevaren onder den E. Francois Pelfaert: | Gebleven op de Abrolhos van Frederick Houtman, op de hooghte | van 28½ graet, by Zuyden de Linie Aequinoctiael. | Vervatende 't veronghelucken des Schips, en de grouwelijcke | Moorderyen onder 't Scheeps-volck, op 't Eylandt Bataviaes Kerck- | hof; nevens de ftraffe der hantdadighers in den Jare 1628. en 1629. | Nevens een Treur-bly-eynde Ongeluck, des Compagnies Dienaers | in 't Jaer 1636. weder-varen, in 't Konincklijcke Hof van Siam, in de | Stadt Iudia, onder den E. Jeremias van Vliet. | En de groote Tyrannye van Abas, Koninck van Perfien, Anno 1645. | begaen aen fijn grootfte Heeren des Rijcks, in fijn Konincklijck Hof tot Efpahan. | (*Grav. fur bois*) | 't Amftelredam, | Voor Jooft Hartgerts, Boeck-verkooper in de Gafthuys-Steegh, | bezijden het Stadt-huys, in de Boeckwinckel. 1648. | 4°. [236].

Titre avec la planche ordinaire de vaiffeaux.
Planche double, contenant fix vues, imitées des planches de l'éd. de J. Janfz.
Texte, page 1—78. Signat. A 2—E 5.
Page 1—40 Voyage du vaiffeau *Batavia*; p. 40—71 Journal de Van Vliet; p. 72—78 Récit d'Ifpahan.

---

(2) „Willen voorts de goetgunftighe Lefers, die luft hebben de tragedie te lefen, aen de Journalen van defelve voyagie adreffeeren."

Réimpreſſion textuelle du précédent. On a ſupprimé l'avis de l'imprimeur à la page 16 de l'édition de Jan Janſz, où il prie ceux qui le pourront, de lui fournir des renſeignements plus exacts concernant les rebelles du vaiſſeau de Pelſaert.

*c.* Ongeluckige Voyagie., | van 't | Schip Batavia, | nae | Ooſt-Indien. | Uyt-gevaren onder de E. François Pel-ſaert | . . . . . 1629. | Hier achter is noch by-gevoegt eenige diſcourſen der Ooſt-In- | diſche Zee-vaert, als mede de gantſche gelegentheyt der Koop- | manſchappen die men in Indien doet. | (*Grav. ſur bois*) | t' Amſterdam, | Voor Jooſt Hartgers . . . . 1648. | 4°. [237].

Titre, & planche double, comme *b*.

Texte, page 1—40; puis 22 pages ſans pagination. Signat. *aa* 2—*dd* 5.

Page 1—40 Voyage du vaiſſeau *Batavia*; (p. 41—46) Lettre de Gyſ-bert Baſtiaenſz; (p. 47—62) Diſcours divers, entre autres celui ſur les cinq manières différentes de ſe rendre en Cathay, tiré du recueil de Commelin (voir ci-devant, p. 165).

Le récit du voyage de Pelſaert eſt ici autrement arrangé que dans l'édition précédente. La réſolution du 28 Septembre 1629 (ibid. p. 27—31) ſe trouve aux pp. 36—40. Du reſte le contenu eſt le même. Les récits des affaires de Siam & d'Iſpahan ſont ici remplacés, 1° par une lettre de Gyſbert Baſtiaenſz, miniſtre à bord du vaiſſeau *Batavia*, concernant la rébellion, & 2° par quelques diſcours concernant la navigation & le commerce aux Indes & en Chine & la topographie de ces contrées.

*d.* Ongeluckige Voyagie, | Van 't | Schip Batavia, | Nae | Ooſt-Indien. | Uytgevaren onder de E. Françoys Pel-ſaert. | *etc. (comme le précédent)* . . . t' Amſterdam, | Voor Jooſt Hartgers . . . . . Anno 1648. | 4°. [238].

Titre & planche double comme *b*, *c*.

Texte, page 1—46 & 16 pages ſans pagination. Signat. A 2—C *dd*—*dd* 5.

· Page 1—40 Voyage du vaiſſeau *Batavia*; p. 41—46 Lettre de Gyſbert Baſtiaenſz; (p. 47—62) Diſcours divers.

Réimpreſſion textuelle du précédent.

*e.* Nieuwe en vermeerderde | Ongeluckige Voyagie, | Van 't | Schip Batavia, | Nae de Ooſt-Indien. | (*etc.*, *comme l'éd.* a)·... 1629. | Als mede | De groote Tyrannye van Abas, *etc.*...... verrijckt | En nu in deſen tweeden Druck, wel een derden-deel vermeerdert. | Tot Amſterdam, | Voor Jan Janſz. Anno 1648. | 4°. [239].

Au verſo du titre un Avertiſſement au Lecteur (*Waerſchouwinge Tot den Leſer*), daté 1 Mars 1648.

Texte, page 3—64. Signat. A 2—H 3. A la fin, l'indication des planches.

Page 1—57 Voyage du vaiſſeau *Batavia*; p. 58—64 Récit des événements d'Iſpahan.

Planches comme dans l'édition *a*.

Cette édition eſt conſidérablement augmentée & beaucoup mieux arrangée. L'éditeur dit dans ſon avertiſſement, qu'ayant vu que Jooſt Hartgers avait fait réimprimer l'ouvrage, il s'était procuré pluſieurs écrits, entre autres des notes du paſteur Gyſbert Sebaſtiaenſz (*ſic*), afin d'en faire uſage pour cette édition. Sachant par des informations certaines, que Hartgers ſe propoſait de publier pluſieurs voyages, il avertit ſes lecteurs qu'il a lui-même le deſſein de publier les mêmes journaux dans le même format, à bas prix. — Quant au journal de Van Vliet, qu'il n'a pas ajouté à cette édition, dit-il, il en donnera une édition augmentée.

*f.* Ongeluckige Voyagie, | Van 't | Schip Batavia, | Na Ooſt-Indien: Uyt-gevaren onder de E. François Pelſaert. | (*etc.*, *comme l'édition* d) .... t' Utrecht. | By Lucas de Vries, Boeck-verkooper in de Snippe-vlucht, 1649. | 4°. [240].

Titre avec gravure en taille douce, repréſentant le naufrage de trois vaiſſeaux.

Texte, page 1—66. Signat. A 2—D 6.

Planches dans le texte, au nombre de fix. Ce font des copies agrandies de celles de lé'dition de Hartgers.

Réimpreffion textuelle de l'édition *d.*

*g.* Ongeluckige Voyagie, | van 't | Schip Batavia, | nae | Ooft-Indien (*etc., comme l'édition* d) ... t' Amfterdam, | Voor Jooft Hartgers .... Anno 1651. | 4°. [241].

Titre avec la planche ordinaire des vaiffeaux.

Texte, page 3—48, puis 16 pp. fans pagination. Signat. *aa* 2—*dd* 4.

Planches dans le texte au nombre de fix; ce font les mêmes qui fe trouvent réunies dans la grande planche des éditions *c, d.*

Réimpreffion textuelle de l'édition *d.*

*h.* Ongeluckige Voyagie; | Van 't | Schip Batavia, | Na Ooft-Indien (*etc., comme l'édition* f.) ... t'Utrecht, | By Lucas de Vries .... 1653. | 4°. [242].

Titre & planches comme dans l'éd. *f.*

Texte, page 1—58. Signat. A 2—D 5.

Dans cette édition on n'a réimprimé qu'une partie des „Difcours" que Hartgers ajouta à l'ouvrage.

*i.* Ongeluckige Voyagie | Van Het | Schip Batavia, | Uytgevaren onder 't beleydt van den E. François Pelfaert, na | Ooft-Indien, | En gebleven is op de Abrollos van Fredrick | Houtman, op de hooghte van 28½ gra. bezuyden de Linie Aequinoctiael. | Verhalende 't verongelucken des Schips, en de grou- | welijcke Moordery onder 't Scheepsvolck, op 't Eylandt Bataviers Kerckhof, | nevens de Juftitie gedaen aen de Moetwillige in de Jaren 1628. en 1629. | (*Figure de vaiffeaux*) | t' Amfterdam, Gedruckt | By Gillis Jooften Saeghman, in de Nieuwe-ftraet, | Ordinaris Drucker van de Journalen ter Zee, en de Landt-Reyfen | 4°. [243].

Titre avec la planche ordinaire. Au verfo, la Renommée, gravuré en bois de C. v. Sichem, avec foufcription en vers de fix lignes.

Texte en deux colonnes avec pagin. 3—44. Signat. A 2—F 2.

Les planches dans le texte, au nombre de fix, font celles de l'édition de Hartgers.

Réimpreffion de l'édition de Hartgers avec quelques abréviations. La lettre de G. Baftiaenfz y eft ajoutée, mais les difcours fur les navigations n'ont été admis que pour remplir les deux dernières pages.

———

Le vaiffeau *Batavia*, envoyé aux Indes avec deux autres bâtiments, par la Compagnie des I. O., fous le commandement du commis François Pelfaert, natif d'Anvers, fit naufrage fur les côtes de la Nouvelle-Hollande. L'équipage dut fe fauver dans les îles avoifinantes. Une partie de ces malheureux furent affaffinés par leurs compagnons, qui voulaient vivre plus à leur aife. C'eft du récit de ce crime, de l'arreftation des coupables par le commandant, qui était allé chercher du fecours à Batavia, de leurs aveux & de leurs fentences, que fe compofe le journal.

Une partie des rochers jadis baptifés *Frederick Houtmans Abrolhos*, porte encore le nom d'Iles Pelfaert.

Thevenot a inféré un extrait du journal de Pelfaert dans fa collection de Voyages. Il fe trouve à la fin de la première partie, fous le titre fuivant: „La terre Auftrale defcouverte par le Capitaine Pelfart, qui y a fait naufrage". Cet extrait eft traduit en anglais dans l'ouvrage intitulé „Early voyages to Terra Auftralis, now called Auftralia, edited by R. H. Major" (London, printed for the Hakluyt Society. 1859).

Au commencement de fa IIᵉ partie, Thevenot a imprimé un intéreffant mémoire du même Pelfaert, dont l'original hollandais nous eft refté inconnu. Il eft intitulé: „Très-humble Remontrance que François Pelfart, principal facteur de la Compagnie Hollandoife des Indes Orientales, prefente aux Directeurs de cette mefme Compagnie, fur le fujet de leur commerce en ces quar-

tiers là; avec fon advis de la manière dont ils le doivent con-
tinuer à l'aduenir, fondé fur la connaiffance qu'il a acquife de
ce pays en fept années de temps qu'il y a demeuré & fait leurs
affaires". La pièce eft datée: „au comptoir de la Compagnie
Hollandoife en Agra, le 15 Février 1627" & fe rapporte au
commerce dans l'Hindoftan.

Le journal de Jeremias van Vliet, ajouté à celui du vaiffeau
*Batavia*, eft un rapport officiel aux Directeurs de la Compagnie
des I. O. fur fes négociations avec le roi de Siam, du 10 De-
cembre 1636 jufqu'au 18 Janvier 1637. Van Vliet, qui fe trouva
dès 1632 à Siam en qualité de fous-commis, avait fuccédé à
Jooft Schouten (voir le chapitre précédent) comme chef de la
factorerie hollandaife dans ce pays. Il y réfida cinq ans & remplit
depuis les charges de gouverneur de Malacca, & de membre extraordinaire du confeil des I. O.

Nous poffédons du même Van Vliet un ouvrage plus détaillé
fur le royaume de Siam, intitulé:

*k*. Befchryving | van het | Koningryk Siam. | Mitfga-
ders | Het verhaal van den oorfprong, onderfcheyd, | Poli-
tijke Regering, d'Ecclefiaftique, en coftuy- | melijke Huys-
houdinge van d'Edelen en | Borgerlijke Lieden: Als mede
den loop | der Negotie, en andere remarqua- | ble faaken
des Koningrijks Siam. | Befchreven door d'Heer Jeremias
van Vliet, d'oude, | L. G. gewefen Opperhoofd in Siam,
naderhand Gouverneur | van Malacca, en Raad van In-
dia. | Als mede | Het verhaal der Staats-omkeeringen in
Siam, voorgevallen | in 't Jaar 1688. uyt het handfchrift
van den Opper | gefaghebber aldaar. | En | Het leven en
daden van d'Heer Conftantyn | Faulcon, eerfte geheyme
Raad van gemelte Koningrijk Siam. | Tot Leiden | By
Frederik Haaring. 1692. | 4°. [244].

*(Defcription du royaume de Siam; ainfi que le récit de l'origine, du ca-
ractère propre, de l'état politique, eccléfiaftique & civil des nobles &*

*bourgeois, du cours du commerce & autres chofes remarquables du royaume de Siam. Décrit par Jeremias van Vliet l'aîné, ci-devant chef du commerce en Siam, depuis Gouverneur de Malacca & membre du Confeil des I. O. Comme auffi le récit des révolutions de Siam en 1688 tiré du MS du commandant de ce pays, — & la vie & exploits de Conftantin Phaulcon, premier confeiller fecret dudit royaume de Siam).*

En tout: (VIII), 104, 34 & 12 pages.

Frontifpice gravé avant le titre imprimé, repréfentant le Roi de Siam & fa cour fur des éléphants.

Epitre dédicatoire de l'éditeur F. Haaring, à Feyo Johan Winter, docteur en médecine, délégué des Etats de Frife aux Etats Généraux, datée dn 1er, Déc. 1691.

Texte de l'ouvrage de Van Vliet, p. 1—103. Errata, p. 104. Signature A—N 3.

Nouveau titre: „Aanmerklijk en Naaukeurig Verhaal der Staats-omkeringen nu laatft in 't Jaar 1688 in Siam voorgevallen ... Door A. v. H. in 't Nederd. vertaald etc.”

Préface au verfo du titre.

Texte, p. 3—34. Signat. (*a* 2)—(*d* 3).

Nouveau titre: „Het Leven en daden van d'Heer Conftantyn Phaulcon” etc.

Préface au verfo du titre.

Texte, p. 3—12. Signat. (A 2)—(B).

Cet ouvrage fut compofé par Van Vliet fur l'ordre du directeur Philippe Lucas, lorfqu'il fe trouvait à Batavia en 1638, comme il le raconte lui même dans l'ouvrage de Herbert, dont nous parlerons à l'inftant. Haring n'a pas été très-exact. A la 2e page nous lifons entre autres que Jooft Schouten réfidait à Siam de 1624 à 1629 & compofa fon récit (voir ci-deffus p. 259) en 1682.

La deuxième pièce de ce recueil eft une traduction de la „Relation des révolutions de Siam en 1688” par le général Des Farges (Amfterdam, P. Brunel, 1691). — La troifième a également été traduite d'un récit francais, du Père d'Orléans, intitulé „Hiftoire de M. Conftance, premier miniftre du Roi de Siam & de la révolution de cet état” (Paris 1692).

Un troifième opufcule de Jeremias van Vliet eft ajouté à l'édition françaife du journal de Thomas Herbert, traduit de l'anglais par Abraham de Wicquefort. Il eft intitulé : „Relation du voyage de Perfe & des Indes Orientales. Traduite de l'Anglois de Thomas Herbert. Avec les révolutions arrivées au royaume de Siam l'an 1647. Traduites du Flamand de Jeremie van Vliet. (Paris, Jean du Puis. 1663 in 4° 632 pp.)". A la p. 569 fe trouve le fecond titre fuivant : „Relation hiftorique de la maladie & de la mort de Pra-Inter-Va-Tfia-Thiant-Siangh Pheevyk, ou du grand & jufte roy de l'Elefant blanc, & des revolutions arrivées au royaume de Siam, jufqu'à l'advenement à la couronne de Pra Ongly, qui y regne aujourd'hui, & qui prend la qualité de Pra-Tiavw, Pra Sathovgh, Pratiavw Tfang, Pra Tiavw Ifiangh Jhon-Dengh-Pra Thiangh Choboa. C'eft à dire roy du thrône d'or, comme auffi du rouge & blanc Elefant, à la queüe tortillée. Efcrit en l'an 1647 par Jeremie van Vliet & dedié à Antoine van Diemen gouverneur général de l'eftat des provinces unies des Païs bas dans les Indes Orientales." (Beckmann, Litteratur der älteren Reifebefchreibungen, II p. 627, 644).

La relation de Van Vliet occupe les pp. 569—632 de l'ouvrage. La date de 1647 eft fauffe, auffi bien dans le titre général (les révolutions en queftion eurent lieu entre 1630 & 1640) que dans le fecond titre. Si l'ouvrage fut dedié à Antoine van Diemen, il doit avoir été écrit avant Avril 1645, date de la mort de ce gouverneur-général.

Il paraît que Wicquefort a traduit ce récit fur un manufcrit hollandais ; du moins, nous n'en connaiffons point de texte hollandais imprimé.

---

## II. NAUFRAGE DU YACHT DE SPERWER (L'EPERVIER) SUR LES CÔTES DE LA CORÉE.

(Dans la collection de Saeghman).

*a.* Journael, | Van de Ongeluckige Voyagie van 't Jacht de Sperwer, van | Batavia gedeftineert na Tayowan, in 't Jaar 1653. en van daar op Japan; hoe 't felve | Jacht door ftorm op 't Quel-paarts Eylant is gheftrant, ende van 64. perfonen, maar 36, | behouden aan 't voornoemde Eylant by de Wilden zijn gelant: Hoe de felve Maats door | de Wilden daar van daan naar 't Coninckrijck Coeree fijn ver‑voert, by haar ghenaamt | Tyocen-koeck; Alwaar zij 13. Jaar en 28. daghen, in flavernije onder de Wilden hebben | gefworven, zijnde in die tijt tot op 16. na aldaar geftor‑ven, waar van 8. Perfoonen in | 't Jaar 1666. met een kleen Vaartuych zijn ontkomen, latende daar noch acht | Maats fitten, ende zijn in 't Jaar 1668. in 't Vaderlandt gearri‑veert. | Als mede een pertinente Befchrijvinge der Landen, Provin- | tien, Steden ende Forten, leggende in 't Coningh‑rijck Coeree: Hare Rechten, Juftitien | Ordonnantien, ende Koninglijcke Regeeringe: Alles befchreven door de Boeck- | houder van 't voornoemde Jacht de Sperwer, Ghenaamt | Hendrick Hamel van Gorcum. | Verciert met verfcheyde figueren. | (*Grav. fur bois*) | Tot Rotterdam, | Gedruckt by Johannes Stichter, Boeck-drucker: Op de Hoeck | van de Voghele-fangh, inde Druckery, 1668. | 4°. [245].

(*Journal du malheureux voyage du Tacht „de Sperwer" (l'Epervier), deftiné de Batavia à Tayovan, en 1653, & de là au Japon; naufrage fur l'île de Quel-paart; des 64 hommes de l'équipage, 36 feulement échappent à la mort & font recueillis par les fauvages; ceux-ci les conduifent vers le royaume de Corée, nommé par eux Tyocen-Koeck; leur efclavage dans ce pays dure 13 années & 28 jours; en 1666, 8 perfonnes de l'équipage, fur 16 qui vi‑vaient encore, fe fauvent dans un petit navire & arrivent dans la patrie en 1668. Avec une defcription des pays, provinces, villes & fortifications du royaume de Corée; fes droits, fa juftice, fes ordonnances & fon gouver‑nement royal. Le tout décrit par le teneur de livres dudit Tacht, nommé Hendrick Hamel, natif de Gorcum*).

En tout (II), 20 & 12 pp.

Titre avec gravure en bois repréfentant le naufrage du navire. — Au verfo, les noms des marins échappés de Corée, & de ceux qui s'y trou‑vaient encore.

Texte, p. (3)—20. Signat. A 2—C 2.

Nouveau titre : „Befchryvinge | Van 't Koninghrijck | Coeree, | Met alle hare Rechten, Ordon- | nantien, ende Maximen, foo inde Politie, als | inde Melitie, als vooren verhaelt. | Anno M.DC. LXVIIJ.''

Texte, commençant au verfo du titre, p. 2—12.

Gravures en bois dans le texte au nombre de 7.

*b.* Journael | Van de ongeluckige Reyfe van 't Jacht de | Sperwer, | Varende van Batavia na Tyowan en Fer- | mofa, in 't Jaer 1653. en van daer na Japan, daer | Schipper op was Reynier Egbertfz. van Amfterdam. | Befchrijvende hoe het Jacht door ftorm en onweer ver- | gaen is, veele Men-fchen verdroncken en gevangen fijn : Mitfgaders | wat haer in 16. Jaren tijdt wedervaren is, en eyndelijck hoe | noch eenighe van haer in 't Vaderlandt zijn aen geko- | men Anno 1668. in de Maendt July. | (*Grav. fur bois*) | t'Am-fterdam, Gedruckt | By Gillis Jooften Saagman, in de Nieuwe-ftraet, | Ordinaris Drucker van de Zee-Journalen en Landt-Reyfen. | 4°. [246].

Titre avec la gravure en bois ordinaire; au verfo, la Renommée, grav. en bois, avec foufcription en vers de fix lignes.

Texte imprimé en deux colonnes, p. 3—40. Signat. A 2—E 3.

Planches dans le texte (tirées d'autres ouvrages) au nombre de fix, dont cinq font gravées en taille douce.

Réimpreffion du précédent, avec quelques variations dans le ftyle & quelques phrafes ajoutées au commencement & à la fin, entre autres la date du départ & du retour. La defcription de la Corée eft inférée dans le Journal (p. 18—33). Les noms des marins évadés & de ceux reftés prifonniers fe trouvent à la fin de l'ouvrage.

*c.* 't Oprechte Journael, | (*etc., comme le précédent*) ... Befchrijvende hoe het Jacht door ftorm en onweer op Quel-paerts Ey- | lant vergaen is, op hebbende 64. Man, daer van 36. aen Lant zijn geraeckt, en gevan- | gen genomen van den Gouverneur van 't Eylant, die haer als Slaven na den Coninck | van Coree dede voeren, alwaer fy 13. Jaren en 28. dagen hebben in Slaverny moeten blij- | ven, waren in die tijdt tot op 16. nae geftorven: Daer van acht per-foonen in 't Jaer 1666. | met een kleyn Vaertuygh zijn 't ontkomen, achterlatende noch acht van haer Maets: | En hoe fy in 't Vaderlandt zijn aengekomen Anno 1668. in de Maent July. | (*Gravure en bois*) | t' Amfterdam, Ge-druckt | By Gillis Jooften Saagman *etc.* (*comme le préc.*) 4°. [247].

La planche du titre repréfente un feul vaiffeau.

Les planches aux pp. 7, 31 différent; comme la dernière eft plus grande, le texte des pp. 30, 31 a été plus ou moins changé. Du refte, cette édi-tion eft en tout conforme à la précédente (40 pp.)

*d.* Journael, | Van de ongeluckige Reyfe *etc.* (*comme le précédent*) .... t' Amfterdam, | By Gillis Jooften Zaagman *etc.* (*comme le précédent*) 4°. [248].

Titre avec la même figure que l'éd. préc. — La planche à la p. 22 manque, mais eft remplacée p. 23 par une planche tirée du journal de Lin-fchoten. Aux pp. 30, 31 auffi les planches manquent dans cette édition, de forte que le texte a fubi quelques changements, afin de conferver intaƈt le nombre des pages.

———

Parti des Pays-Bas le 10 Janvier 1653, le Yacht *de Sperwer* (l'Epervier) arriva le 1er Juin de la même année à Batavia, d'où il fut envoyé 18 jours après à l'île de Formofe. Surpris par une tempête, le navire fit naufrage fur la côte de l'île Quelpaert, près de la Corée. La moitié des hommes de l'équipage, parmi eux le capitaine, y périrent. Les autres furent faits prifonniers par les Coréens & amenés devant le roi. Ils reftèrent dans ce pays plus de 13 ans. Le récit de leurs aventures, quoique très-fimple & nullement fcientifique, ne manque pas d'intérêt. Huit de ces hommes, entre autres Hendrick Hamel, l'auteur du récit, réuffirent enfin à s'échapper au Japon, où on les mena à Nangafacki, auprès de leurs compatriotes. Ils furent de retour à Amfterdam en Juillet 1668. Les meurtres & autres excès font bien plus rares dans ce récit que dans celui du voyage de Pelfaert. Auffi eft-il devenu beaucoup moins populaire. Avec tout cela, c'eft le feul ancien ouvrage connu qui donne de première fource des détails importants concernant la Corée & fes habitants. Voir Ritter, *Erdkunde* IV. 3, p. 604.

Une traduction françaife du journal de Hamel parut à Paris en 1672 (in 12°), que M. Ternaux-Compans cite fous le titre fuivant: „Relation du naufrage d'un vaiffeau hollandais fur la côte de Quelpaerts, avec la defcription du royaume de Corée, par Henry Hamel. Traduite du flamand." (*Bibliothèque Afiatique*, n°. 2141) Une traduction allemande du même récit fut ajoutée par Chriftoph Arnold à la 2e édition des ouvrages de Caron & Schouten (Nürnberg 1672). Voir page 261.

## 12. HIVERNAGES AU NORD EN 1633 ET 1634, ET DESCRIPTIONS DES PAYS SEPTENTRIONAUX.

(Dans la collection de Saeghman).

*a.* Ioernael. | ofte. | Voyagie vande Groenlants- | Vaerders, Namelijck vande Seven Matrofz. die | Ghebleven waren op het Eylant genaemt Mau- | ritius om op het felfde Eylant te overwinteren, oock om | te befien hoe hem dit Lant toe foude draghen, | den gheheelen Winter. | Noch hebt ghy hier by, de Befchrivinghe van haer handel, | ende wandel, oock wat fy gehoort ende gefien hebben, als Beeren, | Wal-viffchen ende meer andere Zeegedrochten, alles perfecktelijcken | Befchreven, tot de tijt hares Overlijdens toe. | (*Grav. fur bois*). | Tot Rotterdam. | By Abra-

ham Nering, Boeckvercooper, by de Roode | Brugghe,
Op het Zeeufche Veer, in de Druckerije. | Anno. 1634. |
4°. [249].

*(Journal ou voyage des navigateurs au Groënland ; hiftoire de fept mate-
lots, reftés fur l'île nommée Mauritius, pour y paffer l'hiver & faire des obfervations fur la température. Avec la defcription de tout ce qu'ils ont vu, ours,
baleines & autres monftres marins. Continué jufqu'au moment de leur mort).*

Titre avec figure en bois, repréfentant un vaiffeau.
Préface, où fe trouvent les noms des 7 matelots, 2 pp.
Texte, fans pagination, 44 pp. Signat. A 3—F 3.

*b.* Twee Journalen, | Het Eerfte gehouden by de Seven |
Matroofen, | Op het | Eylandt Mauritius, in Groenlandt, |
In den Jare 1633. en 1634. in haer Overwinteren, doch |
fijn al t'famen geftorven: En het tweede gehouden by de
Seven | Matroofen, die op Spitfbergen | Zijn Overwintert,
en aldaer gheftorven, in den Jare 1634. | Verhalende de
Wonderheden van de Beeren, Walviffchen, onlydelijcke |
Koude, Storm-winden en lange Nachten, | die zy hebben
geleden. | (*Planche gravée*) | 't Amfterdam, Gedruckt | By
Gillis Jooften Saeghman, in de Nieuwe-ftraet, | Ordi-
naris Drucker van de Journalen der Zee- en Landt-Rey-
fen. [250].

*(Deux journaux, le premier tenu par fept matelots ayant paffé l'hiver
de 1633 à 1634 fur l'île Mauritius, au Groënland, fans qu'un feul
d'entre eux ait furvécu; l'autre, tenu par fept autres matelots, qui ont
paffé l'hiver au Spitfberg & y font morts en 1634. Racontant les mer-
veilles des ours & des baleines, les tempêtes, le froid infupportable & les
nuits fans fin de ces contrées).*

Titre avec une planche tirée du Journal de De Veer, édition de Hartgers (chaffe à l'ours). — Préface au verfo du titre.
Texte, imprimé en deux colonnes, pag. 3—(24). Signature A 2—C 3.
Gravures en bois dans le texte, au nombre de 3, dont deux font tirées
du journal de De Veer, édition de Saeghman; la troifième repréfente un
vaiffeau.

*c.* Twee Journalen, | Gehouden by feven | Matroofen.... geftorven: Mitfgaders 't Journael van de feven ..... in den Jare 1633 en 1634. | Verhalende (*etc.*).... t' Amfterdam, Gedruckt | By Gillis Jooften Saeghman, *etc.* (*comme le précédent*). 4°. [251].

Titre avec la figure ordinaire des vaiffeaux. Du refte, cette édition eft conforme à la précédente (24 pp.)

*d.* Journael, | Of Dagh-Regifter, gehouden by Seven | Matroofen, | In haer Overwinteren op | Spitfbergen in Maurits-Bay, | Gelegen in Groenlandt, t' zedert het ver- treck van de Viffchery- | Schepen der Geoftroyeerde Noordt- fche Compagnie, in Nederlandt, | zijnde den 30. Augufty, 1633. tot de wederkomft der voorfz. Schepen, den | 27. May, Anno 1634. | Befchreven door den Bevelhebber | Jacob Segerfz van der Brugge. | (*Planche gravée*) | t' Am- fterdam, Gedruckt | By Gillis Jooften Saeghman, in de Nieuwe-ftraet, | Ordinaris Drucker van de Journalen der Zee- en Landt-Reyfen. [252].

*(Journal tenu par fept matelots ayant paffé l'hiver au Spitfberg dans la baie de Maurice [aujourd'hui appelée Bellfound], depuis le départ des bateaux pêcheurs de la Compagnie du Nord, le 30 Août 1633, jufqu'à leur retour, le 27 Mai 1634. Ecrit par leur commandant Jacob Segerfz, natif de Bruges).*

Titre avec une planche tirée du Journal de De Veer, édition de Hart- gers (combat avec des ours devant l'Ile des Ours). — Au verfo, la Re- nommée, grav. en bois de C. v. Sichem, avec foufcription en vers de fix lignes.

Préface imprimée en deux colonnes, en caractère latin, fignée par l'auteur, p. 3, 4. Signat. A 2.

Texte impr. en deux colonnes, pp. 5—48. Signat. A 3—F 3. — La p. 47 contient une lifte des matériaux & des vivres, etc., néceffaires pour un hivernage au Spitfberg; la p. 48 comprend un poëme dédié aux marins en général (*Gedicht aen alle Scheeps-gefellen*), figné „Adriaen Ravefteyn, *Patientia & fpe.*"

Gravures en bois dans le texte, au nombre de 5, dont 4 font tirées d'autres journaux.

*e.* Journael, | Of Dagh-Regifter, gehouden by feven | Matroofen ..... wederkomfte .... Bevel-hebber (*etc.*). ... t' Amfterdam, Gedruckt | By Gillis Jooften Saeghman, *etc.* (*comme le précédent*) 4°. [253].

Titre avec la figure ordinaire de vaiffeaux. Du refte, cette édition eft conforme à la précédente (48 pp.)

*f.* [Journael, *etc.* (*titre avec changements*) Amfterdam, Saeghman. 4°]. [254].

Cette édition doit contenir 36 pp. La préface a été abrégée; par contre le texte a été augmenté du récit de l'expédition de 1634—35 comme dans *b*, *c*.

*g.* [Kort verhael uyt het Journael van de perfonen die op Spitfberghen in 't overwinteren, geftorven zyn, Anno 1634. Gedrukt te Hoorn, 1648]. [255].

(*Court récit tiré du Journal des perfonnes mortes pendant l'hivernage au Spitfberg en 1634*).

Cité par M. G.-Moll, *Verhandeling over eenige vroegere Zeetogten der Nederlanders*, p. 102, note. Il femble réfulter du titre que ce récit n'eft autre que celui de l'hivernage au Spitfberg en 1634—35.

———

En 1633 les Directeurs de la Compagnie du Nord engagèrent fept perfonnes à paffer l'hiver dans l'île de Mauritius, autrement appelée *Ian Mayen eilant*, & fept autres perfonnes à faire la même chofe au Spitfberg, afin de favoir fi le climat de ces contrées permettrait d'y vivre: problème fort important pour la navigation dans le Nord. Les matelots envoyés à Mauritius périrent tous des fuites du fcorbut. Quand une nouvelle expédition aborda l'île l'année fuivante (1634), on trouva leurs cadavres. Leur journal, fufpendu au milieu d'une phrafe par la mort du dernier furvivant, nous eft parvenu. Il fut publié en 1634 (*a*)

& réimprimé par Saeghman (*b*, *c*). — Les matelots du Spitſberg ſupportèrent l'hiver de 1633—34. Leurs aventures ſont décrites par leur chef Jacob Segerſz de Bruges (*d—f*). Ils furent rem- placés par ſept autres, qui moururent dans l'hiver de 1634—35. Un court journal de ce dernier hivernage fait ſuite au journal de ceux du Croënland (édit. de Saeghman *b*, *c*, pag. 21—23), à la 3ᵉ édition du journal de Segerſz (*f*), aux journaux de Raven (voir page 216), & parait être contenu dans *g*. — Enfin, Saegh- man a ajouté au journal du Groënland un court récit d'un nau- frage au Spitſberg en 1646. (page 24).

Ainſi que nous l'avons remarqué dans notre introduction, l'édi- teur Saeghman a formé une collection de ces voyages au Nord. Outre le journal de De Veer, celui de Raven & les deux jour- naux décrits, on y trouve les pièces ſuivantes: *h*, *k* ou *l*, *m* ou *n*, *o*, *p*.

*h*. Drie Voyagien | Gedaen na | Groenlandt, | Om te on- derſoecken of men door de | Naeuwte Hudſons ſoude kon- nen Seylen; om alſoo een Door- | vaert na Ooſt-Indien te vinden. | Alle ten verſoecke van Chriſtianus de IIII. Ko- | ningh van Denemarcken, &c. de eerſte door Ioan Monnick, de tweede | door Marten Forbiſſer, ende de derde door Gotske Lindenau. Als mede een | Beſchryvinghe, | Hoe, en op wat wijſe men de Walviſſchen vanght. | Item, een korte Beſchryvingh van Groenlandt, met de manieren en | hoedanicheden der Inwoonderen aldaer. | (*Grav. ſur bois*) | 't Amſterdam, Gedruckt | By Gillis Jooſten Saeghman, in de Nieuwe-ſtraet, Ordinaris Drucker van de Journalen der Zee- en Landt Reyſen. | 4°. [256].

(*Trois Voyages faits au Groënland, dans le but de conſtater ſi l'on pour rait atteindre les Indes Orientales en paſſant par le détroit de Hudſon. Ces voyages ont tous été entrepris à l'inſtigation de Chrétien IV, roi de Danemarc; le premier par Jens Munk, le ſecond par Martin Frobiſher, le troiſième par Gotſke Lindenau. Suit une deſcription de la pêche des balei- nes, & une courte deſcription du Groënland & des mœurs & coutumes des habitants*).

Titre avec la planche ordinaire de vaiffeaux. — Au verfo, la Renommée, avec foufcription en vers, de 6 lignes.

Texte, imprimé en deux colonnes, p. 3—32. Signat. A 2—D 3.

Gravures en bois dans le texte, au nombre de 17. Elles avient été employées auparavant pour d'autres ouvrages.

Cet ouvrage contient, p. 3—11 le journal du capitaine danois Jens Munk (1619—20), p. 11—15 un traité fur les baleines, p. 15—18 un récit du voyage de Frobifher (1577), p. 18—24 le récit des voyages de Gotfke Lindenau, & d'autres Danois (1605—36), p. 25—32 une defcription du Groënland. Toutes ces pièces, à l'exception du traité fur les baleines, ont été tirées de l'ouvrage fuivant. Le voyage de Frobifher fut une expédition anglaife, & non danoife, comme le titre l'annonce.

*i.* Nauwkeurige Befchrijvingh | van | Groenland | Aen Heer De la Mothe le Vayer; | Verdeelt in twee Boecken, | 't Eerfte van 't | Oud (nu verloorne) Groenlandt, | .... 't Tweede van 't | Nieuw (door 't foecken van 't Oud' ge- vondene) Groenland, | ..... Nevens 't kort begrijp der feldfaeme Reyfen, gedaen om | Oud-Groenland weer te vin- den door M. Forbeiffer uyt Engelland, | in 't Jaer 1577. Door Gotzke Lindenauw uyt Deenemarcken, in de Jae- | ren 1605. en 1606. Door Karften Richards, in 't Jaer 1601. Door | 't Groenlandfch Gefelfchap te Koppenhagen, in 't Jaer 1636. | Met aenhangingh van 't Dagh-verhael der won- derlijcke Be- | jegeningen des Deenfchen Hoofdmans Johan Munck, in | 't foecken van een wegh tuffchen Groenland en America nae Ooft-Indien: | Gelijck oock van den korten Inhoud en feldfaeme gevallen der Hol- | landfche en Zeeuw- fche Scheeps-uytruftingh nae Nova Zembla, | gedaen ten fel- ven eynde: Der ontmoetingen van feven per- | foonen, noch feven, en noch andere feven, gebleven op | Spitsbergen, om aldaer t' overwinteren, e. f. v. | Vertaeld, en met vee- lerley Hiftorifche Byvoeghfelen doorgaens vergroot, door | S. de V. | t' Amfterdam, by Jan Claefz. ten Hoorn, Boeck-

verkooper. | tegen over 't Oude Heeren Logement. 1678 |
4°. [257].

*(Defcription exacte du Groënland, offerte à M. De la Mothe le Vayer*
*& divifée en deux livres, l'un traitant de l'ancien Groënland (maintenant*
*perdu), ... l'autre du nouveau Groënland, découvert en cherchant l'an-*
*cien ... Suit un réfumé des voyages remarquables faits pour retrouver*
*l'ancien Groënland, par M. Frobifher, parti d'Angleterre en 1577 ; par*
*Gotzke Lindenau du Danemarc en 1605 & 1606 ; par Karften Richards en*
*1601 ; par la Compagnie du Groënland à Kopenhagen en 1636. Avec un*
*journal des aventures fingulières du commandeur Jens Munck, à la recherche*
*d'une route aux Indes Orientales, entre le Groënland & l'Amérique. Comme*
*auffi le réfumé de l'expédition des Hollandais à la Nouvelle-Zemble, entre-*
*prife à la même fin, & des aventures de 7 perfonnes, fuivies à deux repri-*
*fes de 7 autres perfonnes, reftées au Spitfberg pour y paffer l'hiver, etc.*
*Traduit & augmenté de diverfes additions hiftoriques par S. de V.)*

En tout (VIII) & 128 pp., avec 2 cartes.
Le titre eft précédé d'un frontifpice gravé, repréfentant des Efquimaux.
Préface, fignée S. de V., c'eft à dire Simon de Vries, traducteur &
compilateur fertile, 2 pp.
Table 2 pp.
Texte. Page 1—86 Defcription du Groënland; p. 87—97 Voyage de
Jens Munk; p. 98—100 Sur le projet d'une feconde expédition de Jens
Munk. Cette pièce eft datée de La Haye, le 18 Juin 1646; p. 100—102
Explication de la carte du Groënland; p. 103—114 Réfumé des voyages
au Nord, faits par les Hollandais 1594—97; p. 114—116 Hivernage au
Spitfberg en 1633—34; p. 117—119 Hivernage dans l'île Mauritius en
1633—34; p. 120—122 Hivernage au Spitfberg en 1634—35; p. 122—128
Récit du naufrage au Spitfberg de Jan Cornelifz van Munnicky (fic) en
1646, fuivi d'un récit en vers du naufrage d'un marchand de Saintonge,
figné S. de V. — A la fin on lit : „t'Utrecht, Gedruckt by Jeuriaen van
Poolfum ... 1678."
Cartes en large fol.: *a* p. 100. Carte du Groënland. En bas 4 petites
planches. — *b* p. 107. Carte de la Nouvelle-Zemble & des côtes feptentrionales de la Ruffie. De chaque côté 3 petites planches.

Traduction de la *Relation du Groënland* de Ifaac de la Peyrère, publiée à Paris en 1663, à laquelle apartiennent auffi les
récits des voyages de Jens Munk. L'éditeur hollandais, Simon

de Vries, y a joint les pièces confignées aux pp. 103—128. Les journaux des hivernages font donnés en abrégé. Le récit de Munnicky diffère de celui imprimé à la fuite de quelques éditions du voyage de Raven (voir page 217; édition *d*).

*k*. Befchryvinghe van | Mofcovien | Ofte | Ruflandt, | Verhalende den eerften ftandt des Rijcks, en | hare Oorlooghen, Rechten en Godts-dienften, als mede de manieren | van haer Leven, en gewoonte der Geeftelijcke en Wereltlijcke Perfoonen. | Mitfgaders: | Een Wegh-wijfer, om te Reyfen door Mofcovien, en | de aenhoorige Landen, Steden en Revieren, na Groot-Tartaryen. | (*Grav. en bois*). | t' Amfterdam, Gedruckt | By Gillis Jooften Saeghman, in de Nieuwe-ftraet, | Ordinaris Drucker van de Journalen der Zee- en Landt-Reyfen. | 4°. [258].

(*Defcription de la Mofcovie ou Ruffie, racontant les origines de l'empire, fes guerres, droits & religions, comme auffi les manières de vivre & les coutumes des religieux & des laïques. De plus, un guide à travers la Mofcovie & les pays, villes & rivières adjacents, dans la direction de la Grande Tartarie*).

Titre avec portrait dans un cadre ovale, entouré de figures, grav. en bois. (Au verfo en blanc).

Texte, imprimé en deux colonnes, p. 3—64. Signat. A 2—H 3.

Gravures en bois dans le texte au nombre de 12, en partie des figures bibliques, par C. v. Sichem.

La feuille E a été mal imprimée, de forte que les pp. 33—40 font toutes collées.

Dans le Recueil de Voyages, publié par Adriaen van Nifpen en 1652 (voir p. 262), fe trouve l'ouvrage remarquable fur la Ruffie par J. Danckaert, intitulé „Reyfe ofte Voyagie, gedaen door Mofcovien ofte Ruflandt", dont la première édition parut à Amfterdam en 1615. Il eft divifé en deux parties dont la première traite en 19 chapitres de l'hiftoire de Ruffie, la feconde en 34 chapitres de la religion, des mœurs & coutumes de fes habitants. — La „Defcription de la Mofcovie", publiée par Saeghman, eft une réimpreffion complète de cet ouvrage de Danckaert; feulement, la fin du dernier chapitre de la première partie (*Defen Keyfer*, etc.) eft omife. De plus, Saeghman y a joint (p. 57—64) le traité d'Ifaac Maffa fur les routes & rivières de la Mofcovie à la Sibérie, tiré de la „Defcription du pays des Samoyèdes" (voir p. 179 de notre ouvrage), dont la fin a fimplement été omife parce que la feuille était remplie.

*l.* Befchryvinge van | Mofcovien | Ofte | Ruflandt, | Verhalende der Volckeren Rechten, Godts- | dienft, Leven en gewoonte der Geeftelijcke en Wereltlijcke Perfonen. | Mitfgaders: | Een Wegh-wijfer, om te Reyfen door Mofcovien, | ende aenhoorige Landen, Steden en Revieren, na Groot-Tartaryen. | (*Grav. en bois*) | 't Amfterdam, Gedruckt | By Gillis Jooften Saeghman, in de Nieuwe-ftraet, | Ordinaris Drucker van de Journalen ter Zee, ende Reyfen te Lande. | 4°. [259].

Titre avec la même planche que l'éd. précéd.
Au verfo, un portrait gravé en taille douce, avec une bordure gravée en bois, & la foufcription imprimée: „Wollodimer, Groot-vorft van Mofcovien."
Texte, imprimé en deux colonnes, p. 3—40. Signat. A 2—E 3.
Planches dans le texte, au nombre de 4 dont 2 font gravées en taille douce (p. 5, 7) & ne fe trouvent pas dans l'édition précédente.

Cette édition ne contient que la moitié de la précédente; la partie hiftorique (p. 1—28) a été entièrement fupprimée, de forte que les pp. 1—36 correfpondent aux pp. 28—64 de la première édition. Les pp. 36—40 de la nouvelle édition contiennent un récit de la réception des ambaffadeurs par le Czar.

*m.* Befchrijvinghe | Van de Noordtfche | Landen, | Die gelegen zijn onder den Koude | Noordt-pool, | Als Denemarcken, Sweden, Noorweghen, | Finlandt, Laplandt, Godtlandt, Pruyffen, Poolen, Yf-landt, en | Groenlandt: Waer in verhaelt wert de verfcheydenheyt der Coop- | manfchappen en Kleedinge der Inwoonderen. | Midtfgaders: |

Eenighe Vreemdicheden die men aldaer te Lande vindt, |
foo van Beeſten, Voghelen, Viſſen, en Zee-Monſters,
&c. | (*Gravure en bois*) | t' Amſterdam, Gedruckt | By
Gillis Jooſten Saeghman, in de Nieuwe-ſtraet, Ordina-
ris Drucker van de Journalen der Zee- en Landt-Rey-
ſen. | 4°. [260].

(*Deſcription des pays ſeptentrionaux, ſitués ſous le pôle arctique glacial,
à ſavoir le Danemarc, la Suède, la Noryège, la Finlande, la Laponie, la
Gothie, la Pruſſe, la Pologne, l'Iſlande & le Groënland. Récit de la di-
verſité du commerce & des vêtements parmi les habitants, ainſi que de quelques
ſingularités qu'on trouve dans ce pays, en fait de quadrupèdes, d'oiſeaux,
de poiſſons & de monſtres marins*).

Titre avec gravure en bois repréſentant des Lapons. — Au verſo, une
grande planche biblique grav. en bois par C. v. S(ichem), repréſentant la
fuite en Egypte, avec foufcr. en vers de ſix lignes.
Texte, imprimé en deux colonnes, p. 3—40. Signat. A 2—E 3.
Gravures en bois dans le texte au nombre de 10.

Courte deſcription des pays nommés dans le titre. Celle d'Iſlande (pp. 12—19) eſt copiée de l'ouvrage de Blefkenius publié
par Adrien van Nifpen (voir ci-deſſus p. 262); celle du Groën
land (pp. 19—24) eſt tirée de l'ouvrage de La Peyrère (voir p. 281).
Elles font fuivies de quelques hiſtoires & particularités touchant
différents animaux, monſtres, etc.

*n.* Beſchryvinge van de | Noordtſche Landen, | Die ge-
legen zijn onder den Kouden | Noordt-pool, | (*etc.*) . . . . .
Zee-Monſters. | Van Nieuws overſien, ende vermeerdert. |
(*Gravure en bois*) | t' Amſterdam, Gedruckt | By Gillis
Jooſten Saeghman, *etc.* (*comme le précédent*) 4°. [261].

Titre avec la même planche que l'éd. préc. — Au verſo, un portrait
gravé en taille douce, avec bordure gravée en bois & la foufcription imprimée: „Fredericus de III Koningh van Deenemarken."
Texte, impr. en deux colonnes, p. 3—32. Signat. A 2—D 3.
Planches dans le texte au nombre de 4, dont deux portraits gravés en
taille douce.

Les pp. 1—25 de cette édition contiennent les mêmes defcriptions que les pp. 1—18 du précédent, mais très-augmentées. On a omis la defcription du Groënland. Les additions (pp. 25—32) ont été extraites de celles de l'édition précédente.

*o.* Befchryvinghe van | Turckyen, | En het ellendigh Leven der | Turcken | Aen de Chriftenheyt verthoont. | Verhalende haer Regeringh, Superftitien in | de Religie, en voorts haer gemeene Handel en Wandel, &c. Oock wat | wreetheydt zy ontrent haer felfs, en andere Natien gebruycken. | Befchreven door een Lief-hebber, die het felve Landt heeft bereyft. | (*Grav. en bois*). | 't Amfterdam, Gedruckt | By Gillis Jooften Saeghman, in de Nieuweftraet, | Ordinaris Drucker van de Journalen ter Zee, en de Reyfen te Lande. | 4°. [261].

(*Defcription de la Turquie & de la miférable exiftence des Turcs, montrée aux chrétiens; racontant leur gouvernement, fuperftitions, mœurs & coutues, etc., comme auffi leur cruauté envers eux-mêmes & envers d'autres nations. Compofé par un amateur qui a exploré ces contrées*).

Titre avec gravure en bois repréfentant le Sultan fur fon trône. — Au verfo, un portrait gravé en taille douce, avec bordure gravée en bois & la foufcription „Sultan Ofman, Keyfer van Turckyen."

Texte, impr. en deux colonnes, p. 3—36. Signat. A 2—E 2.

Planches dans le texte au nombre de 2, dont un portrait, gravé en taille douce.

Courte defcription de la Turquie & des mœurs & coutumes de fes habitants. Elle a été probablement tirée de l'ouvrage fuivant: „Het éllendigh leven der Turcken, Mofcoviters en Chinefen aen de Chriftenheyt vertoont. Ofte befchrijvinge van hunnen handel en wandel, etc., en wat wreetheydt zy omtrent haer felfs en andere Natien, gebruicken ('s Hage 1664 in 4°)".

*p.* Korte en wonderlijcke | Befchryvinge, | van de feltfame | Wanfchepfels | Van Menfchen, die ghevonden | worden in het Coninckrijck Guianae, aen het Meyr Parime. | Als mede van de Satyrs, en van de Vrouwen die | Amazoonen | Genoemt worden, daer van de oude Hiftorien gewach maecken. | (*Grav. en bois*) | 't Amfterdam, Ge-druckt | By Gillis Jooften Saeghman, in de Nieuwe-ftraet, | Ordinaris Drucker van de Journalen ter Zee, en de Reyfen te Lande. | 4°. [263].

*(Courte & curieuſe deſcription des êtres monſtrueux qu'on trouve dans le royaume de Guiane, au lac de Parime, comme auſſi des ſatyres & ama-zones, mentionnés dans l'hiſtoire ancienne).*

Titre avec figure gravée, imitée de la planche de Fl. Balthaſar, au titre du Journal de Spilberghen (n°. 141.) — Au verſo, la Renommée, grav. en bois, avec ſouſcr. en vers de fix lignes.

Texte, impr. en deux colonnes, p. 3—16. Signat. A 2—B 3.

Planches dans le texte au nombre de 9, dont 2 gravées en taille douce. La première a été copiée de la planche figurant ſur le titre de l'édition hol-landaiſe du voyage de Keymis en Guiane; la 2e de la dernière planche dans la 5e partie de Hulſius (même voyage). Voir le chap. 5 de notre IVe partie.

Récits fabuleux tirés de différents journaux, entre autres ceux de Raleigh & de Keymis (voir chap. 5 de la partie ſuivante).

# QUATRIÈME PARTIE.

---

## EDITIONS HOLLANDAISES DES JOURNAUX DE NAVIGATEURS ÉTRANGERS DANS LA COLLECTION DE DE BRY.
### (antérieures au 18ᵉ fiècle).

---

### I. VOYAGE AU BRÉSIL PAR HANS STADEN.

(De Bry, Grands Voyages, tome III, 1592. Camus, Mémoire, p. 55).

[*a.* Waerachtige Hiftorie ende Befchrijvinge eens Landts in America ..... door Hans Staden van Hamborch. Antwerpen 1563. 12°]. [264].

Cette édition eft mentionnée par Ternaux-Compans (*Biblioth. Américaine* n°. 91). Elle eft très-probablement conforme à la fuivante. Quoique nous n'ayons trouvé aucune trace d'une édition antérieure à 1563, il nous paraît, à juger par la date de la préface, que la première édition hollandaife doit remonter à 1558.

*b.* Waerachtige | Hiftorie eñ befchrijuinge eens Landts | in America gheleghen, wiens inwoon | ders Wilt, Naeɛt, feer godtloos, | ende wreede Menfchen | eeters zijn. | Befchreuen door Hans Staden van Hamborch | wt lant te Hef-

fen, die welcke feluer in per- | fone het lant America be-
focht heeft. | Nu niews wt den Hoochduytfchen ouerghefet
(*fic*). | Ghedruckt t' Amftelredam, voor Cornelis | Claefz,
op 't Water by d' Oude Brugge | int Schrijf-boeck. Anno
1595 | pet. 8°. [265].

(*Hiftoire véritable & defcription d'un pays fitué en Amérique & d'un peuple
de fauvages etc., par Hans Staden de Hambourg (lifez Hombourg) dans le
pays de Heffe, qui a lui-même vifité l'Amérique. Récemment traduit de
l'Allemand*).

Titre avec gravure en bois repréfentant des fauvages.
Au verfo commence la préface de l'imprimeur, datée d'Anvers, 8 Mai
1558. Enfuite (p. 4, 5) la dédicace de Hans Staden au Lantgrave Philippe
de Heffe, datée de Wolffhagen, 22 Juin 1556; puis (p. 6—17), la préface
de D. Dryander, l'éditeur allemand, au comte Philippe de Naffau, datée
de Marbourg, jour de S. Thomas 1556; argument de l'ouvrage (p. 18).
Texte du premier livre (p. 19—124). A la fin: „Eynde des eerften
boecx." — Nouveau titre (p. 125): „Een warachtich Cort Bericht vanden
handel Ende zeden der Tuppen Imbas .... Ghedruckt tot Amftelredam voor
Cornelis Claefz", *etc*. Avec la même figure que le premier titre. — Texte
de ce fecond livre (p. 126—168). A la fin l'octroi daté de Bruxelles,
10 Mars 1557.
L'ouvrage contient par conféquent 168 pages, fans pagination. Signature
A ij—L ij (10 cahiers de 16 & 1 de 8 pages). Dans le texte, 32 gravures en
bois, y compris celles des titres. Les mêmes figures font plufieurs fois répétées.

[*c*. Hans Staden van Homborgs Befchrijvinghe van America .... Amfterdam, Broer Janfz. 1625. 4°.] [266].

[*d*. Hans Staden van Homborgs Befchryvinghe van America .... Amfterdam, Broer Janfz. 1627. 4°]. [267].

Ces deux éditions font probablement conformes à la fuivante.

*e*. Hans Staden van Homborgs | Befchrijvinghe van Ame-
rica, | Wiens Inwoonders, wildt, naeckt, feer | Godloos,
ende wreede Menfchen-Eters zijn, hoe hy | felve onder de
Brafilianen lange gevangen gefeten heeft, die | hem dage-

lijcx dreyghden doot te flaen ende t'eten: Oock | hoe won-
derbaerlijck hy door de Handt | des Heeren verloft is. |
Item hoe de Wilden Wayganna geheeten, hun daer, als
onder 't ghe- | berghte by de Bay de Todos os Sanctos
onthouden ende geneeren, voorts | waer mede fy omgaen
ende Oorloghe voeren. | Alles Figuerlijck naer 't leven af-
gebeelt, is feer dienftigh voor | de gene die naer Brafilien
of Farnambucque varen. | (Grav. fur bois) | 't Amfterdam, |
Ghedruckt by Broer Janfz. woonende op de Nieu-zijds
Achter-borgh- | wal, by de Brouwerije vande Hoybergh,
inde Silvere Kan. 1634. | 4°. [268].

Titre avec gravure fur bois repréfentant des fauvages au combat & une
boucherie de chair humaine. — Au verfo, la dédicace de A. Staden de
1556. — Préface de Dryander de 1556, 6 pp.
Texte du 1er livre, fol. (page) 1—51.
Nouveau titre (p. 53): „Avontuerlijcke, vreemde ende waerachtighe
befchrijvinghe van het Landt America, alwaer Hans van Staden onder de
Brafilianen, Tuppin Imbas ghenaemt, langhe ghevanghen ghefeten heeft
etc. .... Op nieus herdruckt, ghecorrigeert, ende vermeerdert. t'Amfterdam. Ghedruckt by Broer Janfz ... 1634." — La gravure en bois de ce titre
repréfente un fauvage mis à mort par trois autres. Cette planche femble
imitée de celle du titre de l'ouvrage de Léry (Voir notre chap. fuivant).
Texte de ce 2d. livre, fol. (page) 54—72. A la fin l'octroi de 1557.
Contenu de l'ouvrage entier (VIII) & 72 pages. Signature A 2—K o.
Figures en bois dans le texte au nombre de 29, tirées de l'édition de 1595.

Réimpreffion de l'édition de 1595, fans la préface de l'imprimeur anverfois de 1558.

[f. Hans Staden ... Befchryvinge van America. ... Amfterdam, Broer Janfz, S. a. Le 2d. titre avec l'année
1638. 4°]. [269].

[g. Hans Staden .... Befchryvinge van America ....
Amfterdam, J. Jac. Bouman 1656. 4°.] [270]·

[h. Hans Staden van Homborghs | Befchryvinge van |

America | *etc.* . . . . . . . Tot Utrecht, | Gedruckt by Juriaen van Poolſum .... Anno 1685. | 4°.] [271].

Contenant (VIII) & 72 pages. Signat. A 2—K 3. Second titre, & figures en bois comme dans *l.*

[*i.* Hans Staden . . . Beſchryvinge van America . . . . Amſterdam , Gyſbert de Groot. S. a. Le 2ᵈ titre avec l'année: 1686. 4°.] [272].

Contenant (VIII) & 72 pages. Signature comme le précédent. La planche du 2ᵈ titre eſt une répétition de la page 23 du livre.

[*k.* Hans Staden . . . Beſchrijvinge van America . . . Amſterdam , Wed. Gyſbert de Groot. S. a. Le 2ᵈ titre avec la date 1701. 4°]. [273].

Contenant (VIII) & 72 pages. Titre du 2ᵈ livre comme le précédent. Le 2ᵈ livre ſans figures.

[*l.* Hans Staden . . . Beſchrijvinge van America . . . Amſterdam , Erven Wed. Gyſbert de Groot. 1736. 4°]. [274].

Contenant (VIII) & 72 pages.

L'édition originale allemande de l'ouvrage de Hans Staden parut à Marbourg en 1557 avec des figures en bois, dont celles de l'édition hollandaiſe ſont probablement des copies.

On remarquera que le livre de Stadius eſt devenu populaire en Hollande au 17ᵉ ſiècle. Le peuple hollandais paraît avoir été alors avide de récits d'aventures périlleuſes.

## 2. VOYAGE AU BRÉSIL PAR JEAN DE LÉRY.

(De Bry, Grands Voyages, tome III. Camus, Mémoire, p. 56).

*a.* Hiftorie van een Reyfe ghe- | daen inden Lande van Brefillien, anderfins ghenoemt | America. Inhoudende de Schip-vaert ende gedenck-weerdichfte dingen by den | Autheur op-ter Zee gefien. Hoe hem Villegagnon in den zelven Lan- | de heeft gedragen. Het wefen ende die won-derlicke ma- | niere van leven der Wilde Americanen. | Met een Vocabulaer ofte t' zamenfprekinghe in haer- | lieder Tale: Mitfgaders de befchryvinghe van veelderley Ghedier-ten, Boomen, | Cruyden, ende andere by-fonderfte dinghen van dien Lande, her- | waerts over heel vreemt ende onbe-kent. | Alles befchreven door Ian de Lery, Bourgoignon, die inden | zelven Lande ghewoont ende verkeert heeft. Nu over-gefet wt het Franchoys | te Geneve ghedruckt. Ende verchiert met verfcheyden fchoone | Figueren, ghe-maeckt nae het leven. | (*Grav. en bois*) | Pfalm Cviij. | Heer ick fal uwen Naem vercondighen onder de Volcke-ren, | ende u Loffangen fingen onder de Natien. | t' Am-ftelredam By Cornelis Claefz. opt Water. 1597. | 4°. [275].

(*Hiftoire d'un voyage fait au Bréfil, autrement nommé l'Amérique. Com-prenant la navigation, & les chofes mémorables obfervées par l'auteur pen-dant la traverfée. Comment Villégagnon s'eft conduit dans ce pays. L'as-pect & la fingulière manière de vivre des Américains fauvages, avec un vocabulaire ou dialogue dans leur langue. Defcription de plufieurs fortes d'animaux, d'arbres, drogues, & autres chofes remarquables de ce pays-là, ici entièrement inconnues. Le tout décrit par Jean de Léry, Bourguignon, qui a habité ledit pays. Maintenant traduit du français & imprimé à Ge-nève, & orné de plufieurs belles figures, deffinées d'après l'original*).

La planche du titre repréfente la manière de mettre à mort les prifonniers.

Dédicace de l'auteur à François, comte de Coligny etc., datée du 25 Déc. 1577. 3 pp. — Table des chapitres, 3 pp.

Texte du livre, 206 pp. Sans pagination. Signat. B—E(e)iij. A la fin, l'adreffe de l'éditeur avec la date de 1596.

Figures dans le texte :

*a.* (f. B 1 r°.) Carte de l'Amérique, tirée du *Caert-threfoor* de Langenes ?

*b.* (f. I 1 r°.) Sauvage avec fa femme & fon enfant.

*c.* (f. P 2 v°. & P 3 r°.) Combat entre les fauvages (planche double).

*d.* (f. P 4 v°.) Sauvages armés. Répété f. Q 1 r°.

*e.* (f. Q 3 r°.) Répétition de la planche du titre.

*f.* (f. R 4 v°.) Sauvages attaqués par des démons.

*g.* (f. S 3 v°.) Danfeur fauvage etc.

*h, i.* (f. X 2 v°., 3 r°.) Manière dont les fauvages pleurent leurs morts. La 1e eft répétée f. IJ 4 r°.

L'ouvrage de Léry fut publié en français à La Rochelle en 1578, puis augmenté (ibidem) 1580, & à Genève en 1580, 1585 & 1594; en latin, à Genève, 1586. Comme le titre l'indique, l'édition hollandaife eft traduite d'après une des éditions françaifes de Genève. Les planches font copiées de l'original ; *b, d, f—i* font affez bien exécutées & d'un très-bon deffin ; les autres ne valent rien.

Le chapitre XX (20 pp.) de cet ouvrage curieux, dont il n'exifte qu'une feule édition hollandaife, contient des Dialogues en bréfilien & en hollandais.

### 3. DESCRIPTION DE L'AMÉRIQUE PAR GIROLAMO BENZONI.

(De Bry, Grands Voyages, tome IV—VI. Camus, Mémoire p. 69 etc.)

*a.* De Hiftorie, van | De nieuwe weerelt, | te weten, de | Befchrijvinghe van Weft-Indien. | Daer in verhaelt wert, van de Eylanden ende Zeen nieulicx | gevonden, ende van den nieuwen Stedē die hy daer felfs | ghefien heeft, ende tghene daer is ghebeurt te water ende | te lande, in veerthien Jaren tijts, die hy aldaer geweeft is. | Door Ieronimus Benzonius van Milanen. | Wt het Italiaens overghefet in Nederduyts, door | Carel vander (*fic*) Man-

der Schilder | (*Grav. fur bois*) | Tot Haerlem , by Pae-
fchier van Wefbus (*fic*) Boeckvercooper , | in den beflaghen
Bybel. 1610 | 8°. [276].

(*Hiftoire du nouveau monde , à favoir , la defcription des Indes Occidentales , dans laquelle on trouve un récit des îles & mers nouvellement découvertes , & des villes que l'auteur y a vues lui-même , & de ce qui eft
arrivé là-bas par mer & par terre , pendant quatorze ans qu'il y a paffés. Par
Jeronimus Benzonius de Milan. Traduit de l'italien en hollandais par Carel
van Mander , peintre*).

Titre avec portrait de l'auteur en ovale avec légende : *Gieronimo Benzoni.*
Au verfo , le privilége daté du 1er Septembre 1608.

Epitre dédicatoire de l'éditeur aux Etats de Hollande & aux Magiftrats
de Harlem , 4 pp. Signat. A ij , A iij.

„Sonnetten van den Overfetter" (Sonnets du traducteur) 2 pp.

Epitre dédicatoire de l'auteur au Pape , 2 pp. Signat. A. v.

Table de l'ouvrage , 10 pp.

Texte (divifé en 3 livres , de 24 , 17 & 24 chapitres) 404 pp. Signat.
A—Cc ij.

Gravures en bois dans le texte , au nombre de 17.

*b.* Befchryvinghe van | Weft-Indien , | Waer in verhaelt
wordt , de eerfte vindingh | van de Eylanden , Steeden ,
Plaetfen , en Rivieren , | van het felve , als mede hoe de
Spangiaerts het Landt verwoeft , | verbrandt ende ingenomen
hebben. | Mitfgaders : | De Natuer , Zeden , Huyfen , en
Kleedingh der Indianen , | oock van de Goudt en Silver-
mijnen , ende haer Levens-middelen. | Befchreven door Je-
ronimus Benzonius van Milanen ; | En uyt het Italiaens
overgefet door Carel Vermander. | (*Grav. fur bois*) | t' Am-
fterdam , Gedruckt | By Gillis Jooften Saeghman , in de
Nieuwe-ftraet | Ordinaris Drucker van de Journalen der
Zee- en Landt-Reyfen. | 4°. [277].

(*Defcription des Indes Occidentales , où eft racontée la première découverte
de leurs îles , villes , communes & rivières , & comme quoi les Efpagnols ont
ravagé , brûlé & pris le pays. Ainfi que la nature , les mœurs , demeures*

*& vêtements des Indiens, de leurs mines d'or & d'argent, & de leurs moyens d'exiſtence. Décrit par Jeronimus Benzonius de Milan, & traduit de l'italien par Carel van Mander).*

Sur le titre, le même portrait de Benzoni que dans l'édition précédente. Au verſo, la Renommée, grav. en bois, avec ſouſcr. en vers de ſix lignes. Texte de Benzoni, imprimé en deux colonnes, pag. 3—48; puis (p. 49—56): „Beſchryvinge van de Regeeringh van Peru, beſchreven door.... Pedro de Madriga" etc. — Signature A 2—G 3. Gravures en bois dans le texte, au nombre de 19, dont 17 ſont les mêmes que celles de l'édition précédente. Les 2 autres ſont ajoutées à l'annexe de Madriga.

Cette édition ne contient qu'un extrait de l'ouvrage précédent. Pluſieurs chapitres ont été entièrement omis, d'autres abrégés. L'annexe de Pedro de Madriga eſt tirée du *Miroir Oſt- & Weſt-Indical* chez Geelkercken (voir page 71).

L'édition originale de l'ouvrage de Benzoni parut à Veniſe en 1565 & y fut réimprimée en 1572. Van Mander, connu par ſes Vies des Peintres (*Schilderboeck*) & ſes ouvrages poétiques, le traduiſit de l'italien. Après ſa mort (1606), ſon ami, l'éditeur Paſſchier van Weſtbuſch, trouva cette traduction parmi ſes papiers, & la jugea aſſez intéreſſante pour être donnée au public. Les figures en bois, dont il a orné le texte, ſont ſans aucun doute des copies de celles de l'édition de Veniſe.

4. VOYAGE AUTOUR DU MONDE DE THOMAS CAVENDISH, ET DERNIER VOYAGE DE FRANCIS DRAKE EN AMÉRIQUE.

(De Bry, Grands Voyages, tome VIII. Camus, Mémoire, p. 89).

*a.* Copye, | Ouergeſet wt de Engel- | ſche taele in onſe Nederlandtſche | ſpraecke, Gheſchreuen aen Milore Treſo-

rier. | Van Mr. Thomas Candifche, Engelfche Edelman, |
welcke in September verleden Anno 1588. Met zijne |
fchepen (de feylen zijnde van Damaft) inghecomen is | in
Pleymuyt, verhaelende zijn groote rijckdommen die | hy
vercreghen heeft: Ende in welcke manie- | ren hy de We-
relt om is gefeylt, wat plaet- | fen hy verfocht heeft. |
(*Figure d'un vaiſſeau grav. fur bois*) | Tot Amftelredam
by Cornelis Claefz. | 4°. [278].

(*Copie traduite de l'anglais en langue néerlandaiſe, écrite au Lord Tré-*
*forier par Thomas Cavendifh, gentilhomme anglais, arrivé à Plymouth en*
*Septembre dernier, l'an 1588, avec fes vaiſſeaux, dont les voiles étaient en*
*damas. Racontant les grandes richeſſes qu'il a réunies, comment il a fait*
*le tour du monde, & quels endroits il a viſités*).

En tout, avec le titre, 4 pp.

Cette pièce volante contient une lettre de Cavendifh, écrite
à Plymouth, 9 Septembre 1588. La lettre a été inférée auffi dans
la pièce fuivante, & dans le journal (*c*). Elle n'eft pas adreffée au Tréforier (Burleigh), mais à Lord Hunfdon, membre du
confeil privé. (Voir: Hakluyt, III 837).

*b*. Francifcus Dracus redivivus | Das ift, | Kurtze Be-
fchreibung, al- | ler vornehmbften Reyfen, Schiffarten |
vnnd Wafferfchlachten, So der weitberümbte En- | glifche
Admiral, Francifcus Dracus, welcher inn zwey | Jahren
vnd zehen Monaten orbem Mundi befchiffet, hin vnd wi-
der | bey Pleymeuten, Carthag: S. Domingo. Auguft: Flo-
rida vnd der | Inful Cuba, in feinem Leben glücklich ge-
halten | vnd vollbracht. | Item von der jetzigen Engelifchen
Admiraln vnnd | Schiffoberften bey Calis Malis verrichten
vnd Abzug, vnd was fie | noch weiter dafelbften herumb
bifz Dato vor- | haben, &c. | Alles in drey Kupfferftück
ordentlich vorgebildet, vnd durch Ziffern erkläret, &c. |
(*Armes de l'Angleterre entre les chiffres* 15 & 96 *de la*

*date*) | Erftlich Getruckt zu Amftertamb in Holland, | durch Johann Claufen. | 4°. [279].

*(Francifcus Dracus redivivus, c'eft à dire, courte defcription des principaux voyages, navigations & batailles navales livrées par le célèbre Francis Drake, qui a fait le tour du monde en deux années & dix mois. Comme auffi des faits des amiraux anglais actuels auprès de Calis Malis, etc. Repréfenté en trois gravures & éclairci par des chiffres).*

Avec le titre: 14 pp. Signat. A ij—B. Les planches manquent à notre exemplaire.

Ce pamphlet paraît avoir été traduit du hollandais. Les pp. 3—6 traitent de la flotte efpagnole de 1588, dont la défaite par les Anglais & les Hollandais eft repréfentée fur la 1e (& 2e?) planche, en 21 chiffres qui font expliqués dans le texte. La 7e page contient la lettre de Cavendifh à Lord Hunfdon, datée *Memue* (?), 9 Sept. 1590 au lieu de 1588. Après avoir fait mention de l'expédition fous Drake & Cavendifh en 1590, l'auteur donne (p. 8—11) un récit de l'expédition fous Drake & Hawkins en 1594 (il eft dit par mégarde 1595) pour fervir d'explication aux 8 premiers chiffres de la 3e (?) planche. Enfin, les pp. 11—13 contiennent une relation des faits d'armes accomplis par les flottes anglaife & hollandaife contre les Efpagnols en 1596, entre autres la prife de Cadiz, repréfentée fur la dernière planche (n°. 9—11).

*c.* Befchryvinge van de overtreffelijcke ende wijdt- | vermaerde Zeevaerdt vanden Edelen Heer ende Meefter Thomas Candifh, met drie | Schepen uytghevaren den 21. Julij 1586. ende met een Schip wederom ghekeert in Pley- | mouth, den 9 September 1588. Hebbende (door 't cruycen van der Zee) ghefeylt 13000. mylen. | Vertellende zyne vreemde wonderlijcke avontueren ende ghefchiedeniffen: | De ontdeckinge der Landen by hem befeylt. Befchreven door | M. François Prettie van Eye in Suffolck, | die mede inde Voyagie was. | Hier noch by ghevoecht de Voyagie van Sire Françoys Draeck, en Sire Ian Haukens, Ridderen, naer Weft-Indien, ghepretendeert Panama in te nemen met 6 van des Coningins Majefteyts Schepen, ende 21 an- | dere, by haer hebbende 2500. mannen. Anno 1595. Befchreven door eenen | die daer mede in de Vlote ghe-weeft is. | (*Planche gravée*) | t' Amftelredam by Cornelis Claefz. op 't Water, in 't Schrijf-boeck, A°. 1598. | 4° oblong. [280].

(*Defcription de la magnifique & célèbre navigation du noble feigneur & maître Thomas Cavendifh, parti avec trois vaiffeaux le 21 Juillet 1586 & retourné avec un feul vaiffeau à Plymouth, le 9 Septembre 1588, ayant parcouru en tout, à force de détours, une diftance de 13000 milles. Racontant fes aventures & hiftoires merveilleufes, & la découverte des pays par lui vifités. Décrit par M. Francis Pretty, de Eye en Suffolk, qui prit part au voyage. On y a joint le voyage de Sir Francis Drake & Sir John Hawkins, chevaliers, vers les Indes Occidentales, où ils tentèrent de prendre Panama, avec une flotte de 6 navires de fa Maj. Royale, & de 21 autres, armés de 2500 hommes. L'an 1595. Décrit par quelqu'un qui s'eft trouvé fur la flotte*).

Titre avec une carte du monde, où eft indiquée la route des voyageurs. Aux côtés, deux figures d'Américains armés.

Dédicace à „Balthafar Moucheron, Dierck van Offe ende haer gheaffocieerde, verre ter Zee verfoeckende Coopluyden", par le traducteur E. V. M., datée de la Haye, 1 Mai 1598, 2 pp. Signat. A 2.

Texte, imprimé en deux colonnes, fol. 1—42 ou 84 pages. Signat. A 3—L 2. Fol. 1—21*a* Voyage de Candifh; fol. 21*b*—28*a* Voyage de Drake & Hawkins; fol. 28*b*—35*b* Defcription de la navigation autour du monde, en partie tirée d'un journal de Candifh; fol. 36*b*—41*a* Relevé des diftances le long de la côte orientale de l'Amérique du Sud. A la fin, une lettre de Candifh, datée de Plymouth, 9 Septembre 1588; fol. 41*a*—42*b*. Noms des princes javanais; quelques mots javanais; notice fur la Chine. Ces additions fe rapportent encore à l'expédition de Candifh.

*d.* Befchryvinge vande overtreffelijcke ende wydt- | ver-maerde Zeevaerdt van .... Thomas Candifch, *etc.* (*comme le précédent*) .... Van nieus gecorrigeert ende verbeetert | (*Figure d'un globe*) | Tot Amfterdam by Michiel Colijn, Boeckvercooper opt Water aende Oude Brugh, | int Huyf-boeck. Anno 1617. | 4° oblong. [281].

Titre avec la figure d'un globe, gravée en taille-douce.
Texte en 2 colonnes, fol. 1—39 ou 78 pages. Signat. A 2—K 3.
Contenu de l'ouvrage, le même que dans l'éd. préc. Sans la préface.

*e.* Iournalen | Van drie Voyagien, | Te weten: | 1. Van
Mr. Thomas Candifh, met drie Sche- | pen door de Ma-
gallaenfche Straet rondom de Werelt, in den Iare | 1586,
1587, en 1588. hebbende door 't kruycen van der | Zee
ghefeylt 13000 Mijlen. | 2. Vande Heer Franfoys Draeck,
ende Heer Jan | Haukeins, Ridderen, naer Weft-Indien
gepretendeert Panama in | te nemen met fes van des Conin-
gins Majefteyts Schepen, | ende 21 and're, in den Jare
1593. | Noch een Befchryvinghe vande Zee-vaert der geheel-
ler Werelt | Naffaufche Vloot, | 3. Ofte Befchryvinge van
de Voyagie om den gantfchen Aert-kloot, | door de Straet
Lemaire, onder 't beleydt van den Admirael Iaques | L'He-
remite, in de jaren 1623, 1624, 1625, en 1626. | Wy heb-
ben hier achter by ghevoeght een Befchrijvinghe vande
Rege- | ringhe van Peru, door Pedro de Madriga, ghebo-
ren tot Lima, met een kort verhael | van Chili. Als mede
een verhael van Capiteyn Pedro Fernandes de Quir, aen |
Sijne Majefteyt van Spangien, aengaende de ontdeckinghe
van 't | onbekent Auftrialia, fijn grooten Rijckdom en
vruchtbaerheyt, | ontdeckt by den felven Capiteyn. | 't Am-
ftelredam | By Iacob Pieterfz Wachter, Boeck-verkooper
op den Dam, | inde Wachter, Anno 1643. | 4°. [282].

*(Journaux de trois Voyages, favoir: 1ᶜ d'un voyage autour du monde,
par le détroit de Magellan, fait en 1586—1588 avec trois vaiffeaux par Thomas
Cavendifh; diftance parcourue: 13000 milles; — 2° d'un voyage de Francis
Drake & John Hawkins, chevaliers, aux Indes Occidentales, où ils firent une
tentative pour prendre Panama, avec fix navires de fa Maj. Royale & 21 autres,
en 1593; — 3° defcription d'un voyage autour du monde, Flotte Naffovienne, ou voyage par le détroit de Le Maire, fous le commandement
de l'amiral Jaques L'Hermite, en 1623—1626. — Nous avons ajouté une
defcription du gouvernement du Pérou par Pedro de Madriga, natif de Lima,
avec une courte defcription du Chili. De même, un récit du capitaine Pedro Fer-*

*nandez de Quir à fa Maj. Efpagnole, concernànt la découverte de l'Auſtralie Inconnue, par lui trouvée, ainſi que les grandes richeſſes & la fertilité du ſol).*

Préface de l'éditeur J. Pz. Wachter, datée d'Amſterdam, 1er Avril 1643, 2 pp. Signat. A 2.

Texte, p. 1—100. Signat. A 3—N 3. Suit avec un nouveau titre: „Journael vande Naſſaufche Vloot", dont nous avons donné la deſcription dans le 6e chap. de nôtre 2d. livre.

Cartes : une de l'Amérique du Sud (*'t Zuyder deel van Weſt-Indien*) à la 1e page, & une de l'Amérique du Nord (*'t Noorder deel van Weſt-Indien*) à la 51e page. Elles font gravées par A. Goos.

Le contenu de cet ouvrage, c'eſt à dire de la première partie (100 pages) eſt le même que dans *c, d*, moins les noms des princes javanais & les mots javanais que l'éditeur hollandais avait ajoutés à l'ouvrage.

*f.* Befchrijvinge vandé overtreffelijcke ende wydt- | ver-maerde See-vaert van . . . . Thomas | Candifh *etc.*, (*comme le précédent*) . . . . Gedruckt in 't Jaer onfes Heeren 1644 | 4º oblong. [283].

Dans *Begin ende Voortgang*, 1e édition, Vol. I. Titre féparé, fans vignette.

Texte, en 2 colonnes, chiffré 1, 2, 4—40 ou 78 pages. Signat. A ij—K iij.

Réimpreſſion textuelle de *d*. Elle ne fe trouve que dans la première & très-rare édition du recueil de Commelin. Voir page 11 de notre ouvrage.

———

Cette relation du voyage de Cavendifh autour du monde, avec les pièces qui f'y rapportent & le récit du troifième voyage de Drake en 1595, ont été traduits de l'anglais par Emmanuel van Meteren, l'hiſtorien diſtingué des troubles néerlandais, dont les initiales figurent en tête de la préface. Cette préface eſt datée de La Haye, 1 Mai 1598. Van Meteren, qui rempliſſait la charge de conful des Pays-Bas à Londres, fe trouvait alors en Hollande, où fon hiſtoire des troubles des Pays-Bas était miſe fous preſſe. Hakluyt, le célèbre géographe anglais, lui avait procuré le MS. de ces journaux; qui ne furent publiés en anglais que deux années après la traduction hollandaife, dans le troifième volume de la collection de Hakluyt lui-même. On peut confulter à ce fujet aux Archives de l'Etat, à la Haye, des lettres remarquables adreffées par Van Meteren à Jacob Valck, tréforier de Zélande. Valck défirait obtenir de Hakluyt des notes concernant la recherche d'un paffage vers le nord-eft (1). Par l'entremife de Van Meteren, ils s'entendirent au fujet du prix; mais lorfque Hakluyt apporta fon travail à Van Meteren, celui-ci l'eftima trop peu étendu, en raifon de la fomme accordée, & ftipula que Hakluyt lui fournirait en fus un „difcours hiftorique ou journal du voyage de Candifh autour du monde", ainfi qu'un „difcours de toutes les profondeurs, bancs, vents, longitudes & latitudes, comme auffi des diftances de tous les pays, promontoires & ports que Candifh a vifités, & comment il a trouvé le changement de la bouffole, le tout fort profitable à ceux qui voudraient fe rendre en ces contrées, décrit par le capitaine de Candifh" (2). Le contenu de l'édition hollandaife attefte, que Hakluyt à rempli fes engagements. Le journal s'y trouve ainfi que les defcriptions nautiques; de plus un aperçu du dernier voyage de Drake, également de la main de Hakluyt, mais dont Van Meteren n'avait pu faire mention dans fes lettres, parce que à cette époque Drake n'était pas encore parti.

Le journal du voyage de Cavendifh par Francis Pretty, dans le recueil de Hakluyt (III p. 803—825), eft le même que le journal hollandais, qui paraît avoir été fidèlement traduit; les annexes nautiques font imprimées par Hakluyt dans un autre ordre. Le

---

(1) Voir l'ouvrage cité de M. de Jonge, I p. 20.

(2) Lettre du 8/18 Févr. 1595. „Een hiftoriael difcours van Candifch reyfe rontomme de weyrelt ofte diurnal" .... „Een difcours van alle de diepten, altituden ende latituden, oock diftantiën gevonden van alle de landen, capen, havenen, daer Candifch, feylende de weyrelt om, geweeft is, hoe die gevonden heeft de veranderinghe vant compas, feer nut tot die derwaerts fouden willen varen, bij den Schipper van Candifh befchreven." Dans une lettre du 14/24 Février V. M. a ajouté après: „diepten"... „fanden, winden etc."; au lieu de „altituden" il y eft dit „longituden."

capitaine ou maître du navire de Cavendiſh s'appelle chez lui Thomas Fuller, natif d'Ipſwich. Il n'eſt pas nommé par Van Meteren.
Les noms des rois de Java & les mots javanais de la page 41
(verſo) du journal hollandais ne ſe trouvent pas dans l'édition
anglaiſe. Dans le même volume de Hakluyt (p. 583—590) eſt
imprimé le journal de Drake & Hawkins; à la fin ſeulement
Hakluyt y a joint quelques particularités concernant le retour
des vaiſſeaux.

Les deux journaux de Cavendiſh & Drake, ſans les annexes
nautiques du premier, ont été traduits par Artus pour la huitième
partie de la collection des De Bry, qui parut en 1599. Il réſulte
de cette date que Artus n'a pu travailler ſur l'édition anglaiſe.
Auſſi n'y a-t-il aucun doute qu'il a fait uſage de l'édition hollandaiſe de Van Meteren, ainſi que le prouvent quelques fautes
d'orthographe communes à l'une & l'autre traduction, l'avis de
Van Meteren à la fin du journal de Cavendiſh concernant ſon dernier voyage, etc. Que l'exorde des De Bry s'accorde textuelle-
ment avec le journal anglais, & non avec le texte hollandais,
y compris la fauſſe date du 19 Août (au lieu de 9 Août), s'explique par là ſuppoſition que Cornelis Claeſz ou Van Meteren
aura envoyé la copie MS., que le dernier avait obtenue de
Hakluyt, aux De Bry, après en avoir fait uſage pour lui-même.

La traduction de Artus eſt incorrecte & incomplète. De nombreuſes fautes d'orthographe la déparent & il y manque des particularités qui ne ſont pas ſans importance.

La figure de l'anthropophage, dans le frontiſpice de la VIIIe
partie des Grands Voyages, a été copiée du titre de Cavendiſh
chez C. Claeſz. Les autres planches, ajoutées par les De Bry,
ſont probablement de leur invention.

La 6e partie de la collection de Hulſius ne contient qu'un
abrégé des journaux de Cavendiſh & Drake.

---

On ſait qu'une traduction latine du ſecond voyage de Francis
Drake, fait aux Indes Occidentales en 1585, a été publiée en

1588 à Leide chez Fr. Rapheleng, & que le récit compris dans le 8ᵉ tome des De Bry, est une traduction latine différente du même journal, quoique Artus, le traducteur allemand, ait connu celle de Rapheleng (1). Comme M. Camus n'a vu de l'édition de Leide qu'un exemplaire fans cartes, nous en donnons ici une defcription plus complète. Nous faifons remarquer en outre que ce journal diffère de celui publié dans l'ouvrage de Hakluyt (III p. 534—43), dont Barrow a fait ufage pour fa *Vie de Drake*.

*g.* Expeditio | Francifci Draki | Equitis Angli | in | Indias Occidentales | A. M. D. LXXXV. | Quâ vrbes, Fanum D. Iacobi, D. Dominici, D. | Auguftini & Carthagena captae fuêre. | Additis paffim regionum locorumque omnium | tabulis Geographicis quam accuratiffimis. | Leydae, | Apud Fr. Raphelengium. | M. D. LXXXVIII. | 4°. [284].

Avec le titre 21 pages (3—21 chiffrées). Signature A 2—C 2.

Cartes gravées fur de grandes feuilles, fans indication de graveur. L'explication en anglais eft imprimée fur des bandes féparées, collées au deffous de la planche gravée.

*a.* (page 8) *Infula Divi Jacobi eft*, etc. (Attaque de la ville par les Anglais). Texte anglais avec titre : *Saint Iago*.

*b.* (page 10) *Civitas S. Dominici fita in Hifpaniola* etc. (Epifode de l'attaque). Texte anglais avec titre : *Saint Domingo*.

*c.* (page 16) *Civitas Carthagena in Indiae occidentalis continenti*, etc. (Epifode de l'attaque). Texte anglais avec titre *Cartagena*.

## 5. VOYAGES DE WALTER RALEIGH ET LAURENCE KEYMIS EN GUIANE.

(De Bry, Grands Voyages, tome VIII. Camus, Mémoire, p. 97).

*a.* Waerachtighe ende grondighe befchryvinge van | het groot en Goudt-rijck Coninckrijck van Guiana, gheleghen

---

(1) **Camus**, Mémoire, p. 194.

zijnde in America, by noorden de | groote Riviere Orel-
liana, vanden vijfden graed by zuyden, totten vijfden graed
by noorden de Middellinie, in welcke be- | fchryvinghe de
rechte gheleghentheyt vande groote ende rijcke Hooftftadt Manoa, Macureguarai, ende andere fteden des felvi-
ghen Coninck- | rijcks, ende van het groot Souten Meyr
Parime, (zijnde ontrent 200. fpaenfche mylen lanck) ver-
claert wordt: Infghelijcks | wat voor rijcke Waren daer te
lande eñ daer ontrent vallen; als namelick groote overvloet
van Gout, coftelick | ghefteente, ghenaemt Piedras Hijadas,
Peerlen, Balfem-olie, lanck Peper, Gineber, Suijcker, |
Wieroock, verfcheyden Medicinale wortelen, Droogheryen,
ende Gummen. | Item Zyde, Cottoen ende Brafilie houdt. |
Midtfgaders de befchryvinge vande omliggende rijcke Landt-
fchappen Emeria, Arromaia, Amapaia eñ Topago; in welck
laetfte de Krijghs-vrouwen | (Amazones genoēt) woonen:
mette befchryvinge van 53. groote Rivieren, onder welcke
Oronoque de voornaemfte is, welcke fpruijt ontrent 500 duyt-
fche mylen te lande- | waert in, niet verre van Quito, een
vermaerde hooftftadt in Peru. Alles met groote neerftig-
heyt ontdeckt eñ befchreven in den jaere 1595. eñ 1596. |
Door den E. Heere Walter Ralegh, Ridder eñ Capiteijn
over de Guarde van de Majefteyt van Enghelandt, | ende
den vermaerden Zeevaerder Capiteyn Laurens Keymis. |
(*Planche gravée*) | t' Amftelredam by Cornelis Claefz. opt
Water, int Schrijf-boeck, A°. M. D. XCVIII [1598] 4°
oblong. [285].

*(Defcription véritable & confciencieufe du grand & riche royaume de Gui-
ane, fitué en Amérique, au nord de la grande rivière Orelliana, entre le
cinquième degré fud & le cinquième degré nord du méridien; dans laquelle
eft indiquée la vraie fituation de la grande & riche capitale de Manoa, Macureguarai & autres villes dudit royaume, & du grand lac falé de Parime,
d'une longueur d'environ 200 lieues d'Efpagne. De même, les produits du
pays, à favoir une grande abondance d'or, des pierres précieufes nommées*

*Piedras Hyadas, des perles, des baumes, du poivre long, du gingembre, du
sucre, de l'encens, plusieurs racines médicinales, des drogues & des gommes.
Item de la soie, du coton & du bois du Brésil. Ensuite la description des contrées environnantes d'Emeria, d'Arromaia, d'Amapaia & du Topago où demeurent
les soi-disant Amazones; avec la description de 53 grandes rivières dont la principale est l'Orénoque, qui prend son origine à 500 lieues de la mer, près de
Quito, ville célèbre du Pérou. Le tout découvert en 1595 & 1596 & décrit
avec la plus grande application par le Seigneur Walter Raleigh, chevalier &
capitaine de la garde de S. M. la reine d'Angleterre, & par le fameux navigateur
capitaine Laurence Keymis).*

Titre avec une carte des côtes orientales de l'Amérique & des côtes
occidentales de l'Europe & de l'Afrique entre le 55e degré de latitude
nord & le 2e degré de latitude sud. Aux côtés, deux figures d'Américains
armés, différentes de celles du titre du voyage précédent.

Préface de W. Raleigh, 2 pp. Signat. A 2.

Texte du Journal de Raleigh, suivi de quelques lettres interceptées
qui s'y rapportent, en deux colonnes: fol. (1)—30, ou 60 pages. Signat.
A 3—H 3.

Nouveau titre:

Waerachtighe ende grondighe beschryvinghe | vande
tweede Zeevaert der Engelschen nae Guiana, eñ de omlig-
gende Landtschappen: | Waer inne seer bescheydelick be-
schreven worden alle de Zee-custen met de Eylanden,
Hoofden, Voorghe- | berghten, Inwijcken, Havenen, Ree-
den, Diepten, Ondiepten, Clippen, verscheyde Opdoe-
ningen van Lan- | den, de ghestaltenisse van winden,
stroomen ende tyden des jaers. Met verclaringe vande rechte
ghelegent- | heyt van 53. Rivieren, die aldaer in de Zee
vloeyen, met benaminghe der steden daer op ghebouwet,
van wat | volcken die worden bewoont, wat voor zeden
die selvighe hebben; hoedanighe Cassiken ofte Vorsten daer
te | lande regieren, ende hoe menigherley costelijcke waren
aldaer vallen. | Alles met groote neerstigheyt ontdeckt,
ende beschreven inden jaere 1596. Door den cloeck- | moe-
dighen ende vermaerden Zee-vaerder Capiteijn Laurentium
Keymis. | (*Planche gravée*) | t' Amstelredam, by Cornelis

Claefz. opt Water, int Schrif-boeck. A°. 1598. | 4° oblong.

(*Defcription véritable & confciencieufe de la feconde navigation des Anglais à la Guiane & dans les contrées environnantes. Où font décrits très-diftinctement toutes les côtes, les îles, les promontoires, les baies, les ports, les rades, les bancs, les rocs, la fituation des pays, l'état des vents, des fleuves & des faifons. En outre, le relevé de 53 rivières fe jetant dans la mer, avec les villes bâties fur leurs rives, la defcription des habitants, de leurs mœurs, de leurs princes, & de leurs marchandifes. Le tout découvert en 1596 & décrit avec beaucoup de foin par le vaillant & célèbre navigateur, le capitaine Laurence Keymis*).

Titre avec planche gravée repréfentant les habitants des contrées vifitées, avec les infcriptions fuivantes : *Incola fluvÿ Accola fl. Amazonum. Incola ins. S. Margarita. Vir ex Provincia Iwaipanoma.*

Préface de l'auteur 2 pp. Signat. I 2.

Texte du journal, en deux colonnes, fuivi d'une lifte des contrées découvertes, des noms des Efpagnols qui avaient tenté de vifiter ces contrées & d'un épilogue de l'auteur, fol. (31)—47. Signat. I 3—N 2.

L'ouvrage contient ainfi en tout (IV) & 47 feuilles ou (VIII) & (94) pages.

*b.* Warachtighe ende grondighe befchryvinghe van | het... Coningrijck van Guiana, *etc.* (*comme le précédent*) .... t'Amftelredam, by Cornelis Claefz. opt Water, int Schrijf-boeck. Anno 1605. | 4° oblong. [286].

Titres, texte, pagination, fignature, comme dans la 1e édition. Le premier cahier manque de fignature. Le deuxième titre porte auffi la date 1605. L'ouvrage contient donc, comme le précédent, (IV) & 47 feuilles.

*c.* Warachtighe ende grondige befchryvinghe van | het... Coningrijck van Guiana, *etc.* (*comme le précédent*) .... Tot Amfterdam, By Michiel Colijn, Boeck-vercooper op t'Water, aende oude Brugge int Huyf-boeck, 1617. | 4° oblong. [287].

Titres avec les mêmes planches que les éditions précédentes. Le fecond titre porte auffi l'adreffe de Colijn & la date de 1617.

Texte, comme le précédent, fol. 1—31 (fauffement chiffré 28); 2e titre; 33—49. Signat. A 2—N 2.

Contenu de l'ouvrage, le même que dans les éd. préc., fans les préfaces. En tout 50 ff. ou 100 pp.

*d.* Grondige ende waerachtige befchrijvinge van | het... Koninckrijck van Guiana .... daer omtrent vallen. | Mitsgaders | Vande omlegghende rijcke Landtfchappen, *etc.*.... Gedruckt in 't Jaer onfes Heeren 1644. | 4° oblong. [288].

Dans *Begin ende Voortgang*, 1ᵉ édition, Vol. I. Titre féparé pour l'ouvrage entier, fans planche. L'ouvr. de Keymis manque de titre.

Texte, fol. 1—49, mais le numéro 33 ayant été omis, il n'y a que 48 ff. ou 96 pages fans le titre. — Signature A—M 3 (avec faux chiffre H 3). Contenu de l'ouvrage, le même que dans l'éd. préc.

Cette réimpreffion ne fe trouve que dans la première édition du recueil de Commelin. Voir page 11 de notre ouvrage.

———

Le journal du voyage à la Guyane, par Walter Raleigh, ainfi que le journal de Laurence Keymis, furent publiés en anglais à Londres, en 1596. Hakluyt les réimprima dans le troifième volume de fa collection, publié en 1600. Nous ne faurions dire fi Hakluyt y a ajouté quelque chofe, mais ce qui eft certain, quand on compare fon ouvrage avec la traduction hollandaife, c'eft que la dernière a été raccourcie en quelques endroits. Ainfi, les épitres dédicatoires manquent & les préfaces font abrégées. Cependant les lettres à la fin du journal de Raleigh, de même que les annexes du journal de Keymis, font toutes traduites en hollandais.

La traduction latine de ces deux journaux par Artus, qui fe trouve dans la VIIIᵉ partie des Grands Voyages, publiés par les De Bry, n'eft pas faite d'après l'original, comme M. Camus fuppofe (*Mémoire*, p. 97, 98), mais d'après l'édition hollandaife. Non feulement les fuppreffions, mais auffi les fautes d'orthographe de l'édition hollandaife fe retrouvent dans celle des De Bry. Il eft jufte d'ajouter que Artus a confidérablement augmenté ces fautes. La grande carte que les éditeurs allemands ont inférée au commencement de leur volume contient la copie exacte d'une figure, d'homme sans tête (*Vir ex provincia Iwaipanoma*) qui se trouve sur le titre du journal hollandais de Keymis. On retrouve cette figure dans le titre & dans la dernière planche de l'abrégé que Hulsius a donné de cet ouvrage, dans la 5e partie de sa collection, abrégé pour lequel il doit s'être également servi de l'édition hollandaise. Quant à la carte de Hondius, que Hulsius dit avoir copiée pour son ouvrage, elle n'a pas été composée pour le livre de Raleigh, mais probablement pour un de ses Atlas.

---

6. HISTOIRE DE L'AMÉRIQUE PAR JOSEPH DE ACOSTA.

(De Bry, Grands Voyages, tome IX. 1602. Camus, Mémoire, p. 102).

*a.* Historie Naturael | ende Morael van de We- | stersche Indien: | Waer inne ghehandelt wordt van de | merckelijckste dinghen des Hemels, Elementen, | Metalen, Planten ende Ghedierten van dien: als oock | de Manieren, Ceremonien, Wetten, Regeeringen | ende Oorloghen der Indianen. | Ghecomponeert door Iosephum de | Acosta, der Jesuitscher Oorden: | Ende nu eerstmael uyt den Spaenschen in onser | Nederduytsche tale overgheset: door Ian Huyghen | van Linschoten. | Tot Enchuysen, | By Jacob Lenaertsz. Meyn, Boeckvercooper | woonende op den hoeck van de Kerck by ... (*Titre endommagé*) int Schrijfboeck. Anno 1598. | 8°. [289].

(*Histoire naturelle & morale des Indes Occidentales, où il est traité des principaux phénomènes du ciel, des éléments, des métaux, des plantes & des animaux de ces contrées; comme aussi des coutumes, cérémonies, lois, formes de gouvernement & guerres des Indiens. Composé par Josephus de Acosta, Jésuite. Traduit pour la première fois de l'espagnol en hollandais par Jan Huyghen van Linschoten.*)

Au verfo du titre: Octroi des Etats Généraux donné à Linfchoten, daté du 8 Oct. 1594.

Dédicace de Linfchoten aux Régents de la ville d'Enchuyfen, datée du 1er Mai 1598, 5 pp. Signat. a ij, a iij.

Sonnet adreffé à Linfchoten, figné „C. Taemffoon, van Hoorn."

Préface de l'auteur, 3 pp. Signat. A ij, A iij.

Ballade fur l'ouvrage, & fonnet adreffé à Linfchoten, fans nom.

Texte, fol. 1—389, fuivi de la table 7 ff. fans pagination. A la fin: „Ghedruckt t'Haerlem, By Gillis Rooman . . . . Anno 1598". Signat. A iiij—Ddd v.

„Errata ofte fauten", 1 page.

En tout (XII) & (794) pages.


*b.* Hiftorie Naturael en Morael | van de Wefterfche Indien | Waer inne, *etc. (comme le précédent)* . . . . De tweede Editie. | (*Gravure en bois*) | t'Amfterdam, | By Broer Janfz. op de nieu-zijds achter Burgh-wal, inde Silvere Kan. Anno 1624. | 4°. [290].

La gravure en bois du titre repréfente des Indiens profternés devant leur roi, qui eft baptifé par un prêtre.

Dédicace de Linfchoten de 1598, 4 pp. Signat. (.*⁎*.)2, 3.

Préface de l'auteur, 2 pp.

Texte, fol. 1—177, fuivi de la table, 3 ff. Signat. A—Yy 2.

Gravures en bois dans le texte au nombre de 13.


*c.* [Hiftorie Naturael, *etc.*, *comme le précédent.* t'Amfterdam, By Broer Janfz voor Jan Evertfz Cloppenburgh op 't Water tegenover de Koornbeurs. 1624. 4°.] [291].

Même édition que la précédente, avec changement dans le titre.


*d.* [Hiftorie Naturael, *etc.*, *comme le précédent.* t'Amfterdam, By (?) Hendrick Laurenfz. 1624. 4°.] [292].

Même édition que les précédentes, avec changement dans le titre.

———

La première édition efpagnole de cet ouvrage parut à Séville

en 1590, fous le titre de „Hiftoria natural y moral de las Indias"; il fut réimprimé dans la même ville en 1591. D'après
Meufel (*Biblioth. hiftor.*, III. 1 p. 228) cette feconde édition
ferait augmentée. Linfchoten s'eft certainement fervi de l'édition
la plus complète, fans quoi la feconde édition de fon ouvrage
n'aurait pas été réimprimée fans changements. Meufel nous apprend
encore que la verfion allemande, qui fe trouve dans le neuvième
tome de la collection de De Bry & qui fut réimprimée en 1605
& en 1617, a été traduite du hollandais par Johannes Humber-
ger de Wetteravie, qui nomme Linfchoten comme étant l'auteur
du livre. Suivant Clément (*Biblioth. curieufe, in v.* Acofta), la
traduction allemande de la collection de De Bry a été rédigée
d'après celle de Linfchoten par Gothard Artus, qui traduifit enfuite l'ouvrage de l'allemand en latin. Quoique dans la traduction latine le nom du traducteur ne foit pas indiqué, nous
lifons dans le titre: *Omnia e Germanico Latinitate donqta.* Il
eft donc évident que nous avons affaire ici à une traduction de
troifième main. Auffi M. Camus a démontré „qu'on ne faurait
prendre aucune confiance" dans cette édition latine. Quant à
l'édition hollandaife, le nom de Linfchoten nous eft une garantie
fuffifante de la fidélité de la traduction.

---

### 7. NAVIGATIONS D'AMERIGO VESPUCCI.

(De Bry, Grands Voyages, Tome X. 1619. Petits Voyages,
Tome XI. 1619; Camus, Mémoire, p. 128, 259).

*a.* Hier volcht een cort begrijp der | Schipuaerden Al-
berici Vefputij. | Vander nieuwen werelt, wt Hifpanifcher
fpraken | int Italianifche verdolmetfcht.

(*Ci-fuit un réfumé des navigations d'Albéric Vefpucce. Du nouveau monde;
traduit de l'efpagnol en italien.*)

Pp. 710—735 de l'ouvrage fuivant.

Die nieuwe weerelt der Landt- | fchappen ende Eylan-
den, die tot hier toe allen ouden | weerelt befcrijuere on-
bekent geweeft fijn. Maer nv onlancx vande Poor | tuga-
loiferen eñ Hifpaniere, inder nedergankelijcke zee geuonde
Midtfgaders den zee- | den, manieren, ghewoonten ende
vfantien der inwoonenden volcken. Oock wat | goeden ende
waeren, men by henlieden gheuonden, ende in onfe landen |
ghebracht heeft oft hebben, daer by vintmen oock den
oorfpronck | eñ ouder hercomen, der vermaerften, mach-
tichften, eñ ge- | weldichfte volcken, der ouder bekender
weerelt, ghe- | lijck daer fijn die Tartaren, Mufcouite,
Ruyf- | fen, Pruyffen, Hongeren, Slauen, etc. | Naet wt
wijfen ende inhout des omghekerden blats | (*Gravure en
bois avec cette légende au quatre côtés:*) Habet & mufca
fplenem | Et formicae fua bilis ineft. | Wat onberijfpt? |
Niet fonder nijt. | Met gratie ende Priuilegie voor den tijt
van vj, iaren | Gheprint Thantwerpen in die Cammerftrate
inden Arent | tfegen Scarabeum by my Jan van der Loe. |
Anno M. D. LXIII. [1563] | fol. [293].

(*Le nouveau monde des contrées & des îles qui jufqu'ici ont été inconnues
à tout les géographes, mais ont été récemment découvertes par les Portugais
& les Efpagnols dans la mer de l'Occident. Les mœurs, coutumes & ufages
de leurs habitants; produits & marchandifes qu'on a trouvés chez eux &
apportés dans nos contrées. Origine des peuples les plus célèbres, les plus
puiffants, & les plus formidables de l'ancien monde connu, comme les Tartares,
Mofcovites, Ruffes, Pruffiens, Hongrois, Slaves, etc.*)

Privilége au verfo du titre, daté de Bruxelles, 16 Juin 1561.
Contenu de l'ouvrage, page 3. Signat. ii.
Epitre dédicatoire à Guillaume, Prince d'Orange, fignée „Cornelis Ablijn";
page 4—7. (Signat. de p. 5: iij).
Texte de l'ouvrage, imprimé en deux colonnes, Fol. (page) 1—dcccxviij
(818). Signature: A—YYY iiij.
A la fin on a répété la figure du titre (marque d'imprimeur?) avec la
même légende & cette infcription: „Men vintfe te coope tot Antwerpen,
inden Arent tfeghen den Scarabeum, ende tot Amfterdam int gulden Miffael."

Cet ouvrage, publié par Cornelis Ablyn, notaire à Anvers, eſt une traduction de la collection intitulée *Novus Orbis*, qui parut par les ſoins de Simon Grynaeus, à Bâle, chez Hervagius, en 1532 & fut traduite en allemand par Michael Herr (Straſbourg, 1534). C'eſt l'édition allemande que Ablyn dit avoir ſuivie.

On trouve dans cette édition hollandaiſe toutes les pièces énumérées par Meuſel (*Biblioth. Hiſtor.*, III. 1, p. 221—222) & d'après lui par M. Camus (*Mémoire* p. 6, note 3, ſous les n°. 3—19), comme appartenant aux éditions du *Novus Orbis*, publiées avant 1555, ſans l'introduction de Münſter (1). Elle a cependant été augmentée des récits ſuivants:

1° (p. 334—503) „Deux hiſtoires de la Nouvelle Eſpagne par Ferdinandus Corteſius"; qu'on trouve dans les éditions poſtérieures du *Novus Orbis*.

2° (p. 503—521) „Hiſtoire des îles de Canarie, récemment découvertes" (en 8 chapitres), datée de 1543. — Il eſt dit dans une courte préface que cette pièce ne ſe trouve pas dans l'édition latine.

3° (p. 678—705) „Trois livrets des Ambaſſades en Babiloine, par Petrus Martyr" (Pas mentionné par Meuſel).

Il règne tant de confuſion dans les récits de voyage d'Améric Veſpucci, que ce ſerait une étude à part de les comparer entre eux. Auſſi l'occaſion nous manque de conſulter les éditions originales. Nous nous bornerons donc à faire obſerver que dans l'édition hollandaiſe les pp. 710—717 contiennent la traduction du „Sommaire des navigations de Veſpucce" (2), & les pp. 717—735 celle du récit des „quatre" navigations, dont les De Bry ont traduit les deux premières dans le Xe tome de leurs *Grands Voyages* & les deux dernières dans le XIe tome de leurs *Petits Voyages*.

---

(1) Les récits ſont en outre arrangés dans un autre ordre. La préface de Ablyn eſt probablement en grande partie une traduction de celle de Grynée.

(2) Voir Camus, Mémoire p. 6 note 3.

8. DESCRIPTION DES INDES OCCIDENTALES, PAR ANTONIO
DE HERRERA.

(De Bry, Grands Voyages, Tome XII, 1624; Camus, Mémoire, p. 160).

*a.* Novus Orbis, | Sive | Defcriptio | Indiae Occi- | dentalis, | Auctore | Antonio de Herrera, | Supremo Caftellae & Indiarum authoritate Philippi III. | Hifpaniarum Regis Hiftoriographo. | Metaphrafte C. Barlaeo. | Accefferunt & aliorum Indiae Occidentalis Defcriptiones & | Navigationis nuperae Auftralis Jacobi le Maire Hifto- | ria, uti & navigationum omnium per Fretum | Magellanicum fuccincta narratio. | Amftelodami, | Apud Michaelem Colinium Bibliopolam, ad | infigne Libri Domeftici. Anno M. D. C. XXII. | Cum Privilegio | fol. [294].

Au verfo du titre: Contenu de l'ouvrage & table des cartes.

Deuxième titre gravé dans un frontifpice repréfentant des figures mexicaines; en haut les armes d'Efpagne; en bas, une carte de l'Amérique fans texte.

Au verfo de ce 2e titre le Privilége des Etats Généraux, fans date.

Préface de Barlaeus aux Etats Généraux & aux Etats de Hollande, 3 pp., fuivie de la Préface de l'auteur, de 1601, 1 p. En bas de cette page quelques Errata. — Signature de la 1e page *3.

Texte, fol. (1)—44 ou 88 pages. Signat. A—M.

Cartes fur des feuilles doubles, au nombre de 14, toutes chiffrées, les titres en Efpagnol. La carte de la Nouvelle Guinée, qui fe trouve à la page 37, appartient au Journal de Le Maire.

Faux titre pour le Journal de Le Maire, fuivi de 2 ff. de préliminaires, & du texte: f. 46—74a. (Voir page 57 de notre ouvrage).

Fol. 74b—75b. Narratio Navigationis inftitutae mandato & aufpiciis Regis Hifpaniarum Anno 1618 menfe Octobri, idque a duabus Caravallis, quae folventes portu Lifbonenfi verfus Auftrales mundi partes ad luftrandum Fretum Le Maire profectae funt ductu Juan de More Capitanei, & confectis iis, quae a Rege in mandatis habebant, Hifpalin reverfae funt menfe Augufto Anno 1619.

Fol. 75b—81a. Brevis narratio omnium, quae per Fretum Magellanicum inftitutae funt, Navigationum.

Fol. 81*b*—(83)*a*. Catalogus Vocabulorum aliquot quibus utebantur indigenae Infularum Salomonis (fuivi d'autres courts Vocabulaires).

Signature des ff. 46—83 : M 3—X 3.

Faux titre : „Defcriptio Indiae Occidentalis .... Authore Petro Ordonnez de Cevallos" etc.

Texte, fol. 2—9. Signat. *a* 2—*c*.

Faux titre : „Brevis ac fuccincta Americae .... defcriptio., excerpta e Tabulis Geographicis P. Bertii." — Le texte commence au verfo du titre.

Texte, avec le titre, 11 ff. Signat. †2—†††3.

L'ouvrage entier contient donc 110 ff., ou 220 pp. avec 17 cartes.

*b*. Defcription | des | Indes Occidentales., | Qu'on appelle aujourdhuy | le | Nouveau Monde : | par | Antoine de Herrera, | Grand Chroniqueur des Indes, & Chroniqueur de Caftille : | Tranflatee d'Efpagnol en François. | A la quelle font adjouftees | Quelques autres Defcriptions des mefmes pays, | Avec | La Navigation du vaillant Capitaine de Mer Jaques le Maire, | & de plufieurs autres. | Le contenu de ceft œuvre fe veoit en la page fuyvante. | A Amfterdam, | Chez Michel Colin, Libraire, demeurant au Livre | Domeftique. Anno M.D.C.XXII. | Avec Privilege. | fol. [295].

Au verfo du titre, contenu du livre.

Second titre gravé, comme dans l'éd. lat. — Au verfo le privilége.

Préface de l'auteur de 1601, 3 pp., fuivie de la table des cartes. Signat. de la 1e page. *3.

Texte, page 1—103.

Cartes comme dans l'éd. lat.

Faux titre : *Journal & Miroir*, avec portrait, préface etc., 4 ff. Enfuite le texte, page 107—174. (Voir page 58 de notre ouvrage).

Page 175—178 : „Relation des deux caravelles, que le Roy d'Efpagne envoya de Lifbonne l'an 1618 ... foubs ... Don Jean de More" etc.

Page 179—199. „Recueil & Abbregé de tous les Voyages qui ont efté faicts devers le Deftroit de Magallanes", fuivi des „Dictionaires" comme dans l'éd. latine.

Faux titre : „Particuliere Defcription de l'Inde Occidentale .... par le Preftre Pedro Ordonnez de Cevallos" etc.

Texte, page 203—227.

Faux titre : „Defcription d'Amérique ... tirée des Tableaux Geographiques de Petrus Bertius."

Texte, page 231—254.

Signature de l'ouvrage entier: A—Hh 4. — En tout (XII) A 254 pp. avec portrait & 17 cartes.

*c* [Defcription, *etc.*, *comme le précédent* .... A Amfter-dam, chez Emmanuel Colin de Thovoyon, & à Paris, chez Michel Joly. 1622. fol.] [296].

Mentionné par M. Camus, p. 162. Cette édition eft probablement la même que la précédente avec changement du titre.

*d*. Nieuwe | Werelt, | Anders ghenaempt | Weft-In-dien. | t' Amfterdam, | By Michiel Colijn, Boeck-vercooper op 't Water | by de Oude Brugh, in 't Huys-Boeck. | An-no 1622. | Met Privilege. | fol. [297].

Au verfo du titre, le privilége.

Deuxième titre gravé, comme celui de l'éd. lat.

Dédicace à l'Amirauté, de Michiel Colijn, 2 pp. Signat. (···)3.

Préface de l'auteur de 1601. — Au verfo le contenu du livre & la table des cartes.

Texte, imprimé en deux colonnes, fol. (page) 1—111.

Signat A—O 3.

Cartes comme dans les éd. lat. & franç.

Nouveau titre:

Eyghentlijcke Befchryvinghe | Van | Weft-Indien..... Ghedaen | Van | Pedro Ordonnez, de Cevallos, | Priefter. | Die de Landen met groote neerfticheyt doorreyft en befich-ticht heeft. | (*Figure en bois*). | Tot Amfterdam, | By Mi-chiel Colijn .... | Anno 1621.

Titre avec une figure d'animal.

Texte, impr. en deux colonnes, fol. (page) 3—29. Signature A 2—D 2.

Nouveau titre:

Spieghel | der | Auftralifche | Navigatie, *etc.*

Voir fur cette troifième partie page 56 de notre ouvrage.

A l'exception de la relation de Le Maire, cet ouvrage a été copié en entier de la douzième partie des Grands Voyages; on n'a rien changé dans la traduction latine; auffi avait elle été confiée à de meilleures mains que les traductions ordinaires de la collection des De Bry. Cafparus Barlaeus ou Kafpar van Baerle fut un des favants les plus diftingués de fon temps. On connaît fon ouvrage fur les exploits du prince Jean Maurice de Naffau au Bréfil. Les De Bry ont copié de même les 14 cartes de l'édition de Colijn. N'ayant pas fous les yeux la 18e partie de la collection allemande de Hulfius, nous ne pouvons en donner la collation avec l'édition de Colijn; mais fuivant Afher (*Effay on Hulfius*, p. 86), elle contient la même chofe que l'édition latine des De Bry. Les 14 cartes auffi y font copiées.

L'édition originale de l'ouvrage de Herrera parut à Madrid en 1607 (1) fous le titre de „La defcription de las Indias Occidentales" Cette „defcription" eft en quelque forte une introduction au grand ouvrage hiftorique du même auteur fur l'Amérique (*Hiftoria general*, etc.) dont les 4 premières décades parurent à Madrid en 1601, les 4 dernières en 1615. — Les cartes que Colijn a ajoutées à la traduction publiée par lui font fans doute des copies de celles de l'original.

L'ouvrage de Herrera eft fuivi dans l'édition de Colijn:

1° du journal de Le Maire, que nous avons décrit ci-deffus pp. 56—58;

2° d'un court récit de l'expédition efpagnole de 1618, chargée d'explorer le détroit de Le Maire. Elle fut guidée par deux pilotes hollandais, Jan de Witte, nommé dans le récit, & Valentijn Janfz, de la main de qui les Archives de l'Etat à la Haye poffèdent un autre réfumé de cette même expédition. — Voir ci-deffus p. 60. — Ce voyage, qui eut lieu fous le commandement des frères Bartolome Garcia & Gonçalo de Nodal, eft amplement décrit dans le journal efpagnol, publié à Madrid en 1621 fous le titre de „Relacion del viage que par orden de fu

─────────

(1) Meufel (Biblioth. hiftor. III. 1, p. 231) affigne à la première édition la date de 1601.

Mag<sup>d</sup> y acuerdo del real confejo de Indias hizieron los Capitanes Bart. Garcia de Nodal y Gonç. de Nodal hermanos, naturales de Ponte Vedra, al defcubrimiento del Eftrecho de S. Vicente y reconofimj del de Magellanes". Le détroit de S. Vincent qu'ils difent avoir *découvert* n'eft autre que le détroit de Le Maire. Ni ce dernier, ni les deux pilotes hollandais, ni le capitaine Juan de More, dont parle le récit de Colijn, ne font nulle part nommés dans le journal des Nodal.

3° d'un court récit des voyages au détroit de Magellan, de 1519—1601. On y trouve concernant l'expédition d'Olivier van Noort & celles de Mahu & de Cordes, un certain nombre de particularités qu'on chercherait en vain dans les journaux de ces voyages (voir les chap. A 1, 2 de notre 2<sup>e</sup> partie).

4° des vocabulaires remarquables de la langue que parlent les habitants des Iles Salomon, ceux de la Nouvelle Guinée, des Iles Moyfes & de l'Ile Moo.

5° d'une defcription des Indes Occidentales par Pedro Ordonnez de Cevallos.

6° d'une courte defcription de l'Amérique, tirée de l'atlas de P. Bertius.

Voir fur les deux dernières annexes le *Mémoire* de M. Camus, p. 167—168.

---

### 9. DESCRIPTION DU CONGO TIRÉE DES LETTRES DE ODOARDO LOPEZ PAR FILIPPO PIGAFETTA.

(De Bry, Petits Voyages, 1<sup>e</sup> partie 1598. Camus, Mémoire, p. 182):

*a.* De befchryvinghe vant groot | ende vermaert Coninck-rijck van Congo, ende de aenpa- | lende oft ommegheleghen Landen, met verclaringhe van veel | fonderlinghe faken, ende ghefchiedeniffen van den felfden Coninckrijcke. Oock wat | Coopmanfchappen al daer ghebracht ende van daer ghehaelt worden. Van hare | Mijnen. Van de Elephanten, ende alle haer ander ghedierten. Van hare | drachten ende

maniere van cleedinghe, feltfame ghebruycken, | vreemde
chrijchfgebruycken, hoe ende wanneer fy be- | keert zijn
tot den Chriften gheloove. Ghe- | deelt in 2 Boecken. | Ghe-
nomen wt de fchriften ende mondelicke 't famen fpraecken, |
van Edoart Lopez Portegijs | (*Carte gravée*) | Befchreven
door Philips Pigafetta in Italiaens, ende overghefet in ons
Neder- | lantfche fpraecke: Deur Martijn Everart B. | 't Am-
ftelredam by Cornelis Claefz. Opt Water int Schrijfboeck, |
by de Oude Bruggh', M.D.XCVI. (1596). | 4°. [298].

*(Defcription du grand & célèbre royaume de Congo, & des pays envi-*
*ronnants, avec l'explication de plufieurs chofes & hiftoires fingulières touchant*
*ledit royaume. Quelles marchandifes y font apportées; quelles autres mar-*
*chandifes on y vient chercher. Leurs mines; leurs éléphants & autres ani-*
*maux; leurs habillements, leurs coutumes les plus remarquables, leurs ufages*
*militaires; quand & comment ils ont été convertis à la religion chrétienne.*
*Divifé en 2 livres. Tiré des écrits & des entretiens de Edouard Lopez,*
*Portugais. Décrit en italien par Philippe Pigafetta & traduit en langue*
*néerlandaife par Martijn Everart B.)*

Titre avec carte gravée par Jod. Hondius, portant cette infcription:
„Congi Regni Chriftiani in Africa nova defcriptio. Auctore Philippo Pigafetta."

Texte, fans pagination, 98 pp. Signat. Aij—N ij. A la fin on lit: „Tot
Middelburch, by Jeronimus Willeboortfen. M. D. XCVI."

Gravures en bois dans le texte au nombre de 7. Ce font des imitations
des pl. 1, 3—8 de l'original. — Notre exempl. renferme encore une planche
gravée en taille douce (in 4°. oblong), contenant la même vue que la 3e
du texte ou la 4e de l'original. Aurait-elle été gravée pour une autre édition? En tout cas la gravure eft différente de celle des De Bry.

*b.* Befchrijvinge | Van 't Koningkrijck | Congo, | Met
't aenpalende Landt | Angola. | Waer in den aert des Lands,
Inwoonders, Koopmanfchappen, | Berghwercken, Gewaf-
fen, en Dieren, duydelijck befchreven wordt. | Zijnde het
tweede deel van de | Goudt-Kuft. | (*Planchegravée*) | t'Am-
ftelredam, | Voor Jooft Hartgers, Boeck-verkoper op den
Dam, bezijden 't Stadt- | huys, op de hoeck van de Kal-
ver-Straet, in de Boeckwinckel. 5160. (1650). | 4°. [299].

(*Defcription du royaume de Congo & de la terre adjacente d'Angola, dans laquelle la nature du pays, de fes habitants, de fes marchandifes, de fes minéraux, plantes & animaux eft fidèlement rapportée. Second tome de la Côte d'Or*).

Titre avec planche gravée en taille douce, repréfentant quatre figures d'habitants de l'Afie, de l'Afrique, etc.

Texte, page 3—96. Signat. A 2—F 5. A la fin on lit: „t'Amftelredam, Gedrukt by Adriaan Roeft, in Dirck-van-Affen-Steeg, naaft het Krom-hout, Anno 1650."

Planches dans le texte, gravées en taille douce, au nombre de 5, dont 2 (page 24, 36) contiennent de faibles imitations des pl. 1, 4, 6—8 de l'original; la 5e a été copiée de la 19e planche de l'ouvrage de P. de Marees (voir p. 151).

Réimpreffion du précédent, fuivie (page 90—96) d'une copie des pp. 120—124 du journal de Pieter de Marées, qui étaient omifes dans la réimpreffion que Hartgers avait faite de fon ouvrage. Cette édition de Lopez doit donc fervir comme 2e partie de la defcription de la Guinée, que nous avons décrite ci-deffus, page 151.

*c.* Befchrijvinge | Van 't Koninckrijck | Congo, *etc.* (*comme le précédent*) ..... t' Amfterdam, | Gedruckt by Jan Jacobfz Bouman, Boeckverkooper op 't Water, tegen over | de Koorn-Marckt, inde Lelye onder de Doornen. Anno 1658 | 4°. [300].

Titre, texte (p. 3—96) & planches, en tout conformes à l'édition précédente. A la fin, l'adreffe de l'imprimeur avec la date de 1658 eft répétée.

L'ouvrage original parut à Rome en 1591 (*appreffo Bartolomeo Graffi*), fans date, fous le titre de „Relatione del Reame di Congo & delle circonvicine contrade, tratta dalli fcritti & ragionamenti di Odoardo Lopez Portoghefe per Filippo Pigafetta". La traduction hollandaife, antérieure à toutes les autres traductions, contient l'ouvrage entier, à l'exception de la dédicace. Elle eft d'une main expérimentée. Marten Everaert, natif de Bruges, a traduit plufieurs autres ouvrages, entre autres le „Miroir de la Navigation" de Lucas Janfz Waghenaer, du hollandais en latin ; les ouvrages nautiques de Medina & Zamorano (Amfterdam, C. Claefz. 1598), de l'efpagnol en hollandais, etc.

Dans la „Defcription de la Guinée", à la fuite de l'Itinéraire de Linfchoten (voir page 91), l'ouvrage de Lopez eft copié en grande partie.

Quant à l'édition allemande, publiée par les frères de Bry en 1597, elle fut traduite de l'italien par Caffiodore de Reyna. Elle forme, ainfi que la traduction latine par le même, qui parut en 1598, la première partie de la collection des Petits Voyages. Voir fur ces traductions l'ouvrage de M. Camus, p. 182 fvv.

---

## 10. RÉCIT DES TYRANNIES ESPAGNOLES EN AMÉRIQUE, PAR BARTOLOME DE LAS CASAS.

(Ed. lat. des De Bry, 1598 in 4°.)

*a.* Seer cort Verhael | vande Deftructie van d' Indien ver- ga- | dert deur den Bifchop don fray Bar- | tholome de las Cafas, oft Cafaus, van | finte Dominicus orden. in Bra- bantfche tale getrouwelick | uyte Spaenfche | ouergefet. | Zach. XI. | Voet de beeften des verflagens, welck dict be- | faten flogenfe doot, ende fy en waren niet droe- | uich ende vercochtenfe, feggende : Gebenedyt fi | de Heere, wy zyn Ryck geworden. | 1578. | 4°. [301].

*(Aperçu de la deftruction des Indes, compofé par l'évêque Don Frère Bartholome de las Cafas ou Cafaus, de l'ordre de S. Dominique. Fidèlement traduit de l'efpagnol en langue brabançonne. Zach. XI. etc.)*

Titre en caractère gothique ou bâtard, comme le livre entier. Préface du traducteur („Den ouerfetter aenden Lefer"), page 3. Prologue de l'auteur, page 4—7. (Signature de la 3e page A iij). Le texte commence à la 8e page & finit à la 139e. Signature du livre

(A)—S. Les cahiers A—R font chacun de 4 ff. ou 8 pp.; le cahier S fe compofe de 2 ff.

(Page 8—122) Cort verhael vande Deftructie van Indien. — (Page 123—139) Traité avec cette infcriptiou: „De voers. Bifchop heeft op defe materie noch ander tractaten teghens Sepulneda (*fic*) ghemaeckt ende fyn t'famen ghedruckt daer feet hy inde elffte replique, foo volcht tot defen propofte."

Traduction néerlandaife de l'ouvrage de l'Efpagnol Bartolome de las Cafas, évêque de Chiapa au Mexique, intitulé „Brevif-fima Relacion de la Deftruycion de las Indias", publié à Seville en 1552. Le traducteur y a ajouté des extraits des traités: *Aqui fe contienen trecientas propoficiones* etc., & *Entre los remedios* etc., par le même évêque. Voir fur les éditions originales: Ternaux, *Bibliothèque Américaine*, p. 14 fvv. — C'eft la première de toutes les traductions. Elle fut probablement imprimée à Bruxelles ou à Anvers, car le traducteur parle de „notre langue brabançonne" (*onfe Brabantfche tale*).

*b.* Tyrannies | & Cruautez | des | Efpagnols, | perpe-trees | e's Indes Occidentales, | qu'on dit le Nouueau mon-de; | Brieuement 'defcrites en langue Caftillane par l'Euef-que | Don Frere Bartelemy de Las Cafas ou | Cafaus, Ef-pagnol, de l'órdre de S. Dominique; fide- | lement tra-duictes par Jaques de Miggrode: | Pour feruir d'exemple & aduertiffement | aux XVII Prouinces du païs bas. | Heu-reux celuy qui deuient fage | En voyant d'autruy le dom-mage. | A Anvers, | Chez François de Ravelenghien ioign-nant le por- | tail Septentrional de l'Eglife noftre Dame. | M.D.LXXIX (1579). | 8°. [302].

En tout (XVI) & 184 pp.
Au verfo du titre „Le contenu du privilége", daté „le 25 de Feburier 1579".
„Au Lecteur". Préface du traducteur (p. III—XV). Signature *2—*5. —
„Sonnet" (p. XVI).
Texte du livre, p. 1—184. Signat. *A* 2—*M* 3. — Ce texte contient:
„Argument du prefent fommaire", p. 1, 2; „Prologue de l'evefque" etc., p. 3—6; „Narration trefbrieve de la deftruction des Indes", p. 7—129;

„Ce qui s'enfuit eft une partie de Miffive", etc. p. 130—141. „Le Tranf-lateur" (nouvelle préface) p. 142—144. „L'Aucteur. Entre les remedes" etc., p. 145—170. „Prologue de l'evefque", etc. fuivi d'autres prologues & extraits, p. 171—184.

Première édition françaife de l'ouvrage de Las Cafas. Les pp. 1—141 contiennent la traduction de la *Breviffima Relacion*, avec l'appendice *Lo que fe figue*. La préface qui fuit commence en ces termes :

„Le Tranflateur. On pouuoit fe contenter (amy Lecteur) de ce que iufques icy a efté veu des tyrannies & cruautés des Ef-pagnols : n'euft efté que, comme ce traicté cueilli par expres & du tout à propos par l'aucteur pour ce faict, eftoit acheué de traduire, eftant preft à eftre imprimé ; Voicy venir en mes mains le mefme traicté en langue Brabançonne outre mon efperance ; & toutesfois à mon trefgrand contentement, pour me voir def-chargé du refte de la mefme verfion Brabançonne ou Flamengue, de laquelle j'en auoye defia fait un tiers ....."

Enfuite il raconte qu'il ne f'était pas propofé de traduire les trois traités du même auteur, qui confiftent la plupart „en difpu-tes & en allegations latines, tirées du droict efcript & des fainc-tes lettres"; mais comme la „copie Brabançonne" contenait quel-ques extraits de deux de ces traités, il les a traduits de même en extrait de l'efpagnol, & y a ajouté de plus les prologues de Las Cafas & de Sepulveda, fon antagonifte.

Cette édition françaife contient donc tout ce qui fe trouve dans l'édition „brabançonne" & de plus : 1° l'appendice : *Lo que fe figue* ; 2° le prologue du traité *Aqui fe contienen trecientas propoficiones* ; 3° des extraits du traité *Aqui fe contiene una di-fputa o controverfia*. — L'édition de Paris (chez Gabriel Cartier 1582 in 8°) n'en eft qu'une copie.

*c.* Spieghel | der Spaenfcher | Tirannije, | Waer inne verhaelt | worden, de moordadige fchandelijcke ende | grou-welijcke feyten, die de felue Spaengiaerden ghebruyct | hebben in den landen van Indien : | Mitfgaders de befchrij-uinghe vander geleghentheyt, zeden, ende | aert vanden

feluen landen ende | Lieden. | In Spaenfcher talen befchre-
uen, door den Eerweerdigen | Biffchop Don Fray Bartho-
lome de las Cafas, van | S. Dominicus Oorden. | Numero
15. | Schendet dat landt niet, daer ghy inne woonet want
wie bloetfchuldich is | die fchendet dat landt, ende dat landt
en can van t' bloet niet verfoent | werden dat daer inne
vergoten wort, fonder door dat bloet des gheens | diet
vergoten heeft. | Cicero Philipp. 13. | Mijn opinie is, dat
men den ghenen die ghenuechte heeft in tweedrachten,
dootflaghen van Borghers ende inlanfche oorloghe, behoort
te verdrij- | uen wt den ghetale der menfchen, ende van
de werelt te helpen. | 1579. | 4°. [303].

C'eft la même édition que celle de 1578. Le titre feul a été fupprimé
& remplacé par celui-ci.

*d.* Spieghel der Spaenfcher ty- | rannye, in Weft Indien.
Waer inne verhaelt wort (*etc., comme le précédent*)....
t' Amftelredam by Nicolaes Bieftkens de jonghe. Ende
men vintfe te coop by | Cornelis Claefz. Opt Water int
Schrijfboeck. M. D. XCVI. [1596] | 4°. [304].

En tout 86 pp. fans pagination. Signat. (A)—Liij.
Titre avec une carte gravée de l'Amérique, tirée d'un Atlas in 8° oblong,
publié par Corn. Claefz.

Réimpreffion textuelle de l'édition précédente. Même les mots
„onfe Brabantfche tale" font reftés, quoique l'orthographe foit
changée.

*e.* Spieghel der Spaenfcher ty- | rannye, in Weft-Indien,
*etc. (tout comme le précédent)* ..... t' Amftelredam; | By
Cornelis Claefz. Boeckvercooper woonende opt Water | int
Schrijfboeck. Anno 1607. | 4°. [305].

En tout 86 pp. fans pagination. Signat. (A)—L 3.
Titre avec la même carte que l'édition précédente.

Réimpreffion littérale de l'édition précédente.

*f.* Den | Spieghel | Vande Spaenfche Tyrannie beelde-
lijcken af- | gemaelt, leeft breederen in-hout door het fchrij-
ven van den E. Biffchop | van Chiapa in nieu Spaengien,
ghenaemt Don Fray Bartholome de | las Cafas, van S. Do-
minicus Oorden, aen den grootmach- | tigen Coninck van
Spaengien Philips de tweede. | (*Planche gravée*) | Ghe-
druckt tot Amftelredam by Cornelis Claefz. 1609 | 4°. [306].

Cahier de 17 planches gravées en taille douce, dont la 8° eft répétée
au titre. Chaque planche eft pourvue d'une explication imprimée de huit
lignes, & au deffus de chaque feuille fe trouve l'infcription imprimée: „Afbeeldinghe vande Spaenfche Tyrannije."

Les planches de ce recueil ont été copiées d'après celles des frères
de Bry, dont nous parlerons à la fin de cet article, à la même
échelle, mais à rebours.

*g.* Spieghel der Spaenfcher ty- | rannye in Weft-Indien,
*etc.* (*en tout conforme au précédent*) ... t' Amftelredam, |
By de Weduwe van Cornelis Claefz op 't Water, | in
't Schrijf-boeck, 1610. | 4°. [307].

En tout 86 pp. fans pagination. Signat. (A)—L 3.
Titre avec la même carte que l'édition *e.*

Réimpreffion textuelle de l'édition *e.*

*h.* Den Spiegel der | Spaenfche tierannye- | gefchiet in
Weftindien waerin te | fien is de onmenfchelijcke wreede |
feyten der Spanjarden met famen | de befchrijvinge der fel-
ver lant en | volcken aert en nature | allen Vaderlant lieuende
en Vrome Voorftā- | ders ten exempel voorgeftelt | In Spans
befchreven door den E. bifchop | don fray bartholome de
las Cafas van | S. Dominicus oorden | Gedruckt tot Amfter-
dam by David de meyne aende Beurs inde werrelt Caert
A°. 1612 | 4°. [308].

Titre gravé dans un frontifpice copié de celui de l'édition des De'Bry
à Francfort.

Texte (avec préface & prologue), p. 3—106 fans pagination. Signat.
A 2— N 5. Le cahier C fe compofe de 5 feuilles.

Planches dans le texte au nombre de 17. Ce font les mêmes que dans
l'édition de Corn. Claefz. La première a été imprimée à l'envers. Chaque
planche porte une foufcription *en vers*.

*i.* Den | Spiegel | der Spaenfche Tijrannije, | ghefchiet
in Weft-Indien. | Waer in te fien is de onmenfche- | lycke
wreede feyten der Spanjaerdē, | met t'famen de Befchry-
vinghe | der felver Landē, Volckerē | aert ende natuere. |
In 't Spaenfch befchreven | Door dē E. Biffchop Don Fraey |
Bartholome, de las Cafas van | S. Dominicus oorden. |
Nu op 't nieuwe met fchoone | Kopere Figueren verciert. |
(*Planche gravée*) Tot | Amfterdam | Ghedruckt by Ian
Evertff. Cloppenburg, op 't Water, | tegen over de Koo᷍r-
Beurs | iñ vergulden Bijbel. | 1620. | 4°. [309].

Titre gravé dans un frontifpice, avec le portrait de Philippe II en bufte,
ceux de Don Juan d'Autriche & du Duc d'Albe en pied, & quatre fcènes
de „tyrannies" efpagnoles. *D. V. B. in(venit). I. D. C.* (?) *fe(cit).* — Au
verfo un fonnet imprimé, figné *Veel Druck „Mijn g'luck. I. P. B. dr."*

Texte (avec préface, prologue, etc.) p. 3—104. Signat. A 2—N 3.

Planches dans le texte au nombre de 17, copiées comme les précédentes
de celles des De Bry; les pl. 3, 4, 5, 9, 14, 15 à rebours, — toutes
avec la même foufcription *en vers*, qui fe trouve dans l'éd. de 1612.

Le texte de cette édition s'accorde avec les précédentes. On
y a ajouté pour la première fois un deuxième tome: „Tweede
deel van de Spieghel der Spaenfche Tyrannye, ghefchiet in Nederlandt", ouvrage dont on ne connaît pas l'auteur. Ce n'eft
cependant qu'un abrégé du livre de Joannes Gyfius: „Oor-
fprong en Voortgang der Nederlandtfcher beroerten", dont la
première édition (anonyme) parut en 1616, la feconde, augmentée, avec le nom de l'auteur, en 1626. — Il exifte au moins
onze éditions de cette feconde partie du *Spiegel*, dont une en
français (voir *m*). Celles des éditions hollandaifes que nous connaiffons, datent de 1620 (Amfterdam, Cloppenburch; 2 éd. différentes), 1621 (Amfterdam, Van der Plaffe), 1622? (*Ibidem*),

1625 (Amſterdam, Broer Janſz), 1633 (Amſt., J. Pz. Wachter),
1638 (Amſt., Cloppenburg, 2 éd. différentes), 1641 (Amſt., J. Pz.
Wachter), 1667 (Amſt., G. J. Saagman).

*k.* Eerſte deel | Van den | Spiegel | Der | Spaenſche Ty-
rannye, | ghefchiet in Weſt-Indien, *etc. (comme le précé-
dent)* .... tot Amſterdam | Ghedruckt by Jan Evertſz
Cloppenburg .... 1620 | 4°. [310].

Titre *imprimé* (à l'exception de l'adreſſe de l'éditeur, qui eſt gravée)
dans le même frontifpice que l'éd. préc. La gravure eſt plus fatiguée.
Le verfo du titre eſt reſté en blanc.
Texte, p. (3)—104. Signat. A 2—N 3.
Le texte débute par le prologue de Las Caſas, fuivi d'une dédicace de
l'éditeur aux Directeurs de la Compagnie des I. O. réſidant à Amſterdam,
datée du 29 Novembre 1619 (p. 4, 5). Le récit commence à la 6e page.
Planches comme dans l'édition précédente.

Réimpreſſion du précédent fans la préface du traducteur. Dans
la dédicace, Cloppenburch fait mention du fecond tome qu'il fe
propofe de publier fous peu. Dans notre exemplaire on a ajouté
à ce „premier tome" un „fecond tome" qui diffère du précédent.
La date fait défaut à la fin.

*l.* Den | Spiegel | Der | Spaenſche Tyranny | ghefchiet
in Weſt-Indien, *etc. (comme le précédent)* .... tot Amſter-
dam | Ghedruckt by Jan Evertſz Cloppenburg .... 1620 |
4°. [311].

Titre *imprimé* (à l'exception de l'adreſſe de l'éditeur) dans le même fron-
tifpice que l'éd. préc., en blanc au verfo.
Texte, p. (3)—104. Signat. A 2—N 3.
Planches comme dans l'édition précédente.

Réimpreſſion littérale du précédent, probablement d'une date
poſtérieure à 1620, date qui eſt *gravée* dans le titre. On peut
encore reconnaître cette édition au mot *Finis*, à la fin, qui eſt
imprimé ici en lettres capitales curfives.

*m*. Le Miroir | De la | Tyrannie Efpagnole | Perpetree aux Indes | Occidentales. | On verra icy la cruauté plus | que inhumaine, commife par les | Efpagnols, auffi la defcription de | ces terres, peuples, & leur nature. | Mife en lumière par un | Évefque Bartholome de las Cafas, | de l'Ordre de S. Dominic. | Nouvellement refaicte, avec les | Figurs en cuyvre. | (*Planche gravée*) | tot | Amfterdam | Ghedruckt by Ian Evertff | Cloppenburg, op t' Water | tegen over de Koor Beurs | iñ vergulden Bijbel. | 1620. | 4°. [312].

Titre *imprimé* (à l'exception de l'adreffe de l'éditeur) dans le frontifpice de l'éd. préc.

Texte (fans prologue ou préface), fol. 2—67 (page 3—136). Signat. A 2—R 3.

Planches comme dans l'édition précédente.

Dans cette édition françaife, l'ouvrage de Las Cafas forme le *fecond* tome du „Miroir de la Tyrannie Efpagnole", tandis que dans les éditions hollandaifes il eft toujours le premier. Le texte paraît avoir été compofé d'après la tradu&tion hollandaife, avec laquelle il s'accorde en tout. Il diffère donc abfolument de l'édition anverfoife de 1579 & des éditions parifiennes qui en font des copies. La préface du tradu&teur & le prologue de Las Cafas ne f'y trouvent pas, mais la première eft en partie traduite dans la préface que Cloppenburg a ajoutée au premier tome intitulé „Le Miroir de la cruelle & horrible Tyrannie Efpagnole perpétrée au Pays Bas" etc.

Ternaux (*Biblioth. Améric*, p. 55) & Brunet mentionnent une édition de cet ouvrage de 1604. C'eft certainement une erreur.

[*n*. Den Spiegel der | Spaenfche tierannije | gefchiet in Weftindien, *etc.* (*comme l'édition* h) ...... Gedruckt tot Amfterdam by Cornelis | Lodewijckfz vander Plaffe, inde Italiaenfche Bijbel | (*Dans la bordure:*) Anno 1620 | 4°.] [313].

Contenant en tout 104 pages fans pagination.

Titre gravé comme dans l'éd. de 1612. Seulement, l'adreffe de l'imprimeur a été rayée & remplacée par celle de Vander Plaffe.

Planches dans le texte comme dans l'éd. de 1612, avec foufcription en vers.

Réimpreffion de l'édition g avec les mêmes planches. Elle eft feulement augmentée d'une dédicace où l'éditeur a oublié l'infcription, mais qui s'adreffe, comme celle de Cloppenburg, aux Directeurs de la Compagnie des I. O., ainfi qu'on peut le voir dans les éditions fuivantes. Il s'y plaint que, occupé de la compofition d'un fecond tome, un autre (Cloppenburg), cherchant à le fupplanter (onder-cruypen), l'avait précédé. C'eft pourquoi, dit-il, il ne publie pour le moment que le premier tome, qui fera fuivi bientôt du fecond.

o. Den Vermeerderden | Spieghel | der | Spaenfche tierannije- | gefchiet in Weftindien, etc. (comme le précédent) ... Gedruckt tot Amfterdam by Cornelis | Lodewijckfz van der Plaffe, inde Italiaenfche Bijbel. | (Dans la bordure:) Anno 1621 | 4°. [314].

Contenant en tout 104 pages fans pagination.

Titre gravé dans le même frontifpice que l'éd. précéd. Le cadre du titre a été élargi, afin de gagner deux lignes en haut.

Dédicace aux Directeurs de la Compagnie des I. O., fuivie de la préface du traducteur, 2 pp.

Prologue de Las Cafas, 2 pp.

„Cort fommarifch verhael vande ontdeckinge vande Nieuwe-Wereldt ende Weft-Indien, deur Chriftoffel Columbus", 7 pp.

„Corte Befchrijvinge der landen ende Provintien van America ... voor de aencomfte der Spaignaerden", 4 pp.

„Cort verhael vande Deftructien van Indien", 88 pp.

Signature du livre A (1)—A 3, a—(a 3), B—M 3.

Planches dans le texte au nombre de 17, dont 16 font les mêmes que dans l'éd. préc. Dans cette édition & dans les éd. fuiv. de Vander Plaffe on ne trouve plus la 5e planche, dont la foufcription commence par : Defen Cafique wert. Au contraire on a ajouté au récit qui précède une planche de la même grandeur que les autres, repréfentant le vaiffeau de Colomb guidé par la déeffe Phébé entourée de tritons, avec une foufcription en vers de quatre lignes, & l'infcription „Chriftoffel Columbus, Vinder vande Nieuwe Wereldt". Cette planche eft copiée de De Bry (*Gr. Voy.* 4e partie, pl. 6).

Les augmentations de cette édition font fort infignifiantes. Elles confiftent dans un court récit de la découverte de l'Amérique & dans une notice fur l'état de ces contrées avant l'arrivée des Efpagnols.

Cette 2e édition du 1er tome de Van der Plaffe parut encore avant la publication de fon 2d tome. Dans la préface il promet le 2d tome fous peu (*metten eerften*). Il paraît que la reprife de la guerre avec l'Efpagne procura un bon débit à cette forte de livres.

*p.* Den Vermeerderden | Spieghel, *etc.* (*titre tout comme le précédent*). [315].

Autre édition du précédent, probablement poftérieure à l'année 1621, dont le milléfime eft gravé dans le frontifpice &, dans quelques exemplaires, corrigé à la plume en 1623. On la diftingue aifément de la précédente par le titre du Prologue, qui eft ici de 6 lignes (dans l'éd. préc. de 4), & par le mot *Finis*, ici en capitales romaines. On y a ajouté un fecond tome de 1625.

[*q.* Den Spieghel der Spaenfche Tierannije gefchiet in Weft-indien, Amfterdam 1627. 4°.] [316].

Nous ne connaiffons pas cette édition. Elle eft mentionnée par Ebert (*Bibliogr. Lexicon* n°. 3626) & dans le catal. de la vente J. Schouten (1853, p. 27).

*r.* Den Vermeerderden | Spieghel *etc.* (*tout comme o, p*) Anno 1634. 4°. [317].

Réimpreffion textuelle de l'éd. *o.* Ces mots de la dédicace: „Belove u E. mede metten eerften voor den dagh te brenghen mijn tweede deel" font même reftés, quoique ce fecond tome eût déjà été publié par Van der Plaffe en 1621.

Les planches de cette édition font encore les mêmes que celles de Corn. Claefz, mais on les a retouchées.

*s.* Den | Spiegel | der | Spaenfe Tyrannye | gefchiet in Weft-Indien etc. *(Sans lieu ni date, mais avec un fecond tome apparemment imprimé en même temps à Amfterdam chez* Evert Kloppenburg, Anno 1638) 4°. [318].

Titre imprimé dans un frontifpice gravé, imité comme dans l'édition *g* de celui des De Bry. — Au verfo le même fonnet que dans l'éd. *i.*
Texte (avec préface & prologue, mais *fans dédicace*), pag. 3--104. Signat. A 2—N 3.
Planches dans le texte, très-fatiguées, les mêmes que dans les éditions *i—m.*

Pour le fecond tome de cette édition, on a retouché le titre ancien, changé le nom de l'imprimeur en *Evert K.* & gravé la date : *Anno* 1638. La dédicace porte auffi le même nom & la date du 10 Janvier 1638. — Probablement le premier tome a-t-il été publié avec le même titre retouché & le milléfime 1638, mais nous n'en avons pas vu d'exemplaire.

*t.* Den Vermeerderden | Spieghel, *etc. (comme* r) .... t' Amfterdam, | By Gillis Jooften Saeghman | Anno 1664 | 4°. [319].

Titre gravé dans le même frontifpice que *r* & où l'adreffe de l'éditeur & l'année ont feules été changées. — Au verfo, une dédicace aux Directeurs des Compagnies des I. Orient. & Occid.
Page 3. „Aen den Leefer". Préface concernant Colomb. Au deffus de cette préface une planche nouvelle, bien gravée, repréfentant Colomb caffant l'œuf, imitée de De Bry (*Gr. Voy.* 4e partie, pl. 7).
Page 4. Planche repréfentant le vaiffeau de Colomb, comme dans les édit. *o, p, r,* avec foufcr. en vers de 8 lignes.
Page 5—80. Texte, imprimé en deux colonnes, contenant le *Kort Verhael van de Ontdeckinge* (voir l'éd. *o*); le prologue de Las Cafas en abrégé; l'ouvrage de Las Cafas, avec quelques changements infignifiants.

Signature de l'ouvrage A 2—K 3.

Planches dans le texte, au nombre de 18, dont 17 font les mêmes que dans l'édition *r*. La 18e est celle dont nous venons de parler.

Dans la dédicace de cette édition, qui est celle de Van der Plaffe avec quelques changements, Saeghman nous apprend qu'il a ajouté à cet ouvrage, pour la première fois, l'ouvrage de Benzonius. Nous avons décrit cet appendice, que Saeghman publia avec titre féparé, page 293.

[*u*. Spiegel der Spaenfche Tirany gedaen in Weft Indien, *etc.* .... T'Amfterdam, by Gillis Jooften Saeghman, Boeck-drucker in de Nieuwftraat. 4°]. [320].

En tout 96 pages impr. en deux colonnes.

Titre (imprimé?) dans un frontifpice avec deux figures en pied qui font cenfées repréfenter Montezuma & Atabaliba. — Au verfo, la planche du vaiffeau de Colomb, & au deffous de cette pl. le *Aen den Lefer*, qui fe trouve dans l'éd. préc. à la 3e page.

Page 3. Dédicace, comme dans l'éd. préc. au verfo du titre.

Page 4. La planche nouvelle qu'on trouve dans l'éd. préc. à la 3e page, avec la foufcr. en vers qu'on a placée dans l'éd. préc. au deffous de l'autre planche.

Planches dans le texte au nombre de 19, dont 18 comme dans l'éd. préc. La 19e fe trouve à la page 93 & repréfente Atabaliba mis à mort par l'ordre de Pizarro.

Quant au texte, nous ne faurions dire fi cette édition eft abfolument conforme à la précédente.

*v*. Spiegel | der Spaenfe Tyranny in | Weft-Indien, | Het Magtig Ryk van Mexico en het Paerel, | Goud en Zilverryk Peru. | (*Gravure en bois*) | T'Amfterdam, | By Ifaac vander Putte, Papier en Boeckverkooper op 't | Water in de Lootfman | 4°. [321].

En tout 68 pages impr. en deux colonnes. Signat. A 2—I 2.

Gravures en bois dans le texte au nombre de 4, dont la 2e eft répétée au titre. Elles ont été imitées des planches de l'édition précédente.

Edition populaire dont le texte eſt abrégé en quelques endroits; il n'y eſt fait aucune diſtinction entre les additions des éditeurs hollandais & l'ouvrage de Las Caſas, le tout ſe ſuccédant ſans diviſions.

*w. Spiegel, etc. (tout comme le précédent)* 4°. [322].

En tout 68 pages impr. en deux colonnes. Signat. A 2—I 2.

Pour diſtinguer cette éd. de l'éd. préc., il ſuffit de faire attention à l'initiale de la 3e page. Elle eſt ici plus grande, de manière que la 1e ligne contient ſeulement les mots *Hriſtophorus Co-*, dans l'éd. préc. *Hriſtophorus Columbus.*

---

Nous avons déjà remarqué que les planches des éditions hollandaiſes de l'ouvrage de Las Caſas ſont copiées de celles qui ſe trouvent dans l'édition de De Bry à Francfort. Celle-ci parut en allemand, en 1597, ſans lieu ni date, ſous le titre de „Warhafftiger vnd gründtlicher Bericht der Hiſpanier grewlichen, vnd abſchewlichen Tyranney, von ihnen in den Weſt Indien ... begangen". Le cahier de 17 planches qui en fait partie eſt précédé d'un titre allemand („Kurtze Erklärung .... ſo in folgenden Kupfferſtücken" etc.), avec la date de 1599. Les trois premières planches portent le nom du deſſinateur : *Iodo. a Winghe in* (venit). Toutes ont un n°. gravé (10, 12, 17, 36, 28, 23, 38, 40, 47, 50, 92, 55, 59, 86, 33, 95, 123). Il paraît donc qu'on les avait déjà employées pour un autre ouvrage.

Le texte de cette édition allemande a été traduit de l'édition françaiſe d'Anvers (1579), & augmenté d'une table. Elle contient (XIV), 158 & (12) pp.; Planches avec le titre 18 ff.

La première édition latine de De Bry date de 1598. Elle a pour titre : „Narratio regionum Indicarum per Hiſpanos quoſdam devaſtatarum veriſſima .... Francofurti, ſumptibus Theodori de Bry, & Joannis Saurii typis. Anno M. D. XCVIII" (4°). La dédicace à Fréderic IV, Electeur de Bavière, eſt ſignée par

J. Th. & J. Ifr. de Bry. La préface diffère de celle de l'édition allemande. Elle paraît avoir été compofée par le traducteur. Du refte, il eft évident qu'il a fuivi l'édition françaife de 1579. Les planches font inférées dans le texte.

Nous fignalons encore les réimpreffions fuivantes: (*Allemand*) Oppenheim, J. Th. de Bry 1613 4°; (*Latin*) Ibidem 1614 4°; (*Latin*) Heidelberg, typ. Gul. Walteri 1664 4°; (*Allemand*) s. l. 1665. 4°.

# I. TABLE DES MATIÈRES.

TROISIÈME PARTIE. — VOYAGES PUBLIÉS DANS DES COLLEC-
TIONS HOLLANDAISES DU XVIIe SIÈCLE.

# II. TABLE CHRONOLOGIQUE

# III. TABLE DES ÉDITIONS DIFFÉRENTES. (*)

## COLLECTIONS.

### SEB. DE WEERT.

(*) Toutes ces éditions font partie de la collection de M. F. Muller, à l'exception de celles où eft indiquée quelque Bibliothèque publique ou privée.

## JORIS VAN SPILBERGHEN (fecond voyage).

## JAQUES L'HERMITE.

W. IJ Z. BONTEKOE EN D. AZ. RAVEN.

HENDRICK BROUWER.

LAUR. BICKER ET CORN. VAN HEEMSKERCK.

PAULUS VAN CAERDEN.

PIETER VAN DEN BROECKE.

JOHAN VAN TWIST.

WYBRANT SCHRAM ET CLAES COMPAEN.

SEYGER VAN RECHTEREN.

HIVERNAGES AU NORD, ETC.

HANS STADEN.

JEAN DE LÉRY.

GIROLAMO BENZONI.

AMER. VESPUCCI.

_____

ANT. DE HERRERA.

_____

OD. LOPEZ ET FIL. PIGAFETTA.

_____

BARTOLOME DE LAS CASAS.

# IV. TABLE ALPHABÉTIQUE.

---

(1) Voir le "Korte hiftoriael" de Pieter van den Broecke (1634), p. 136 et le journal allemand:

(*) Nous n'avons pas cité la 26e partie de la collection de Hulsius, en parlant des voyages du Danois Jens Munk (p. 279—80), parce que cette partie fait défaut à l'exemplaire de Hulsius dont nous avons fait usage. — Nous fûmes dans le même cas, pour la 6e partie, quand notre 2e feuille (Voyage d'Olivier van Noort) fut imprimée. Maintenant nous avons vu la 6e partie de Hulsius, mais dans une 3e édition (1626). La relation du voyage de Van Noort, qui remplit les pp. 37—53, n'est qu'un abrégé du journal hollandais auquel Hulsius paraît avoir ajouté d'après d'autres sources (?) quelques détails insignifiants. Des planches qui appartiennent à cette partie de Hulsius, la 4e est imitée de *e* dans l'édition hollandaise, la 5e de *g*, la 8e de *b c*, et la 9e en partie de *o* (voir p. 28).

# AVIS.

L'éditeur a fait copier par Mr. E. Spanier, Lithographe du Roi, à la Haye, les titres de 20 éditions très-rares de Voyages Hollandais et les 10 planches des 2 Editions du livre de Massa: *Defcriptio deteftionis freti*, 1612 et 1613, — tous décrits (à l'exception du n°. 20) dans le livre de Mr. Tiele: „Mémoire Bibliographique fur les Journaux des Navigateurs Néerlandais, réimprimés dans les colleftions de Dè Bry et Hulfius, et fur les anciennes éditions Hollandaifes des Journaux de Navigateurs Étrangers. 1867." — Ces facfimiles, exécutés avec le plus grand foin et imprimés fur papier fin de Hollande, *à la folie*, etc. *fabriqué avant* 1650, n'ont été tirés qu'à 50 Exemplaires. — Prix de la colleftion de 30 feuilles en couverture imprimée, 4° oblong . . . . . . . . . *fl*. 60— ou francs 125—.

Un *specimen* eft joint au livre de Mr. Tiele.

On ne délivrera pas de titres ou planches feparés.

---

## LISTE DES TITRES, tous en 4° oblong.

1 Titre imprimé de la Colleftion: Ooft- en West-Indifche Voyagien. Amft. Colyn. 1619.

2 —— gravé de la même Colleftion.

3 van Noort, Voyage autour du monde. Rott. (1602).

4 Spilbergen et le Maire, Voyages autour du monde. Leyd. 1619.

5 —— Même livre. (Edition Latine.) Leide. 1619.

6 —— Même livre (en Holl.) Zutphen. 1621.

7 de Veer, Voyage au Nord. Amft. Corn. Claefz. 1598.

8 —— Même livre. Edit. poft. chez le même. 1605.

9 Houtman, Voyage aux I.-O. Middelb. Langenes. 1597.

10 —— Même livre. Edit. Latine augm. chez le même. 1598.

11 —— Même livre. Edit. Holland. augm. Amft. Corn. Claefz. 1598.

12 —— Même livre. Edit. Holland. pofter., chez le même. 1609.

13 van Neck, 2e Voyage aux Indes Ofient. Amft., Corn. Claefz. (1600).

14 —— Même livre. Edit. augm. Middelb., Langenes. 1601.

15 P. de Marées, Voyage de la Guinée. Amft., Corn. Claefz. 1602.

16 Spilbergen, Voyage en Orient. Delft. 1605.

17 Bicker et Heemſkerck, Voyage à Rio de Plata. Amſt., Corn. Claeſz. 1603.

18 Candiſh et Drake, Voyage autour du monde. En Holland. Amſt., Corn. Claeſz. 1598.

19 Raleigh et Keymis, Voyage en Guiane. En Holland. Amſt., Corn. Claeſz. 1598.

20. D. P. de Vries, 4 Voyages en Aſie et Amérique. Hoorn. 1655. 4°.

## PLANCHES DE: MASSA, *Detectio freti.* 1612, 1613.

21 Navire (dans l'original au verſo du titre) avec 8 vers Lat. Edit. de 1612.

22 —— Même pl. avec 10 vers Lat. Edit. de 1613.

23 Tabula nautica. — Carte des découv. de Hudſon. 2 ff. folio obl. Edit. de 1612.

24 Mappemonde, avec les découv. de Hudſon. Folio obl. Edit. de 1612.

25 Traineau des Samojèdes.

26 Carte des côtes ſeptentr. de la Ruſſie. Par I. Maſſa, Fol. obl.

27 —— Même carte, augmentée; edit. de 1613.

28 Carte du Spitſberg et de la Nouv.-Zemble.

29 Morſe avec ſon petit.

30 Baleine. (gravure en bois.)

*Iournael*

# Vande Reyse der Hollandtsche Schepen ghedaen in

## Oost Indien/haer Coersen/Streckinghen ende vreemde avontueren die haer bejegent zijn/

seer vlijtich van tijt tot tijt aengeteeckent. Oock de historische vertellinghen der Volcken/ Landen en Steden by haer besocht. Van haer Coopmanschappen. Wat haer gelt is. Wat profijt haer te doen is. Van de Specerijen vosen. Hoe de coop daer van is seer profijtelijck en genoechlijck om lesen/als oock sekere metaelteeckenen en opdoeninghen/den Zeevaren den nut. Oock een Vocabulaer der principaelste Javaensche woorden/met vele Coersen ende Figuren verciert.

Door begeerte van sekere Coopluyden gedruckt, ende men vintse te coop by Barent Langenes
Boeck-vercooper tot Middelburgh, Anno M. D. xcviii.

Chez l'Editeur parait en même temps:

G. M. ASHER, Bibliographical and Historical Essay on the Dutch Books and Pamphlets relating to NEW-NETHERLAND, and on the DUTCH WEST-INDIA COMPANY, and to its possessions in Brazil, Angola, etc.; as also on the Maps, Charts, etc. of New-Netherland. Compiled from the Dutch *public* and *private* libraries, and chiefly from the collection of Mr. Frederik Muller. With facsimilés of the map of New-Netherland by N. J. Visscher and of the 3 existing views of New-Amsterdam. 1854—67. Pet. 4°. Avec carte en folio. . . . . . . *fl.* 12.—

—— Même livre, en *Grand Papier*. Gr. in 4°. . . . . . „ 24.—

COLLECTION de *facsimilés* 30 titres et planches d'Anciens Voyages Hollandais; — lithographiés par M. E. Spanier à la Haye et imprimés sur papier fin de Hollande, *à la folie*, etc. fabriqué avant 1650 . . . . . . . . . . . . . . . . . . „ 60.—

*Tiré à 50 Exemplaires.*